汉语海外传播河南省协同创新中心·地方文化研究项目

河南省重点学科·安阳师范学院文学院语言学及应用语言学

河南内黄方言研究

李学军◎著

中国社会科学出版社

图书在版编目（CIP）数据

河南内黄方言研究／李学军著．—北京：中国社会科学出版社，2016．12
ISBN 978－7－5161－9055－5

Ⅰ．①河…　Ⅱ．①李…　Ⅲ．①北方方言—方言研究—内黄县　Ⅳ．①H172．1

中国版本图书馆 CIP 数据核字（2016）第 237530 号

出 版 人　赵剑英
责任编辑　任　明
责任校对　王　斐
责任印制　李寡寡

出　　版　中国社会科学出版社
社　　址　北京鼓楼西大街甲 158 号
邮　　编　100720
网　　址　http://www.csspw.cn
发 行 部　010－84083685
门 市 部　010－84029450
经　　销　新华书店及其他书店

印刷装订　北京市兴怀印刷厂
版　　次　2016 年 12 月第 1 版
印　　次　2016 年 12 月第 1 次印刷

开　　本　710×1000　1/16
印　　张　17
插　　页　2
字　　数　358 千字
定　　价　75．00 元

序

学军写就《河南内黄方言研究》，请我作序，我欣然应承。其实，我跟学军接触不多，但他给我印象深刻。我知道，他年近40才从语文教学“转岗”，改做方言，并“爱上”方言学，这需要勇气；而且做得有板有眼，写出了《河南内黄方言双音节动词的变韵》（《汉语学报》2015年第3期）等颇见新意的文章，令人敬佩。

翻阅学军的新著，我有两点突出的感受。

其一，注重事实。对单点方言的研究来说，最重要的是要深入调查，弄清事实。新著立足于摆事实，力求对内黄方言的基本面貌做出客观准确的反映。应该说，该著对事实的考察是深入的，描写也是精细的。不仅如此，在摆明事实的基础上还力求讲清道理，对一些特殊的方言现象尽可能地做出合理的解释。比如，书中对谓词变韵的分析，可以看出作者在这方面所做的努力。

其二，注重语法。以往单点方言的研究著作，往往详于语音、词汇，略于语法。客观地说，方言语法差异较小，语法规律比较隐蔽，因此描写起来相对困难一些。新著则在语法的考察上下了很大的功夫。具体表现在3个方面。一是比较系统，涉及到词法和句法的方方面面。二是比较深入，无论是对词缀成分、介引成分等词法现象的考察，还是对处置句、被动句等句法问题的描写，都能条分缕析，显出规律。三是兼顾语用，对好些语法现象（比如谓词变韵、复叠句式）的讨论都能联系语用，借以深化认识，反映了作者开阔的研究视野。

为了准确报告内黄方言的现时状况，学军历时数载，多次深入实地进行艰苦的田野调查，着实不易。天道酬勤，终于收获了这份成果，令人高兴。在我的印象中，关于河南境内单点方言全面深入的调研报告并不多见，因此学军的这部《河南内黄方言研究》显得尤为珍贵。我相信，它对于河南方言基本面貌的揭示，对于深化学界对中原官话特点的认识，是有着积极意义的。

汪国胜

2016年11月26日

目　录

绪　论①

第一节　历史沿革

内黄地处中华民族的发祥地，历史悠久。据史籍记载，早在4500年前颛顼和帝喾就在这里封国建都，营造社稷。“颛顼高阳者，黄帝之孙，而昌意之子也。”“都帝丘，北至幽陵，南至交址……”“帝喾高辛者，黄帝之曾孙也。”“年十五而佐颛顼，三十岁登位，都亳。”（《史记·五帝本纪》）“颛顼冢在濮阳顿丘城门外广阳里中”，帝喾“葬于东郡濮阳顿丘城南亳阴野中”（《史记·五帝本纪集解》）。据今人考证，“帝丘”在内黄境内，梁庄镇有二帝陵遗址。

内黄一带在夏代属冀州，为观扈国所属。商代仍隶冀州，并有百余年成为商都之域。约公元前1518年，因黄河大水，商第十代王太戊迁都亳城。宋太祖开宝七年所建陵庙碑，至今存于亳城乡刘次范村的商中宗太戊陵遗址。周初属卫国，春秋属晋，战国属魏，秦汉属魏郡。秦始皇五年（前216年），赵将廉颇“击魏地繁阳”（今楚旺镇）。秦二世三年（前207年），项羽杀宋义，“破釜沉舟”，率兵北渡漳河（今楚旺镇附近），攻秦救赵。楚旺镇有霸王庙碑和宋义墓遗迹。

汉高祖九年（前198年）置县。时魏称黄河以北为内，黄河以南为外，内黄处在黄河以北，故名内黄。置县以来，名称从未更改，只是在北魏永平初和隋大业初曾两次废置，不久又均得复置。至隋代先隶相州，后隶汲郡，唐代先后隶黎州、相州和魏郡，宋代隶河北东路大名府魏郡，金元隶滑州，明清隶大名府。清雍正三年（1725年），为方便卫河漕运管理，改隶河南省彰德府。

内黄自古风俗敦厚，重教化，尚礼仪，人杰地灵。汉代杜邺，四代为官，杜林官至大司空。冯勤四代袭爵，官至大司徒。南北朝时有威赫一时的“冉魏”皇帝冉闵。唐代有大诗人沈佺期，对律诗的形成做出过划时代的贡献。自宋至清更是人才辈出。宋代太史村傅姓，六代进士。傅尧俞忠

① 本章主要根据《内黄县志》（1993）和拙文《河南内黄方言音系》（2012）写成。

正耿直，不阿不谄，官至礼部尚书。他的重孙傅察，不辱使命，死于王事，谥“忠肃”。河村师姓，三代进士。师颃官至监察御史，擅长文学，有集十卷。明清时代，张姓、师姓俱为内黄望族，历代学有所成，官有政声。

1949年新中国建立后，内黄隶平原省濮阳专区。1954年濮阳专区撤销，改隶安阳专区。1957年安阳专区合并于新乡专区，内黄随属新乡专区。1961年安阳、新乡两区分设，内黄仍属安阳专区。1983年10月，安阳专区撤销，实行市管县，内黄属濮阳市。1986年元月，改隶安阳市。

第二节　地理人口概况

内黄县位于河南省最北部，地处东经114° 35′—114° 59′，北纬35° 39′—36° 09′之间。东界清丰、南接滑县、浚县，西连汤阴、安阳，北临河北省魏县。南北长平均55公里，东西宽平均21公里，总面积1161平方公里。

内黄下辖8镇9个乡，分别是：城关镇、楚旺镇、井店镇、东庄镇、后河镇、梁庄镇、田氏镇、二安镇、亳城乡、高堤乡、六村乡、中召乡、马上乡、张龙乡、石盘屯乡、窦公乡、宋村乡。据2015年统计，全县人口共81.12万人，532个行政村。除回族、满族、蒙古族等少数民族共计60余人外，其余皆为汉族居民。县人民政府驻内黄县城，城区面积约15平方公里，常住人口12万，是全县政治、经济、文化中心。

内黄为黄河冲积平原，地处太行山东麓，地质，地势西高东低，坡降为1/5000—1/6000，海拔50—70米。卫河以南有两条带状沙丘，卫河为境内的主要河流，西南达东北走向，斜穿境内62公里，流域面积达1090平方公里。卫河左岸汤河、洹河、岳飞河。县境东部有硝河，纵贯33公里。

内黄地处温带，属大陆性季风气候，春夏秋冬，四季分明，平均气温13.5摄氏度，年平均降水量613毫米，年平均日照2518小时，常年无霜期210天。在正常情况下，能满足农作物一年两熟的需要。土壤种类分为：沙土、两合土、盐碱土和淤土。

内黄在旧社会属于地瘠民贫的县份，“盐地十八村”“沙压十八村”“水淹十八村”（民国《内黄县志》）。漳河、卫河不断发生水灾，风沙、旱灾、水灾、虫灾交替为害，民众遭受的苦难实为今人难以想象。

新中国成立后，在党和政府的领导下，内黄人民长期狠抓风沙、盐碱和水旱灾害的治理工程。截至2012年，共兴建提灌站75座，打井1.5万眼。随着农田水利基本建设条件尤其是灌溉条件的大大改善，农业亩产量比解放前提高了两倍以上，耕地面积也由解放前的58万亩扩大至93.81万亩，过去大面积的盐碱、沙荒地如今已变成了旱涝保收的良田。

内黄历来以农业生产为主，自然环境适宜发展农、林、牧业生产。粮食作物主要有小麦、玉米、豆类、谷子、红薯等；经济作物主要有棉花、花生、西瓜等；林木主要有枣树、泡桐、刺槐、榆、杨、柳等，林果主要有红枣、苹果、桃、梨、杏等；家畜家禽主要有马、驴、牛、猪、羊、鸡、鸭、鹅、兔等。1979—1987 年，先后被列为山羊生产基地县，小麦商品粮基地县，优质棉、出口棉生产基地县和优质蜂蜜出口创汇基地县。

内黄为红枣之乡，枣林面积 27.5 万亩，占总土地面积的 18%，成林 450 万棵，一年可产干枣 2000 万公斤左右，面积和产量均居全国县级之冠。

第三节 方言概述

一 内黄方言的系属

根据《中国语言地图集》的划分，内黄方言属于中原官话的郑曹片①。作为中原官话的一种，内黄方言具有中原官话的一些普遍特点，如全浊声母今读塞音、塞擦音的，平声为送气清音，仄声为不送气清音；声调平分阴阳，全浊上声变去声，没有入声；轻声现象普遍，第三人称单数用“他”；家禽、家畜表示性别的语素在前等。

另一方面，内黄位于河南省最北部，处在中原官话与晋方言的分界线上，加上明清两代山西移民的大量涌入，因而使内黄方言呈现出一定的过渡性，即带有晋方言的一些特点。如：“圪”头词（圪针、圪节儿、圪轧）、分音词（卜朗棒、曲连圈、织朗彰）的现象存在等。侯精一（1999）所列晋方言的 18 条典型词语，在内黄方言里可以见到对应的 8 条（前为晋方言词）。如：茅子——茅得、跑茅子——跑茅得、圪蹴——圪蹴、黑夜饭——黑价饭、风匣——风匣、年时——年时个、红薯——红薯、尿子——尿得。

二 内部差异

（一）地域差异

内黄方言以城关话为代表。全县从北到南通话没有什么困难，但略有差异。

1. 舌尖声母分组不同。内黄的中北部，包括城关、东庄、张龙、马上、

① 贺巍《中原官话的分区》（稿）（2005）对中原官话的分片重新做了调整，将内黄方言划归郑开片。

亳城、楚旺、宋村、田氏、窦公、石盘屯、后河以及高堤、六村的大部舌尖声母只有一组。沿南高堤—西江村—袁六村—陈六村—千口—小柴村—双村一线以南地区，包括高堤南部少数村庄、二安全乡、井店（除西江村以东四个村庄）、中召、梁庄大部以及六村的小部两组舌尖声母都有，且与北京话基本一致。

中北部舌尖声母的实际音值存在差别（发音部位不同），但在本地人的音感里不加区分。东庄、亳城、窦公、田氏等地单字音发的是“舌尖—硬腭音”，城关、马上、张龙、宋村、楚王、高堤、后河，单字音发的是“舌尖—齿背音”。值得注意的是，以城关为代表的内黄话中很多字必须儿化，不儿化不能说，且儿化后舌尖声母一律变为卷舌声母。

2. D 变韵存在与否。中北部除滑河屯沟以北的宋村乡及田氏乡东北部以外，绝大多数村落存在地名或谓词变韵现象。南部的梁庄镇、中召乡以及后河镇大部分村落（李后—桑村—杨固—丁村一线以南）则一般不发生这种变韵，二安、井店、六村三个乡镇属于变韵过渡地带。卫河以西的村落 D 变系统与浚县大致相同，以东多数村庄同时存在谓词变韵和“谓词+弱化词尾[ə]”两种等价形式。

3. 词汇性合音的多少。中北部合音词相对较少，南部五个乡镇双音节词合音现象较多。除通行于全县的“数词+个”、方位词“里头”（$liou^{55}$）以及招呼语“做啥”（$tsua^{55}$）等之外，南部还有许多合音词。如：出来 $tʂ‘ʮai^{24}$ | 起来 $tɕ‘iai^{24}$ | 知道 $tʂo^{24}$ | 时候 ʂo· 等。

4. 部分儿化韵的归并存在差异。南部的中召、梁庄、二安、井店、六村五个乡镇、西部高堤乡、中部亳城、后河两个乡镇靠南的部分村落与中北部的儿化韵形式的区别如下：

	an	ian	uan	yan	ai	uai	au	iau	ou	iou
二安	ɐr	iɐr	uɐr	yɐr	ɐr	uɐr	aur	iaur	our	iour
东庄	ar	iar	uar	yar	ar	uar	or	ior	or	ior

5. 部分古知组、章组合口三等字韵母的归属明显不同。中部的城关、东庄、亳城、马上、张龙、后河、六村北部归为（今读）撮口呼韵母[y yɛ]，北部的宋村、楚旺、田氏、窦公以及西部的高堤归为合口呼韵母[u uɛ]，南部的井店、二安、梁庄今归为开口呼韵母[ʮ ʮɛ]。例如：

	猪	出	树	输	说
城关	tɕy	tɕ‘y	ɕy	y	ɕyɛ
宋村	tsu	ts‘u	su	su	suɛ
井店	tʂʮ	tʂ‘ʮ	ʂʮ	ʂʮ	ʂʮɛ

6.“得”尾与“子”尾词的不同。中北部地区（沿舌尖声母的分界线以

北地区），普遍使用“得[tɛ·]”尾，且可以构成大量的名词，其适用范围甚至比普通话的“子”更为宽泛。如：“线得$_{\text{纺线}}$、脚印得$_{\text{脚印}}$、地边得$_{\text{地边}}$”等普通话没有相应的“子”尾词，附于人名之后的用法如“军得、凤得、二得$_{\text{老二}}$”等在普通话中更是难以见到。南部、西南部则较为复杂，梁庄镇、中招乡使用“子”尾（与相邻的濮阳话相同），但与普通话“子”尾适用的范围存在差异。如普通话中的“铃子、老头子”一般要说成儿化形式“铃儿、老头儿”等。井店镇、六村乡使用“得”尾，一般读作[tə]。二安乡卫河以东的村落跟井店大致相同，以西的村落既可以使用“得”尾，但更多的使用与浚县方言相近的Z变韵（也称U化韵）形式。如：筷^{Z} k‘uɛu^{312}｜篮^{Z} lɛ^{42}｜茄^{Z} tɕ‘iau^{42}｜椅^{Z} iau^{55}。

另外，马上乡以南临近清丰、濮阳县的边界地带，内黄话多归为[iɛ uɛ]韵母的部分字读为[iai uai]。如：爹 tiai^{24}｜鞋 ɕiai^{42}｜国 kuai^{24}。南部的后河镇、中召乡与濮阳县临近的少数村庄古精组、知组、庄组、章组的部分开口韵字今读为齐齿呼韵母，相应的声母今读为[tɕ tɕ‘ ɕ]。如：资 tɕi^{24}｜柱 tɕy^{312}｜耻 tɕ‘i^{55}｜车 tɕ‘ɛ^{24}｜师ɕi^{24}｜神ɕin^{42}。西南边界的个别村落古精组字逢细音仍读[ts ts‘ s]。如：精 tsiŋ^{24}｜千 ts‘ian^{24}｜象 siaŋ^{312}。

（二）新旧差异

老派与北京话不合的声韵，新派改为同声同韵或近声（舌尖声母多数人仍为一组）同韵。以发音人曹晓洁（女，27 岁）为例，如：煮 tʂu^{55}≠举 tɕy^{55}｜出 tʂ‘u^{24}≠曲 tɕ‘y^{24}｜书 ʂu^{24}≠虚 ɕy^{24}，泪 luei^{312}｜累 luei^{312}｜雷 luei^{42}的读音已脱去介音 u，课 k‘uo^{312}｜棵 k‘uo^{24}韵母的读音已改为开口呼，荣容 yŋ^{42}的声母变作 z。本书主要记录的是城关老派方言。

三　方言调查情况

作者 2009 年 10 月做了第一次调查，2011 年 8 月又进行了实地复核。两次调查都得到了内黄县副县长马浩宇、内黄县委办公室副主任杨国田、内黄县第一中学教导主任张学军、内黄县第二中学校长李国安的大力支持。作者 2015 年 6 月下旬至 7 月初又进行了第三次调查，并得到了陆村乡党委书记甘新贤、县地方史志编委会办公室主任王基勋、县第七实验小学党支部书记刘现伟以及李晓宁、曹国强、杨志杰等同志的鼎力支持。

本书中所有受调查者均长期生活在内黄本地，主要发音合作人有：

张学军，男，1970 年生，城关镇南张保村人，中师文化，教师。

李学庭，男，1958 年生，东庄镇汉晁村人，高中文化，农民。

李小宁，男，1983 年生，亳城乡亳城北街人，中师文化，教师。

胡志英，女，1979年生，石盘屯乡胡张村人，大学文化，干部。
曹晓洁，女，1984年生，楚旺镇北街人，大专文化，教师。
曹山民，男，1965年生，梁庄镇曹李庄人，大学文化，教师。
曹国强，男，1983年生，井店镇西江村人，中师文化，教师。
王长生，男，1963年生，二安乡西滑固村人，高中文化，农民。
燕素国，男，1968年生，后河镇城布村人，中师文化，教师。
杨志杰，男，1980年生，六村乡杨桑村人，中师文化，教师。

四 研究概况及本书的写作意义

就目前所能见到的材料看，除了作者发表的6篇文章外，对内黄方言进行研究的专文不曾见到。贺巍（1988）、辛永芬（2006）、陈卫恒（2011）等论文或专著涉及到内黄方言的一些材料，非常零星。郭清萍（1984）曾调查过流行于内黄北部（张龙、田氏、宋村乡等）一带的隐语（当地称作“瞎得话”），并称之为“徽宗语”。张启焕等（1993）简单记录了内黄方言静态的语音系统。《内黄县志》（1993）专设方言一章，提供了较为丰富的材料，但里面尚存许多值得商榷的地方，个别地方有明显的记音或印刷错误。儿化韵母一节过于简略，变韵只列举了部分地名词（村名）的D变韵实例，更重要的动词、形容词的D变韵现象则语焉不详。另外，形容词重叠式的变调问题、构词法等更是只字未提。

《内黄县志》（1993）根据儿化韵与卷舌声母的对应关系将舌尖声位归纳为[tʂ tʂʻ ʂ ʐ]，张启焕等（1993）根据单字音将之归纳为[ts tsʻ s z]，我们这里取后一种归纳。因为对于城关方言来说，卷舌声母只是儿化的伴随成分，非卷舌声母才是音系的本源性成分。当然，两种归纳都不影响音位分析，因为在内黄中北部地区当地人的音感里舌尖声母没有前后之别。

内黄地处河南省最北端，其方言在语音、语法项目上具有鲜明的特点。动词变韵、重叠变调、儿化对舌尖声母的影响等现象具有重要的类型学意义。加强对内黄方言研究具有重要的理论价值和实践价值：

第一，及时“抢救”性记录内黄方言的现状。北方官话处于汉语发展的前沿，其特点一直在不断变化。改革开放以来，这种变化呈现加剧趋势，弱势的中原官话迅速向普通话靠拢，内黄方言的一些特殊音变现象、土语等正在迅速消失。忠实地记录是“抢救方言”（吕叔湘语）资源的必要手段，是当代每个方言工作者面临的迫切任务。

第二，通过深入调查、翔实的描写，深刻揭示内黄方言的特点，进一步充实官话方言的语料库，为汉语方言研究、汉语语法研究以及语言类型学研究提供较为鲜活、可靠的第一手材料。我们相信，随着这种研究性材料的增多，邢福义、朱德熙两位前辈所倡导的“普—方—古”比较研究将更加成熟和完善，汉语发展的脉络将更加清晰地呈现在世人面前。

第三，进一步充实语言理论。理论来源于实践，理论根植于对实际语言的调查和了解。深入挖掘内黄方言纷繁复杂的音变现象，不仅具有很强的实践价值（能够充分验证语言三要素之间的互动关系），而且对于丰富和完善汉语音变理论具有重要意义。

第四，积极促进地方文化建设。国有史，邑有志，是中国传统文化的一个突出特点。近年内黄县志的历次修订，之所以没有将动词的变韵、重叠变调等重要的语音—语法现象增补进去，不是编撰者熟视无睹，而是苦于没有现成的学术成果（据县志办公室反映，编者多缺乏语言学专业素养，感到无从下手）。整理扎实的内黄方言语音、语法、词汇材料，不仅可以促进内黄县志的修订工作，同时可以为安阳市志、河南省志的方言志建设增砖添瓦。

五　本书使用符号说明

（一）标音符号

本书标音一律采用国际音标。为节省篇幅，除例句中的词语外，音标外一般不再添加[ ]。非轻声音节的调值一般用数字标注在音标的右上角，轻声音节不标调值，只用圆点标在音节的后面。如：匀实 yn^{42} sɿ· | 槐花得 xuai^{42} xua^{24} tɛ·。变调标注在原调值之后，中间用“$^{|}$”隔开。如：改嘴 kai$^{55|42}$ tsuei^{55}。

内黄方言的音变现象较为丰富。合音、儿化等只在第一章“音变系统”和第五章“语料标音”中标注。D 变韵的标注主要体现在第二章“谓词变韵”中，标注除在变韵词语后标示“^{D}”或“^{0}”（变韵的零形式）外，并加注国际音标。

（二）语法符号

A 形容词　AP 形容词性短语　Au 助动词

C 补语

N 名词　NP 名词性短语　Num 数量词

O 宾语

P 介词　PP 介词短语　P′动量成分

T 时量成分

V 动词　VP 动词性短语

X　Y 代入成分

= 等于　　≠ 不等于

→变换　　←→ 双向变换

* 不成立

< 源自

/ 可替换

第一章　语音系统

第一节　声母

一　声母表

内黄方言包括零声母在内，共有 19 个，列表如下：

p 八别本病不	p‘ 批爬跑盼胖	m 摸门米慢梦	f 飞冯反负方
t 担夺等到得	t‘ 听同土太特	n 奶捏难女恼	l 拉龙铝摞凉
tɕ 挤杰见讲精	tɕ‘ 七怯球浅清	ɕ 修行细旋薰	
ts 糟照祖装正	ts‘ 吃仓昌处从	s 丝山苏顺送	z 日肉人扔瑞
k 该隔干管光	k‘ 开葵苦看刻	x 灰红胡话慌	
ø 安闻言玉叶			

二　声母说明

（一）实际音值

1. 声母 n 跟开口呼、合口呼相拼时，实际音值[n]，跟齐齿呼、撮口呼相拼的实际音值[ȵ]。

2. 普通话中的两组舌尖声母[ts ts‘ s]和[tʂ tʂ‘ ʂ]在内黄话中并为一组，具体发音因人或地域而略有不同，但母语人不加区分。

3. [ø]声母在开口呼韵母前有时有一个轻微的舌根浊擦音[ɣ]。如“恶”这一音节中存在一个舌根浊擦音，它的实际发音是[ɣɤ]或[ɣiɛ]。但考虑到这样的音节不多，且与合口呼、齐齿呼、撮口呼零声母音节呈现互补分布，因此仍把它当作零声母音节处理。

（二）音韵特点

1. 内黄话今读开口呼、合口呼的字，古知、庄、章三组与精组合流，读作[ts ts‘ s]。如：租 tsu^{24}＝朱｜崔 $ts‘uei^{24}$＝吹｜赛 sai^{312}＝晒。知、章两组部分字今读[tɕ tɕ‘ ɕ]，如：拄煮 $tɕy^{55}$｜住柱 $tɕy^{312}$｜猪珠 $tɕy^{24}$｜拙 $tɕyɛ^{24}$。这组字腭化声母主要来自遇山臻三摄合口三等知章组字。

2. 古日母字今多读[z]，如：热 zɛ^{24} | 绕 zau^{42} | 惹 zɛ^{55}。其中止摄今读零声母，如：儿ər^{42} | 而饵ər^{55} | 二贰ər^{312}；流摄、咸山摄、深臻摄、通摄部分三等字今读零声母。如：染 ian^{55} | 入 y^{24} | 柔 iou^{42} | 软 yan^{55} | 绒 yŋ^{42} | 闰润 yn^{312}。

3. 古见晓组声母逢今细音一般读[tɕ tɕʻ ɕ]，但在[iɛ]韵母前，有[tɕ tɕʻ ɕ]和[k kʻ x]的对立。如：街阶结洁 tɕiɛ^{24}≠隔格 kiɛ^{24} | 茄 tɕʻiɛ^{42}≠□$_{捉}$kʻiɛ^{42} | 血 ɕiɛ^{24}≠黑 xiɛ^{24}。后者来自曾梗两摄入声开口一二等德、陌、麦三韵及宕摄入声开口一等铎韵个别字。

4. 古精组的精母、邪母部分合口三等字今读[tɕ]和[ɕ]。如：纵 tɕyŋ^{312} | 足 tɕy^{24} | 俗 ɕy^{42} | 松$_{\sim树}$ ɕyŋ^{24} | 诵 ɕyŋ^{312} | 肃 ɕy^{312}。

第二节 韵母

一 韵母表

内黄方言共有 40 个基本韵母，列举如下：

ʅ 资吃支师字	i 第体鸡七绩泥	u 故绿木堵	y 雨书欲吕住
ɚ 而耳二			
a 八爬辣打法	ia 架下牙恰俩	ua 花夸抓瓦刷	
o 波钵破坡摸	io 哟	uo 过括活捉握	yo 确乐学爵嚼
ɤ 歌河可喝鹅			
ɛ 白迫麦涩择	iɛ 疙接铁血叶	uɛ 国或惑获	yɛ 靴缺绝哕月
ai 盖开买柴挨		uai 怪帅坏踹外	
ei 倍妹配肥贼		uei 会贵雷推位	
au 饱套烧搞熬	iau 小教尿料腰		
ou 斗头丑收偶		iou 旧流袖秋有	
an 南散含敢安	ian 见钱显电烟	uan 船短换关晚	yan 卷圈权宣原
ɤn 恁根肯很摁	in 民紧林心印	uɤn 春滚困屯闻	yn 均群裙熏匀
aŋ 忙当缸狼房	iaŋ 量讲想强阳	uaŋ 慌光框装王	
ɤŋ 耕坑哼生捧	iŋ 灵星叮经英	uɤŋ 横龙红东翁	yŋ 炯穷雄凶用

二 韵母说明

（一）实际音值

1. 内黄话有 8 个舌面元音音位[i u y a o ɤ e ɛ]，1 个舌尖元音音位[ʅ]，

1 个卷舌音位[ər]。

2. 韵母[uɤŋ]构成零声母音节时有轻微的摩擦。

3. 韵母[ɛ uɛ yo]北京话中没有，其对应关系是（每组前者为内黄话今读韵母）[ɛ]—[ɤ o ai iɛ]、[uɛ]—[uo]、[yo]—[iau yɛ]。内黄话今读[ɛ]、[yo]韵的字大部分来自古入声字，读[uɛ]韵的字较少。

4. 其余韵母内黄话与北京话今读不一致的情况主要还有（每组前者为内黄今读韵母）[y]—[u]、[yŋ]—[uɤŋ]、[uo]—[ɤ yɛ au]、[iɛ]—[ɤ ei]、[uei]—[ei]。

（二）音韵特点

1. 假摄开口三等麻韵（举平以赅上去，下同）、曾梗摄一二等及咸山摄三四等（除唇音）的入声字今读[ɛ]韵。如：遮折则 tsɛ^{24}｜者辙泽 tsɛ^{42}｜车拆 ts‘ɛ^{24}｜扯 ts‘ɛ^{55}｜蛇舌折 sɛ^{42}｜塞赊 sɛ^{24}｜社射摄 sɛ^{312}｜舍设 sɛ^{55}｜惹 zɛ^{55}｜列烈裂肋劣 lɛ^{24}｜得德 tɛ^{24}｜特 t‘ɛ^{42}｜百柏伯 pɛ^{24}｜魄 p‘ɛ^{24}｜白 pɛ^{42}。

2. 曾摄合口一等德韵见晓组字今读[uɛ]韵。如：国 kuɛ^{24}｜或 xuɛ^{42}。曾梗两摄开口一二等德、陌、麦三韵见组及宕摄开口一等铎韵见组个别字，今读[iɛ]韵。如：刻 k‘iɛ^{24}｜黑 xiɛ^{24}｜胳 kiɛ^{42}。

3. 宕摄开口三等药韵精、见、影三组字，江摄开口一等觉韵见系字今读[yo]韵。如：削 ɕyo^{24}｜爵嚼 tɕyo^{42}｜疟约药乐岳 yo^{24}｜脚觉角 tɕyo^{24}｜确 tɕ‘yo^{24}｜学 ɕyo^{42}。

4. 遇摄合口三等鱼虞韵及山臻两摄合口三等薛術韵知章组大部分字，通摄合口三等屋烛韵精组字今读[y]韵。如：蛛珠猪 tɕy^{24}｜拄 tɕy^{55}｜住柱 tɕy^{312}｜除 tɕ‘y^{42}｜书宿 ɕy^{24}｜鼠黍 ɕy^{55}｜薯肃树 ɕy^{312}｜俗 ɕy^{42}。

5. 果摄合口一等戈韵见组字，宕摄开口三等药韵知系字今读[uo]韵。如：过 kuo^{312}｜锅 kuo^{24}｜科棵颗 k‘uo^{24}｜果 kuo^{55}｜卧 uo^{312}｜课 k‘uo^{312}｜着 tsuo^{42}｜勺 suo^{42}｜弱 zuo^{312}。

6. 蟹摄合口一等灰韵字和止摄合口三等支脂两韵泥组字今读[uei]韵。如：类累泪 luei^{312}｜雷 luei^{42}｜内 nuei^{312}。

7. 梗摄合口三等庚清韵溪、晓、云三母字，通摄合口三等钟韵精、见晓、影三组部分字，东韵的日、以两母字今读[yŋ]韵。如：倾顷 tɕ‘yŋ^{55}｜荣容冗戎绒融 yŋ^{42}｜纵 tɕyŋ^{312}｜松胸凶 ɕyŋ^{24}。

第三节　声调

一　声调表

内黄的单字调有四个，列表如下：

阴平	[˨˦]	24	杯偏低粗专猪高开混公天安
阳平	[˦˨]	42	平扶麻糖难才徐龙床晴寒鹅
上声	[˥˥]	55	比普买短舔草死纸古口好五
去声	[˧˩˨]	312	变并帽对大醉菜是盖抗旱用

二　声调说明

（一）内黄话的四声与古四声的关系

1. 阴平字来自古平声的清声母字和部分古入声的清声母、次浊声母字。

2. 阳平字来自古平声的浊声母字、古入声全浊声母字及部分古入声清声母字。

3. 上声字来自古上声的清、次浊声母字。

4. 去声字来自古去声字和古上声的全浊声母字。

（二）《广韵》入声字在内黄方言中的归属

《广韵》中的入声字在普通话中派入四声，具体规律不明显。古平上去三声在内黄话里的演变情况和北京话相同，古入声在内黄方言里的演变和北京话不尽相同。相同的是：古全浊入声大多归阳平，例外字较少；不同的是：古清入声和次浊入声在内黄话中多归阴平，这与中原官话入声的分派十分吻合。

我们根据中国社会科学院编制的《方言调查字表》（1999），从中挑出391个入声字列成表。这些入声字都是比较常见的，较偏僻或内黄方言不说的古入声字不列。

表一

中古声母清浊	内黄方言调类	例　　字	字数	总字数	比例%
全清、次清、次浊	阴平	搭鸽喝扎鸭押压腌涩汁湿吸割杀瞎憋薛揭蝎憋楔噎钵拨豁挖刷雪说发法血膝骨忽戌雀削脚约剥觉塞鲫百柏窄掰摘隔只析击激督桌捉北黑织屐脊滴屋粥掐插磕塔榻塌踏帖脱擦渴撤铁切泼缺窟律率出托戳摧拍客麦脉尺劈踢吃秃哭蜡聂蹑叶页立辣抹灭裂热捏末沫捋劣袜月曰密蜜栗漆摸落烙骆洛药岳墨勒肋域鹿绿辟国伯迫格积迹惜昔速谷福幅蝠复竹缩筑答夹跌褶执级八得德浙节结洁括阅发决法笔质失室吉各橘作搁恶郭卓角则即逼息熄侧色职菊蓄足烛触束曲察泊扩确刻克测魄册腊猎笠粒烈列越七略默力莫乐业悦	222	292	76.1

续表

中古声母清浊	内黄方言调类	例　字	字数	总字数	比例%
全清、次清、次浊	阳平	责篾革嫡合蛤折劫急别哲穴卒佛爵着琢嘱逸额译疫役	24		8.2.
	上声	给必识朴眨撒设刮哕乙饺抹叔辱陆	15		5.1
	去声	吓毕抑撤戚日物易液轧泄式忆亿碧喝壁斥怯错栅拽幕跃历目牡肉育欲彻	31		10.6
全浊	阴平	复赎突辑雹夕殖植帛籍寂获秩	13	99	13.1
	阳平	沓盒合炸狭峡匣杂叠碟牒谍蝶协乏集十什拾达拔铡辖辙舌杰截夺滑猾绝伐筏罚橛侄实渤核术薄凿嚼勺镯学特贼值直食蚀极惑或白泽择宅席石笛敌狄独犊毒伏熟俗局述读服	74		74.7
	上声	涉蜀属习瀑昨仆	7		7.1
	去声	弼续鹤剧射	5		5.1

第四节　声韵调配合关系

一　声韵配合关系

内黄方言的声韵配合关系如表二。表中把韵母分为开齐合撮四类，声母分成 8 类。空格表示声韵不相拼合。

表二

	开口呼	齐齿呼	合口呼	撮口呼
p　pʻ　m	拔 盆 买	比 撇 抿	布 铺 亩	
f	飞		扶	
t　tʻ	大 弹	地 铁	赌 兔	
n　l	拿 蓝	捏 檩	暖 路	女 驴
k　kʻ　x	该 看 夯	给 客 黑	古 哭 胡	
tɕ　tɕʻ　ɕ		家 亲 兴		猪 去 续
ts　tsʻ　s　z	指 吃 丝 人		竹 粗 叔 锐	
ø	安	银	外	院

二　声韵调配合总表

表中列有 1043 个音节，加上两个常见的轻读音节“哟[io·]、嘞[lɛ·]”共计 1047 个音节。其中开口呼 437 个，齐齿呼 274 个，合口呼 265 个，撮口呼 71 个，有音无字的 29 个，不计声调则只有 343 个音节。声韵配合关系见下表。

表三

	ʅ				i				u				y				a				ia			
	阴平 24	阳平 42	上声 55	去声 312	阴平 24	阳平 42	上声 55	去声 312	阴平 24	阳平 42	上声 55	去声 312	阴平 24	阳平 42	上声 55	去声 312	阴平 24	阳平 42	上声 55	去声 312	阴平 24	阳平 42	上声 55	去声 312
p					逼	鼻	比	闭	不	醭	补	布					八	拔	把	坝				
p‘					批	皮	僻	屁	扑	菩	普	铺					趴	爬	①	怕				
m					密	迷	米	谜	木	模	母	墓					抹	麻	马	骂				
f									福	扶	斧	付					发	罚						
t					低	敌	底	地	都	毒	堵	度					搭	达	打	大				
t‘					踢	蹄	体	替	突	图	土	兔					塔		他					
n					妮	泥	你	腻	奴			怒			女		娜	拿	哪	那		娘		
l					立	犁	李	历	录	炉	鲁	路	律	驴	吕	虑	拉	剌	喇					俩
k							给		谷	骨	古	顾					嘎	尜	嘎					
k‘									哭		苦	裤					咔		卡	咯				
x									糊	壶	虎	护					哈							
tɕ					鸡	急	挤	记					菊	巨	举	锯					家	狭	假	嫁
tɕ‘					漆	奇	起	气					出	渠	取	去					掐		卡	
ɕ					西	席	喜	戏					虚	徐	许	树					瞎	匣		吓
ts	只	直	址	志					竹	卒	主	助					扎	杂	拃	榨				
ts‘	吃	池	齿	刺					初	锄	楚	处					擦	查	衩	岔				
s	尸	实	识	士					苏	熟	叔	诉					杀	②	啥	厦				
z	日			日						如	乳													
ø					一	移	椅	亿					输	鱼	雨	玉	腌				压	芽	哑	亚

① p‘a⁵⁵得：坡　② sa⁴²：张望

续表三

	ua				uo				o				yo				ɤ				ɛ			
	阴平 24	阳平 42	上声 55	去声 312	阴平 24	阳平 42	上声 55	去声 312	阴平 24	阳平 42	上声 55	去声 312	阴平 24	阳平 42	上声 55	去声 312	阴平 24	阳平 42	上声 55	去声 312	阴平 24	阳平 42	上声 55	去声 312
p									拨	脖	簸	簸									百	白		
p‘									坡	婆	坡	破									迫			
m									摸	馍	抹	磨									麦			
f																								

续表

	ua	uo	o	yo	ɤ	ɛ
	阴 阳 上 去 平 平 声 声 24 42 55 312	阴 阳 上 去 平 平 声 声 24 42 55 312	阴 阳 上 去 平 平 声 声 24 42 55 312	阴 阳 上 去 平 平 声 声 24 42 55 312	阴 阳 上 去 平 平 声 声 24 42 55 312	阴 阳 上 去 平 平 声 声 24 42 55 312
t		多 夺 躲 跺				得 ⑤
t‘		脱 坨 妥 拖				特 特
n		搦 挪				
l		落 罗 稆 摞				肋
k	瓜 寡 挂	锅 果 过			搁 硌 哥 个	
k‘	夸 侉 挎	扩 ③ 阔			磕 瞌 可 嗑	⑥
x	花 滑 画	擢 活 火 祸			喝 合 贺	
tɕ				脚 嚼		
tɕ‘				确		
ɕ				削 学		
ts	①	桌 作 昨 坐				遮 择
ts‘	②	搓 ④ 错				车 ⑦ 扯 撤
s		嗍 勺 锁				色 舌 舍 射
z					若 弱	热 惹
ø	挖 娃 瓦 洼	握 我 卧		药	恶 讹 饿	

① tsua[55]："做啥"的合音（因使用频率高，作为一个独立的音节看待） ② ts‘ua[55]：用手猛然抢夺 ③ k‘uo[55]利：利索 ④ ts‘uo[55]：踩踏 ⑤ tɛ[42]喽：摆治 ⑥ k‘ɛ[312]：反而 ⑦ ts‘ɛ[42]：～泥、～土

续表三

	iɛ	uɛ	yɛ	ai	uai	ei
	阴 阳 上 去 平 平 声 声 24 42 55 312	阴 阳 上 去 平 平 声 声 24 42 55 312	阴 阳 上 去 平 平 声 声 24 42 55 312	阴 阳 上 去 平 平 声 声 24 42 55 312	阴 阳 上 去 平 平 声 声 24 42 55 312	阴 阳 上 去 平 平 声 声 24 42 55 312
p	憋 别 彆			摆 拜		北 背 被
p‘	撇 撇			排 派		披 陪 呸 配
m	灭			埋 买 卖		墨 枚 美 昧
f						飞 肥 匪 废

续表

	iɛ				uɛ				yɛ				ai				uai				ei			
	阴平 24	阳平 42	上声 55	去声 312	阴平 24	阳平 42	上声 55	去声 312	阴平 24	阳平 42	上声 55	去声 312	阴平 24	阳平 42	上声 55	去声 312	阴平 24	阳平 42	上声 55	去声 312	阴平 24	阳平 42	上声 55	去声 312
t	爹	碟											呆		逮	带								
t‘	贴												胎	抬	骀	太								
n	捏			①											奶	耐								
l	咧			②										来	攋	赖								
k	隔	胳	圪		国								该		改	盖	乖		拐	怪				
k‘	客	咳	坷										开		楷				㧟	快				
x	黑	核			获	或							害	孩	海	害		怀		坏				
tɕ	接	截	姐	借					诀	绝														
tɕ‘	切	茄		怯					缺	瘸	撧[4]													
ɕ	歇	鞋	写	卸					说	穴														
ts													栽		宰	再			跩	拽		贼		
ts‘								③					差	才	踩	菜	揣		揣	踹				
s													腮		甩	晒	摔			帅		谁		睡
z																								
ø	叶	爷	野	夜					月		哕		哀	挨		爱	歪		崴	外				

① niɛ³¹²：人家 ② liɛ³¹²：澥 ③ ts‘uɛ³¹²：无论 ④ 撧 tɕ‘yɛ⁵⁵：折。广韵薛韵子悦切：“断物也。”

续表三

	uei				au				iau				ou				iou				an			
	阴平 24	阳平 42	上声 55	去声 312	阴平 24	阳平 42	上声 55	去声 312	阴平 24	阳平 42	上声 55	去声 312	阴平 24	阳平 42	上声 55	去声 312	阴平 24	阳平 42	上声 55	去声 312	阴平 24	阳平 42	上声 55	去声 312
p					包		宝	豹	标		表	摽									搬		板	半
p‘					泡	刨	跑	炮	飘	瓢		票									潘	盘		盼
m					③	毛	卯	冒	④	苗	秒	庙	冇			冇						瞒	满	慢
f																					翻	矾	反	饭
t	①		②	对	刀		导	倒	叼		屌	吊	都		抖	逗	丢				单		胆	蛋
t‘	推		腿	退	掏	桃		套	挑	条	挑	跳	偷	头		透					贪	痰	毯	炭
n				内	孬	挠	脑	闹			鸟	尿					扭	牛	扭	拗		男	⑤	难
l	累	雷	垒	类	捞	劳	老	涝	缭	辽	了	撂	搂	楼	篓	漏	溜	刘	柳	六		蓝	揽	烂
k	归		鬼	贵	高		搞	告					沟		狗	够					干	⑥	赶	干
k‘	亏	奎		䙡			烤	靠					抠		口	扣					看		砍	看
x	灰	回	毁	会	薅	豪	好	耗					休	侯		后					憨	邯	喊	汗

续表

	uei	au	iau	ou	iou	an
	阴平 阳平 上声 去声 24 42 55 312	阴平 阳平 上声 去声 24 42 55 312	阴平 阳平 上声 去声 24 42 55 312	阴平 阳平 上声 去声 24 42 55 312	阴平 阳平 上声 去声 24 42 55 312	阴平 阳平 上声 去声 24 42 55 312
tç			教　饺叫		揪　九舅	
tç‘			敲桥巧俏		秋球糗	
ç			肖　小笑		休　　秀	
ts	追　嘴醉	招找早赵				粘咱展站
ts‘	吹锤　脆	抄朝草肏				搀缠产⑦
s	尿随水税	烧绍少哨				三　闪善
z	瑞	扰				然冉
ø	偎围伟胃	拗熬袄鏊	腰窑咬要	欧牛熰怄	优油有又	安　俺按

① tuei[24]：用铲子猛铲；口算　② tuei[55]：相向碰撞；抵消　③ mau[24]：斜睨，以眼神斥责　④ 咕咕miau[24]得：猫头鹰　⑤ nan[55]：以舌裹食　⑥ kan[42]草：谷秸秆　⑦ ts‘an[312]线：放线

续表三

	ian	uan	yan	ɤn	in	uɤn
	阴平 阳平 上声 去声 24 42 55 312	阴平 阳平 上声 去声 24 42 55 312	阴平 阳平 上声 去声 24 42 55 312	阴平 阳平 上声 去声 24 42 55 312	阴平 阳平 上声 去声 24 42 55 312	阴平 阳平 上声 去声 24 42 55 312
p	边　扁遍			奔笨本笨	宾　　殡	
p‘	偏便谝片			喷盆　喷	拼贫品聘	
m	棉免面			闷门　闷	民抿	
f				分坟粉份		
t	掂　点电	端　短断		①		吨　　炖
t‘	天甜舔	团		吞		屯
n	捻年撵碾	暖		恁恁		
l	帘脸炼	銮敛乱			林檩赁	抡　嫩
k		关　管灌		跟　②艮		
k‘		宽　款		肯裉		
x		欢还缓换		很恨		
tç	尖　俭见		捐　卷圈		金儘紧劲	
tç‘	牵前浅欠		圈全权劝		亲勤寝吣	
ç	先闲显县		暄悬宣馅		心寻　信	
ts		专　转赚		真怎诊枕		衠准
ts‘		穿传喘串		抻陈　衬		村存忖寸
s		拴　　算		身神审肾		孙　　顺
z				人忍认		
ø	烟芫眼燕	弯完晚万	冤原远院	恩　　摁	音银隐印	温文稳问

① tɤn[312]：两头支撑　② kɤn[55]：硬物硌人，也读作ɤn[55]

续表三

	yn	aŋ	iaŋ	uaŋ	ɤŋ
	阴阳上去 平平声声 24 42 55 312	阴阳上去 平平声声 24 42 55 312	阴阳上去 平平声声 24 42 55 312	阴阳上去 平平声声 24 42 55 312	阴阳上去 平平声声 24 42 55 312
p p' m f		傍　绑棒 乓旁　胖 牤忙蟒 方房仿放			崩　绷泵 澎朋捧碰 懵蒙猛梦 风冯　凤
t t' n l		当　挡荡 汤堂躺烫 囊囊攮 ①狼朗浪	 　娘 　凉两晾		灯　等凳 熥疼 　能　弄 ⑤　冷愣
k k' x		缸　岗杠 糠扛②炕 夯行		光　广逛 诓狂　矿 慌黄幌晃	耕　耿更 坑　　⑥ 哼恒
tɕ tɕ' ɕ	军　　俊 　裙 熏巡旬训		姜　讲酱 枪墙抢炝 香享响像		
ts ts' s z ø	 晕云　运	张③长丈 仓长厂唱 丧　嗓上 央④　让	 秧羊痒样	装　奘状 疮床闯创、 双　爽 汪王网忘	争　整正 撑层丞秤 生绳省胜 扔仍

① 怀个 $laŋ^{24}$ 得：黄鼠狼　② $k'aŋ^{55}$：用肩顶　③ $tsaŋ^{42}$：放　④ $zaŋ^{42}$：气不足；弱　⑤ $lɤŋ^{24}$：用拳头击打　⑥ $k'ɤŋ^{312}$：抗

续表三

	iŋ	uɤŋ	yŋ	ɚ
	阴阳上去 平平声声 24 42 55 312	阴阳上去 平平声声 24 42 55 312	阴阳上去 平平声声 24 42 55 312	阴阳上去 平平声声 24 42 55 312
p p' m f	兵甭饼病 乒平 　名　命			
t t' n l	丁　顶定 听亭挺① 　拧　宁 　灵岭另	东　董洞 通桐筒恸 ②农　齉 　龙拢		

续表

	iŋ				uɤŋ				yŋ				ɚ			
	阴平 24	阳平 42	上声 55	去声 312	阴平 24	阳平 42	上声 55	去声 312	阴平 24	阳平 42	上声 55	去声 312	阴平 24	阳平 42	上声 55	去声 312
k					工		拱	供								
k‘					空		恐	控								
x					烘	红	哄	横								
tɕ	惊		井	净								纵				
tɕ‘	青	晴	请	庆						穷	倾					
ɕ	星	刑	醒	兴					兄	熊		诵				
ts					中		肿	种								
ts‘					冲	虫		冲								
s					松	③		送								
z																
ø	英	迎	影	硬	翁		⿰扌翁	瓮	涌	荣	永	用		儿	耳	二

① t‘iŋ312：对着干 ② nuɤŋ24：撑 ③ suɤŋ42 气：难看的样子

第五节 音变系统

内黄方言的音变现象主要包括韵母变化（儿化韵、D 变韵）、合音、连读变调（两字组、叠字组）、轻声等。

一 韵母变化

（一）儿化韵

1. 儿化韵母系统

内黄话 40 个基本韵母中，除[ər]以外，其余韵母都可以儿化，17 个儿化韵列表如下，括弧里的韵母为儿化韵母的来源。

ar(< ai an)	iar(< ian)	uar(< uai uan)	yar(< yan)
ɐr(< a aŋ ɤŋ)	iɐr(< ia iaŋ iŋ)	uɐr(< ua uaŋ uɤŋ)	yɐr(< yŋ)
or(< o ɤ ɛ au ou)	ior(< iɛ iau iou)	uor(< uo uɛ)	yor(< yɛ yo)
ər(< ʅ ei ɤn)	iər(< i in)	uər(< uei uɤn)	yər(<y yn)
		ur(<u)	

2. 儿化的特点

（1）从儿化韵系统看，内黄方言的儿化更为简化，比普通话一共少 9 个儿化韵。这主要是通过表三第二、三行括号内的韵母归并实现的：无韵尾且带/a/音位的韵母与带后鼻音韵尾韵母的儿化归并，主要元音音位变为[ɐ]；韵母为[o ɤ ɛ au ou]以及相应齐齿呼、合口呼、撮口呼韵母的儿化归并，主要元音音位变为[o]。

（2）从使用上看，内黄方言儿化的适用范围更广。部分名词不儿化不能说，如：字儿、事儿、时候儿、鸡儿（鸡得）等；形容词儿化可以不改变词性，如：（不）孬儿、（不）小儿、（多）长儿等；动词、形容词儿化转化为名词的范围更广，如：吃儿（吃头）、瞧儿（看头）、好儿（好日子）、错儿（错误）等。

（3）儿化对舌尖声母的实际音值有重要影响。以城关镇为代表的内黄方言舌尖声母只有一组：ts、ts‘、s、z。儿化音变使单字音的舌尖前声母一律变成舌尖后声母 tʂ、tʂ‘、ʂ、ʐ。比较：

字体 tsɿ^{312} t‘i^{55}——字儿 tʂər^{312}　　词 ts‘ɿ^{42}——词儿 tʂ‘ər^{42}

丝得 sɿ^{24} tɛ·——丝儿 ʂər^{24}　　仁得 zɤn^{42} tɛ·——仁儿ʐər^{42}

治 tsɿ^{312}——治儿 tʂər^{312}　　吃 ts‘ɿ^{24}——吃儿 tʂ‘ər^{24}

需要说明的是，舌尖前声母的这种发音变化（实际发音部位后移），仅作为协同发音的习惯，并不区别意义。将“字儿、吃儿、事儿”分别发成[tsər]、[ts‘ər]、[sər]，内黄本地人察觉不到（不包括井店、二安、中召、梁庄等地）。因此，我们下面对该类儿化的标注一般情况下仍标注原声母。

（4）儿化音节后面语气词“哟”的声母一律变成[l]。比较：

三得哟？san^{24} tɛ· io·——三儿哟？sar^{24} lo·

得劲哟？tɛ^{24} tɕin^{312} no·——得劲儿哟? tɛ^{24} tɕin^{312} lo·

买嘞鱼哟？mai^{55} lɛ· y^{42} io·——鱼儿哟？yər^{42} lo·

拿嘞纸哟？na^{42} lɛ· tsɿ^{55} zo·——拿嘞纸儿哟？na^{42} lɛ· tsər^{55} lo·

编嘞筐哟？pian^{24} nɛ· k‘uaŋ^{24} ŋo·——编嘞筐儿哟？pian^{24} nɛ· k‘uɐr^{24} lo·

（5）儿化韵母举例（按儿化韵母表中的顺序列举，每个基本韵母只举一例）

[ar] 锅盖儿 kuo^{24} kar^{312} | 饼干儿 piŋ^{55} kar^{24}

[iar] 零钱儿 liŋ^{42} tɕ‘iar^{42}

[uar] 掀怀儿 ɕiɛ^{55} xuar^{42} | 大官儿 ta^{312} kuar^{24}

[yar] 大院儿 ta^{312} yar^{24}

[ɐr] 门搭儿 mɤn^{42} tɐr^{24} | 粮缸儿 liaŋ^{42} kɐr^{24} | 红薯梗儿 xuɤŋ^{42} ɕy· kɐr^{55}

[iɐr] 豆芽儿 tou^{312} iɐr^{42} | 鞋样儿 ɕiɛ^{42} iɐr^{312} | 萝卜缨儿 luo^{42} pu· iɐr^{24}

[uɐr] 牙刷儿 ia^{42} suɐr^{24} | 筐儿 k‘uɐr^{24} | 公儿 kuɐr^{24}

[yɐr] 哭穷儿 k‘u^{24} tɕ‘yɐr^{42}

[or] 上坡儿 saŋ^{312} p‘or^{24} | 唱歌儿 ts‘aŋ^{312} kor^{24}

排得车儿 p‘ai^{42} tɛ· ts‘or^{55} | 画道儿 xua^{312} tor^{312} | 豆儿馍 tor^{312} mo^{42}

[ior] 树叶儿 ɕy^{312} ior^{24} | 弯腰儿 uan^{24} ior^{24} | 青油儿 kau^{312} ior^{42}

[uor] 出窝儿 tɕ‘y^{24} uor^{55} | 小国儿 ɕiau^{55} kuor^{24}

[yor] 小雪儿 ɕiau^{55} ɕyor^{24} | 车角儿 ts‘ɛ^{24} tɕyor^{24}

[ər] 萝卜丝儿 luo^{42} pu· sər^{24} | 三辈儿 san$^{24|42}$ pər^{312} | 韭菜根儿 tɕiou^{55} ts‘ai· kər^{24}

[iər] 生气儿 sɤŋ^{24} tɕ‘iər^{312} | 汗临儿 xan^{312} liər^{42}

[uər] 高低柜儿 kau^{24} ti^{24} kuər^{312} | 拐棍儿 kuai^{55} kuər^{312}

[yər] 小猪儿 ɕiau^{55} tɕyər^{24} | 老晕儿 lau^{55} yər^{24}

[ur] 羊肚儿 iaŋ^{42} tur^{55}

（二）D 变韵

1. D 变韵母系统

内黄方言中的动词、形容词以及部分地名、个别介词、副词入句后存在变韵现象。其中韵母是[a o ɤ ɛ ər ia iɛ ua uɛ uo yɛ yo]的词，非变韵形式也能表示其余 27 个韵母变韵所表示的语法意义，可以看作变韵的零形式。变韵系统中韵母由原来的 40 个变为 12 个，列表如下，括号内为基本韵母。

a(<a)	ɤ(<ɤ)	ia(<ia)	ua(<ua)
ɛ(< ɛ ɿ ai ei an ɤn)		o(<o au ou aŋ ɤŋ)	
iɛ(< i iɛ ian in)		io(< iau iou iaŋ iŋ)	
uɛ(< uɛ uai uei uan uɤn)		uo(< u uo uaŋ uɤŋ)	
yɛ (< y yɛ yn yan)		yo(< yo yŋ)	

2. D 变韵的特点

（1）内黄方言 D 变韵系统较为整齐，韵尾一律脱落，后鼻韵尾脱落后，韵母带有轻微的鼻化色彩。

（2）基本韵母中[a o ɤ ɛ ər ia iɛ io ua uɛ uo yɛ yo] 这 13 个属于不变韵母，其余 27 个属于可变韵母。不变韵母和可变韵母经过整合形成了一个独立的变韵系统，韵母由原来的 40 个变为 12 个。当不变韵母表示变韵韵母的意义时，应看作 D 变韵的零形式。

（3）变系统的主体是动词、形容词，同时包括小地名中的姓氏名词、个别副词、介词等。

3. D 变韵母举例

变韵标注方式采用贺巍（1965），动词右上角加标“D”，并加注国际音标。零形式则采用辛永芬（2007），动词右上角加标“0”，并加注国际音标。

（1）动词举例

为了方便和变韵表对照，列举按照变韵表的顺序进行。除表中前四个韵母为零形式各举两个例子外，其他韵母只列举一个动词，且仅举一例。每个 D 变韵母都另起一行，不同例子之间用竖线隔开（韵母为[uɛ]的单字较少，没有发现合适的动词）。

[a] 打 ^{0}ta^{55} ～好几巴掌了 | 洒 ^{0}sa^{55} ～一路儿

[ɤ] 讹 ^{0}ɤ^{42} ～走俺一百块钱 | 搁 ^{0}kɤ^{24} ～地下了

[ia] 压 ^{0}ia^{24} ～它床底下 | 嫁 ^{0}tɕia^{312} ～外街嘞了

[ua] 挎 ^{0}k‘ua^{312}～腰嘞了 | 刷 ^{0}sua^{24} ～好几回

[ɛ] 撤 ^{0} ts‘ɛ^{312} ～一耳巴得 | 志 ^{D}tsɛ^{312} ～二斤梨膏 | 载 ^{D} tsɛ^{312} ～一车人 | 睡 ^{D}sɛ^{312} ～俩天 | 揞 ^{D}ɛ^{55} ～俺头上 | 跟 ^{D} kɛ^{24} ～他走了

[iɛ] 掖 ^{0}iɛ^{24} ～墙里头 | 记 ^{D}tɕiɛ^{312} ～你嘞 | 腌 ^{D}iɛ^{24} ～点儿咸菜 | 饮 ^{D}iɛ^{312} ～ ～头牯

[uɛ] 歪 ^{D}uɛ^{24} 头～一边了 | 跪 ^{D}kuɛ^{312} ～人家全家 | 灌 ^{D}kuɛ^{312} ～一塑料壶儿水 | 捆 ^{D} k‘uɛ^{55} ～一捆草

[yɛ] 撅 ^{0} tɕyɛ^{42} 屎得～天上 | 住 ^{D} tɕyɛ^{312} ～南地嘞了 | 运 ^{D} yɛ^{312} ～两车粪 | 圈 ^{D} tɕyɛ^{312} ～它老长时候了

[o] 簸 ^{0}po^{55} ～恁些麦种 | 捞 ^{D}lo^{42} ～两条鱼 | 搂 ^{D} lo^{55} ～孩得睡了 | 当 ^{D}to^{24} ～盘儿棋 | 愣 ^{D}lo^{312} ～那儿了

[io] 要 ^{D}io^{312} ～俩钱儿 | 酒 ^{D}tɕio^{55} ～一锅枣 | 戕 ^{D}tɕ‘io^{24} ～俺一辈得 | 醒 ^{D}ɕio^{55} ～一大会得了

[uo] 耠 ^{0}xuo^{24} ～二亩地 | 哭 ^{D}k‘uo^{24} ～半晌 | 诓 ^{D}k‘uo^{24} ～他来了 | 供 ^{D}k‘uo^{24} ～他上D 二年学

[yo] 学 ^{0}ɕyo^{42} ～二年剃头了 | 熊 ^{D}ɕyo^{42} ～他老半天

（2）小地名举例

小地名是指内黄人所熟悉的本县的村名①。从语音上看，内黄县小地名有两个明显特点：一是尾字为“庄、屯、拐、营”一般要儿化，且读原调；其他村名则一般不发生儿化，且末字读作轻声。二是近一半村名带有姓氏字，其中，变韵区“姓氏+村/庄儿”中的姓氏字一般要发生 D 变韵。发生 D 变韵的村名主要有：

[ɛ] 支 ^{D}tsɛ^{24}庄儿 | 东台 ^{D}t‘ɛ^{42}头 | 西台 ^{D}t‘ɛ^{42}头 | 宰 ^{D}tsɛ^{55}庄儿 | 樊 ^{D}fɛ^{42}庄儿 | 韩 ^{D}xɛ^{42}庄儿 | 甘 ^{D}kɛ^{24}庄儿 | 陈 ^{D}ts‘ɛ^{42}庄儿$_{2}$（陈家庄）| 陈 ^{D}ts‘ɛ^{42}村 | 陈 ^{D}ts‘ɛ^{42}流村 | 陈 ^{D}ts‘ɛ^{42}营儿

[iɛ] 季 ^{D} tɕiɛ^{312}村（季岳村）| 李 ^{D} liɛ^{55}庄儿$_{4}$（东李庄、西李庄、黎庄）| 李 ^{D}liɛ^{55}流村 | 亓 ^{D}tɕ‘iɛ^{42}营儿 | 翟 ^{D} iɛ^{55}园 | 菅 ^{D}tɕiɛ^{24}庄儿（菅

① 20 个世纪 80 年代以后，县政府为加强村名规范化管理，先后两次对村名尤其是相同的村名进行了修改（保留一个原则）。这里列举的小地名仍按当地老百姓目前正常使用的原名（实际叫法）。原名后面所标数字表示同村名的个数（不包括非变韵区仅书写形式相同的村名），括号内为原名所涵盖的新村名。原村名后没有标数字的，括号内为该村名更改后的新村名。

岳村）｜燕 ^{D}iɛ^{55}庄儿｜卞 ^{D}piɛ^{312}庄儿｜连 ^{D}liɛ^{42}庄儿

[uɛ] 魏 ^{D}uɛ^{312}庄儿 $_{2}$（魏家庄）｜魏 ^{D}uɛ^{312}流河（南流河）｜魏 ^{D}uɛ^{312}弯儿｜段 ^{D}tuɛ^{312}庄儿｜关 ^{D}kuɛ^{24}庄儿｜关 ^{D}kuɛ^{24}村｜孙 ^{D}suɛ^{24}小寨｜后王 ^{D}uɛ^{42}

[yɛ]余 ^{D}yɛ^{42}庄儿｜徐 ^{D}ɕyɛ^{42}庄儿 $_{2}$（徐张村）｜袁 ^{D}yɛ^{42}庄儿

[o] 赵 ^{D}tso^{312}庄儿 $_{2}$（赵家庄）｜赵 ^{D}tso^{312}林儿｜晁 ^{D}ts‘o^{42}小寨｜高 ^{D}ko^{24}庄儿｜周 ^{D}tso^{24}庄儿（周岳村）｜康 ^{D}k‘o^{24}庄儿（康张村）｜桑 ^{D}so^{24}庄儿｜尚 ^{D}so^{312}庄儿｜张 ^{D}tso^{24}庄儿｜孟 ^{D}mo^{312}庄儿｜郑 ^{D}tso^{312}庄儿

[io] 焦 ^{D}tɕio^{24}庄儿（焦岳村）｜乔 ^{D}tɕ‘io^{42}庄儿（乔岳村）｜刘 ^{D}lio^{42}庄儿 $_{4}$（西刘庄儿、刘岳村、刘家庄）｜刘 ^{D}lio^{42}小寨｜大刘 ^{D}lio^{42}｜小刘 ^{D}lio^{42}｜流 ^{D}lio^{42}庄儿｜杨 ^{D}io^{42}庄儿 $_{3}$（北杨庄）｜司杨 io^{42}庄儿｜丁 ^{D}tio^{24}庄儿｜明 ^{D}mio^{42}庄儿

[uo] 杜 ^{D}tuo^{312}村｜杜 ^{D}tuo^{312}庄儿｜杜 ^{D}tuo^{312}流村｜付 ^{D}fuo^{42}庄儿（付张村）｜胡 ^{D}xuo^{42}庄儿 $_{2}$（胡家庄）｜祝 ^{D}tsuo^{55}庄儿｜顾 ^{D}kuo^{312}庄儿｜黄 ^{D}xuo^{42}村｜黄 ^{D}xuo^{42}庄儿（黄张村）｜王 ^{D}uo^{42}庄儿 $_{3}$（北王庄、王岳村）｜王 uo^{42}营儿｜董 ^{D}tuo^{55}庄儿 $_{3}$（董新张、董家庄）｜董 ^{D}tuo^{55}村｜龙 luo^{42}庄儿

需要说明两点：第一，非变韵区的村名不发生 D 变韵。如：梁庄镇的“冯庄、苏村、常村、段村、靳庄”等，中召乡、宋村乡、后河镇也是如此。变韵过渡区井店镇的村名（邵村、大冯村、北冯村、齐村）也不发生变韵。第二，变韵区存在少数特殊情况。如：窦公乡的“孙村”、马上乡的“蔡村”等不能变韵。东庄镇中与“李 ^{D}流村、杨 ^{D}流村”紧挨的“侯流村”也不能发生 D 变韵，但“侯”可以儿化。“牛流河”中的“牛”更是只能读作丢声母、韵头的儿化形式[or^{42}]。北部石盘屯乡、田氏乡个别村庄在当地的变韵读法较为特殊，如“桑 ^{D}sa^{24}庄儿、康 ka^{24}庄儿、黄 ^{D}xua^{42}庄儿”等，变韵区其他地方对这几个村名的读法如表中所列。二安乡的“后王 ^{D}uɛ^{42}”（按城关方言的变韵规律应读作 uo^{42}）与浚县的 D 变韵相近，只是进一步脱落了后鼻韵尾。

二　合音

多个音节合成一个音节叫作合音，该现象在豫北方言中表现得较为突出。内黄方言的合音现象，主要包括词合音和形容词重叠形式 AAB 的合音。

（一）词合音

我们这里说的词合音一般是指临时音变现象，即合音形式和原读形式在句子中可以自由替换的合音现象，不包括历时形成的合音词（原读形式

已不再使用的合音词参见第三节“代词”以及第七节“助词”等）。合音形式一般用前字声母、声调，后字声母脱落，韵母往往发生变化，儿化词合读时卷舌特征消失。

1. 数量词的合音

数量词的合音主要表现为“一、两、三、八、十”与量词“个”的合音。例词中竖线前为原读形式，竖线后为合音形式。

一个 i$^{24|42}$ kɤ· | yo^{24}　两个 liaŋ^{55} kɤ· | lia^{55}　三个 san$^{24|42}$ kɤ· | sa^{24}

八个 pa^{24} kɤ· | pa^{24}　一十个 i^{24} so^{24}

二十个 ər^{312} sʅ^{42} kɤ· | ər^{312} so^{24}　三十个 san^{24} sʅ^{42} kɤ· | san^{24} so^{24}

四十个 sʅ^{312} sʅ^{42} kɤ· | sʅ^{312} so^{24}　五十个 u^{55} sʅ^{42} kɤ· | u^{55} so^{24}

六十个 liou^{312} sʅ^{42} kɤ· | liou^{312} so^{24}　七十个 tɕʻi^{24} sʅ^{42} kɤ· | tɕʻi^{24} so^{24}

八十个 pa^{24} sʅ^{42} kɤ· | pa^{24} so^{24}　九十个 tɕiou^{55} sʅ^{42} kɤ· | tɕiou^{55} so^{24}

需要说明的是，十个十个地数数时“十个”可以数为“一十个”，但只有合读形式 i^{24} so^{24}。“四、五、六、七、九”以及代数词“几”与后面的“个”不产生合音，单说“十个”时也不发生合音。这两种情况下，弱读的“个”一般不再读作舌根声母，而是和前面的音节趋同了，这是顺同化的结果①。列举如下：

四个 sʅ^{312} zɤ·　五个 u^{55} uo·　六个 liou^{312} uo·　七个 tɕʻi^{24} io·

九个 tɕiou^{55} uo·　十个 sʅ^{42} zɤ·　几个 tɕi^{55} io·

2. 方位词的合音

方位词的合音主要表现为“里头”合读，该词使用频率很高，既可以用在单音节名词后面，又可以用在多音节名词之后。

里头 li^{55} tʻou· | liou^{55}

面～　煤～　饭～　肚～　桶～　墙～　井～　缸～　壶～　砖～

布袋～　屋得～　抽斗～　箱得～　学校～　暖壶～　片夹儿～

煤洞得～　胡同得～　大布袋得～　鸡蛋□kʻiɛ^{42} 娄得～

另外，“顶上、底下”也可以产生合读。“顶上”主要用在多音节名词之后，且已经泛化为“上”的意思，“底下”则相对自由。“底下”的合音只通行于县南部五个乡镇。

顶上 tiŋ^{55} saŋ· | tiɛ^{55}

屋得～　案板～　盆得～　篮得～　桌得～　勺得～　棍得～　布袋～

① 内黄方言的语音同化作用往往会改变词语的实际读音，并以变读形式固定下来。逆同化的例子如：自己 tɕi^{312} tɕi· | 自家 tɕi^{312} tɕia· | 这会儿 tsu^{55} xuər·，顺同化的例子如：脊梁 tɕi^{42} ȵiaŋ· 等。

底下 ti^{55}ɕia· | tia^{55}

床～　墙～　桶～　坑～　书～　案板～　屋得～　瓜秧～　麦秸～

3. 时间名词的合音

内黄方言中，部分时间名词可以产生合音。

清早 tɕʻiŋ^{24} tau· | tɕʻio^{24}　后晌 xɤ^{312} saŋ· | xo^{312}

明儿个 miɐr^{42} kɤ· | miɛ^{42} kɤ·

前儿个 tɕʻiar^{42} kɤ· | tɕʻiau^{42} kɤ·

大前儿个 ta^{312} tɕʻiar^{42} kɤ· | ta^{312} tɕʻiau^{42} kɤ·

今儿个 tɕiər^{24} kɤ· | tɕiou^{24} kɤ·

另外，表示时间意义的抽象名词“时候儿、时候”也可以产生合音。“时候儿”和指量短语“指个（这一个）、恁个（那一个）”搭配使用时，可以合读为[sor^{42}]，和“有”搭配使用时可以合读为[sor·]或[tsor·]。

指个/恁个时候儿 sɿ^{42} xor· | sor^{42}　有时候儿 sɿ^{42} xor· | sor·/tsor·

“时候”用在单音节动词之后构成偏正结构表示“V 的时候”时只能以合读的形式[so·]出现。我们认为，这种合读现象源于“V 嘞时候儿”。“时候[sɿ^{42} xou·]”在内黄方言中必须儿化才能说，合音伴随结构助词“嘞”的脱落和“时候儿”卷舌特征的消失。该用法老年人使用多，年轻人使用少。比较：

老年人	年轻人
干时候 kan^{312} so·	干嘞时候儿 kan^{312} nɛ· sɿ^{42} xor·	kan^{312} nɛ· sor·
吃时候 tsʻɿ^{24} so·	吃嘞时候儿 tsʻɿ^{24} lɛ· sɿ^{42} xor·	tsʻɿ^{24} lɛ· sor·
来时候 lai^{42} so·	来嘞时候儿 lai^{42} lɛ· sɿ^{42} xor·	lai^{42} lɛ· sor·

时间名词“先时候”表示“过去”义，其中的“时候”只能合读。该词读作[ɕian^{24} so·]。“前晌”表示“上午”义，只有合读形式[tɕʻiaŋ^{42}]，但只通行于后河镇南部、六村乡等地。“肉儿西[ẓour^{312} ɕi^{24}]表示“下午”义，应是“日头儿西”中“日头儿”合音的结果，仅通行于南部、西南五个乡镇。

4. 动词语的合音

动宾词组“做啥”且使用频率很高，主要用于问句，可以读作上声也可以读作阳平。“起来、出来”无论是作为行为动词还是趋向动词都可以合读，但只通行于南部、西南五个乡镇。

做啥 tsu^{312} sa^{55} | tsua$^{55\sim42}$：你～嘞呀？（疑问）你想～嘞？（反问）

起来 tɕʻi^{55} lai· | tɕʻiai^{55}：他～了。拿不～。

出来 tʂʻʮ^{55} lai· | tʂʻʮai^{55}：他～了。薅不～。

另外，主谓词组“你瞧^{D}”作为一个感叹性独立成分表示惊讶义时可以合读。

你瞧^{D} ni^{55} tɕʻio^{42} | nio^{55}：～，你咋能不去嘞？ | ～，给你你逗_就拿住不咋。

5. 语助词的合音

该类合音主要表现为助词“嘞”与句末语气词的合读。这种跨层次的合音现象，表现在疑问句中，主要有“嘞哟、嘞呀、嘞也”的合音等。

嘞哟 lɛ· io· | lio·：你往北地嘞干活儿～？ | 他去～？

嘞呀 lɛ· ia· | lia·：你做啥～？ | 我去打工～。

嘞也 lɛ· iɛ· | liɛ·：你弄啥～？ | 咋去～？

需要注意的是，该类合音都有变体形式，当“嘞”前字的韵尾为前鼻音 n 时，“嘞”变读为 nɛ·，“嘞哟、嘞呀、嘞也”可以分开读，也可以合读。合读形式分为[nio·]、[nia·]、[niɛ·]。

你往我干嘞哟 nɛ·yo· | nio·?　　你往哪儿干嘞呀 nɛ· ia· | nia·?

你这是咋搬嘞也 nɛ· iɛ· | niɛ·?

如前所述，句末疑问语气词“哟（哦）”在儿化音节后的变读形式[lo·]，并不是“嘞”和“哦（哟）”的合音。

他来^{D}那儿搬^{D}走几块儿哟（哦）[lo·]？ | 说嘞这个事儿哟（哦）[lo·]?

上两例若将儿化词换作非儿化词，后面的语气词只能读作[io·/o·]。前例若儿化词后带事态助词“了$_{2}$”，则和后面的语气词合读为“唠[lau]”。后例儿化音节的原韵母为[ɿ]，“哟（哦）”也可以读为[zo·]。这种儿化词影响语气词声母的语音现象，是否和晋方言的嵌 L 词存在某种联系，有待进一步考察。

（二）叠字合音

形容词重叠形式 AAB 中，两个 A 合成一个音节（左列 AB 成词，右列不成词）。表现出三个特点：一是合音韵母的主要元音变为长音①，二是韵腹是[i y]的前后鼻韵母字，合读时流音成分[ɤ]得以显现，三是除部分贬义的 AAB（且 AB 成词）读合音或原读形式自由外，其余一般情况下读合音形式，在否定句、条件句等非现实句中可读原形式。

癔癔症 iː^{312} tsɤŋ$^{42\sim24}$	干干生 kaː n^{24} sɤŋ$^{42\sim24}$
庄庄户 tsuaː ŋ^{24} xu$^{42\sim24}$	凉凉丝 liaːŋ^{42} sɿ· (ər)$^{42\sim24}$
清清楚 tɕʻiːɤŋ^{24} tsʻu$^{42\sim24}$	红红鱼 xuːɤŋ^{42} y(ər)$^{42\sim24}$
阴阴凉 iːɤn^{24} liaŋ$^{42\sim24}$	硬硬邦 iːɤŋ^{312} paŋ$^{42\sim24}$

① 这类现象处于合音与非合音两可的模糊地带。王洪君（1999）提出“一个半音节”的概念，得到语言学界众多学者的认同，我们认为这里处理为一个长音节也可行。

三　连读变调

变调系统主要包括连读变调和叠字变调。前者主要表现为两字组变调，后者主要包括叠音名词的变调以及动词、形容词重叠式的变调。

（一）两字组连读变调

1. 变调特点

内黄的两字组（不包括重叠），前字有阴平、阳平、上声、去声四种声调，后字有阴平、阳平、上声、去声、轻声五种声调，共有20种组合。其中，14种组合一般不发生变调，6种组合一定发生变调，2种组合在特定情况下发生变调。

变调一般只发生于前字。平声字一般不发生变调，除了“一、三、七、八、不”。仄声字变调包括上声字在上声字前面时，前字变为阳平，去声前字一律变为半去这两种情况，其他情况不发生变调。列表如下：

表四

后字 前字	阴平	阳平	上声	去声	轻声
阴平	24+24	24+42	24+55	24+312 24|42+312	24+ •
阳平	42+24	42+42	42+55	42+312	42+ •
上声	55+24	55+42	55|42+55	55+312	55+ • 55|42+ •
去声	312|31+24	312|31+42	312|31+55	312|31+312	312|31+ •

2. 十四种两字组合不发生变调举例

阴平+阴平（24+24）　刮风 kua　fɤŋ　　收秋 sou　tɕʻiou
　　中间 tsuɤŋ　tɕian　　劈开 pʻi　kʻai
　　阴天 in　tʻian　　生蛆 sɤŋ　tɕʻy
阴平+阳平（24+42）　铺床 pʻu　tsʻuaŋ　　猜枚 tsʻai　mei
　　熥馍 tʻɤŋ　mo　　扒皮 pa　pʻi
　　初十 tsʻu　sʅ　　丢人 tiou　zɤn
阴平+上声（24+55）　封口 fɤŋ　kʻou　　喝酒 xɤ　tɕiou
　　拍球 pʻiɛ　tɕʻiou　　蹚水 tʻaŋ　suei
　　扎火 tsa　xuo　　中雨 tsuɤŋ　y
阴平+去声（24+312）　出坏 tɕʻy　xuai　　酥肉 su zou

	织布 tsɿ　pu	切菜 tɕʻiɛ　tsʻai
	赊欠 sɛ　tɕʻian	高个儿 kau　kor
阴平+轻声（24+ •）	芝麻 tsɿ　ma	蜘蛛 tsɿ　tɕy
	撕拽 sɿ　tsuai	里拉 li　la
	鸡蛋 tɕi　tan	衣裳 i　saŋ
阳平+阴平（42+24）	石灰 sɿ　xuei	厨屋 tsʻu　u
	熟瓜 su　kua	夺书 tuo　ɕy
	逃荒 tʻau　xuaŋ	挪窝儿 nuo　uor
阳平+阳平（42+42）	鱼头 y　tʻou	茶壶 tsʻa　xu
	胡来 xu　lai	去皮 tɕʻy　pʻi
	羊杂 iaŋ　tsa	牛犊儿 niou　tur
阳平+上声（42+55）	赔礼 pʻei　li	锄草 tsʻu　tsʻau
	拾粪 sɿ　fɤn	橱柜 tsʻu　kuei
	蜷腿 tɕʻyan　tʻuei	麻脸儿 ma　liar
阳平+去声（42+312）	槐树 xuai　ɕy	犁地 li　ti
	活动 xuo　tuɤŋ	皮变 pʻi　pian
	织布 tsɿ　pu	驴件儿 ly　tɕiar
阳平+轻声（42+ •）	洋气 iaŋ　tɕʻi	鼻得 pi　tɛ
	舌头 sɛ　tʻou	踅摸 ɕyɛ　mo
	拿把 na　pa	媳妇儿 ɕi　fur
上声+阴平（55+24）	躲灾 tuo　tsai	补胎 pu　tʻai
	纺花 faŋ　xua	满缸 man　kaŋ
	火车 xuo　tsʻɛ	理发 li　fa
上声+阳平（55+42）	等人 tɤŋ　zɤn	补苗儿 pu　mior
	耍猴 sua　xou	锁门儿 suo　mər
	毁人 xuei　zɤn	假钱儿 tɕia　tɕʻiar
上声+去声（55 +312）	扫地 sau　ti	打别 ta　piɛ
	赌气 tu　tɕʻi	拱地 kuɤŋ　ti
	倒菜 tau　tsʻai	写字儿 ɕiɛ　tsər
上声+轻声（55 + •）	尾巴 i　pa	马虎 ma　xu
	瓦屋 ua　u	买卖 mai　mai
	毁坏 xuei　xuai	米饭 mi　fan

3. 六类两字组合变调举例

上声+上声（55|42+55）	俭省 tɕian　sɤŋ	满手 man　sou
	起土 tɕʻi　tʻu	点火 tian　xuo

	海碗 xai　uan	吵嘴 tsʻau　tsuei
去声+阴平（312|31+24）	气功 tɕʻi　kuɤŋ	菜刀 tsʻai　tau
	种瓜 tsuɤŋ　kua	上车 saŋ　tsʻɛ
	烫发 tʻaŋ　fa	片夹儿 pʻian　tɕiɐr
去声+阳平（312|31+42）	埋怨 man　yan	病人 piŋ　zɤn
	灌油 kuan　iou	叫驴 tɕiau　ly
	剃头 tʻi　tʻou	杏仁儿 ɕiŋ　zər
去声+上声（312|31+55）	大氅 ta　tsʻaŋ	应该 iŋ　kai
	瞪眼 tɤŋ　ian	动土 tuɤŋ　tʻu
	亮灯 liaŋ　tɤŋ	饮马 in　ma
去声+去声（312|31+312）	放炮 faŋ　pʻau	净面 tɕiŋ　mian
	炖肉 tuɤn　zou	大办 ta　pan
	命硬 miŋ　iŋ	借面 tɕiɛ　mian
去声+轻声（312|31+ •）	志气 tsʅ　tɕʻi	挂面 kua　mian
	布袋 pu　tai	大尽 ta　tɕin
	倒扯 tau　tsʻɛ	记性 tɕi　ɕiŋ

4. 两类特殊情况

（1）“一、三、七、八、不 ”的变调

这几个字本调都是阴平，语流中会发生变调。作为数词的“一、三、七、八”和否定副词“不”的具体变调规律是：在去声前面读阳平，在非去声前面仍读原调。

～+阴平（24+24）	一般 i　pan	三天 san　tʻian
	七斤 tɕʻi　tɕin	八月 pa　yɛ
	不精 pu　tɕʻiŋ	不慌 pu　xuaŋ
～+阳平（24+42）	一楼 i　lou	三年 san　nian
	七钱 tɕʻi　tɕʻian	八厘 pa　li
	八盒 pa　xor	不灵 pu　liŋ
～+上声（24+55）	一走 i　tsou	三毛 san　mau
	七饼 tɕʻi　piŋ	七两 tɕʻi　liaŋ
	八米 pa　mi	不打 pu　ta
～+去声（24|42+312）	1605（药名或年号）i　liou	
	三大 san　ta	七号 tɕʻi　xau
	第八栋 ti　pa　tuɤŋ	不够 pu　kou

需要强调的是，无论作为序数词还是基数词，“一、三、七、八”遵守同样的变调规律（单念的“第一、第三、第七、第八”不变调），这一点和

普通话有所不同。

（2）上声+轻声（55|42 + •）

由上声变为轻声字，其前面的上声一般仍变为阳平。

打他 ta　t‘a　　惹我 zɛ　uo　　保你 pau　ni

老虎 lau　xu　　撵我 nian　uo　　捣俺 tau　an

（二）叠字变调

和多数方言一致，内黄方言双音节叠音名词和单音节动词重叠式（AA）的后一音节一律变为轻声，状态形容词的重叠式“ABAB”不发生变调，这里不再赘述。内黄话中，单音节的形容词的重叠式为“AA 儿”，双音节性质形容词的重叠式主要表现为“ABB、AAB、AABB”三种，以第一种最为常见。我们着重谈形容词重叠式“AA 儿、ABB、AAB”的变调。

形容词重叠式变调遵循一个共性模式：第一个音节读原调，第二个音节（非末尾）读为轻声，末尾音节不管相邻音节的音值，统一读为阴平或阳平。

1. AA 儿式：轻轻儿 tɕ‘iŋ^{24} tɕ‘iɐr$^{24\sim42}$　　沉沉儿 ts‘ɤn^{42} ts‘ər$^{24\sim42}$

好好儿 xau^{55}xor$^{24\sim42}$　　厚厚儿 xou^{312} xor$^{24\sim42}$

2. ABB 式：清楚楚 tɕ‘iŋ^{24} ts‘u· ts‘u$^{42\sim24}$　　凉丝丝 liaŋ^{42} sɿ· sɿ$^{42\sim24}$

冷静静 lɤŋ^{55} tɕiŋ· tɕiŋ$^{42\sim24}$　　硬邦邦 iŋ^{312} paŋ· paŋ$^{42\sim24}$

3. AAB 式：清清楚 tɕ‘iːɤŋ^{24} ts‘u$^{42\sim24}$　　凉凉丝 liaːŋ^{42} sɿ$^{42\sim24}$

冷冷静 lɤːŋ^{55} tɕiŋ$^{42\sim24}$　　硬硬邦 iːɤŋ^{312} paŋ$^{42\sim24}$

ABB、AAB 式中有的 AB 不成词，前者属于形容词附加叠音后缀（A+BB）式，后者可以看作 A+BB 的逆向重叠形式。

四　轻声

轻声在物理属性的表现是音长变短，音强变弱。内黄方言存在大量的轻声现象，与普通话不尽相同。

（一）轻声音节的主要规律

1. 名词后缀“得、头儿、头”等必读轻声。

得：篮～　篓～　椅～　桌～　钉～　兔～　胰～　手脖～

头儿：想～　吃～　瞧～　盼～　说～　奔～　干～　就搭～

2. 助词、方位词“上”必读轻声。助词主要包括：“嘞、了、过、喽、来、哟、吧、不咋”等。

我嘞　走了　吃喽　干过　去不咋　干活儿来　身上　井台得上

3. 重叠形式的动词、名词后一个音节必读轻声。

瞧～　走～　来～　争～　画～　姑～　奶～　姐～　舅～

4. 代词“你、我、他、恁、这儿、那儿”作宾语时，可读为轻声。

打你　说我　哭他　数落恁　我这儿　他那儿　李四这儿

5. ABB 式形容词的中间音节读轻声。（见本节“叠字变调”）

6. 多数双音节单纯词的第二个音节读为轻声。

玻璃　萝卜　牡丹　葫芦　疙瘩　姥姥　鸳鸯　蚂蚁　蜘蛛　蚂蚱

（二）习惯上后一音节读轻声的双音节词举例（以后字的单字调“阴阳上去”为序）

公鸡　东西　根脚　西瓜　学生　春天　正月　铁锨　膏药　西边儿

老实　工人　商量　麻烦　阴凉　缰绳　流皮　芝麻　参谋　胶泥

闺女　巴掌　甘草　体己　老虎　屁股　吓唬　搭理　行习　干哕

叫唤　光棍　办事　睛受　妨碍　登倒　皮变　韭菜　笑话　吃物儿

第六节　同音字表

1. 字表以韵母为单位。同韵的字按声母排列，韵母、声母都相同的按声调排列。四个声调分别用调值表示。

2. 一字多读的大致按口语里的使用情况分别在字的右下角用数码 1、2、3 表示。区别意义的异读不标数码。不明本字的用“□”表示，例词和释义用小字。

3. 字表一般只收录单音字，儿化韵、D 变韵和轻声字不列在内。

ʅ

ts　[24]只支汁执吱芝织枝质职值植蜘 [42]知直这$_2$侄姊指值 [55]子止仔旨纸址指籽紫 [312]字志治制渍痔痣置

ts‘　[24]吃尺眵跐 [42]池迟词祠辞瓷 [55]此齿耻龇 [312]次伺刺翅

s　[24]尸失司丝师私适诗始室思湿虱撕狮嘶 [42]十石时拾实饲食 [55]史识使死驶施屎 [312]士巳氏示市四式世是寺似试视饰事柿势肆

z　[24]日詈词 [312]日

i

p　[24]逼屄 [42]荸鼻 [55]比必秕 [312]毕滗篦篦箅

p‘　[24]坯批辟噼劈 [42]匹皮疲砒啤痞脾裴[55]劈僻 [312]屁痹

m　[24]眯秘密蜜 [42]迷眯蔑 [55]米 [312]谜

t　[24]的低提堤滴 [42]敌狄笛嘀籴 [55]底抵牴 [312]地弟帝第递

t‘　[24]剔梯啼踢 [42]提蹄题 [55]体题 [312]剃替

n　[24]妮 [42]尼泥 [55]你 [312]拟泥匿腻□踩踏

l　[24]力立栗粒笠 [42]厘狸梨犁黎蒡 [55]礼里李理鲤 [312]历厉丽利

例沥离莉痢

tç [24]几及叽级汲圾吉击饥机肌鸡基积疾绩脊棘唧鲫激 [42]指极急脊集蒺 [55]几己虮挤 [312]计记纪自忌技妓季系剂继寄祭集穄

tç‘ [24]七荠妻期欺漆蹊□水渗入地下 [42]齐其淇棋奇祁脐骑旗麒 [55]启起 [312]气汽弃契器

ç [24]西析吸昔惜稀锡嘻熄熙 [42]席畦媳 [55]习希洗喜 [312]戏细系

k [55]给

ø [24]一衣揖 [42]已疫移姨胰疑 [55]乙以依尾椅 [312]义亿艺忆议医易意癔

u

p [24]不 [42]扑笸醭□~拉，用手拨动；抚摸 [55]补 [312]布步抱部

p‘ [24]仆扑铺 [42]菩脯葡 [55]仆朴甫捕谱濮 [312]铺

m [24]木穆 [42]某拇谋模 [55]母亩牡 [312]目牟牧没幕墓

f [24]夫符复肤幅福麸 [42]伏扶否附佛服浮 [55]府斧 [312]父付负芙妇凫副富驸傅

t [24]嘟督瘃 [42]独毒犊 [55]肚读堵赌 [312]肚杜度渡镀

t‘ [24]突秃□~哧 [42]图涂途徒 [55]土吐 [312]兔唾

n [42]奴努

l [24]录绿鹿辘 [42]卢芦炉颅露□~花椒 [55]卤鲁虏乳 [312]路露

ts [24]朱竹租触 [42]卒轴妯族 [55]主阻组祖嘱 [312]注助做~活灶

ts‘ [24]促初粗搐 [42]除 1 殊锄厨 [55]楚 [312]处怵醋

s [24]苏束速梳输酥赎蔬 [42]术熟 [55]叔暑数属蜀 [312]诉竖素数嗦漱

z [42]如茹 [55]汝辱儒

k [24]谷咕骨榾孤箍 [42]骨 [55]古估姑股轱鼓 [312]故固雇顾

k‘ [24]哭窟 [55]苦酷 [312]库裤

x [24]呼忽惚糊~纸幠 [42]回胡囫狐弧浒壶核葫湖煳糊 [55]虎唬 [312]户互护糊瓠

ø [24]乌呜巫屋唔污焐诬 [42]无吴 [55]午五伍戊捂武舞鹉 [312]务杌物误悟雾

y

n [55]女

l [24]捋律 [42]驴 [55]吕侣铝旅履 [312]虑滤

tç [24]足车驹锔菊橘鞠 [42]巨局距渠 [55]举煮 [312]住具居剧据锯聚

tç‘ [24]区出曲沏屈舒~坦蛆 [42]除 2 刨除橱瞿□~tçyan·，蚯蚓 [55]杵取娶 [312]去趣

ɕ [24]书戌虚 [42]徐□厌烦 [55]许须需黍~得 [312]序续绪叙絮婿树

ø [24]入~社狱输淤□浸泡 [42]鱼余裕榆 [55]于雨语羽盂禹擩 [312]与玉育预豫遇誉□填

ɚ

ø [42]儿 [55]而耳 [312]二贰

a

p [24]八巴扒疤 [42]拔 [55]把钯靶 [312]坝把₂爸罢耙霸欛

p‘ [24]趴啪 [42]爬耙筢 [312]怕

m [24]抹妈蚂 [42]麻蚂痳 [55]马码蚂 [312]骂冇₂

f [24]发法□数落 [42]乏伐罚垡阀筏

t [24]答搭褡 [42]打达沓鞑 [55]打耷 [312]大

t‘ [24]塔嗒塌溻踏 [55]它他她

n [24]纳娜 [42]拿 [55]哪 [312]那

l [24]拉~车垃辣蜡腊 [42]拉剌 [55]喇

ts [24]扎咋~呼咂渣喳眨楂 [42]杂苲炸砸铡 [55]拃咋砟闸 [312]乍诈奓炸痄榨栅

ts‘ [24]差杈馇蹅插擦嚓鍤□布裂口 [42]茶查茬搽碴□~砖 [55]衩蹅□~得，小缸 [312]叉杈汊岔差

s [24]仨沙纱砂刹煞鲨痧 [42]□看 [55]洒啥撒傻 [312]厦□挑选：~出来

k [24]嘎 [42]尜 [55]嘎

k‘ [24]咔 [55]卡 [312]咯

x [24]哈

ø [24]腌

ia

n [42]娘₂骂人时用：~嘞个腿

l [55]俩

tɕ [24]加甲夹荚家袷枷钾 [42]狭 [55]佳贾假 [312]价架驾假嫁

tɕ‘ [24]掐掐 [55]卡恰

ɕ [24]虾瞎 [42]匣侠峡瞎霞 [312]下吓夏

ø [24]丫压押捱₂从鸭 [42]牙轧芽崖衙 [55]哑涯雅 [312]亚轧

ua

ts [24]抓 [55]爪

ts‘ [55]□猛抢

s [24]刷唰 [55]耍

k [24]瓜刮栝 [55]刮剐寡 [312]卦挂褂

k‘　[24]夸 [55]侉垮胯 [312]挎跨

x　[24]花华哗 [42]划铧滑猾搳 [312]化话划画

ø　[24]哇挖袜 [42]娃 [55]瓦 [312]瓦凹洼

o

p　[24]拨玻菠剥播箔 [42]脖钹博薄 [55]簸 [312]簸

p‘　[24]坡$_{1}$泼 [42]婆 [55]坡$_{2}$ [312]破

m　[24]末沫莫摸 [42]馍模膜摩魔 [55]抹 [312]末磨糖

uo

t　[24]多哆 [42]夺 [55]朵垛躲 [312]剁垛跺

t‘　[24]饦托拖脱庹 [42]佗坨驮砣驼 [55]妥 [312]拖

n　[24]搦 [42]挪

l　[24]啰落$_{1}$洛漯骆烙络 [42]罗萝箩锣摞骡螺[55]稆□割：~肉 [312]摞

ts　[24]作桌捉□用毛巾等弄净衣物的动作 [42]作柞着凿啄琢镯 [55]左撮 [312]坐座

ts‘　[24]搓锉焯撮戳 [42]□~气 [55]蹉 [312]错挫

s　[24]梭缩塑嗍 [42]勺 [55]所索琐锁

k　[24]过锅郭聒 [55]果馃椁裹 [312]过

k‘　[24]括扩棵科颗窠 [55]□~利，快 [312]课锞阔

x　[24]禾霍耠豁 [42]和活 [55]火伙夥 [312] 货祸擢

ø　[24]倭握莴窝蜗踒□折：~回来了 [55]我 [312]卧

yo

tɕ　[24]角觉脚 [42]嚼

tɕ‘　[24]确雀搉

ɕ　[24]削 [42]学

ø　[24]乐约药钥岳疟

ɤ

z　[24]若 [312]弱

k　[24]佮革鸽割葛搁歌 [42]硌 [55]哥佮 [312]个各

k‘　[24] 克壳渴颏磕 [42]瞌 [55]可 [312]嗑

x　[24]郝喝 [42]合和何河饸荷盒 [312]贺鹤

ø　[24]恶屙 [42]讹俄娥鹅 [312]饿

ɛ

p　[24]百伯柏掰 [42]白

p‘　[24]拍$_{2}$迫魄~力

m　[24]麦脉默

t　[24]得德 [42]□~lou·，陀螺

t‘　[24]特 1 趿~拉　[42]特 2
l　[24]列烈裂猎劣肋勒蝼
ts　[24]折泽窄蜇遮摘褶　[42]　择责宅哲辙翟姓[55]这 1
ts‘　[24]车拆侧厕测册策　[42]□~泥 [55]扯　[312]撤彻
s　[24]色佘赊啬塞涩　[42]舌折　[55]设舍涉　[312]社赦射麝
ʂ　[24]热　[55]惹
k‘　[312]□恰好
ø　[42]额 [312]捱 1
iɛ
p　[24]憋鳖　[42]别　[312]彆
p‘　[24]拍 1 撇　[55]苤撇
m　[24]灭
t　[24]爹跌 [42]叠碟
t‘　[24]帖贴铁
n　[24]捏聂摄镊蹑孽　[312]□人家
l　[55]咧　[312]趔瀣
tɕ　[24]节结阶疖接街揭　[42]劫杰秸截　[55]姐解　[312]介芥蚧戒界借届疥械褯
tɕ‘　[24]切且　[42]茄　[312]怯妾
ɕ　[24]血歇蝎揳楔　[42]协邪斜鞋　[55]写些　[312]谢泄卸解懈
k　[24]圪蛇疙隔膈　[42]胳　[55]圪
k‘　[24]刻客　[42]咳□捉　[55]坷
x　[24]黑　[42]核蛤
ø　[24]叶业页掖噎　[42]爷　[55]也野　[312]夜液
uɛ
ts‘　[312]□~咋，无论怎样
k　[24]国
x　[24]获　[42]或惑
yɛ
tɕ　[24]决诀拙撅镬□盛：~不下　[42]诀绝橛蹶
tɕ‘　[24]缺　[42]瘸　[55]撧
ɕ　[24]说雪靴薛　[42]穴茓踅
ø　[24]月越阅　[55]哕
ai
p　[55]摆　[312]把 1 败拜

p‘ [42]排牌 [55]□~卒 [312]派
m [42]埋 [55]买 [312]卖
t [24]呆 [55]歹逮 [312]大在代带待贷袋怠戴
t‘ [24]态胎 [42]台抬苔 [55]骀 [312]太泰
n [55]奶 [312]耐
l [42]来 [55]攋 [312]赖滥癞
ts [24]灾斋栽 [55]仔崽宰载 [312]在 1 再载债寨摖
ts‘ [24]差~事猜 1 [42]才材财豺柴裁□瘦小 [55]采彩踩 [312]菜蔡
s [24]猜筛腮鳃 [55]甩 [312]晒赛
k [24]该 [55]改 [312]盖钙概
k‘ [24]开 [55]凯楷
x [24]害 [42]亥还孩核 [55]海 [312]害下
ø [24]哀挨 [42]挨癌 [312]艾爱碍
uai
ts [55]跩 [312]拽
ts‘ [24]揣 [55]揣 [312]踹
s [24]摔 [312]帅率
k [24]乖 [55]拐 [312]怪
k‘ [] 㧟 [312]会块快筷
x [42]怀淮槐 [312]坏
ø [24]歪 [55]崴□下棋用语 [312]外
ei
p [24]北杯背笔碑 [55]彼背 [312]贝狈倍备背被悖焙辈褙壁避
p‘ [24]披坯 [42]陪赔培 [55]呸 [312]沛配
m [24]墨 [42]玫枚眉莓梅媒煤霉 [55]每美 [312]妹昧媚
f [24]飞非 [42]肥 [55]妃匪啡 [312]肺废费痱
ts [42]贼
s [42]谁 [312]睡
uei
t [24]□ [55]□ [312]对队兑
t‘ [24]推 [55]腿 [312]退蜕煺褪
n [55]内
l [24]累 [42]雷擂 [55]磊垒 [312]类累泪擂
ts [24]追堆锥 [55]嘴 [312]坠缀罪最醉
ts‘ [24]吹炊崔催 [42]垂捶锤 [312]脆翠粹

s　[24]虽□让尿　[42]随隋遂　[55]水　[312]岁税碎穗

z　[312]锐瑞

k　[24]归龟规轨闺　[55]癸鬼诡　[312]贵桂柜跪

k‘　[24]亏盔　[42]奎逵傀魁　[312]溃愧禨

x　[24]灰恢挥辉徽　[42]回蛔　[55]毁　[312]会汇贿溃悔烩惠慧

ø　[24]偎威　[42]为围　[55]伟委苇　[312]卫未韦为位味胃纬喂魏慰

au

p　[24]包孢　[55]宝保饱　[312]报豹刨鲍暴爆

p‘　[24]抛泡脬　[42]刨袍胞跑　[55]跑　[312]泡炮

m　[24]□斜睨，以眼神斥责　[42]毛矛茅猫锚铆　[55]毛卯　[312]冒贸帽貌

t　[24]刀叨　[55]导岛捣倒　[312]到道倒捯盗稻

t‘　[24]涛掏　[42]讨逃桃陶淘　[312]套

n　[24]孬　[42]挠~痒　[55]恼脑　[312]闹

l　[24]捞唠　[42]牢劳捞痨　[55]老姥　[312]涝落 2

ts　[24]召招遭糟□摸　[42]找着吃□~咕噜，摔跤　[55]早找枣澡　[312]兆皂灶造赵照罩笊噪燥

ts‘　[24]抄超操　[42]朝晁曹漕槽潮　[55]草吵炒嘈騲　[312]肏

s　[24]捎梢烧骚臊鞘鞭~筲　[42]绍　[55]少扫稍嫂　[312]少邵哨潲□冷清

z　[42]扰饶绕

k　[24]高羔膏镐糕　[55]搞稿　[312]告膏

k‘　[55]考烤　[312]靠铐犒

x　[24]蒿薅　[42]毫豪壕嚎　[55]好　[312]号耗

ø　[24]拗爊　[42]熬　[55]袄　[312]傲鳌

iau

p　[24]标彪膘镖　[55]表婊裱　[312]摽

p‘　[24]漂飘　[42]嫖瓢　[312]票漂

m　[42]苗描瞄　[55]秒　[312]妙庙

t　[24]刁叼貂雕　[55]屌　[312]吊钓掉调

t‘　[24]挑　[42]条调笤鲦　[55]挑　[312]跳粜

n　[55]鸟绕　[312]尿

l　[24]缭　[42]辽疗撩獠聊　[55]了燎　[312]尥料撂廖

tɕ　[24]交胶浇狡姣骄娇教焦椒　[55]饺绞铰搅　[312]叫觉较教轿蕉窖酵

tɕ‘　[24]悄跷敲　[42]乔桥荞瞧　[55]巧　[312]俏窍雀翘撬

ɕ　[24]肖消销硝羞 2 害~萧　[55]小　[312]孝校效笑

ø　[24]吆妖要腰　[42]尧谣遥摇窑姚　[55]咬舀　[312]要耀鞠

ou

m [24]有$_1$ [312]有$_1$

t [24]都兜 [55]斗抖陡 [312]斗豆逗痘窦

t‘ [24]偷 [42]头投 [312]透

l [24]搂 [42]娄楼耧 [55]搂篓 [312]漏露

ts [24]州周 [55]走肘 [312]纣昼怡揍皱咒

ts‘ [24]抽瞅搊 [42]仇稠愁绸酬 [55]丑筹瞅 [312]凑臭

s [24]收搜馊 [55]手首守艘 [312]寿受授兽授瘦

z [42]揉 [312]肉

k [24]勾沟购钩 [55]狗缑 [312]构够

k‘ [24]尻抠 [55]口 [312]扣叩寇

x [24]休 [42]侯候喉猴瘊 [312]后厚

ø [24] 抠欧 [42]牛$_2$ [55]煸藕 [312]沤怄

iou

t [24]丢

n [24]扭 [42]牛$_1$ [55]扭忸钮 [312]拗

l [24]溜遛熘 [42]刘流琉留瘤 [55]柳绺 [312]六溜□翻捡落下的：~红薯

tç [24]纠究灸揪鬏 [55]九久韭酒 [312]旧救就舅臼

tç‘ [24]丘邱秋□~鼻 [42]求球 [55]糗

ç [24]休修羞$_1$ [312]秀袖绣锈

ø [24]尤优悠 [42]由酉油邮游鱿□~得，蝈蝈 [55]友有 [312]又右佑幼诱

an

p [24]扳班般搬斑 [55]板版 [312]办半伴扮拌柈绊瓣

p‘ [24]潘攀襻 [42]盘 [312]判盼叛襻

m [42]埋蛮瞒 [55]满 [312]迈慢漫幔墁

f [24]翻 [42]凡帆矾烦繁 [55]反返 [312]泛饭范犯贩嬎

t [24]单丹担耽 [55]胆掸疸 [312]石旦但担淡蛋弹氮

t‘ [24]贪摊滩瘫 [42]坛昙谈弹痰谭檀 [55]毯 [312]叹探炭碳

n [42]男南难 [55]喃用舌裹食 [312]捺难□地软陷进去

l [42]兰拦栏篮蓝缆 [55]揽漤懒 [312]烂

ts [24]粘毡簪 [42]咱 [55]斩展盏崭詹搌攒瞻黵 [312]占沾站战栈赞暂颤錾蘸

ts‘ [24]参惨掺搀 [42]残蚕馋缠 [55]产铲 [312]□~线

s [24]三山苫衫搧删膻 [55]闪伞散 [312]散善扇疝骟

z [42]然 [55]冉

k　[24]干甘苷杆肝竿 [42]□~草 [55]秆敢感赶擀 [312]干

k‘　[24]看 [55]坎砍□扔 [312]看

x　[24]憨 [42]还含邯寒韩 [55]喊 [312]
汉汗旱焊鼾

ø　[24]安庵鹌氨鞍 [55]俺揞埯 [312]按岸暗案

ian

p　[24]边编鞭 [55]扁匾贬 [312]卞汴变便扁辩辨辫

p‘　[24]片偏篇 [42]便 [55]谝 [312]片骗

m　[42]棉绵 [55]免 [312]面腼

t　[24]掂踮颠癫 [55]点典碘 [312]电店淀垫奠殿

t‘　[24]天添 [42]田甜填 [55]舔

n　[24]捻 [42]年娘3~们儿鲇黏 [55]捻撵辗 [312]念碾

l　[42]连帘莲联镰 [55]脸 [312]炼练链楝

tɕ　[24]尖奸间坚肩艰监煎 [55]拣俭捡剑检减简剪碱 [312]见件贱荐建健键舰箭毽

tɕ‘　[24]千扦迁铅签牵谦 [42]前钱钳□挤掉 [55]浅 [312]欠纤芡歉槛

ɕ　[24]先仙掀鲜 [42]闲弦咸衔嫌 [55]显险癣 [312]县苋现线限宪献

ø　[24]烟淹腌胭 [42]言芫炎沿严延盐缘阎檐 [55]眼演掩 [312]沿彦咽砚谚宴艳雁验燕

uan

t　[24]端 [55]短 [312]段断塅锻缎

t‘　[42]团

n　[55]暖

l　[42]圝銮 [55]敛 [312]乱

ts　[24]专砖钻 [55]转 [312]传钻转赚篆

ts‘　[24]汆穿窜蹿 [42]传船椽 [55]喘 [312]串篡

s　[24]拴栓酸 [312]算蒜涮

k　[24]关观官倌棺 [55]管馆 [312]贯冠惯灌罐

k‘　[24]宽 [55]款

x　[24]欢獾 [42]还环 [55]缓 [312]换患

ø　[24]弯湾剜豌 [42]丸完玩顽 [55]宛晚挽绾腕碗 [312]万

yan

tɕ　[24]捐娟鹃 [55]卷捲 [312]卷圈锩

tɕ‘　[24]圈 [42]全泉拳蜷 [55]权颧 [312]劝碹

ɕ　[24]揎暄 [42]玄眩旋悬 [55]宣选 [312]陷馅旋镟

ø [24]冤鸳 [42]元员园原源圆袁辕鼋 [55]远软 [312]院怨愿

ɤn

p [24]奔锛 [42]笨 [55]本 [312]笨

p‘ [24]喷 [42]盆 [312]喷

m [24]闷$_1$ [42]门 [312]闷$_2$焖

f [24]分 [42]坟 [55]芬粉 [312]分份奋忿粪愤

t [312]□两头支撑

t‘ [24]吞

n [55]您 [312]恁

ts [24]真针 [42]怎 [55]诊珍肫砧 [312]阵枕振镇震

ts‘ [24]伸$_2$抻深畛 [42]陈臣尘辰沉 [312]称衬趁碜

s [24]申伸$_1$身森参糁 [42]什神婶 [55]审沈 [312]甚慎渗肾葚瘆

z [42]人任姓仁 [55]忍 [312]认$_1$任纫

k [24]跟根 [55]□硬物硌人 [312]艮

k‘ [55]肯恳啃 [312]掯裉

x [55]很狠 [312]恨痕

ø [24]恩 [312]摁

in

p [24]宾斌彬濒 [312]殡鬓

p‘ [24]拼拚 [42]贫 [55]品 [312]频聘

m [42]民 [55]抿敏

l [42]林临邻磷鳞 [55]檩 [312]吝赁淋□一~得，一片儿

tɕ [24]巾斤今金禁筋襟 [42]儘最 [55]仅紧谨 [312]尽近进妗劲靳

tɕ‘ [24]亲 [42]芹琴秦勤禽擒噙 [55]寝 [312]吣

ɕ [24]心昕辛芯欣新锌 [42]寻 [312]囟信□震

ø [24]因阴音姻洇殷 [42]银寅 [55]尹引饮寅隐瘾 [312]刃认$_2$印饮窨

uɤn

t [24]吨蹲墩蹾 [312]囤炖砘钝盾顿

t‘ [42]屯

l [42]伦抡纶轮淋 [312]论嫩

ts [42]衠 [55]准尊遵

ts‘ [24]村春椿皴 [42]存纯唇 [55]忖蠢 [312]寸

s [24]孙 [312]顺舜

k [55]滚磙 [312]棍

k‘ [24]昆坤[55]捆 [312]困

x　[24]昏荤婚 [42]茴浑混馄魂

ø　[24]温瘟 [42]文纹蚊闻 [55]吻炆稳 [312]问璺

yn

tɕ　[24]军均君菌 [312]俊

tɕ‘　[42]群裙

ɕ　[24]熏 [42]巡 [55]旬笋 [312]训汛熏

ø　[24]晕 [42]匀云允耘 [312]运闰润孕熨

aŋ

p　[24]傍帮梆 [55]绑膀 [312]棒

p‘　[24]乓膀 [42]旁庞螃 [312]胖

m　[24]牤 [42]忙盲氓 [55]莽蟒

f　[24]方芳妨 [42]坊房防 [55]访仿纺坊 [312]放

t　[24]当~中裆 [55]党挡档 [312]当上~荡

t‘　[24]坦汤蹚□瓜熟过头 [42]唐堂棠膛溏糖□煤火乏 [55]躺 [312]烫趟

n　[24]囊齉 [42]囊 [55]攮

l　[42]郎狼 [55]朗 [312]浪

ts　[24]张赃脏章漳樟 [42]□放 [55]长涨掌 [312]丈仗帐胀幛瘴葬藏

ts‘　[24]仓昌娼 [42]长尝常场肠嫦藏 [55]厂场晌鲞 [312]倡唱□~痒，解痒

s　[24]伤丧商桑墒 [55]赏嗓 [312]上尚绱

z　[24]央 [42]□气不足：弱 [312]让

k　[24] 刚纲钢缸 [55]岗港 [312]杠

k‘　[24]康糠 [42]扛抗 [55]□用肩顶 [312]抗炕

x　[24]夯 [42]行杭航

iaŋ

n　[42] 娘 1

l　[42]良凉梁量粮 [55]两 [312]凉谅亮晾辆量

tɕ　[24]江姜将豇浆僵缰疆 [55]讲奖蒋膙耩 [312]匠将降浆绛犟酱橿

tɕ‘　[24]呛枪腔戕欺负 [42]强墙 [55]抢强 [312]炝戗

ɕ　[24]乡相香厢箱镶 [42]享详祥降蚅 [55]响饷想 [312]向项相巷象像橡

ø　[24]秧殃嚷 [42]羊洋阳仰扬杨穰瓤 [55]养氧痒 [312]样

uaŋ

ts　[24]庄妆桩装 [55]奘 [312]壮状撞 1

ts‘　[24]疮窗 [42]床 [55]闯 [312]创撞 2

s　[24]双霜 [55]爽□~taŋ·，推搡

k　[24]光咣 [55]广 [312]逛桄

k‘ [24]诓筐 [42]狂 [312]况矿框眶

x [24]荒慌 [42]皇黄磺簧 [55]恍晃谎幌 [312]晃

ø [24]汪 [42]王亡芒 [55]往网 [312]妄旺忘望

ɤŋ

p [24]迸崩绷 [55]绷 [312]泵磅蹦

p‘ [24]怦砰烹澎 [42]朋棚彭膨鹏蓬 [55]捧 [312]碰

m [24]懵蒙 [42]蒙 [55]猛 [312]孟梦

f [24]丰风疯封蜂 [42]冯锋逢烽缝 [312]凤俸缝

t [24]灯登噔蹬镫 [55]等 [312]邓扽凳澄$_2$瞪

t‘ [24]熥馏 [42]腾疼誊

n [42]能 [312]弄

l [24]□拳打 [55]冷 [312]愣棱睖

ts [24]征争睁曾增赠蒸 [55]整 [312]正证怔郑政挣症综澄$_1$

ts‘ [24]称逞撑 [42]曾层成诚城程乘承盛 [55]丞 [312]秤撑

s [24]升生声牲笙僧 [42]绳 [55]省 [312]圣胜盛剩

z [24]扔 [42]仍

k [24]庚更耕 [55]耿埂颈梗 [312]更

k‘ [24]坑吭 [312]□抗

x [24]哼 [42]恒衡

iŋ

p [24]兵冰 [42]甭 [55]丙柄饼秉 [312]并病

p‘ [24]乒 [42]平坪评苹萍屏凭瓶

m [42]名明鸣 [312]命

t [24]丁叮钉盯疔 [55]顶鼎 [312]定订钉锭腚

t‘ [24]听厅蜓 [42]亭停婷莛廷庭 [55]挺 [312]□对着干

n [42]拧 [312]宁

l [42]灵玲铃零菱绫 [55]岭领 [312]另令龄

tɕ [24]京惊经荆精警 [55]井景境 [312] 净敬镜静

tɕ‘ [24]青轻清 [42]情晴腈 [55] 请顷 [312]庆

ɕ [24]兴星腥 [42]行形刑邢饧型 [55]省醒擤 [312]兴杏性姓幸

ø [24]英樱缨鹦鹰 [42]迎茔营萤颖蝇赢 [55]影 [312]应硬

uɤŋ

t [24]东冬咚 [55]董懂 [312]动洞冻栋

t‘ [24]通统 [42]同桐铜童 [55]捅桶筒 [312]恸

n [24]□撑 [42]农浓脓 [312]齉

l [42]龙垄笼聋隆 [55]垅拢

ts [24]中宗钟终忠盅鬃 [55]种肿总 [312]中众种重

ts‘ [24]匆充冲聪葱 [42]从虫 [312]冲铳

s [24]松嵩 [42]□~气 [312]送宋

k [24]工弓公攻功宫 [55]巩汞拱龚 [312]共贡供

k‘ [24]空 [55]孔恐 [312]空控

x [24]烘轰 [42]红洪宏 [55]哄 [312]哄横

ø [24] 翁 [55] 揄 [312]瓮

yŋ

tɕ [312]纵粽□凉粉~了

tɕ‘ [42]穷 [55]倾

ɕ [24]兄凶松胸 [42]雄熊 [312]诵

ø [24]涌 [42]容荣茸绒融 [55]永泳拥蛹勇氄 [312]用佣

第二章 语法系统

第一节 词缀

词缀包括构词词缀和构形词缀。内黄方言典型的构词词缀主要表现为“得、儿、头、头儿”附着于词根之后构成大量的名词，典型的构形词缀主要表现为“种”附着于形容词之后，“不”插在双音节形容词之间来表达说话人主观否定的态度。形容词之后的叠音成分处于构词和构形的过渡地带，形容词短语后的“儿”缀具有表小作用，并与相应的非儿化形式构成对立。另外，“圪”作为有音无义的词头，可以构成包括名词、动词、形容词、量词、拟声词在内的“圪头词”。

一 名词词缀

（一）得[tɛ·]、-儿

1.“得、儿”大致相当于普通话中的“子”和“儿”，可以附在各类语素之后构成名词。

1）非成词名素附“得、儿”尾构成名词。

附“得”或“儿”尾都能构成名词，附“得”一般用于通称，附“儿”表小称。

虫～ 鸡～ 兔～ 爪～ 蹄～ 胡～ 肚～ 裤～ 袜～ 领～ 袖～ 料～ 带～ 缨～ 梗～ 叶～ 枝～ 股～ 秧～ 仁～ 皮～ 醭～ 埂～ 篮～ 篓～ 袋～ 斗～ 棍～ 镜～ 铃～

粪锸～ 抓钩～ 板凳～ 洋车～ 酒盅～ 胡同～ 耳坠～ 钢兑～ 毛壳～ 架瓜～ 护襟～ 脸蛋～ 斑点～ 树林～ 檩条～ 柳条～ 粉皮～ 不落盖～ 围嘴撇～ 扑拉蛾～

个别附“得”构成的亲属名词，如“媳妇得”一般只能用于他称（他媳妇得、恁媳妇得），自称时一般用“媳妇儿”。前有称谓词修饰时也只能使用“儿”尾，如“儿媳妇儿、孙得儿媳妇儿、侄儿媳妇儿、外甥媳妇儿”等。

2）只能附“得”尾，一般不能直接附“儿”尾。

蝇～　蚊～　虱～　虮～　蝎～　蚰～　狮～　囟～　肘～柿～甚～　橘～　茄～　豆～　麦～　橡～　窠～　瘊～　糨～　胰～　浆～褚～　被～　绸～　缎～　椅～　盒～　箱～　筷～　糁～　池～　锥～亭～　尺～　梯～　升～　牙花～　黑雀～　洋柿～　糊涂～　咕咕喵～地曲率～

3）“子”后可以附上“得”或“儿”构成名词。

蛋子～　石头子～　枪子～　瓜子～　冬瓜子～　豆子～　麦子～花子～

4）附“儿”尾才能单说，不能附“得”尾。

事～　字～　名～　燕～　劲～　力～　词～　魂～　户～　村～毽～　数～

此外，“得”还可以附在人的小名、乳名、排行（“老大”除外）之后，“儿”可以附在排行之后（“老大、老二”除外）。

得：军得　英得　岭得　二得　三得　狗得　黄狗得

儿：三儿、四儿、五儿、六儿、七儿

2. 名词性成词语素可以附词尾“得”或“儿”，但意义有差别。

1）带“得”尾表示通称，带“儿”尾一般表小，不带词尾表大或意义不同。

筐得——筐儿——筐　盆得——盆儿——盆　猴得——猴儿——猴

刀得——刀儿——刀　鞭得——鞭儿——鞭　轴得——轴儿——轴

腰得——腰儿——腰　条得——条儿——条　根得——根儿——根

台得——台儿——台　绳得——绳儿——绳　门得——门儿——门

疙瘩得——疙瘩儿——疙瘩　窟窿得——窟窿儿——窟窿

“筐、盆”等不带词尾表示“大筐、大盆”，“猴”不带词尾属于名词兼形容词，“条”不带词尾表示“辐条”，“台”不带词尾属于量词。

2）带“得”或“儿”尾后意义完全不同。

大姨得——大姨　小舅得——小舅　小瓜得——小瓜儿　口得——口儿

头得——头儿　眼得——眼儿小孔；眼　饼得——饼儿　面得脸面；粉芡——面儿粉末

线得——线儿——线　嘴得豁口——嘴儿　老婆得——老婆儿

花得烟火——花儿花草——花棉花　皮得——皮儿　脸得脸色——脸儿

“口得”与“口儿”作为名词意义不同，前者指“伤口”或“（门窗）框”，而后者则指“路口”或“器物与外界相通的部分”等（作为量词，意义相同）。

3. 动词性、形容词性成词语素附“得”或“儿”尾。

1）附“得”或“儿”尾都能构成名词。

夹～ 剪～ 拍～ 撇～ 包～ 印～ 经～ 铲～ 盖～ 扣～ 贩～ 跑～ 滚～ 箍～ 茓～ 垫～ 尖～ 弯～ 秃～ 黑～ 干～ 轱□[liɛ·]～ 礤擅～

2）只能附“得”尾，不能直接附“儿”尾。

推～ 扳～ 起～ 刨～ 舀～ 铳～ 砧～ 锻～ 漏～ 套～ 裂～ 摊～ 批～ 挑～ 拐～ 豁～ 骗～ 混～ 隔～ 嚼～ 志～ 算～ 冷～ 稳～ 胖～ 疯～ 憨～ 金～ 银～

3）只能附“儿”尾构成名词，作用大致相当于“头儿”，这一类较少。

瞧～ 想～ 吃～ 治～ 好～ 闹～

以上所有的“得”尾词都可以发生儿化，主要表示一种北方口语化色彩。

（二）头/头儿

1.“头/头儿”既可附于单音节名词性语素之后，也可以附于成词语素之后。带后者更具口语化色彩。

石～ 木～ 舌～ 钟～ 罐～ 兆～ 笼～ 骨～ 跟～ 指～ 苗～ 裤～ 砖～ 枕～

2.“头”附于方位词之后，构成双音节方位名词。该类词一般不能儿化。

上～ 下～ 前～ 后～ 里～ 外～

3.“头儿”附于动词（单音节动词、后一音节为轻声的双音节动词）之后构成抽象名词，表示有做该动作的价值。该类组合具有很强的开放性。

想～ 瞧～ 来～ 逛～ 踢～ 打～ 吵～ 吃～ 玩～ 念～ 赚～ 够～ 薅～ 刷～

蹦跶～ 撕腾～ 复习～ 溜达～ 翻腾～ 伺候～ 鸣叫～ 撕拽～ 编排～ 拾掇～

4.“头儿”附于形容词性语素之后构成抽象名词。该类组合较少。

准～ 甜～ 苦～ 零～

（三）家儿/家

1.“家儿”这个后缀和普通话中的“者”相当，具有较强的开放性，既可以附在动作动词之上，也可以附在动词性短语之上。表示“从事某种工作或有某种特性的人”。

吃～ 干～ 喝～ 玩～ 捣～ 哭～ 画～ 戳～ 弄～ 剜～ 跑～ 下～ 买～ 混～

吃饭～ 打球～ 喝汤～ 打架～ 顶缸～ 陪灵～ 干活儿～ 拿东西～ 打麻缠～

这里需指出，单音节动词性语素之后的“家儿”，在句中可以由“家得”代替。如：“他真是个吃家得，一顿吃D五个馍。”

2.“家”与“家儿”有所不同，一般只用于名词之后。

1）用于普通名词之后，表示某一类人。

大人～　妮儿～　小儿～　小得～　小孩儿～　老头儿～　老婆儿～

2）用于地名之后，表示某地方的人。可以附在所有小地名（最高为省级）之后。

汉晁～　东庄～　高堤儿～　石盘屯～　内黄～　安阳～　河南～

3）用于人名或称谓词之后，指称某人的爱人或对象。所有已婚或订婚的人都可以附上“家”。用于女人名或女性称谓名词之后，指“某女子的丈夫”或“未婚夫”，限于娘家人的称呼。用于男人名或外号之后，指“某人的妻子”或“未婚妻”，限于婆家人的称呼。

桂英～　书玲～　芬得～　憨妮得～　大闺女～　姐姐～　外甥女得～　大姨～①

贵～　贵臣～　狗碰～　大秃得～　二不准～　三疤瘌～　五南瓜～

二　形容词词缀

（一）构词词缀

内黄方言中典型的构词词缀不多，叠音词缀十分丰富。

1. 气/实

1）“气”主要附于形素之后表“事物具有某种性质”。该词缀结合面较宽。如：

青～　膻～　腥～　臊～　老～　小～　景～　猴～　骀～　硬～　侉～　洋～　土～　贫～　素～　瘦～　细～　秀～　瘆～　广～　客～　钱～

另外，“气”还可附于实素之后构成名词和动词，如名词“古气、进气、灾气、福气、食气”和动词“眼气、烦气”等。

2）“实”附于实素之后，表事物的性质。“实”多有“实在，经受能力强”等意味。

气～　囊～　坐～　瓷～　结～　老～　扎～　浑～　壮～　匀～　皮～　墩～

① 内黄方言里“姨夫”只能用于他称，如：“他姨夫”“恁姨夫”等；自称时只能叫作“叔”“大爷”或“俺姨家”。

2. 叠音后缀

内黄方言的叠音后缀非常丰富，常用的有“乎乎、巴巴、溜溜、腾腾、登登、咚咚 、拉拉、哄哄、达达、嘟嘟、生生、騣騣、叉叉、丁丁、嗷嗷、实实、橛橛、呵呵、滚滚、崖崖、亮亮、兮兮、哄哄、花花、悠悠、粘粘、莹莹、漉漉、匝匝、索索、油油、晃晃、甸甸、崩崩、蓬蓬、洋洋 绞绞、洞洞、压压”等。

叠音后缀在构词方面表现出两个特点：

1）一个叠音成分可以附加在多个形容词之后。

乎乎：黑～ 甜～ 热～ 粘～ 胖～ 肉～ 明～ 傻～ 油～ 光～ 灰～ 红～ 满～ 饱～ 扁～ 柳～ 冷～ 暖～ 浅～ 软～ 散～ 青～ 绿～ 白～

2）一个形容词后可以与多个叠音成分组合。

热：～乎乎 ～巴巴 ～溜溜 ～腾腾 ～登登 ～咚咚 ～拉拉 ～哄哄 ～达达

叠音成分通常使形容词带有程度加重描摹状态或兼表喜恶的附加意义，但虚化的程度、结合能力存在较大差异，且来源模糊，其中有相当一部分附在形容词之后功能差别已不明显。即使我们将之归入构词，实际上也很难整齐地归纳其语法范畴。可以说，形容词性的 ABB 形式处于构词、构形的模糊地带。

与普通话相比，内黄方言的 ABB 形式具有更强的开放性，具体表现为：部分高频形容词附加叠音后缀的能力更强，部分叠音后缀所依附的词面儿更宽，甚至带有一定的随意性。

需要指出的是，部分 ABB 式可以加轻声的衬字“不”字（B 的声母是 p 或韵母是合口呼的不能），构成变式 A 不 BB 式，该类形式多带有否定意味。

温不騣騣 红不瞎瞎 冷不唧唧 酸不溜溜 热不叉叉 湿不叉叉 熟不当当 正不黏黏

由于叠音后缀表示状态程度高的语法意义，所以 ABB 类形容词具有一系列句法特点：一律不受程度副词修饰，不带补语；可以作谓语、补语和定语。如：

（1）盖底窝儿里头热乎乎嘞。被窝儿里头热乎乎的。

（2）他拜菜浇嘞酸溜溜嘞。他把菜浇得酸溜溜的。

（3）湿漉漉嘞衣裳逗冇法儿穿。湿漉漉的衣服就没法穿。

（二）构形词缀

1. 后缀“种”

“种”作为构形成分，是普通话中没有的用法，就我们目前掌握的材料看，其他方言尚未见报道。具体表现是：“种”附在形容词之后，不改变词的性质，只反映说话人不屑、鄙视或夸张的主观态度，具有较强的詈词性。大量的性质形容词可以附上“种”。

懒～　呆～　骀～　玄～　笨～　憨～　浑～　晕～　霉气～　臊气～　碍事～（贬义形容词）

灵～　巧～　忙～　干～　精～　秕～　饱～　黏～　麻利～　僻静～　稳当～（非贬义形容词）

“种”附在贬义词之后，增强贬损色彩，附在非贬义词之后，往往改变其色彩，表达说话人否定的态度。詈词性决定了它只适用于私下场合，不适用于正式场合。即使私下场合，修养高、性格稳重、情绪平静的人一般较少使用。

“种”作为构形成分属于表达性的，处于词法与语用的平面，说话人对它的使用表现出一定的随意性。但受感情色彩、节律等因素的制约，“种”对形容词呈现出一定的选择性。

“种”附在高频形容词之后显得更自然，附在单双音节形容之后的能力也有明显差别：附在单音节形容词之后显得自由，附在双音节形容词之后只有部分较为自如，尤其是附在褒义形容词之后受到较大的限制。如“洋气种”与“洋种”相比而言，后者显得自如得多。

“A单音节+种”与原词的功能基本相同，可直接修饰名词构成定中结构、受程度副词修饰构成状中结构（受语义的限制一般不直接受“有点儿”修饰），带程度补语构成述补结构。

定中结构：精种玩意儿　瞎种老婆儿　猴种妮儿　浑种小得

状中结构：怪能种　铁猴种　有点儿铁猴种　*有点儿猴种

述补结构：猴种嘞狠　怪种嘞冇法儿说　骀种嘞冇恁得儿嘞

“A单音节+种”和原词一样，可以采用变韵手段直接作谓语（见第二节“谓词变韵”），部分饰/述人的能以内黄方言双音节形容词最常见的ABB方式重叠，表程度的加重。如“怪种种、孬种种、懒种种”等。有的甚至以ABAB形式重叠，并带有较强的动态性，用于反问句的谓语位置上。后加“不咋”，句子隐含“幸灾乐祸”的意味。前加状语或后加“试试儿、递递儿、递瓜儿递瓜儿”等则句子隐含“看我如何收拾你”之义（单音节形容词不加“种”则没有这种用法）。如：

（4）你再能种能种不咋？（你怎么不再逞能了呢？）

（5）你再生种生种试试儿。（你再混账看如何收拾你）

“A 单音节+种”还可以跟双音节形容词一样附加后附成分“八叉”①。该形式不再受程度副词修饰。值得注意的是，“八叉”虽含有程度义，但仍可带补语“很”。如：猴种八叉嘞怪很。“A 双音节+种”的使用则受到较大的限制，一般只能置于谓语位置，不能发生变韵，且不能重叠。

2. 中缀“不”

内黄方言中，许多后一个音节为轻声的双音节性质形容词中间可以加轻声的“不”，无论原形容词的色彩如何，加“不”之后都带有明显的否定意味。

抠～欶　腥～气　稀～拉　瘫～症　圪～料　迷～瞪　猴～气　滑～腻　扭～捏　圪～赖（贬义词）

筋～拽　光～粘　僻～静　阴～凉　面～旦　嫩～秧　面～筋　凉～渗　滑～溜（非贬义词）

加“不”之前，双音节性质形容词可以自由作定语，不能自由作谓语。加“不”之后，双音节形容词由表性质变为表状态，作定语必须加助词“嘞”，作谓语句末加“嘞”。如：

（6）你瞧[D]他那个抠欶样儿。你看他那个小气的样子。

（7）这家伙迷不瞪嘞。这家伙有点迷瞪。

（8）光不粘嘞糁得不是多好喝嘞。光糁子不那么好喝。

值得注意的是，加“不”之后，末尾音节一律变读为阳平。表贬义的形容词，中间的“不”大多可以换成轻声的“巴儿[pɐr]”，意思不变。

以状态形容词的整体重叠方式进行再重叠，构成“A 不 B-A 不 B”式。该重叠式表示“有点儿‘A 不 B’义”，带有一定的动态意味。读音模式和重叠前一致，分为两节。如：“抠不欶抠不欶、糊不奈糊不奈、筋不拽筋不拽”等，这种重叠形式在句中一般只能作谓语。

三　几个表音词头

（一）“圪”头词

关于“圪”的性质，大多数学者认为它是一个无意义的“表音字词头”，个别学者将之视作前缀（乔全生，2000）。鉴于“圪”横跨几类实词，且意义模糊，我们将之视作“词头”。

内黄处于中原官话与晋方言的交界线上，因移民及地理位置的关系，

① 内黄方言中，“八叉”的主要用法是附在部分贬义性的双音节形容词之后，夸大性状。如：“猴气八叉、难看八叉、危险八叉”等。其黏附性很强，位置固定，属于表达性构形成分。

内黄话也存在晋方言中的“圪”头词，只是数量上较少。作为词头“圪”可以读作的[kiɛ^{24}]（阴平）或 [kiɛ^{42}]（阳平）或[kiɛ^{55}]（上声）构成名词、动词、形容词，构成的拟声词常读作[kɤ^{24}]。

名词：圪拉　圪垯　圪垱　圪渣　圪蚤　圪搅儿　圪节儿　圪丁儿　圪缨得　圪唠得眘晃　圪当箭得（阴平）圪针　圪抱　圪蛋儿　圪磴儿　圪肘拐得　圪肘窝儿（阳平）　圪林儿（上声）。

动词：圪巴　圪萦　圪绕[niau·]（阴平）圪架　圪轧　圪蹬　圪意　圪肘（阳平）

形容词：圪蔫　圪实（阴平）　圪料　圪赖（阳平）

拟声词：圪崩　圪答　圪喽　圪吱　圪登（阴平）

从目前晋方言以及中原官话的研究成果看，“圪”与“骨”应该是相通的。“圪”逢合口呼韵母以及部分齐齿呼韵母变作[ku^{24}]或[ku^{42}]，动词有“骨堆、骨甬、骨滴（阴平）、骨晃、骨捣（阳平）、骨咧（上声）”等，名词、量词有“骨碌、骨嘟、骨咧儿（阴平）、骨咧得（上声）”等，形容词、拟声词有“骨圪（阴平）、骨噜（阴平）”等。“圪”还可以读作送气的[kʻiɛ^{24}]或[kʻiɛ^{42}]，如“圪朗刺得、圪喽得”。

（二）“不”“扑”“忽”头词

“不”本字不明，有学者记作“卜”。考虑到读音，这里没有使用这个字。“不”读作[pu^{24}]或[pu^{42}]，主要构成动词。

动词：不捏　不拉　不喃　不咂（阴平）不拉（阳平）

名词：不挠得（阴平）　不楞得（阳平）

拟声词：不登（阴平）

“扑”可能是“不”的送气读法，构成的动词有：扑愣、扑甩、扑踏、扑囊、扑吊（阴平）等，名词、量词有：扑摊得（阴平）、扑穗得、扑绺得（阳平）等。

“忽”头词不多，可以构成动词和拟声词。主要有：忽闪、忽通、忽嗤、忽歇、忽踏、忽浓。

以上我们对词头的分析，没有严格区分单纯词及合成词。从历时的角度看，部分似由分音词演变而来。如“不挠得”中的“不挠”可能源自“包”的分音，“扑囊”源自“膀”的分音，“扑吊”源自“摽”的分音，“忽浓”应是“烘”的分音。

四　语缀“儿”

普通话中儿化的作用对象限于词，内黄方言还可以作用于形容词短语，且唯有作形容词短语的语缀时，“儿”的小称义才可类推，并与其原形式语义上构成对立。

尽管儿化表现为形容词的儿化（形容词与“儿”的合音），但其中的“A+儿”是黏着的，不能独立存在。这种小称儿化的框架可以描述为：[指量+A]+儿。

其中的“指量”成分为具有指示程度或数量义的成分，包括“怎这么、恁那么、有多/不多、不、多”和数量义短语。A 须是描写事物度量衡特征和数量的单音节形容词，主要有“高、低、远、近、厚、薄、沉、大、长、宽、粗、深、多、稠”等。

形容词短语小称儿化的几种常见的格式为：怎/恁+A+儿、数量词+A+儿、多+A+儿、不+多+A+儿、有+多+A+儿。下面以“高”构成的形容词短语为例，说明这个“儿”缀的功能与特点。

（6）他长 D 怎高。——他长 D 怎高儿。

（7）他家嘞院墙一人高。——他家嘞院墙一人高儿。

（8）得垒多高？——得垒多高儿？

（9）恁个小孩儿不高。——恁个小孩儿不高儿/不多高儿/有多高儿。

例（6）（7）基式“怎高、一人高”表示“很高”，后可加助词“荒得”。儿化形式“怎高儿、一人高儿”表示“低”，动词前可添加表副词“只满仅仅”等，构成“只满长 D 怎高儿、只满一人高儿”。例（9）基式“不高”表示“低”，儿化形式表示“很低”。例（8）“多”是个表疑问程度的代词，这一格式较为特殊。儿化形式表示客观的中性疑问，基式包含询问者预先假设所问的程度是一个大量，这种问句表示的是偏向问。这类情况，似与浚县方言不同（参见辛永芬，2006）。

第二节 谓词变韵（D 变韵）

D 变韵中小地名、副词、介词的变韵一般是静态的，而谓词变韵则是动态的。一个动词、形容词进入句子，大多存在本韵形式与变韵形式的对立。本节重点讨论动词变韵。

一 动词变韵

动词变韵是豫北方言最具个性的项目，涉及语音、语义、语法等多个层面。贺巍（1965，1989，获嘉）、王森（1998，荥阳）、赵青治（1998，长葛）、辛永芬（2006，浚县）、王青锋（2007，长垣）、李学军（2015，内黄）等都有报道。

以往的报道大多只是粗略地描写了某一方言点动词变韵所表示的若干类语法意义及适用的各种句法格式，对变韵动词的范围、变韵的制约条件以及一个动词能实现几种变韵意义等问题则很少考虑。我们拟改变以往简单列举的描写模式，尝试对内黄方言的动词变韵做出系统的刻画。

本节对动词变韵的描写建立在对内黄方言常用动词（包括以往很少提及的双音节动词）全面考察的基础上，主要讨论六个方面的问题：变韵动词的范围、变韵的功能、动词的变韵功能类、变韵的制约因素、动词构式的变韵以及终点类变韵的来源。

（一）变韵动词的范围

与豫北动词变韵区其他方言点相比，内黄方言能发生变韵的动词类别更为宽泛，所表示的意义也更为复杂。

1. 变韵与动词情状

变韵与动词的语义特征密切相关。一个动词能不能变韵以及变韵能标记哪几类功能都与动词的语义特征有关。根据语义特征给动词分类，目前尚无成熟的理论框架，因为汉语动词的语义十分活跃，兼属的情况比比皆是，用哪一种分类方法都难以将之分得干干净净。我们这里主要参照戴耀晶（1997）关于动词的情状分类。即，将动词分成两大类：静态动词和动态动词。

静态动词包括：属性关系动词、心理感觉动词；动态动词包括：动作动词和结果动词。姿势动词、位置动词绝大多数兼表动态、静态二重意义。

考察发现，内黄方言的静态动词中，表心理感觉的动词较多。如“俗厌烦好喜欢、恨、怕、信、渴*（去声）、图、怵、待见、景见、烦气讨厌、眼气羡慕、性习习惯、心嘞以为、觉嘞、认嘞认识、记嘞、懂嘞、舍嘞、后悔、知道、腻歪、□kiɛ[42]臆疑惑、掂量、约莫估计、隔应担心、圪记惦记、指望、记怪、絮估记得、缕乎在意、计较、糊弄、稀罕、在乎、害怕、可怜、心疼”等，这类动词除了“信、怵、害怕”等极少数动词外，一般不能发生变韵。

表属性、关系的静态动词，情况较为复杂。“姓、像、有、冇”可以变韵，“是[sɿ[312]]”用在反复问形式的是非问句末，和“不”搭配变为[sɛ[312]]，应是源于与“也”的合音。“不是[D]”已语法化为一个表揣度的语气词，大致相当于普通话的“吧”。其他如“等等于、当成、值当、值望值得、值固、推当、显嘞”等不能发生变韵。

单纯表姿态的静态动词很少，且多为双音节动词，如“欧斗眍瞜、锛瞜额头突出、塌蒙（眼皮）下垂”等，这类动词可以变韵①，且只能实现“持续”功能。

① 右上角带 * 的动词的韵母为不变韵母，能以变韵的零形式表示各种语法意义。本节行文中标 * 的动词都是如此。

动态动词是变韵的主体，一般的动态动词能够实现变韵。

动作动词一般能发生变韵，表“完成”义。带有位移性或致移性的动作动词，如“吃、撵、踢、锛、跺*”等，变韵还可以表“终点”义，强持续动词及部分持续动词，如“等、盼、想、瞧、听、陪、当”等，变韵可以表示“持续”义，兼表动静二重意义的位置动词、姿势动词，如“挂*、包、摆、铺、盖、穿、戴、垫、叠*、堆、钉、坐*、站、立、躺、挺、藏、躲*、跪、趴*、提溜、骨堆”等，变韵可以实现“完成、终点、持续”三种语法意义。

结果动词变韵除了可以表“完成”外，大部分可以实现“终点”义。如“死、嫁*、断、了[liau^{55}]、溜、塌*、掉、娶嫁*、枪崩、抹嘟”等。

动态动词中，一小部分不能变韵。如“颠跑 蹓 消 产 供招供 逢 献 斜* 药* 闸* 难 唬 奘 怨 惯 理、顾 怪 待 降 耍* 吭 达志、搭理、顾带、挤翁、计较、糊弄、言语、□[piɛ^{55}]治、隔挤、□[kiɛ^{42}]癔、黑心 吓唬、诈唬、绝户”等。

需要指出，一个动词的语义特征取决于言语社团对它的心理认定，同一个动词在汉语的不同方言中可能呈现不同的语义特征。就内黄方言的实际情况看，兼表动态、静态二重意义的动词范围似乎比普通话更为宽泛。如：普通话中表动态义的“跳、卸、上”等，在内黄话中可以兼表静态义：“他在水里头跳^{D}嘞。”（他跳进水里后的静态持续状态）“煤在地下卸^{0}嘞。”（煤卸在地上后的静态持续状态）“小家伙儿在屋得上上^{D}嘞。”（小家伙上到房顶后的静态持续状态）。

2. 变韵与动词构式

动词变韵不仅表现在动词与其他成分的临时组合中，还表现在动趋式、动结式这类定型的组合中。这种动词构式在变韵的条件、变韵的功能等方面与动词的临时组合存在明显的差异。

首先来看动趋式。内黄方言中的单趋式较少，仅有“V+来/走/上”等几类①。常态条件下，须以行为动词的变韵形式出现，即构成“V^{D}+来/走/上”。变韵并不表具体的语法意义，仅作为动、趋之间的一个强制性形式成分（连接标记）而存在。能够进入这类单趋式的动词多为及物动作动词、位置动词等。

另外，“V+到”可以看作单趋式（存在可能式）。该单趋式带上方所成

---

① 我们没有将“V+开/起/下”视作动趋式，主要是因为前一类变韵的位置在“开”上，与一般动结式相同；而后两类 “起”和“下”只能对由其构成的动补短语作整体解释：“V+起”表示承受义，“V+下”表示容纳义，且仅用于能性格式。我们将这三类动补短语视作动结式。

分构成“V+到+NP $_{方所}$”结构，并与“V^D+NP $_{方所}$”等价。我们将这里的变韵动词看作是单趋式“V+到”的合音形式。

双趋式“V+上类字+来/去”常态条件下不能变韵。进入双趋式的动词主要包括“姿势动词、位置动词、动作动词”等。

双趋式以及单趋式中的“V+来/上”在能性句中可以实现趋向成分的变韵。该类变韵仅表“确认”语气义，不变韵也不影响句子的成立。

由“上类字+来/去”构成的广义复合趋向动词（结果动词）“上来、下来、进来、出来、回来、过来、起来、上去、下去、进去、出去、回去、过去 ”，在能性句中作谓语时也可以实现语气变韵。

再来看动结式。动结式的变韵主要表现在单音节动词和部分单音节谓词构成的具有复合词性质的双音节动结式中，变韵发生于后一音节，标记“完成”。如“V+死 ^{D}/倒 ^{D}/跑 ^{D}/病 ^{D}/坏 ^{D}/开 ^{D}/毁 ^{D}/翻 ^{D}/湿 ^{D}/散 ^{D}/好 ^{D}”等。

双音节动结式的结果成分在能性句中同样能实现语气变韵。

3. 变韵的功能类型

一般而言，一个动词的变韵形式只有一种。这种变韵形式对于多数变韵动词来说，可以在不同句法环境中实现多种功能。根据功能可以将变韵划分为不同的类型。

我们将内黄方言的动词变韵归纳为两大类：一类是句法变韵，一类是语气变韵。

句法变韵具有强制性，可以视为动词变韵的主要功能。主要包括：变韵表示“完成”义和“持续”义的时态类、表位移的终点类和不表示具体语法意义的连接形式类（变韵仅作为动趋之间的连接成分）三个小类。

语气变韵不具有强制性，主要表现为动结式、动趋式等后一成分在特定句式中仅表确认语气作用的变韵。

下面我们着重描写句法变韵中的“完成、持续、终点”标记功能，动趋之间的“连接”功能和特殊句式中的“确认”语气功能将放在后面的“构式变韵”小节中描写。

（二）动词变韵标记“完成”

内黄方言中的绝大多数变韵动词，变韵形式可以实现大致相当于普通话中“了 $_1$”的功能。

1. 简单形式

变韵的“完成”功能主要通过谓语位置上动词的七种句法形式来实现。

1）V^D+T/P′（时量成分/动量成分）

除了极个别静态动词可以变韵但不能带时量、动量成分外，动态动词至少可以带时量成分（长持续动词一般不能带动量成分，如“窝生、恶囊、□[kiɛ^{42}]夹*”等)。时量成分在瞬间动词后所计的一般是作为变化结果而存在的有关状态的持续时间,在持续动词后所计的是动作行为持续的时间。

(1)他嘞书掉^{D}[tio^{312}]三天了。他的书丢了三天了。

(2)他爷死^{D}[sɛ^{55}]二年了。他爷爷死了两年了。

(3)俺等^{D}[to^{55}]一天。我(们)等了一天。

(4)他在车上瞌睡^{D}[k'ɤ^{42} sɛ^{312}]一路儿。他在车上睡了一路。

(5)他在家撕腾^{D}[sʅ^{24} t'o·]几回了。他在家翻腾了几次了。

(6)他娘打听^{D}[ta^{55} t'io·]□[niɛ^{312}]两伙儿。他娘打听了人家两回。

这里强调指出,与普通话中相应的结构“看了三天了”(马庆株,1981)不同,内黄方言中相应的“V^{D}+T+了”不会产生歧义。持续动词后的时量成分若要指动作完成后经历的时间,动词只能以基本韵形式出现,且后面须添加表完结的补语“罢、妥、完、好、了[liau^{55}]”等,单双音节动作动词都是如此。

(7)咱嘞的喷雾器他使^{D}[sɛ^{55}]好几天了。≠咱嘞喷雾器他使罢好几天了。

(8)三码得农用三轮车拾掇^{D}[sʅ^{42} to·]修理三天了。≠三码得拾掇好三天了。

另外,少量高频单音节动作动词如“提、挪、抱、等、搁、立、戴、停、坐、挺躺、趴、明、晃”等可以带特殊的动量成分构成“V 一 V”结构,表示动作行为持续的时间短。动词变韵表示“完成”。

(9)我来^{D}他家只满立^{D}[liɛ^{24}]一立。我到他家就立了一下。

(10)他等^{D}[to^{55}]一等逗走了。他等了一下就走了。

2)V^{D}+O+T/P′

宾语为受事或与事,由代词、人名或“代词/指量成分+名词”构成的偏正短语或同位短语等充当。

(11)她爹看^{D}[k'ɛ^{24}]她一黑价。她爹看了她一晚上。

(12)我劝^{D}[tɕ'yɛ^{312}]这个小妮儿老大一会得了。我劝了这个小妮儿老大一会儿了。

(13)我才推^{D}[t'uɛ^{55}]两伙了。我才推(推牌九)了两回。

(14)俺家嘞吵吵^{D}[ts'au^{55} ts'o·]我好几回。我老婆吵了我好几回。

例(14)中动词“吵吵”为重叠式合成词,变韵仅发生于后一音节,这一点和动词的重叠式的变韵存在明显的不同(详见下文)。

3)V^{D} +T/P'+O

宾语多为受事、结果或处所,由名词或偏正性名词短语充当。

(15)他夜个弹^{D}[t'ɛ^{42}]一天花。他昨天弹了一天棉花。

(16)我去^{D}[tɕ'yɛ^{312}]两回北京了嘞。我去了两次北京了呢。

(17)贵臣倒腾^{D}[tau^{55} t'o·]二年怎得儿嘞买卖。贵臣倒腾了二年这样的买卖。

(18)他来嘞时候儿哀告^{D}[ai^{24} ko·]□[niɛ^{312}]垛家得一路儿。他来的时候求告人家全家一路儿。

4）V^D +O

宾语为受事或结果等，一般由“名量成分+名词”构成的偏正短语或直接由名量成分充当。

（19）贵臣一顿吃 ^{D}[tsʻɛ^{24}]五个馍。贵臣一顿吃了五个馒头。

（20）他在他三叔那儿赙受 ^{D}[tɕʻiŋ^{42} so·]恁些东西。他从他三叔那里继承了那么多东西。

宾语前没有数量成分时，普通话中可用可不用“了$_1$”的地方，内黄方言须用变韵形式，句尾须带上“了”。双音节离合动词出现在这类句中更为常见。

（21）家嘞来 ^{D}[lɛ^{42}]亲戚了。家里来了亲戚了。

（22）那家伙离 ^{D}[liɛ^{312}]婚了。那家伙离了婚了。

这里附带说明一下位移动词“来、去、到、进、出”等后带方所宾语的复杂情况。

“来、去、到”能带表目标的方所宾语。其中“来”后带方所宾语时，不论时态都须变韵；“到”带方所宾语，若句末带“了”或分句末带“喽”，则变韵与本韵形式可以自由替换，其他情况一般需变韵；而“去”带方所宾语，只有表“完成”义时才可变韵（“去”后面一般有动量、时量成分时等）。

（23）a. 你做啥嘞呀？你干什么去呀？

——我来 ^{D}[lɛ^{42}]/到 ^{D}[to^{312}]安阳。/我去往安阳嘞呀。我要去安阳。

b. 你夜个做啥来也？你昨天干了什么？

——我来 ^{D}/到 ^{D}/去 ^{D}[tɕʻyɛ^{312}]安阳一趟。我去了安阳一趟。

需要指出的是，a 句中的答话中，越来越多的年轻人倾向于使用“到”的本韵形式。

“出”[tɕʻy^{24}]只能带表源点的处所宾语，变韵表示“了$_1$”的功能，本韵形式与之构成对立。“进”的变韵功能与“出”相同，只是所带宾语一般是表目标的方位短语。

（24）出 ^{D}[tɕʻyɛ^{24}]这个村儿，就冇这个店儿了。出了这个村儿，就没有这个店儿了。

（25）那一年，日本鬼得进 ^{D}[tɕiɛ^{312}]咱村嘞了。那一年，日本鬼子进了我们村里。

5）V^D+O_1+O_2

双宾动词可以进入这一结构，间接宾语由代词、人名或“代词/指量短语+名词”构成的偏正短语或同位短语充当，直接宾语主要由名量成分或“名量成分+名词”构成的偏正短语等充当。

（26）我将喂 ^{D}[uɛ^{312}]她点儿好面糊涂。我刚喂了她一点儿白面糊糊。

（27）恁娘吵 ^{D}[tsʻau^{55}]恁爹几句。你妈和你爹吵了几句。

（28）他填欢^D[t‘ian^{42} xuɛ·]那一家儿恁些东西也冇落□[niɛ·]嘞的好儿。他白白给了那一家那么多东西也没有落人家的好。

需要指出，内黄方言表取夺义的双宾句式具有很强的开放性，大量单宾动作动词可以进入“S $_{施事}$+V+O $_{与事}$+O $_{受事}$”句。其中与事和受事语义上具有领属关系，受事前必有数量成分。

（29）他一顿吭哧吃^D[ts‘ɛ^{24}]俺三碗饺得。他一顿就吃了我三碗饺子。

（30）我年似个买^D[m‘ɛ^{55}]恁两辆洋车得。我去年买了你两辆自行车。

6）V^D+个+C（程度补语）

带有处置义的动作动词常进入这种动补结构，“个”后面的词语表示动作程度之深，常用于“拜$_{把}$”字句中。

（31）他娘拜他捲^D[tɕyɛ^{55}]个八开六透。他妈妈把他骂了个八开六透。

（32）他拜俺恁个枣树够^D[ko^{312}]个净粘粘。他把我们家那棵枣树摘了个一干二净。

（33）那家伙在街嘞乌叫^D [u^{24} tɕio·]个扬涨。那家伙在街里叫唤了个扬涨。

（34）□[niɛ^{312}]娘家嘞人儿一小会儿逗拜陪送嘞嫁妆斤张^D[tɕin^{24} tso·]个净光净。人家娘家的人一小会儿就把陪送的东西收拾了个精光。

7）V^DV^D+（O）

理论上讲，所有的动态动词都能实现重叠。但在实际口语里，自主动词常重叠。重叠变韵形式，表示“V 了 V”。单音节动词的重叠式表现为：A^DA^D，双音节行为动词的重叠形式表现为：AB^DAB^D（前后变韵形式相同，只标注前一个），离合动词的表现形式为：A^DA^DB。和原形动词不同，重叠形式位于句末时也能实现变韵。

（35）他将提^{D}提^D[t‘iɛ^{42} t‘iɛ·]裤得。他刚提了提裤子。

（36）他剃^{D}剃^D [t‘iɛ^{312} t‘iɛ·]头逗走了。他剃了剃头就走了。

（37）我拜那肉咕嘟^D[ku^{24} tuo·]咕嘟^D。我把肉煮了煮。

（38）恁爹夜个打听^D[ta^{55} t‘io·]打听^{D}恁个事儿。你爹昨天打听了那件事。

2. 复杂形式

变韵表示“完成”义的复杂形式主要表现在连动式上，可以分为两大类：

1）V^D(+O)+ VP

连动式表示先后发生的系列事件，动词语的顺序映射事件的时间顺序。我们这里只列举至少前一个动词变韵的情况。

能进入该结构的一般是动作动词。变韵动词须使用表示“完成”义的基本句法形式，主要包括动宾（带数量成分）、重叠式等。连动式中后一个动词处于句末时不能变韵，重叠式则不受此限制。

（39）俺掏^D[t‘o^{24}]五块钱买^D[mɛ^{55}]盒儿烟。我掏了五块钱买了一盒烟。

（40）他脱^{0}脱^0[t‘uo^{24} t‘uo·]睡了。他脱了脱（衣服）睡了。

（41）他给^D [kiε^{55}]一百块钱叫买东西嘞。他给了一百元钱让买东西的。

（42）他摘^0 [tsε^{24}]来帽得拜头洗^{D}洗^D[ɕiε^{55}ɕiε·]。他摘下来帽子把头洗了洗。

例（41）“买东西”表示未然行为。例（42）“摘^{0}来”属于单趋式，变韵仅是一个形式成分（参见“构式变韵”以及附录一），其“完成”义是在前景事件的参照下确定的。

2）V^D+NP 方所+V^DP

这类结构第一个动词变韵表“终点”（详见下文），变韵动词一般可以自由替换为“V+到”，“V^D+NP 方所”的时态义由句中的时间词和后边的动词短语定位。

（43）他立^D[liε^{24}]□[niε·]院嘞搀^D[tɕyε^{55}]老大一会得。他站在人家院里骂了老大一会儿。

（44）一会儿逗拽^D[tsuε^{312}]你西地嘞埋^D[mε^{42}]你了。一会儿就把你拽到西地埋了你。

如前所述，位移动词“来、到”构成的“来^D/到^D+O 方所”较为特殊，其构成的连动式亦是如此。

（45）我来^D [lε^{42}]安阳买^D[mε^{55}]个手机。我到安阳买了个手机。

（46）他到^D[to^{312}]城里批^D[p‘iε^{24}]两趟东西。他到城里批发了两趟东西。

例（45）若后面的动词“买”不发生变韵，则句义为“我要到安阳买个手机”。

（三）动词变韵标记“持续”

大部分变韵动词的变化形式可以实现相当于普通话时态助词“着”的功能。这种持续功能主要通过三种句法形式（一种属于复杂形式）来实现，并与句尾的“嘞”[lε·]（大体上相当于普通话的“呢”）相呼应。

1. 在[tai^{312}]+NP 方所+V^D

兼表动静态二重意义的位置动词常进入这一结构，表静态存在，句末带“嘞”。该结构和表动态的终点类变韵格式具有平行变换关系，即：在[tai^{312}]+NP 方所+V^D→V^D+NP 方所。

（1）他在桶得上坐^0[tsuo^{312}]嘞。他在桶上坐着呢。

（2）东西还在屋嘞扔^D[zo^{55}]嘞。东西还在屋里扔着呢。

（3）三妮儿在□[niε^{312}]张三得他叔跟前认^D[zε^{312}]嘞。三妮儿在张三的叔叔跟前认着呢。

（4）她将还在桌得底下曲率^D[tɕ‘y^{24} lyε·]嘞。他刚才还在桌子底下曲率着（躺着）呢。

（5）恁个人在墙角儿嘞骨堆^D[ku^{24} tsuε·]嘞。那个人在墙角蹲着呢。

2. V^D+O

这种动宾结构分为两种情况，一种是兼表动静态意义的动词构成存在句，句末带“嘞”。该类句子可以变换为“在[tai^{312}]+NP $_{方所}$+V^{D}”。

（6）锅里头炖^{D}[tuɛ^{312}]肉嘞。→肉在锅里头炖^{D}嘞。

（7）他头上戴^{D}[tɛ^{312}]帽得嘞。→帽得在他头上戴^{D}嘞。

（8）络得上缠^{D}[tsʻɛ^{42}]线得嘞。→线得在络得上缠^{D}嘞。

（9）锅嘞□□^{D}[kʻiɛ^{42} pʻo·]$_{荷包}$鸡蛋嘞。→鸡蛋在锅嘞□□^{D}嘞。

（10）窟窿上糊嘟^{D}[xu^{24} tuo·]泥嘞。→泥在窟窿上糊嘟^{D}嘞。

另一类是持续动词构成的一般主谓句，句末一般带“嘞”。

（11）我瞧^{D}[tɕʻio^{42}]你嘞，甭害怕。我看着你呢，别害怕。

（12）我还在那儿想^{D}[ɕio^{55}]这个事儿嘞。我还在那儿想着这个事儿呢。

（13）他俩人抬^{D}[tʻɛ^{24}]轧衣裳机得嘞，你得掂盖底。他们两个抬着缝纫机呢，你得掂被子。

（14）恁爹还在家支等^{D}[tsɿ^{24} to·]你嘞。你爸爸还在家等着你呢。

以上两类句子用于解释原因、说明意外等情况时，句末可以不带“嘞”，但宾语只能由普通名词充当，且前有虚化代词“那”或“这”修饰。

（15）碗上隔巴^{0}[kiɛ^{24} pa·]那糁得，有法儿用哟？碗上粘着糁子，有办法用吗？

（16）真会吃啊，锅嘞还□□^{D}[kʻiɛ^{42} pʻo·]这小鸡蛋儿。真会吃啊，锅里还荷包着鸡蛋。

（17）不管往哪儿去，他都^{D}开^{D}[kʻɛ^{24}]那车。不管往哪儿去，他总是开着车。

（18）那家伙往地嘞走嘞时候儿扛^{D}[kʻo^{42}]那盖底。那家伙向地里走的时候扛着被子呢。

3. V^{D}（+O）+VP

这种结构可以看作连动式，只是变韵动词（常带宾语）表示的是后一个动作的伴随状态。变韵动词不带宾语时，句末须带“嘞”。

（19）他骑^{D}[tɕʻiɛ^{42}]车儿走了。他骑着车走了。

（20）他老丈人陪^{D}[pʻɛ^{42}]他喝^{0}[xɤ^{24}]一黑价。他岳父陪着他喝了一晚上。

（21）她正哭^{D}[kʻuo^{55}]来嘞。她正哭着来呢。

（22）（他爹）弟儿五个轮^{D}吃嘞。（他爹）弟兄五个轮着吃呢。

（23）恁个小妮儿斜楞^{D}[ɕiɛ^{42} lo·]那眼得正在那儿瞧书嘞。

（24）他逗^{D}怎得儿$_{这样}$侧棱^{D}[tsɛ^{42} lo·]那膀得在那儿坐嘞。

需要指出，动词变韵不能表示进行体，例（21）的进行体意义是由“正……嘞”表示的，“哭^{D}”仅表方式的持续状态。例（19）动词不带宾语时还可能形成“同形结构”：“走”重读时，“骑^{D}走”为连动结构，轻读则为动趋式（后可带宾语）。

（四）动词变韵标记“终点”

变韵的“终点标记”功能主要通过谓语位置上“V^{D}+NP $_{方所}$”及其扩展式来实现。大部分变韵动词可以实现这一功能，且一般可以自由替换为“V+到”，意思不变。

1. V^{D}+NP 方所+（T/P'）

（1）恁个小妮儿寻 ^{D}[çiɛ^{42}]本街儿嘞二年了。那个小妮儿定亲定到本村里两年了。

（2）他认 ^{D}[zɛ^{312}]□niɛ·张三得他叔跟前了。他认到人家张三得他叔跟前了。

（3）他抢 ^{D} [tç'io^{55}]我头嘞两回了。他抢到我前头两回了。

（4）指个事儿又等 ^{D}[to^{55}]坷垃地嘞了。这个事儿又等到坷垃地里了。

（5）头牯卧 ^{0}[uo^{312}]那儿了。牲口卧那里了。

（6）鼻得都吸溜 ^{D}[çi^{24} lio·]嘴嘞了。鼻涕都吸溜到嘴里了。

例（4）“等 ^{D} 坷垃地”属于习语，意思是“白等”。例（5）变韵动词与表示弱处所义的“那儿”搭配使用，短语实际上表示的是动作行为结果状态的持续。

2. V^{D}+NP 方所+O 受事

该结构中的动词为单宾动词，受事成分须是无定名词语，由普通名词或“名量成分+名词”等构成。

（7）□[niɛ^{312}]买 ^{D}[mɛ^{55}]城里房得了。人家买到县城房子了。

（8）他栽 ^{D}[tsɛ^{24}]院嘞两棵榆树。他在院子里栽了两棵榆树。

（9）他拽 ^{D}[tsuɛ^{312}]屋嘞好几个人。他拽到屋里好几个人。

（10）贵臣续 ^{D}[çyɛ^{312}]锅嘞半盆得水。贵臣续到锅里半盆子水。

（11）他娘攒掇 ^{D}[tsan^{55} to·]院嘞恁些棍得。他妈收拾到院子里那么多棍子。

（12）俺□□^{D} [k'iɛ^{42} p'o·]锅里头四个鸡蛋。我在锅里卧了四个鸡蛋。

例（7）（8）方所词表示的空间位置原点和终点可能重合，可以变换为“在+NP 方所+V^{D}+O 受事”结构（变韵表“完成”义），其余例句一般不能。例（11）“攒掇”只有变韵形式（不能替换为“V+到”），应是为了避免拗口，因为“掇[tau]”与“到”同声、同韵。

3. V^{D}+O 受事+NP 方所

能进入这一结构的动词必须是支配指人受事成分的单宾致移动词（可进入该结构的常用动词参见书后附录三），且受事成分必须是定指的指人名词语。

（13）□[niɛ^{312}]前两天挤 ^{D}[tçiɛ^{55}]他俩屋嘞了。人家前两天把他俩挤到屋里了。

（14）我心嘞早逗送 ^{D}[suo^{312}]你学嘞了嘞。我以为早就把你送到学校里了呢。

（15）俺俩抬 ^{D}[t'ɛ^{42}]这个醉鬼床上了。把这个醉鬼抬到床上。

（16）□[niɛ^{312}]又撂 ^{D}[lio^{312}]咱一边得了。人家又把我们撂在一边儿了。

（17）毒隆 ^{D}[tu^{42} luo·]他屋嘞！把他弄到屋里！

（18）他□喽 ^{D}[tɛ^{42} lo·]我这儿，□喽 ^{D} 我那儿。他把我弄到这儿，又弄到那儿。

这类结构具有非连续性质，是由“V^{D}+NP 方所”插入定指的指人名词语而形成的，并遵守汉语的通则：受事宾语可以移至动词之前构成“拜把”字处置句和“叫”字被动句。

从语用上看，该结构作为处置式比同义的替换式和变换式更为轻便、紧凑、匀称，更容易使处于末端位置的方所成分得以强调，并为祈使句优先使用。

这类祈使句有时并不真正表示“祈使”行为（要求或希望别人做什么），表达的只是一种说话人针对某听话人的“恐吓”（一般不会实现）。大人吓唬小孩儿时常用。

（19）锁 ^{0}[suo^{55}]他都屋嘞！把他们锁到屋里！

（20）卖 ^{D}[mɛ^{312}]他俩集上！把他俩卖到集上！

（21）吊 ^{D}[tio^{312}]他梁上！把他吊到梁上！

（22）推 ^{D}[tʻuɛ^{24}]你沟嘞吧？把你推到沟里吧？

需要指出，内黄方言“V^{D}+NP$_{\text{方所}}$”的可能式，动词只能以本韵形式出现构成“V+不+到+ NP$_{\text{方所}}$”形式。当方所成分为“那儿/这儿”时，可能式中的“到”可以自由隐现。当方所成分为方位词“里头”，且读作合音形式[liou^{55}]时，受节律影响，可能式中不能出现“到”。

最后说两类特殊情况，一类是个别动词变韵可以带表时间位置的终点成分。

（23）她赶 ^{D}[kɛ^{55}]下一个月嘞产嘞。她赶到下一个月里生（小孩）的。

（24）恁家嘞狗赶 ^{D}哪会儿将嘞也？你们家的狗赶到什么时候儿下崽呢？

这类情况变韵动词能不能还原为“V+到”形式，母语人语感存在差异，且不存在可能式。我们认为，这是表空间位移的终点类变韵泛化的结果。

另一类是个别动词变韵带对象宾语的情形。张慧丽（2011）将这类情况也视作“V^{D}+NP$_{\text{方所}}$”结构，所举例句是鄢城方言的“跪 ^{D}他了（给他跪了）”。从内黄方言的实际情况看，这一分析未必妥当。比较：

（25）三得都跪 ^{D}[kuɛ^{312}]他了嘞。老三都给他下跪了呢。

（26）他跪 ^{D}那儿了。他跪到那里了。

以上两例在鄢城方言、内黄方言中都能说，且意思相同。不过两例在内黄方言中的句法表现迥异。后一例变韵动词可还原成“V+到”形式，且存在可能式；而前一例则正好相反。因此我们认为，这两例属于不同性质的变韵。

至于“跪 ^{D}他”能否可以分析为对象宾语的受事化，将变韵分析为“完成”标记，则有待进一步考察。不过从语感上推测，我们倾向于该类变韵与“完成、持续、终点”类变韵来源不同，更像是动词跟“于”类介词（相当于普通话的介词“向”）合音的结果。

（五）动词的变韵功能类

前面我们大致确定了动词变韵的范围，简要分析了动词类别与三种主要变韵功能之间的关系，并列举了实现变韵功能的句法结构。实际上，各类动词之间并没有一个明显的界限，加上受使用频率、语境等不同因素的影响，使得动词类别与变韵功能之间的关系错综复杂。为了更深入、细致地反映一个个动词的变韵事实，我们尝试用原始的办法对内黄方言的常用变韵动词的主要 D 变功能进行数量统计，并据此制订变韵动词分类表。具体做法是：

1. 用测试框架确定变韵动词

我们用三种句法框架确定变韵动词：凡能进入下列任意一个框架的即认定为变韵动词。

句法框架（I）a. V^D+ T / P′（动量/时量）　b. V^D+Num+O

（II）a. V^D（+O）+嘞　b. V^D+那+O

（III）V^D+NP $_{方所}$

然后，检验一个动词具体能进入哪些框架，从而对其主要变韵功能做出数量统计。从测试框架可以看出，我们关注的是核心谓语位置上动词变韵的句法性功能。

确定变韵动词时，需要对动词的身份进行甄别。因为随着交流的日益增多，大量的普通话词语已进入内黄方言中。我们采取的策略是，对单音节动词采用“从宽”的标准，而对双音节动词则采用“从严”的标准。

“从宽”是指将所谓的双音节离合词、多音节习语（1+2 动宾关系）的第一个成分视作单音节动词。这类定型组合大都能够变韵，且只能发生于第一个成分之上，将之视作单音节动词可以使问题简化。“从严”是指将那些不属于方言的双音节动词剔除出去。那些由普通话而来的双音节动词带有两个明显的特征：一是方言中多存在与之相应的单音节动词（包括个别对应的双音节动词），二是不管在什么句法条件下一般不能发生变韵，且不能带动态助词“了”或“着”等。

这样处理的结果是，单音节变韵动词的数量大大超过双音节动词，且后者多是末尾音节为轻声的动词。我们认为，这基本符合内黄方言的实际情况。

相对而言，确定变韵动词容易操作，但要一一查验变韵的功能则困难多多。没有书面语材料可用、难以将所有变韵动词的语料搜集齐全等问题自不待言，词的同一性、词的不同义项上的句法差异、终点类变韵的泛化、变韵零形式的干扰、动态动词不能变韵现象的存在、母语人的不同语感等问题更让人感到棘手。我们采取的策略是，在尽力搜集语料的前提下，部分根据作者的语感进行内省式查验，并找母语发音人进行核对。但凡处于“能说”和“不能说”之间的模糊地带，我们一般不计其内。

查验过程不仅使我们对内黄方言动词变韵的细节有了更多的了解，而且使我们对汉语动词的复杂性有了更清醒的认识。

2. 用三类框架统计变韵功能

1）凡能进入（I）中任意一个句法框架的，说明该动词变韵可以实现“完成”功能。

绝大多数变韵动词可进入（I_a），及物动词大都还可以进入（I_b）。

查验过程中发现，个别词如“小、外”等可以进入“V^D+O”结构，宾语为对象宾语，且前面不能带数量成分。这类词可看作使动义动词，变韵仅能表示“完成”。尽管这类动词较少，且使用时受到诸多句类条件的限制，我们仍将之统计为变韵只能表示“完成义”类动词。

（1）说个软话儿，能小^D[çio^{312}]咱哟？说个软话，能小了咱吗？

（2）他又说咱外^D[uɛ^{312}]他了。他又说我们外待了他了。

2）凡能进入（II）中任意一个句法框架的，说明该动词变韵可以实现“持续”功能。

（II_a）既可以检验动态持续，也可以检验静态持续，（II_b）主要检验静态持续。

检验变韵的“持续”功能时，同时参考该动词在连动结构“V^D（+O）+VP”中的情况。如：“哭、走”等动词很难进入框架（II），但可以进入连动结构，且必须变韵。我们将“持续义”计入动词“哭、走”的变韵功能。

（3）他哭^D[k‘uo^{24}]来了。他哭着来了。

（4）我逗恁得儿地下走^D[tso^{55}]走了。我就那样步行着走了。

3）凡能进入框架（III）的，说明该动词变韵一般可以实现“终点”功能。

需要注意的是，终点类变韵有泛化倾向，主要表现在由变韵动词和代词“哪儿、这儿、那儿”或方位词“里头”等构成的“V^D +$NP_{方所}$”结构中。不同母语人对这类结构的语感也不一致。因此，框架（III）似应附加一个条件，即“$NP_{方所}$”不能仅仅是单个的代词或方位词。以下是我们搜集到的例句（变韵动词皆可以替换为“V+到”形式）：

（5）你想^D[çio^{55}]哪儿了？！=你想到哪儿了？！

（6）他说他省嘞狠^{D}嘞，他拜钱省^D[so^{55}]哪儿了也?=他说他省嘞狠^D

嘞，”他拜钱省到哪儿了也？

（7）这事儿还不知道兴 D[ɕio^{24}]哪儿嘞。=这事儿还不知道兴到哪儿嘞。

（8）他恼你逗恼 D[no^{24}]这儿了。=他恼你逗恼到这儿了。

（9）光唱戏逗唱 D[tsʻo^{312}]里头一万多。=光唱戏逗唱到里头一万多。

（10）他这一动亲戚动 D[tuo^{312}]里头嘞钱儿不少。=他这一动亲戚动到里头嘞钱儿不少。

例（5）—（7）都是非现实句，表达对听话人某行为或某引发语的质疑或否定，不存在肯定形式，“哪儿”也不能用其他方所词语替换。例（8）—（10）变韵动词带方所成分可以看作是动词在复叠性紧缩句式中的活用现象，“里头”也不能用其他方所词语替换。对于这两类情况，我们一般不把“终点”功能计入该类动词的变韵功能之内。

4）统计一个变韵动词能够实现的功能时，力求全面考察该动词在不同义项上的各种句法表现。因为在不同义项上，动词变韵的功能往往存在差异。如“翻”在“歪倒”义项上，变韵可以实现三种功能，而在“翻脸”这一义项上，变韵只能实现“完成、持续”两种功能。我们将“翻”视作能实现三种功能的变韵动词（不重复计算，其余类推）。比较：

（11）汽车翻 D[fɛ^{24}]两回了。汽车翻了两回了。

（12）汽车翻 D沟嘞了。汽车翻到沟里了。

（13）汽车还在沟嘞翻 D嘞。汽车还在沟里翻着呢。

（14）两家儿还翻 D嘞。两家还翻着呢。

（15）两家儿翻 D几回了。两家翻了几回了。

目前还做不到动词在不同义项上变韵功能的详细统计，那似乎只有在编写出“动词变韵词典”之后方可解决。

5）统计单音节动词的变韵功能时，注意对其所在的定型组合（离合词以及部分习语）的全面考察。如“尿、回、行”等一般不能进入框架（II），“行”离开“好”甚至不能独立作谓语，但作为定型组合“尿墙（“墙”还可扩展）、回饭、行好”则可以。我们将持续功能计入“尿、回、行”三个动词的变韵功能之内。

（16）北漓雨儿尿 D[nio^{312}]西墙嘞。北漓雨尿着西墙呢。

（17）人家搁咱回 D[xuɛ^{42}]饭嘞。人家给我们回着饭呢。

（18）人家行 D[ɕio^{42}]好嘞。人家行着好呢。

动宾关系的习语“尥蹶子、经线得”与“行好”类同。动词“尥、经”一般不能单独作谓语，但“尥蹶得”的变韵形式可以进入（I），“经线得”

更是可以进入三种句法框架。我们把“尥”和“经”分别统计为变韵可实现“完成”功能和三种主要功能的动词。

（19）他又尥^{D}[lio^{312}]蹶得了。他又尥了蹶子了（跑了）。

（20）她经^{D}[tɕio^{24}]线得嘞。人家经着纺线呢。

（21）她经^{D}恁些价线得。她经了那么多纺线。

（22）贵臣家经^{D}院嘞恁些线得。贵臣家经到院子里那么多纺线。

3. 统计的初步结果

根据以上操作规程，我们共搜集内黄方言常用变韵动词1015个，按变韵实现的主要功能可以分为5类①。

A类变韵动词可实现“完成、持续、终点”三种功能，B类可实现“完成、持续”两种功能，C类可实现“完成、终点”两种功能，D、E类分别只能实现“完成”和“持续”一种功能。统计结果如下表。

表五

	A（了、着、到）	B（了、着）	C（了、到）	D（了）	E（着）
数量	445	168	195	190	17
比例	43.84%	16.55%	19.21%	18.71%	1.67%

从表中可以看出，98%以上的变韵动词可以实现“完成”功能，62%的可以实现“持续”功能，63%以上的可以实现“终点”功能。具体一个变韵动词可以实现哪几种功能，详见书后的附录二“内黄方言常用变韵动词表”。

（六）构式变韵

1. 动趋式

如前所述，内黄方言典型单趋式的实际存在形式以“V^{D}+来/走/上”为常态，双趋式的实际存在形式以不变韵的“V+上类字+来/去”为常态。常态形式可以用于各类句子。

1）动趋式的句类分布及变韵表现

单趋式用于简单陈述句，句子可以表示已然行为。具体来说，“V^{D}+来”句表示动作致使受事从别的地方已移到说话人所在的地方，“V^{D}+走”句表示动作致使受事从说话人所在的地方已移到别的地方，“V^{D}+上”句表示动作已使受事添加到某处或已使目的、标准实现。

① 理论上存在7种可能性，但在实际语料中没有发现变韵可以表示“持续、终点”义类动词，仅能表“终点”义类变韵动词也只发现一例（馕：馕^{D}[no^{55}]肚嘞），这里忽略不计。

单趋式后带有数量成分时，句末可以不带“了”，不带数量成分时，句末一般带“了”。

（1）他夜个扤 ^{D}[k'uɛ^{55}]来点儿鸡蛋。他昨天扤来点儿鸡蛋。

（2）□[niɛ^{312}]那一家儿年似个考 ^{D}[k'o^{55}]上俩大学生。人家那一家去年考上了俩大学生。

（3）恁爹捎 ^{D}[so^{312}]走你嘞书了。你爸爸捎走你的书了。

（4）他拜人儿搁你招 ^{D}[tso^{24}]来了。他把人给你招来了。

（5）他这一崩儿搬 ^{D}[pɛ^{24}]来他舅两三回（了）。他这一段搬来他舅舅两三回（了）。

单趋式用于简单陈述句，句子还可以表示将然行为。即对于说话时间来说是未然的，对于句中的参照时间来说是已然的。

（6）过明儿清 ^{D} 他逗送 ^{D}[suo^{312}]来车得了。后天清早他就送来车子了。

（7）过年这个时候儿咱逗拜你借嘞钱儿还 ^{D}[xuɛ^{42}]上了。明年这个时候我们就把你的钱还上了。

单趋式用于疑问句，既可以是对已然行为的发问，也可以是对未然行为的发问。

（8）指个螺丝拧 ^{D}[nio^{42}]上不拧 ^{D}[nio^{42}]上？（对未然行为发问）

（9）谁拜那一把秕拉伸捧 ^{D}[p'o^{55}] 走了？（对已然行为发问）

单趋式用于祈使句、义务句、意愿句等，句子表示未然行为。

表祈使的句末常带语气词“吧、不咋”，表义务的句子一般用助动词“得”[tɛ^{24}]来表示，表意愿的句子多用“想”来表示，且句末需要加上语气词“嘞”。

（10）恁俩拜这都抬 ^{D}[t'ɛ^{42}]走不咋。你们两个把这都抬走呗。

（11）你得拜钱儿兑 ^{D}[tuɛ^{312}]上。你得把钱兑上。

（12）他想要 ^{D}[io^{312}]走他以前给你那个车得嘞。他想要走他以前给你的那辆车子呢。

单趋式中行为动词变韵的情况在豫北方言中带有普遍性，只是趋向动词的范围有宽有窄。获嘉、浚县、长垣方言有“V^{D}+来/走/去/上”式，荥阳方言有“V^{D}+来/走/去”式，内黄方言有“V^{D}+来/走/上”式等。

以往的报告不同程度地列举了这一事实，但限于陈述句和祈使句两类情况，且大多数学者并没有具体分析变韵的功能。辛永芬（2006）注意到了陈述句中该类变韵与普通话“$了_1$”不对应的情况，但仍将变韵功能描述为“完成体标记”。这一定性显然难以解释单趋式用于表未然行为的句子。

我们将单趋式中行为动词的变韵定性为动、趋之间的连接标记（形式成分），具体解释请参见书后的“附录一”。

双趋式在一般陈述句等句类里一般不发生变韵。

（13）俺指个学生白扔进去几百块钱。

（14）门街搭起来戏台得了。街上搭起戏台子了。

（15）往恁奶奶掂过去一壶水。给你奶奶掂过去一壶水。

（16）他搁你够下来好几回了，不能再往上扔了。我给摘下来好几回了，不能再往上（面）扔了。

2）动趋式的特殊变韵表现

双趋式以及单趋式中的“V^D+来/走/上”，不论它们所处的位置，只要用于表能力义等的“能”字句，趋向成分可以实现变韵，且限于末尾音节。

该类变韵不具有句法强制性，仅表示“确认”语气。其作用在于强化对主语“具备某种能力、条件”的断定，申明说话人的肯定态度。变韵音节一律读本调，句末带助词“喽”[lou·]时，“能”可省略。单趋式带宾语较自由，双趋式多用于句末。

（17）他（能）穿上 ^{D}[so^{312}]那个褂得喽。他能穿上那件褂子。

（18）我能要来 ^{D}[lɛ^{42}]你嘞东西。我能要过来你的东西。

（19）指个事儿我还能想起来 ^{D}[lɛ^{42}]。这件事儿我还能想起来。

（20）早不发钱儿了嘞，逗 ^{D}那他也能干下去 ^{D}[tɕ‘yɛ^{312}]。早就不发钱了呢，就那他也能干下去。

例（17）单趋式常态形式是“穿 ^{D}上”，在“能”字句中加强“确认”语气时，“穿”恢复本韵形式，“上”发生变韵。

另外，广义的双音节趋向动词在“能”字句中也能实现语气变韵。一般用于回应句。

（21）我能下来 ^{D}[lɛ^{42}]。

（22）他能上去 ^{D}[tɕ‘yɛ^{312}]这棵树。

2. 动结式

部分“动+动/形”构成的双音节动结式具有复合词的性质，后面可以带宾语或动量、时量短语。该类动结式变韵表示完成。结果成分一般由使用频率高的“死、坏、哭、掉、跑、倒、翻、了[liau^{55}]、湿、烂、碎、清、毁”等谓词充当。

（23）他喂嘞鸡得病死 ^{D}[sɛ·]一大片。他喂的鸡病死了一大片。

（24）他一个星期使坏 ^{D}[xuɛ^{312}]俩钢笔。他一个星期用坏了两支钢笔。

（25）这个小孩儿尿湿 ^{D}[sɛ^{24}]半截得铺地。这个小孩儿尿湿了半截儿褥子。

（26）我拽开 ^{D}[k‘ɛ^{24}]他俩了。我拽开他俩了。

值得注意的是，以上例句除了结果动词“死”之外，其他结果动词不变韵也能成立。另外，动词“完、见、成”等附在动词之后，其“动相补语”性质（表“完成”）更为明显，在现实句中一般不发生变韵。语法上同质的“罢*、着*[tsuo^{42}]”似应同等看待。

由自主动词构成的双音节动结式在“能”字句中也能实现语气变韵，即使结果补语已经虚化也不受影响。

（27）我还能拿起^{D}[tɕʻiɛ^{55}]这俩钱儿。

（28）再那个点儿他也能嚼烂^{D}[lɛ^{312}]。

（29）他（能）搬动^{D}[tuo^{312}]它喽。

（30）我一天逗能做完^{D}[uɛ^{42}]。

（七）变韵的制约因素

动词变韵的制约因素很多，语气类变韵只能用于“能”字句，唯有动趋式、动结式以及广义的双音节趋向动词可以实现变韵。这类变韵不具有句法强制性，跟说话人的习惯等动态因素密切相关。我们这里主要讨论标记“完成、终点、持续”这三类句法性变韵的制约因素。

1. 动词类别

如前所述，变韵跟动词内部的时间特征密切关联，动态动词是变韵的主体，静态动词只有少部分可以变韵。

就单个变韵动词而言，其变韵形式可以表示几种语法意义，主要决定于动词的语义类别。就整个变韵动词而言，变韵优先实现的语法功能表现为一个等级序列：完成 > 终点 > 持续。

部分静态动词即使能变韵，一般只能实现一种功能。表心理感觉的“害怕”变韵仅能表示“害了怕”，表属性、关系的动词“像”变韵只能表示“像+着”，其余变韵只能表示“V+了”。

（1）这一回，他全害^{D}[xɛ^{312}]怕了。这一回，他害了怕了。

（2）她娘儿俩长嘞像^{D}[ɕio^{312}]嘞。她娘俩长得像着呢。

（3）人家都有^{D}[io^{55}]孙得儿了嘞。人家都有了孙子了呢。

（4）带^{D}来嘞那个孩得姓^{D}[ɕio^{42}]咱姓李嘞姓儿了。带来的那个孩子姓了咱姓李的姓了。

值得注意的是，“冇[mou^{312}]”的变韵形式为[ma^{312}]（按变韵规律应读作[mo^{312}]，原因待考），母语人甚至已将它们看作两个词。前者表静态存在，后者表动态变化，都不能带“了$_{1}$”。比较：

（5）他冇[mou^{312}]孙女得。他没有孙女。——他冇[ma^{312}]孙女得了。他没了孙女了。

少数纯表姿态、姿势的双音节动词变韵表“持续”义，主要用于描写人的外貌特征等。

（6）恁个孩儿欧斗 ^{D}[ou^{24} to·]那眼得，锛瞜 ^{D}[pɤn^{24} lo·]那头。

（7）她悠个塌蒙 ^{D}[ta^{24} mo·]那个小眼儿。他天天塌蒙着那双小眼睛。

动态动词中，兼表静态意义的动词，其变韵形式实现的功能面最宽，前面已说明，这里不再赘述。这里主要说一下前面所列不变韵动词的具体情况。

这类动词可以分为三类情况，a 类：理、达志、搭理、顾带、挤翁、计较、糊弄、言语；b 类：黑心、□[piɛ^{55}]治、隔挤、□[kiɛ^{42}]癔、吓唬、诈唬、绝户；c 类：颠跑、蹓、消、产生、供招供、献、斜*、药*、闸*、逢、难、唬。

a 类动词不能变韵，主要因为语义程度偏低（动态性弱），只能用于非现实句，不能出现在动词变韵的句法形式中。b 类则有所不同，这些词第二个音节的韵母属于可变韵母，却能以本韵形式出现在表“完成”义的句子中。不妨比较一下两组同义词“隔挤——挤、□[piɛ^{55}]治——治”在现实句中的表现：

（8）他又隔挤隔挤眼儿。——他又挤 ^{D} 挤 ^{D}[tɕiɛ^{55} tɕiɛ·]眼儿。

（9）这一崩得一段恁爹□[piɛ^{55}]治他好几回。——这一崩得恁爹治 ^{D}[tsɛ^{312}]他好几回。

由于缺乏横向比较材料，加上内黄方言这类例词也不多，我们目前无法确定双音节动词的变韵是否还受到词首音节语音条件的制约（这几个词的首音节的韵母都属于不变韵母）。

c 类不能变韵似乎既与动词的语义类别无干，也与语音条件无关，不能变韵的原因主要决定于母语人的使用习惯。“颠跑、蹓、消、产生”在现实句中只能用于句子的末尾；“供招供、献、逢”在现实句中一般要构成双趋式或动结式。

（10）这家伙冇干多大一会儿逗颠了。

（11）头上恁个疙瘩消了。

（12）大媳妇儿夜个产了。

（13）他在里头拜村长供出来了。

（14）他拜他家上一辈儿丢嘞好东西都献出来了。

“斜*、闸*、难、唬、药*”等作为动词进入现实句中一般要带动相补语“住”；“药”还可以构成动结式“药死”。

（15）他天天儿斜住这俩小孩儿了。

（16）这事儿真难住咱了。

（17）恁个角嘞药死 ^{D}[sɛ·]个老鼠。

2. 句法形式

完成类变韵，动词后面一般带有数量成分。前面所列动词变韵表“完成”的各类句法形式，无论是动补结构还是动宾结构，大都与“数量”密切关联（单音节动词存在例外情况）。动词的重叠形式与数量成分排斥，因为其本身表示定量。

有两种情况值得注意：一是回答事物用途的句子中，动宾短语似乎不受数量成分的制约；二是说话人引述时别人的话表达不满或否定态度时，引语中的动宾短语也有类似情况。

（18）那点儿气力都低登 ^{D}[ti^{24} to·]东西了。那点儿气力都运送东西了。

（19）他说我片 ^{D}[p‘iε^{312}] □[niε^{312}]嘞菜了，要 ^{D}□[niε^{312}]嘞油了，这这这，那那那。他说我硬要了人家的菜了，要了人家的油了，等等。

实际上，这两类情况也都与“数量”有关，第一类句中有表示总括的量项词“都”，第二类必须是几种情况的对举形式。

终点类变韵较为简单，动词后必带方所成分。

持续类变韵一般需要借助方所成分并添加标记。无论是状动结构作谓语的一般主谓句，还是动宾结构作谓语的存在句，方所成分必不可少。连动句除了“V^{D}+O”后接位移动词隐含处所外，一般也得有方所成分。个别动词构成的句子即使可以不出现方所成分，也能够根据语境在动词前补出。

除了方所成分，句末还得带有语气词“嘞”或动词前添加虚化的指示代词“那/这”“怎得儿/恁得儿”等。

3. 时制

完成类变韵一般用于过去时，句子所描述的事实在说话之前已发生或存在。双音节动词在句中都是如此（参见拙作《河南内黄方言双音节动词的变韵》一文），比较：

（20）a 明天收拾了房间再走。（普通话）

b * 明儿个拾掇 ^{D}[sɿ^{42} to·]屋嘞再走。——明儿个拾掇罢/喽屋嘞再走。（内黄话）

c * 拾掇 ^{D}[sɿ^{42} to·]两间屋得再走。——拾掇 ^{D} 两间屋得逗就走了。（内黄话）

例（20）b 由本韵动词带上指示时间位置的补语“罢”或助词“喽”句子就能成立。c 完成类变韵句作为背景事件，后接的前景事件句也只能是过去时。这至少说明内黄方言双音节动词的变韵不具有普通话中“了$_{1}$”用于将来时的相对先时功能。

高频单音节动词则有不同表现：

（21）你吃 ^{D}[ts‘ε^{24}]饭走吧。= 你吃罢/喽饭走吧。你吃了饭走吧。

（22）再不听说，一会儿逗埋 ^{D}[mɛ^{42}]你了。再不听话，一会儿就埋了你。

终点类变韵一般只用于过去时或将来时，因为表示完结情状的“V^{D}+NP方所”易于和完成体或将行体发生关联。所列完成句属于过去时，所列祈使句、意愿句属于将来时。

持续类变韵句描述的是事物存在的状态，多用于现在时或过去时。“持续标记”中的格式1）和格式2）常常不出现时间词，句子所描述的是说话时刻事物存在的状态。在实际口语中，若出现表示过去的时间词，常常隐含事物持续的状态在说话时刻已不复存在。

（23）夜个昨天窟窿上还糊嘟 ^{D}[xu^{24} tuo·]泥嘞。（现在窟窿上没了遮挡了）。

格式3）中表示伴随状态的“V^{D}+O”与后面的动词语所表事件的时间位置一致，可用于将来时。

（24）明儿个他逗开 ^{D}[k‘ɛ^{24}]车拜你送 ^{D}[suo^{312}]走了。明天他就开着车把你送走了。

除以上三个因素，变韵实际上还受到语用因素的制约。前面所列动词“小”的变韵用法（仅用于反问句）、例（18）、（19）中的动词变韵用法以及动趋式、动结式的语气性变韵等都跟语境因素相关。这个问题十分复杂，有待来日进一步考察。

（八）变韵的来源问题

完成类变韵，一般认为来源于动词和“了$_{1}$”的合音，陈鹏飞（2004）、辛永芬（2006）等已有论证，我们没有发现新的材料就不再赘述。语气类变韵的来源问题可参看本书的附录一。这里主要说说终点类变韵的来源问题。

有学者认为，豫北方言的终点类变韵可能源于动词和“到/在”的合音。从内黄方言的实际情况看，这一结论未必准确。尽管母语人已无法将“V^{D}+NP方所”中的变韵动词与单趋式“V+到”联系起来，但似有充足的理由使人相信，变韵动词其实就是“V+到”的合音形式。

第一，从动词性质上看，能进入这一结构的必须是动态动词，主要包括动作动词、位置动词、位移动词以及结果动词等，且一般不能直接带方所元，即由相应本韵动词构成的“V+NP方所”形式不能成立。

＊死安阳　＊飞这儿　＊拿地嘞　＊包纸里头　＊低登送场嘞里

第二，从变韵功能上看，作为终点标记的变韵形式与“到”等价，变韵动词甚至可以自由替换为“V+到”。

死 ^{D}[sɛ^{55}]安阳=死到安阳　飞 ^{D}[fɛ^{24}]这儿=飞到这儿　拿 ^{0}[na^{42}]地嘞里=拿到地嘞

第三，从形态上看，变韵动词存在可能式，且与动趋式“V+到”使用同一形式。

绑 ^{D}[po^{55}]/绑到树上→绑不到树上　拽 ^{D}[tsuɛ^{312}]/拽到一边儿→拽不到一

边儿

这种不对称性质表明，动词之后引进终点的趋向成分有时必须以独立的原形式出现。也只有剥离合音形式使动趋式得以还原，才能插入否定词“不”。

第四，从动趋式的组合能力上看，参与合音的恐怕只能是趋向动词“到”。

内黄方言的动趋式中，双趋式不能带方所宾语（趋向动词不能隔开使用），单趋式仅少数几类（V+来/走/到），且唯有“V+到”可引进终点成分。普通话中的动趋式或动介式“V+在”引进终点成分构成的述宾结构，在内黄话中须用“V+到”或动词变韵形式（一般名词后要加上方位词）。如：“撂进茶壶、扔回坑里去、放在炕上”须分别说成“撂到/撂^{D}茶壶里头、扔到/扔^{D}坑嘞$_{里}$、放到/放^{D}炕上”。

从内黄方言“到”作为趋向动词只能用于动词之后引进时空的终点位置，“在[tai^{312}]”作为介词只能用于动词之前介引动作行为发生或事物存在的场所这一实际情况看，参与合音的不大可能是“在”。“到”和“在”的这种差异，在晋方言、中原官话、冀鲁官话等方言区广泛存在（柯理思，2003）。

二 形容词的变韵

（一）形容词变韵的功能

形容词的变韵与动词变韵的韵母系统相同。变韵的范围限于性质形容词，状态形容词不能发生变韵。变韵的语法意义可以概括为以下几种。

1. 状况的实现

变韵的功能相当于普通话的“了$_{1}$”，一般用于“形容词+数量词语”这类格式中。

（1）这一个月他胖^{D}[p‘o^{312}]五斤。这一个月他胖了五斤。

（2）他头上恁个疙瘩一黑价小^{D}[ɕio^{55}]恁些价。他头上那个疙瘩一晚上小了那么多。

（3）他俩好^{D}[xo^{55}]冇几天儿逗翻了。他俩好了没几天就翻脸了。

（4）他逗^{D}安生^{D}[so]一个星期。他就安分了一个星期。

（5）里屋嘞恁个灯明^{D}[mio^{42}]一下得逗不明了。里屋的那个灯亮了一下儿就不明了。

2. 终点标记

形容词变韵表示状况实现的终点位置，这类变韵的形容词属于黏着形式，后面必须带上方所成分。这类变韵与动词变韵的终点功能具有同一性，只有一小部分动态性单音节形容词可以进入“A^{D}+NP$_{方所}$”这一结构。

（6）车得坏^{D}[xuɛ^{312}]路上了。车子坏在路上了。

（7）梅豆都干^{D}[kɛ^{24}]架得上了。梅豆已经干在架子上了。

（8）前儿个嘞面条得臭^{D}[ts‘o^{312}]恁个小锅嘞了。前天的面条儿臭在那个小锅里了。

（9）你拜绳得禙嘞斜^{0}[ɕiɛ^{42}]哪儿了。你把绳子系得斜到哪里了。

（10）他嘞头快歪^{D}[uɛ^{24}]南地了。他的头快歪到南地里了。

3. 程度的夸张

表示程度夸张的形容词变韵以“A^{D}+嘞”的形式位于句末，常作谓语、补语。变韵的形容词相当于普通话的“A+着”。

（11）他小儿写作业快^{D}[k‘uɛ^{312}]嘞。他儿子写作业快着呢。

（12）那儿离城里远^{D}[yɛ^{55}]嘞。那里离县城远着呢。

（13）俺今年种嘞汴梁瓜甜^{D}[t‘iɛ^{42}]嘞。我们今年种的汴梁瓜甜着呢。

（14）指个小孩儿蹦嘞高^{D}[ko^{24}]嘞。这个小孩儿蹦得高着呢。

（15）这家伙来^{D}地嘞干嘞有种^{D}[tsuo^{55}]嘞。这家伙到地里干得有种着呢。

（二）变韵构式“A+嘞+狠^{D}+嘞”

这是一种表程度夸张的形补结构，绝大多数性质形容词可以进入这一结构。前一个“嘞”属于结构助词，相当于普通话的“得”，后一个相当于语气词“呢”，中间变韵的那个词，我们认为应该记作“狠^{D}”，属于形容词。

这一构式的基本用法是在句中作谓语或补语，表示“A”性质的程度高，若后面的“狠”不变韵（不再带“嘞”），则变为一般的形补结构。

（16）指个小妮儿口嘞狠^{D}[xɛ^{55}]嘞。这个小妮儿（嘴）厉害着呢。

（17）□[niɛ^{312}]家干净嘞狠^{D}嘞。人家家里干净着呢。

（18）街嘞乱嘞狠^{D}嘞。街里乱得很呢。

（19）他在路上走嘞慢嘞狠^{D}嘞。他在路上走得慢着呢。

（20）贵臣做个小物件做嘞骨圪嘞狠^{D}嘞。贵臣做个东西做得好着呢。

有趣的是，该结构的“狠^{D}”除了可以拖长变韵音节表示更为夸张的语气外，还可以扩展原结构，构成“A+嘞+狠+狠……+狠^{D}嘞”形式实现这一功能。小孩在感叹句中常使用。

（21）俺甩嘞胶泥高嘞狠嘞狠嘞+……狠^{D}嘞啵！我甩的胶泥块高得很着呐！

辛永芬（2006）对浚县方言中的同类结构做了较为详尽的分析，将该结构中补语成分记作“很”，定性为唯补副词。从内黄方言的实际情况看，这种分析值得商榷。

除去扩展暂且不论，内黄方言中的这一结构，若补语成分不变韵的话不仅可以受程度副词、语气副词修饰，而且可以用肯定否定叠加的形式表示疑问。如：

（22）他两家儿好嘞铁$_{太}$/怪/真狠。

（23）他两家儿好嘞狠不狠？

根据我们的调查，豫北不少方言点作补语的“xən”也是如此，如“清丰、长垣、安阳、林州、汤阴”等。因此，我们同意郭锐（2004）的分析，将现代汉语该结构补语位置上的“狠”看作是古汉语形容词作补语的遗留用法。

至于豫北方言中动词前的“狠”，则可以分为两个：“狠$_1$”为含有程度义的情态副词，表示“狠命”。“狠$_2$”为含有语气义的情态副词，多用于回应句，普通话中很难找到合适的对译词。

（24）我狠$_1$数落^{0}他一顿。

（25）狠$_1$打他也不受屈。

（26）他一直在那儿狠$_1$等嘞。

（27）（<我不吃饭了。）你狠$_2$不吃。

（28）（<贵臣买^{D}车了。）狠$_2$买。

在上面两例中，“狠$_2$”带有说话人不满的情绪，含“随某人的便”的意味。针对发话人的话语甚至可以用“你狠$_2$、他狠$_2$”来作答。

第三节 代词

本节描写内黄方言的代词，包括人称代词、疑问代词、指示代词以及指示叹词。吕叔湘（1985）指出，作定语的指示代词“只指不代”，即只有指示功能，不能代替任何其他成分。我们对“指示代词”在不同句法位置上的指示功能和称代功能不做严格区分，但将具有指示作用（与指示代词具有渊源关系）且句法上独立的一类列为“指示叹词”，并放在这一节一起讨论。

本节对内黄方言三类代词的描写，主要针对与普通话代词不同的用法。

一 人称代词

内黄方言常用的人称代词主要有：表第一人称“俺、我、咱”，第二人称的“恁、你”第三人称的“他”，其他的“□$_{\text{人家}}$[niɛ^{312}]①、自己、自家”等。

（一）俺[an^{55}]、我[uo^{55}]、咱[tsan^{42}]

1. 俺/我

1）“俺”和“我”都是第一人称代词，但“俺”既可以表示单数，也

---

① 这里根据陈卫恒（2011）等，将“□[niɛ^{312}]（内黄北部的宋村等地读作 nia^{42}）视作“人家”的合音形式。

可以表示复数，“我”只能表示单数。“俺”作第一人称单数带有“矜持”色彩，老派使用较多，新派在主宾语位置上多使用“我”。

（1）俺指个人不会说。我这个人不会说。（单数）

（2）俺几个都说好了。（复数）

2）“俺”常用于称谓词、方所词（不包括专有地名）前直接作定语，表领属关系。前者如“俺爹、俺三姨、俺姑姑、俺婶得、俺大大爷、俺四舅”等，后者如“俺地嘞、俺学嘞、俺街嘞、俺眼里头、俺手上、俺车里头 ”等。“俺”放在专有地名前构成同位短语，如“俺内黄、俺后河镇、俺安阳”等。

“我”放在称谓词、方所词之前作定语则受到较大的限制。“我”在称谓词前作定语时，必加结构助词“嘞”，且不能再加表排行的“大、二”等序数词。这种用法仅限于两种场合：

① 吊丧者、号丧者的哭诉，一般不使用“俺”。哭诉拖腔时可以加衬字“那”（女人使用多）。如“我嘞（那）爹呀、我嘞（那）奶奶呀 我嘞（那）爷呀、我嘞（那）叔哇、我嘞（那）大爷呀、我嘞（那）妗得呀、我嘞（那）姑父呀”等。

② 用于感叹，称谓词限于“老天爷、伯爷、伯、娘”等。“娘”可以儿化，但与一般儿化规律不合，读作[nior^{42}]。如“我嘞老天爷唻、我嘞娘儿唻、我嘞伯爷、我嘞伯唻”等。

“我”不能放在地名之前构成同位短语，但可以有条件地置于方位短语之前作定语，其中方位短语中的名词所指称的事物必须为“我”所专有。如“我头上、我肚嘞、我脸上、我屋嘞、我车得里头”等。

3）“俺”用于特定场合可指代第三者。这种用法属于“俺”表示复数用法的引申，和普通话中用“我们”指代“我”的用法类似。多用于大人维护小孩儿利益时的说辞中。

（3）老天爷做啥嘞叫俺绊倒喽也，哎，不哭了，不哭了。老天爷为什么叫我们绊倒呢，好了，不哭了，不哭了。

（4）再叫我瞧着你打俺，甭说我对你不客气。再让我看见你打我，别说我对你不客气。

2. 咱

“咱”是第一人称的复数形式，与“俺”区别在于，“咱”是包括式，包括听话者，“俺”是排除式，不包括听话者。

“咱”在句中可以作主语、宾语、定语。可以直接用于称谓词、方所词（不包括专有地名）前作定语，用于表处所的专名前构成同位短语。前者如“咱舅、咱大叔、咱家、咱头上、咱北地嘞”等，后者如“咱马上、咱杨村、咱刘^{D}庄”等。

“咱”一定的语境中可以指代说话者本人或第三者，和普通话中的“我们”指代“我”的用法类似。

（5）（<你咋有去也？）啥是咱不中也。什么是我们不行的呢。（指代说话者本人）

（6）（<恁小儿可能不递贵臣）咱哪儿能跟^{D}你比也。我们哪里能跟你比呢。（指代第三者）

（二）恁[nɤn^{55}]、你[ni^{55}]、他[tʻa^{55}]

1. 恁/你

1）“恁”和“你”都是第二人称代词，但“恁”既可以作单数，也可以作复数，“你”只能作第二人称单数形式。主宾语位置上，“恁”作第二人称单数表示敬称，这一点新老派通用。

（7）五叔，恁做啥嘞呀？五叔，您干什么去呀？

（8）恁跟前几个小孩儿嘞？您有几个小孩？

2）“恁”（与“俺”相对）常用于称谓词、方所词前直接作定语，表领属关系。如“恁爹、恁小儿、恁屋嘞、恁院嘞、恁家”。放在地名前构成同位短语，如“恁山东、恁安阳、恁东庄、恁汉晁”等。

“你”（与“我”相对）一般不能置于称谓词之前。当听话人针对说话人“我嘞老天爷/伯/娘唻”类感叹句做出否定性回应时，其引述部分需将第一人称改为第二人称的“你”。

（9）（<我嘞老天爷唻！）你嘞老天奶奶也不中！

（10）（<我伯祖爷唻！）你嘞啥也不中！

“你”置于方位短语前作定语和“我”一样对名词有条件限制，即名词所指称的事物为“你”所专有。如“你眼嘞、你耳根台得上、你布袋得嘞口袋里、你车里头、你盖底窝嘞”等。

2. 他

内黄方言第三人称代词“他”与普通话差异不大，只是没有复数形式。复数形式多用“他+数量词”或用“□[niε^{312}]”代替。这里不再举例。

需要说明的是，以上三类人称代词都可以用于普通名词之前作定语，但中间须添加结构助词“嘞”，如“俺/我/咱/恁/你/他嘞书”等。

二　疑问代词

内黄方言的疑问代词主要有问人和事物的“谁、啥、啥得儿、哪个”，问处所的“哪、哪儿、哪个单儿”，问时间的“哪会儿、几儿”，问数量的“多儿、多些儿、几”，问原因的“为啥”，问方式的“咋、咋得儿、咋样儿”等。

（一）啥[sa^{55}]、啥得儿[sa^{42} tər·]

这是两个问人和事物的疑问代词，前者和普通话中的“什么”相当，后者和“什么样”或“什么”相当。

1. 啥

既可以表示疑问，也可以表示任指、否定等，其特殊用法主要表现为两种情况：

1）问某人“是个啥”时，一般是问某人担任什么职务或角色；问某人是“恁/他啥”时，一般是问某人与“恁/他”的称谓关系。

（1）他（在那儿）是个啥也？他（在那里）担任什么职务？

（2）恁在厂里头是个啥也？你在厂子里头担任什么职务？

（3）他是恁啥也？他是你什么人？

（4）你是贵臣他啥也？你是贵臣他什么人？

2）复叠形式“啥啥、啥啥啥”都有虚指、任指用法，且可以自由替换。该形式前一般有限制性定语成分。

（5）他说贵臣做嘞啥啥/啥啥啥。他说贵臣做的什么什么。

（6）你干嘞啥啥/啥啥啥，我都知道。你干的一切，我都知道。

2. 啥得儿

1）后加结构助词“嘞”可以构成“嘞”字结构。

（7）啥得儿嘞好吃？什么样的好吃？

（8）你要啥得儿嘞嘞？你要什么样的呢？

2）修饰“样儿”时，所表意义比“啥样儿”具体，且必须在二者之间添加结构助词“个”。

（9）她长嘞啥得儿个样儿？她长得什么样子？

（10）啥得儿（个样儿）嘞车才能打发住你嘞也？什么样的车才能打发得了你呢？

（二）哪[na^{55}]、哪儿[nɐr^{42}]

这是两个问处所的疑问代词，其个性存在明显的不同。

1. 哪

“哪”仅用于“哪是了？”这个句子中，意思是“在哪里”。其中的“是”可以省略。

2. 哪儿

与普通话的“哪里”的功能基本相同，只是答话中表示否定时与普通话使用的场合以及句法表现（不能重复使用，句末须使用语气“嘞”）、主观态度有所不同（表断然否定）。

（11）（<他早逗来了哟？）哪儿嘞！将我还在家见他来。

（12）（<恁妮儿学习怪好嘞。）哪儿嘞！一点儿都不好。

“哪儿”读阳平调可能跟赵元任先生所说的“儿”来源于“里”有关。“里”本调读上声，“哪”也读上声，声调的异化作用最终导致了这一结果。

（三）咋[tsa^{55}]、咋得儿[tsa^{42} tər·]

这是两个问方式的疑问代词。“咋”的意思相当于普通话的“怎么”；“咋得儿”的意思跟普通话的“怎（么）样”大致相当。

1. 问方式“咋”和“咋得儿”可以互换。

（13）咱咋/咋得儿去？我们怎么去？

（14）我咋/咋得儿跟^{D}你说嘞也？我怎么跟你说呢？

2. 问原因一般只能使用“咋”。

（15）你咋还不走嘞也？

（16）恁便宜荒得，他咋不买也？

3. 询问状况多使用“咋”。直接作谓语时，句末带表过去的时制助词“来”；带宾语时，句末带“了”。

（17）你咋来？你怎么了？

（18）他咋来也？一直哭。他怎么了？一直哭。

（19）他咋你了？他把你怎么了？

（20）你夜个咋恁个小孩儿了？你昨天对那个小孩儿怎么了？

例（19）对译成普通话一般要使用“把”字句，内黄话则没有“他拜把你咋了”这种说法。

4. 询问事情的性质既可以使用“咋”，也可以使用“咋得儿”。

（21）这是咋回事儿嘞？这是怎么回事呢？

（22）到底是咋得儿回事儿嘞？到底是怎么回事儿？

例（21）中的“咋回”可以替换为“咋嘞个”，例（22）“咋得儿回”可以替换为“咋得儿个”意思不变。

三　指示代词

指示代词是指具有直指和替代作用的词。内黄方言的指示代词二分，由表示近指的“这”和表示远指的“那”为基本语素构成，列表如下：

表六

	近指	远指
人、物	这 tsɛ^{55}　这儿 tsor^{55}　指个 tsɿ^{55} kɤ·	那 na^{312}　恁个 nɤn^{312} kɤ·
时间	这会儿 tsu^{55} xuər·	那会儿 na^{312} xuər·
处所	这厢 tsɛ^{55}ɕiaŋ·　这儿 tsor^{42} 指个单儿 tsɿ^{55} kɤ· tar·	那厢 na^{312} ɕiaŋ·　那儿 nɐr^{312} 恁个单儿 nɤn^{312} kɤ· tar·

续表

	近指	远指
方式性状	怎 tsɤn[42] 怎得儿 tsɤn[42] tər·	恁 nɤn[312] 恁得儿 nɤn[312] tər· 那个 na[312] kɤ·
数量	怎些 tsɤn[42] ɕiɛ· 怎些儿 tsɤn[42] ɕior·	恁些 nɤn[312] ɕiɛ· 恁些儿 nɤn[312] ɕior·

（一）这[tsɛ[55]]、指个[tsɿ[55] kɤ·]、这儿[tsor[55]]

这是一组指代人和事物的近指代词。“这”在不同的句法位置上，读音有所不同。

1. 这

主要语法功能是作主语、宾语、定语，作主语、宾语时常读上声[tsɛ[55]]。

（1）这是恁嘞，那是他嘞。这是你的，那是他的。

（2）你咋是个这也？你怎么是这种人呢？

（3）他家嘞人儿都[D]这。他家的人都是这种人。

作定语时常读作阳平[tsɛ[42]]。

（4）这家伙！

（5）这玩意儿不是玩意儿嘞很[D]嘞。这玩意儿很不是玩意儿。

（6）你甭说，这小东西儿更能。你别说，这小东西挺聪明的。

用于形容词短语“怎这么+A”和名词构成的偏正短语之间或表持续义的变韵动词和名词构成的动宾短语之间，读作[tsɛ·]。这里的“这”已虚化。

（7）怎热（嘞）这天儿，指个小孩儿戴[D]这帽得。这么热的天儿，这个小孩儿戴着帽子。

（8）怎粗（嘞）这铁条有法儿吃哟？这么粗的铁丝有法儿用吗？

例（7）（8）形容词短语之后带“嘞”，“这”可以不用。例（7）省去后一个“这”，句末必有语气助词“嘞”。

2. 指个

“指”应是“这”和“一”的合音①。“指”仅限于和“个”搭配，既有指示作用，又有替代作用。在句中主要作定语、主语、宾语。

（9）指个洋车得好骑嘞狠[D]嘞。这个自行车很好骑。

（10）指个比[D]恁个稍大点儿。这个比那个稍大一点。

（11）我说嘞是指个，不是恁个。我说的是这一个，不是那一个。

（12）那一天，我迎着指个小孩儿。那一天，我遇见这个小孩儿。

需要指出，“这”在具体的语境中，可以指代普通名词，受指示代词“指

① 兰宾汉（2011）讨论西安方言的指示代词时指出，“致”是“这”和“一”的合音。受此启发，我们做出这样的推测。

个”以及数量短语修饰。

（13）你买嘞指个这有用哟？你买的这一个东西有用吗？

（14）我来^{D}街嘞买^{D}几个这。我到街里买了几个这（东西）。

3. 这儿

指代“事物”可以分为两类情况：

1）回指前面表示前面提到的“某种行为”，多为前面说过的话。

（15）我说个这儿，你也咋不唠我。我说了这样的话，你也不能把我怎么样。

（16）贵臣说“该^{D}你去嘞”，逗^{D}说个这儿，他刻□□[kɤŋ^{42} kɤŋ^{42}]嘞走了。贵臣说“该你去”，就说了这样的话，他就悻悻地走了。

（17）我想喽大喽逗好了，谁知道他搁你弄^{D}个这儿。我想大了就好了，谁知道他给你弄了个“这”。

2）表示虚指，经常和“那儿”对举使用。

（18）他不住嘴儿嘞吃点这儿吃点那儿。他不停地吃点这吃点那。

（19）我拾掇点儿这儿，不算犯法吧。我收拾点儿这（东西），不算犯法吧。

（二）那[na^{312}]、恁个[nɤn^{312} kɤ·]

这两个远指代词的用法分别和近指的“这”和“指个”大致平行。

1. 那

主要语法功能是作主语、宾语、定语。但“那”只有一个读轻声的变体形式。用于其虚化用法，分两类情况：

1）用于“恁那么+A”和名词构成的偏正短语之间或表持续义的变韵动词和名词宾语之间。

（20）恁凉（嘞）那水，他也敢喝。那么凉的水他也敢喝。

（21）他光^{D}那脚往地下跑嘞。他光着脚在地上跑呢。

2）用于第一人称代词“我”与中心语之间构成的名词性感叹句中。

（22）我嘞那孩儿唻！我的孩子呀！

（23）我嘞那狗儿嘞灯唻！我的天哪！

“那”还有一种虚化用法，其三音节复叠形式和“这”的复叠形式呼应。“这这这，那那那”主要用于列举性的引述句之后表示“等等”之义，用于句中表示“这啦那啦”。

（24）贵臣说俺要^{D}恁嘞菜了，骑^{D}恁嘞车得不吭了……这这这，那那那。

（25）他“这这这，那那那”嘞在那儿说^{0}一大晌。

2. 恁个

“恁”应是“那”和“一”的合音形式。“恁个”与“指个”的用法与功能基本平行，包括修饰指示代词“那”的情况。

（26）你弄恁个那做啥嘞也？你摆弄那个东西干什么呢？

（27）他到了儿买 D 恁个那了。他到底买了那个东西了。

（三）印啥儿[in312 sɐr55]

这是一个任指代词，意义大致和普通话的“任何”或“任何东西”相当，可以作主语、宾语、定语，甚至可以 AAB 的方式重叠。多用于否定句。

（28）那家伙印啥儿不懂。那家伙啥也不懂。

（29）来嘞时候儿，手嘞也不掂印啥儿东西。来的时候，手里也不掂任何东西。

（30）他家冇印印啥儿。他家没有任何东西。

（31）她不懂嘞印印啥儿。她什么都不懂（不懂事）。

（四）这儿[tsor42]、那儿[nɐr312]

指代处所的指示代词中，“指/恁个单儿”和普通话中的“这/那个地方”相当，比“这/那儿”的意义具体。“这/那厢”表示“这/那边”，“厢”是近代早期白话的遗留。这里主要细述有本调和轻读之分的“这/那儿”。

1）单独作主语、定语、宾语时读本调[tsor42]、[nɐr312]。

（32）这儿/那儿嘞地不办事。这里/那里的地不行。

（33）这儿/那儿盖不成屋得。

（34）他说嘞不是这儿/那儿。他说的不是这里/那儿。

2）作介词宾语、作位移动词“来/走/到”的宾语，作为焦点信息时读本调，作为非焦点信息时读轻声。以下两例有两种读法，但意思很不相同。

（35）前两天他搁这儿来 D 一趟。前两天他往这儿来了一趟。

（36）我夜个到 D 这儿。我昨天到过这里。

另外，用于以称谓词为中心语的名词短语之后，一般读轻声。如“贵臣他爹这儿、咱三叔那儿”等。

（五）这会儿[tsu55 xuər·]

“这”之所以读作[tsu55]，应是前一个音节受后一音节的逆同化作用形成的。与普通话相比，内黄方言的“这会儿”仅指代“现在、眼下”，过去或将来某个时间只能用名词短语“指个/恁个时候儿”等。

（六）怎/恁得儿[tsɤn42 / nɤn312 tər·]、那个[na312 kɤ·]

1. 怎/恁得儿

这两个词的意思分别表示“这样”和“那样”，可以作状语、定语。

（37）逗甭买怎/恁得儿嘞物件儿。就别买这样/那样的东西。

（38）你恁得儿垒不中，得怎得儿垒。你那样垒不行，得这样垒。

2. 那个

既可以直接作谓语，也可以受副词修饰。“那个”所指代的性质，往往可以根据语境推断出来。

（39）甭那个了，麻利走吧。别那个了，赶快走吧。

（40）当人不能铁那个，该^{D}活动嘞时候儿逗得活动点。做人不能太那个，该灵活就得灵活点儿。

（41）指个小孩儿恁那个荒得，你都能说理他了哟？这个小孩儿那么"那个"，你能说动得了他吗？

四　指示叹词

"指示叹词"这一概念是陆镜光（2005）结合粤语、吴语、湘语等方言提出的，具有如下特征：① 可以单说；② 现场用法必须有手势和眼神的配合；③ 独立于其他词类；④ 具有指示的功能等。指示叹词的基本作用是把听话人的注意力引导到某一事物上。

内黄方言中符合这些特征的指示叹词有两个：一个是近指的"□[tsei^{24}]"，一个是远指的"□[nei^{24}]"。其现场用法，主要适用于递送东西、指认人或事物、指出新出现的情况等三种场合。大多数情况下，指示叹词单独构成小句。

（一）现场用法

1. 递送东西

说话人给听话人递送东西时，主要使用表示近指的"□[tsei^{24}]"（部分发音合作人将该词读为[kei^{24}]），意思大致相当于普通话的"给"。当听话人不接受或反应迟钝，说话人表现出不耐烦的情绪时，"□[tsei^{24}]"后常带语气词"也"或"不咋"。

（1）□[tsei^{24}]，麻利趁热儿吃喽吧。给，赶快趁热吃了吧。

（2）□[tsei^{24}]，拜指个褂得搁我洗洗。给，把我这个褂子给我洗洗。

（3）我嘞恁个铅笔盒儿嘞也？我的那个铅笔盒儿呢？

——□[tsei^{24}]！给！

（4）（<给某人东西，那个人不接受）

□[tsei^{24}]，□[tsei^{24}]也，你快点接住不妥了哟。给，你快点儿接住不就行了嘛。

2. 指认事物

说话人帮助听话人指认人或事物时，两个指示叹词都可以使用。以交际的双方作为参照，近距离时使用"□[tsei^{24}]"，远距离时使用"□[nei^{24}]"，也可以使用它们的变体形式"□□[tsei^{24} pei^{24}]"和"□□[nei^{24} pei^{24}]"，意思大致相当于普通话的"看"或"这/那不是"。答句中指示叹词后常带语气词"哟"或"啵"，带"啵"时只能使用原形式。

（5）□[tsei^{24}]，逗^{D}指个逗是你嘞座儿。看，就这一个就是你的座儿。

（6）□[nei^{24}]，逗^{D}恁个逗是他哥。看，那个就是他哥哥。

（7）我嘞袜得在那儿嘞也？我的袜子在哪里呢？

——□□[tsei^{24} pei^{24}]）哟。这不是嘛

（8）你见俺娘来冇？你看见我妈妈了没有？

——□[nei^{24}]啵，在那儿打一□[xo^{312}]麻将了。那不是嘛，在那里打了一下午麻将了。

值得注意的是，无论是递送东西场合下使用的“□[tsei^{24}]”，还是指认事物场合下使用的“□[tsei^{24}]”和“□[nei^{24}]”，都存在用于句子的开头但并不单独构成小句的情况。

（9）□[tsei^{24}]拜把这几个糖包得拿走吧。（伴随递东西的动作）

（10）□[nei^{24}]那几个人又来了。（伴随眼神或手指动作等）

3. 指出新情况

指出新出现的某种情况时，多使用“□[tsei^{24}]”或变体形式“□□[tsei^{24} pei^{24}]”，意思大致相当于普通话的“看”或“这不”。

（11）□[tsei^{24}]，他逗^{D}搁你弄这嘞。看，他就给你弄这呢。

（12）□[tsei^{24}]，这儿指个灯泡儿又吹了。看，这儿的灯泡又坏了。

（13）□□[tsei^{24} pei^{24}]，贵臣他爹说话不及刻死了。看，贵臣他爹很快就死了。

（14）□□[tsei^{24} pei^{24}]，他说不来逗不来了。看，他说不来就不来了。

需要指出，这种用法虽具有现场性，但不一定使用伴随动作（可以用甩手、摊手等动作表现），因为这种场合下指示叹词的指示对象不是实体，而是事件。

（二）非现场用法

内黄方言指示叹词的非现场用法主要是作为话语标记用于句首，引导听话人将注意力集中到目前的话题上，从而促使会话顺畅地进行。这种抽象的用法，一般使用变体形式，且发生变调现象。具体表现为：指示性语素由阴平变为去声，后一个语素变为轻声，读作[tsei^{312} pei·]和[nei^{312} pei·]。这种用法，远指、近指的对立趋于消失，变体形式后可以带上语气词“嘞”。

（15）□□[nei^{312} pei·]（嘞），他爹从屋得上掉^{D}来了，恁大岁数了还扒高儿上低嘞根本逗不中。那不，他爹从房顶掉下来了，那么大岁数了还爬高上低根本就不行。

（16）□□[tsei^{312} pei·]（嘞），这会儿这小妮儿提嘞条件儿高^{D}嘞，说嘞那“三高一低，不要垃圾”①，一套一套嘞多^{0}嘞。这不，现在这小妮儿提的条件高着呢，说的那“三高一低，不要垃圾”，一套一套的多着呢。

（17）那会儿都说□[niɛ^{312}]指个小孩儿不中，□□[tsei^{312} pei·]（嘞），这会儿逗^{D}□[niɛ^{312}]挣^{D}大钱儿了。过去都说人家不行，这不，现在就人家挣了大钱了。

---

① 这是豫北农村新近出现的流行语。“三高”指身材方面，要求爹高、娘高、男孩儿高；“一低”指家庭经济水平方面，要求至少有一辆小轿车；“垃圾”指家庭累赘，多指失去劳动能力的爷爷、奶奶。

（三）来源问题

关于汉语方言指示叹词的来源问题，陆镜光（2005）认为跟指示代词“这/那”有关。陈玉洁（2010）指出，河南商水方言的指示叹词“这/那□[pei^{55}]”是“这/那不是”词汇化合音的结果。刘丹青（2011）则提出了“叹词化”概念，并将之分为原生的和次生的两类。

从实际使用情况来看，内黄方言的指示叹词和商水方言一致，属于次生的那一类，只是内黄方言的合音来得更为彻底。我们将“这/那不是”的合音形式看作“□[tsei^{24}]”和“□[nei^{24}]”的来源，主要基于以下三个理由：

1）指示叹词“□[tsei^{24}]”虽在递送东西的场合可读作[kei^{24}]，但应与动词“给”无干。因为“给”在内黄话读作[ki^{55}]或[tɕi^{55}]，声调、韵母都与[kei^{24}]不同。

2）在豫北方言中，合音现象大量存在。无论是属于中原官话的内黄、滑县、清丰等方言点，还是属于晋语区的汤阴、安阳县、安阳市、林州等方言点，“不是”普遍可以合读为[pei]。如：“可不是”在中原官话点读作[k‘iɛ pei]，在晋语点读作[k‘ɤ pei]（声调有差异）等。

3）指示叹词“□[tsei^{24}]”和“□[nei^{24}]”在内黄方言的指示性答句中仍分别存在“这不是”和“那不是”等多种同义替换形式。

（18）哪是了？在哪里？

——a. 这/那不是哟。tsɛ^{55}/na^{312} pu$^{24 | 42}$ sɿ^{312} zo· 这/那不是嘛。

——b. □哟 tsei^{24}/nei^{24} io· | □啵 tsei^{24}/nei^{24} po· 这/那不是嘛。

——c. □不是哟。tsei^{24}/nei^{24} pu$^{24 | 42}$ sɿ^{312} zo· 这/那不是嘛。

——d. □□哟 tsei^{24}/nei^{24} pei^{24} io· 这/那不是嘛。

a 应是答句的原型形式，b、c、d 则属于衍生形式。内黄方言的指示叹词是否经过商水方言“这/那□[pei^{24}]”这一阶段，目前还不清楚。从答句 c 来看，指示叹词的基本形式应该形成在前，变体形式在后。若此，指示叹词的变体形式应该来源于“□[tsei^{24}/nei^{24}]不是”这种羡余结构中“不是”的再次合音。

正是源于答句“这/那不是”的合音这一性质，决定了“□[tsei^{24}]”和“□[nei^{24}]作为指示叹词的基本功能：话语指示和单独成句。

第四节 副词

本节参照通行分法将内黄方言的副词分为范围、时间、程度、情态、语气、否定六个次类，并依次描写。我们把内黄方言常用的副词分为两组，A 组是跟普通话基本相同的，B 组是内黄方言里特有的或跟普通话有明显差异的。本节主要对 B 组进行分析。

一　范围副词

范围副词是指对事物或动作进行范围限定的副词。内黄方言的范围副词主要有：

A 全、都、全都、通通、净、总共、一共、全、一律、凡是、光、只、最多、顶多、至少、起码

B 都^{D}、衡、同共、共满、只满、逗^{D}、遥到

（一）都^{D}[to^{42}]

用在谓词性词语、名词性词语之前，既有总括又有标记焦点的作用。严格讲，“都^{D}”不是一个单纯的范围副词，应是“都”和系动词“是”的合音形式，且在不同的句法格式中固化的程度不同。“都^{D}”字句大致可以分为七类，除问句外一般是说明性的。

（1）你都^{D}瞧见谁了？你都看见谁了？

（2）我都^{D}买你嘞东西，不能搁便宜点儿？我都是买你的东西，不能给便宜点儿？

（3）他这一崩儿都^{D}喝嘞糁得。他这一段儿喝的都是糁子。

（4）那家伙悠个都^{D}腌臜臜嘞。那家伙天天都是脏兮兮的。

（5）他踩家得都^{D}点得这。他全家都是些这玩意儿。

（6）俺挨打，都^{D}恁爹来。我挨打，都是因为你爹的缘故。

（7）（<床咋塌下去了也？）都^{D}他在上蹦嘞来。都是他在上面蹦的原因。

前三类涵盖吕叔湘（1980）、马真（1982）所列“都$_{1}$”后指（总括对象在后面）的七种格式，且只能使用“都^{D}”；后四类可以称之为广义的判断句式，“都^{D}”可以自由替换为“都是”，（6）（7）两类后面可以添加“因为”，已成为表原因的固定格式。

内黄方言前三类格式的使用频率非常高，且具有很强的能产性。这与普通话研究文献里经常讨论的那几个特殊的“都”字句例（除问句外）形成巨大的反差。这一问题值得进一步深入调查。我们认为，加强官话方言中的“都”字句研究，对于厘清普通话副词“都”的语义及其演变具有十分重要的作用。

（二）衡[tsuɤn^{24}]

用于谓词性词语前或小句前，限定后面的名词或小句，表示“全是”，大致上和普通话副词“纯粹”相当。

（8）你衡弄点得这刻是不中啊！你只是弄点这（东西）可是不行啊！

（9）他提^{D}来嘞枣衡一个儿是一个儿嘞。他提过来的枣全都一个是一个（个大）的。

（10）他家嘞墙上长嘞衡是这。他家墙上长的全是这。

（11）俺家吃嘞衠这。我们家吃的全是这。

（三）同共[t'uɤŋ^42 kuɤŋ^312]、共满[kuɤŋ^312 man^55]、吭哧[k'ɤŋ^24 ts'ʅ·]

这三个词用于谓词性词语前，表示数量的总和。"同共"只表示客观的统计，有时可以直接用在数量成分前，相当于普通话中的"总共、统共、一共"等。

（12）你在恁闺女家同共住^D几年？你在你闺女家总共住了几年？

（13）屋嘞同共坐^0三人。房里总共坐了三个人。

（14）厂得不大，同共二百来人儿。厂子不大，一共二百来人。

"共满"带有说话人认为数量不多的主观态度，跟格式"同共/总共/一共+才/就"意思相当，有时可以直接用在数量成分前。也作"一共满[i^24|42 kuɤŋ^312 man^55]、同共满[t'uɤŋ^42 kuɤŋ^312 man^55]"。

（15）俺共满吃^D一碗儿，能不饥哟？我一共才吃了一碗，能不饿吗？

（16）办十二天共满五桌。办十二天（给小孩儿做酒）一共才五桌。

（17）鸡蛋共满剩^D不几个了。鸡蛋一共才剩了没几个了。

"吭哧"与"共满"相反，带有说话人认为数量或过多的主观态度。普通话中没有对应的词，该词应是由拟声词发展引申而来。

（18）他来^D那儿吭哧吃^D五个包得。他到了那里吃了五个包子。

（19）恁哥一个星期里头吭哧去^D两回。你哥哥一个星期里头就去了两回。

（20）他吭哧买^D恁些价橘得。他买了那么多橘子。

（四）只满[tsʅ^24 man·]、逗^D[to^312]

这是两个限定性副词。"只满"可以用在谓词性词语前，有时可以直接用在数量成分前，表示对数量的限定，意思跟普通话的"只、仅仅"相当。

（21）俺只满去过北京一趟。我仅去过北京一趟。

（22）屋嘞只满五个人。屋里仅仅五个人。

（23）骑洋车得我只满一天逗学会了。骑自行车我仅仅一天就学会了。

"逗^D"用在谓词性词语或句首，表示对事物和动作范围的限定，与普通话中的范围副词"就"一致。

（24）逗^D恁俩知道好得儿好吃哟？就你们两个知道好东西好吃吗？

（25）夜个逗^D他来嘞早。昨天就他来得早。

（26）我逗^D学过两天英语。我就学过两天英语。

（五）遥到[iau^42 tau^312]

本字不明，同音字代替。仅用于动词性词语前，表示"任何地方"。大致相当于普通话的"到处"。

（27）他遥到跑跑。他到处乱跑。

（28）你遥到蹿腾啥咧？你到处蹿腾什么（你为什么到处蹿腾）？

二　时间副词

时间副词用在谓词性词语之前，表示事件发生的时长先后、频率变化、次序重复等。内黄方言的时间副词主要有：

A 正、马上、眼看、赶紧、立马儿、才、早晚、迟早、从来、一直、常、经常、□tsau^{24}常经常、成天、老、老是、随时、动不动、万一、先、先后、还、又、也、再、重

B 麻利、都、逗、将、见天（见）、光、不断^{D}、忘屋儿嘞、一弄、直光、随当、好□儿嘞

（一）麻利[ma^{42} li·]

用于动词性词语前，表示抓紧时间，快速进行，相当于普通话中的“赶紧、赶快”等。其副词用法应是从形容词引申而来。

（1）快下雨了，麻利回家吧。快下雨了赶紧回家吧。

（2）他瞧着我麻利刻躲起来了。他看见我赶紧就躲起来了。

（3）还不麻利搁恁爹认个错儿嘞哟？还不赶快给你爸爸认个错？

（二）都[tou·]

与普通话的时间副词“都”功能一致，表示“已、已经”的意思，但使用频率高于普通话，因为内黄方言不用“已、已经”。

（4）恁爹都下晌了，你还不下晌嘞哟？你爹已经收工了，你还不收工么？

（5）饭都凉了，快点儿吃吧。饭已经凉了，快点儿吃吧。

（6）都老大不小儿了，也该^{D}知道疼大人嘞呀。已经老大不小了，也该知道心疼大人哪。

（三）逗[tou·]、将[tɕiaŋ^{24}]①

“逗”“将”作为时间副词除了读音特殊外，分布、功能分别与普通话中的时间副词“就”和“刚、刚刚”高度一致，不再例释。

（四）见天[tɕian^{312}tian^{24}]、光[kuaŋ^{24}]、不断^{D}[pu$^{24|42}$ tuɛ^{312}]、一弄[i$^{24|42}$ nɤŋ^{312}]

这是一组时频副词，一般只能用于动词语前。“见天、光、一弄”带有说话人不满的主观感情色彩。

“见天”表示动作行为发生的次数多，大致相当于普通话的“成天、天天”等。也作“见天见[tɕian^{312} t‘ian^{24} tɕian^{312}]”。

（7）他见天（见）在杂货铺儿嘞打麻将。他成天在小卖部里打麻将。

（8）俺家嘞见天（见）絮叨嘞烦人嘞很^{D}嘞。我老婆天天絮叨得很烦人。

① 作者就该词的本字问题曾与河南大学的辛永芬教授交换意见，辛先生认为应记作“刚”。鉴于目前尚未见到充分的论证，我们仍按读音记作“将”。

（9）见天（见）见他搁佛爷庙嘞烧香嘞。天天见他在佛爷庙里烧香。

“光”表示不希望出现的情况反复发生，大致跟“老是”相当。“光”作为时间副词的用法，普通话中没有。

（10）这两年两家儿因为庄得光打架。这两年两家因为宅基地老是打架。

（11）俺不搁他说话，他光搁俺乱。我不和他说话，他老是跟俺开玩笑。

另外，“光”还可用于条件复句中的结果分句，表示揣度语气，意思跟“恐怕”接近。

（12）不干活儿俺光不腰疼。不干活我恐怕不腰疼。

（13）喝喽饭俺光长嘞高。喝了粥我们恐怕长得高。

“不断^{D}”表示动作行为的连续性，大致相当于普通话的“时常”等。

（14）这一崩得他不断^{D}往这儿来。这一段他时常往这儿来。

（15）我不断^{D}搁他提这个事儿。我时常跟他提这个事儿。

（16）贵臣不断^{D}来^{D}这儿瞧瞧。贵臣时常到这儿看看。

“一弄”表示极容易作出某种反应或行动，用于不希望发生的事。意思和固定短语“动不动”相当。

（17）他嘞身体铁□[zaŋ^{42}]，一弄逗感冒了。他的身体太弱，动不动就感冒了。

（18）我也冇吃你嘞冇喝你嘞，甭一弄逗给脸得看。我也没吃你的没喝你的，甭动不动给脸色看。

（19）他一弄逗不来了，这活儿冇法干哟？他动不动就不来了，这活儿有法儿干吗？

（五）直光[tsʅ^{42} kuaŋ·]

用在谓词性词语前，表示状态始终没有改变，意思与“一直”相当。也作“直管 [tsʅ^{42} kuan·]”。

（20）他直光也不来，我得走了。他一直也不来，我得走了。

（21）他直光不走，俺也冇法儿睡。他一直不走，我也没法睡。

（22）谁能直光好过哟？谁能一直富有吗？

“直光”与“一直”的区别在于：前者只能用于否定句和疑问句，不能用于肯定句；后者则不受限制。

（六）随当[suei^{42} taŋ^{312}]

这是个表序副词，表示一件事紧跟另一件事之后发生，和普通话中的“随即、随时”相当。多用于复句，也作“随地”[suei^{42} ti^{312}]。

（23）他来^{D}这儿随当又走了。他到这儿随即又走了。

（24）你要随当去逗不会晚了。你要随即去就不会晚了。

（25）随当买随当吃吧。随时买随时吃吧。

（七）好□儿嘞[xau^{55} mɤr^{24} lɛ·]

用于谓词之前，表示事情发生得出于意料之外，意思接近“突然”。

（26）街嘞好□儿嘞敲开鼓了。街里突然敲开鼓了。

（27）他好□儿嘞不来了。他突然不来了。

（28）他好□儿嘞能不去哟？他正常情况下能不去么？

三　程度副词

程度副词数量不多，但使用频率很高。内黄方言的程度副词主要有：

A 最、还、稍、稍微、有点儿、不大、越来越、再

B 较出、略稍、小不严嘞、将、铁、血、更、怪

（一）较出[tɕiau^{312} tɕ‘y·]、略稍[luo^{24} sau·]、小不严嘞[ɕiau^{55} pu^{24} ian^{42} lɛ·]

“较出（本字不明）、略稍、小不严嘞”用在带有“（一）点儿”或是动词重叠式的谓词性词语之前，表示程度不深或数量不多，相当于普通话中的“稍微、略微”。

“较出、略稍”适用面较宽，既可以用于简单句中修饰谓词，表示客观程度的差别；也可以用于主语从句中，表示某种行为或现象的底线。通常情况下，二者可以自由替换。

（1）恁比^{D}俺较出/略稍强（一）点儿。你们比我们稍微强一点儿。

（2）麦得较出/略稍露^{D}（一）点头儿了。麦苗稍微露了点儿头儿。

（3）你较出/略稍拿几个逗中。你稍微拿点儿就可以。

“小不严嘞”的适用面较窄，只能用于主语从句中修饰谓词，表示某种行为或现象的底线，带有较强的主观色彩。

（4）分儿小不严嘞差（一）点儿中，差嘞多喽逗不中了。分数稍微差一点行，差得多了就不行了。

（5）你来^{D}那儿小不严嘞要他俩也有事儿。你到那里稍微要他点儿也没有问题。

（6）你小不严嘞说说他不碍事，说嘞狠喽他倒好不愿意了。你稍微说说他没事，说得重了他就不愿意了。

（三）将[tɕiaŋ^{24}]

“将”也可以读作[tɕiaŋ^{42}]。应是由时间副词“将”发展引申而来，有两个意思：

1）表示程度不深（后带“一点儿”），相当于普通话的“稍微”，可以替换为“略稍”。

（7）屋嘞将有点明儿，脸都看不清。屋里稍微有点儿光亮，脸都看不清。

（8）不碍紧，将有点儿疼。不要紧，稍微有点儿疼。

2）表示勉强达到某一数量，相当于普通话中的表程度的“刚”。

（9）这一扤篮草将够四十斤。这一篮子草刚够四十斤。

（10）他将不到一米八。他刚不到一米八。

（四）铁[tʻiɛ²⁴]

本字不明，同音字代替。用在谓词性词语前，表示程度极高。“铁”带有很强的主观性，相当于普通话“太”，但只表示“过于”义。

（11）这会儿嘞人儿都铁不要脸。现在的人都太不要脸。

（12）分儿铁低，找人儿也上不了[liau⁵⁵]学。

（13）衣裳做嘞铁小了，冇法儿穿。衣服做得太小了。没法穿。

（五）血[ɕiɛ²⁴]、更[kɤŋ³¹²]

“血（本字不明）、更”用在谓词性词语前，表示程度较高，意思接近普通话的“很”。“血”一般用于简单陈述句，对所述事物有所断定。

（14）指个事儿办嘞血不咋样儿。这个事儿办得很不怎么样。

（15）那家伙说个小话儿血乍古。那家伙说起话来很幽默。

（16）那一家儿人都血能做活儿。那一家人都很能干活儿。

“更”除了用于单句外，常用于转折复句的后一分句，且带有出人预料的意味。

（17）指个小孩儿做点儿啥做嘞更好。这个小孩儿做点儿什么都做得很好。

（18）你瞧ᴰ他个儿小哟，更能吃。你看他个儿小，很能吃。

（19）甭瞧ᴰ穿嘞不打食，□[niɛ³¹²]更有钱儿。别看穿得不体面，人家很有钱。

需要指出，“更”不含程度量的比较（表比较一般用“还”和“才”等），属绝对程度副词，这一点与普通话明显不同。

（六）怪[kuai³¹²]

用在谓词性词语前，表示达到相当高的程度。意思与普通话的“怪”相同，但适用的范围更宽。可以说，内黄方言中的“怪”涵盖了普通话中能用“怪”和“挺”（内黄方言不用“挺”）的意义和用法。

（20）指个小妮儿怪好看。这个小女孩儿挺好看。

（21）这话说嘞怪不好听。这话说得挺难听。

（22）往他说嘞恁个妮儿，他还怪愿意嘞。给他说的是那个小女孩，他还挺愿意的。

以上我们描写了内黄方言中几个常见的程度副词的意义和用法。它们共同的特点就是放在谓词前对谓词的程度量进行限定，而它们的差别则不仅仅表现在程度量的不同上，还表现在情态方面。“较出、略稍、将”只是客观地标示程度量级，可以进入静态的短语层面。如：较出/略稍/将有点儿味儿嘞东西。而“血、更、怪”带有强化断定的主观语气色彩，一般只能出现在动态的句子层面，不能进入静态的短语层面。如：＊血/更/怪好嘞学生。

四 语气副词

语气副词同一般的副词的功能有所不同，其基本功能不在于修饰和限制，而在于对句子或谓语部分进行主观评注。内黄方言的语气副词主要有：

A 都、敢是、敢能、准、一准、保准、恐怕、一定、必定、大概、倒是、到底、确实、简直、当然、千万、真、根本、何必、高低、长短、横竖、贵贱、明明、绝对、反正、正好、碰巧

B 关麻儿、要是、才到、到了儿、争硌嘞、□[k‘ε312]、严、可儿、刻、刻别、全白、忘不嘞、逗吧、望屋儿嘞、好歹、过真嘞、逗D□、趁早儿、清、到来

（一）关麻儿[kuan24 mɐr·]、要是[iau312 sɿ·]

关麻儿也作“干麻儿[kan24 mɐr·]”或“沾麻儿[tsan24 mɐr·]”，本字不明。用在谓词性词语之前或句首，表示对某种情况的推测和估计，相当于普通话中的“大概、可能、恐怕”等。

（1）他关麻儿撑不到明儿个了。他大概撑不到明天了。

（2）要是谁去谁先交钱，关麻儿你不去吧？要是谁去谁先交钱，恐怕你不去吧？

“要是”作为语气副词，用于谓词之前或句首，表示推断，主要用于答句。“要是”作为语气副词一定重读，这是区别于其作为连词时的一个重要标志。

（3）那要是他在学嘞跟D□[niε312]老师斗事儿来。那肯定是他在学校里跟人家老师发生过矛盾。

（4）要是他来D那儿不中嘞。肯定是他到了那里不行。

（二）才到[ts‘ai42 tau·]、到了儿[tau312 lior55]、争硌嘞[tsɤŋ24 kɤ42 lε·]

“才到”本字不明，同音字代替。用在谓词性词语前，表示经过较长过程出现某期望的结果，意思上接近普通话的“总算”。多用于表转折、因果关系的前一分句。

（5）我才到想起来了，他一打岔又忘了。我总算想起来了，他一打岔又忘了。

（6）他俩才到不生气了，你甭冇事儿找事儿。他俩总算不生气了，你别没事儿找事。

“到了儿”和“争硌嘞（本字不明）”可以用在谓词性词语前，也可以用在句首，表示事实与所说或所料相符。多数情况下二者可以替换，相当于普通话中的副词“果然”。

（7）他到了儿/争硌嘞冇来。他果然没有来。

（8）恁个小妮儿不听大人说，到了儿/争硌嘞寻外头了。那个小女孩不听大人的话，果然嫁到远地方了。

情态动词“能”字句中一般使用“争硌嘞”，不使用“到了儿”。

（9）指个小孩儿争硌嘞能不来哟？这个小孩儿果然能不来吗？

（10）争硌嘞他能不瞧一点儿面得哟？果真他能不看一点儿面子？

另外，“到了儿”在内黄方言中还可以作为短语使用，意思为“到最后”。

（三）□[k‘ε312]、严[ian42]、可儿[k‘ɤ55 ɚ·]

□[k‘ε312]本字不明，无同音字可代。有三种意思：

1）表示跟前面的意思相反或出乎预料之外，大致相当于普通话中的“反而”。

（11）你往他说好话□[k‘ε312]不中。你给他说好话反而不行。

（12）你来粗得儿，他□[k‘ε312]能搁他办成事儿。你动粗的，他反而能给你办事儿。

2）表示故意跟外来要求或客观情况相反，相当于普通话中的“偏偏”。

（13）你叫他怎得儿干，他□[k‘ε312]得恁得儿干。你叫他这样干，他偏偏那样干。

（14）你叫他去，他□[k‘ε312]（只得）不去。你叫他去，他偏偏（非要）不去。

3）表示恰好、正巧，相当于“正好”。

（15）正找他嘞，他□[k‘ε312]来了。正找他呢，他正好来了。

（16）俺拿嘞钱儿□[k‘ε312]够。我拿的钱正好够。

例（15）（16）中的“□[k‘ε312]”都可以换作“正好儿”，也可以换作“严”，意思不变。

“严”[ian42] 本字不明，与□[k‘ε312]表“正好”义的用法相同，不再例释。

“可儿[k‘ɤ55 ər·]”用在动词语之前或句首，表示事实跟所期待或希望的恰恰相反，大致跟普通话的“偏偏”相当。

（17）我去找他嘞时候儿，他可儿冇在家。我去找他的时候，他偏偏没有在家。

（18）可儿俺盖屋得嘞时候，老天爷弄 D 一场瓢泼大雨。偏偏我们家盖房子的时候，老天爷下了一场瓢泼大雨。

（19）可儿玩电影那一天冇电，真倒霉！偏偏演电影那一天没电，真倒霉！

（四）刻[k‘iε24]、刻别[k‘iε24 piε42]、全白[tɕ‘yan42 pε·]

前两个是一组同源性的语气副词。从与普通话的对应关系看，“刻”可能是“可”的变音形式，“刻别”应是“可不是也”的合音形式。

“刻”用于动词性词语前，表示强调语气，相当于普通话的“可”。

（20）你要能考 D 上大学刻邪了。你要能考上大学，可就邪了门儿了。

（21）我刻不胜早 D 点儿去了。我可不如早点儿去了。

“刻别”用于谓词性词语前或句首，表示附和或赞同对方的话。意思跟普通话的“可不”、“可不是”相当，能单独回答问题。

（22）刻别他早逗挪出去了。可不是他早就挪出去了。

（23）贵臣真往山西去掏煤窑了哟？贵臣真去山西挖煤窑了？——刻别。可不是。

后一个用于谓词性词语前或句首，表示“可不是”的意思。主要用于答句，回应问话人。

（24）往他都说了，全白不中嘞。给他说了，可不是不行。

（25）他全白不愿意去嘞。他可不是不愿意去。

（五）忘不嘞 [uaŋ^{312} pu^{24} lɛ·]、逗吧[tou^{312} pa·]

这是两个释因副词，可用于谓词性词语之前或句首，“忘不嘞”本字不明，同音字代替。

“忘不嘞”表示醒悟，明白了原因不再觉得奇怪，相当于普通话中的“怪不得、难怪”。

（26）他忘不嘞不敢去嘞，怕挨打哟？他怪不得不敢去呢，怕挨打吗？

（27）忘不嘞□[niɛ^{312}]不怕打官司嘞，□[niɛ^{312}]舅在法院嘞嘞。难怪人家不怕打官司呢，人家舅舅在法院里呢。

“逗吧”多用于答句，带有申辩的口气，意思跟“问题是”相当。

（28）咱逗吧打不过□[niɛ^{312}]。咱问题是打不过人家。

（29）逗吧俺还冇还清窟窿嘞。问题是我还没有还清窟窿（欠账）。

（六）忘屋儿嘞[uaŋ^{312} ur^{24} lɛ·]、好歹[xau$^{55 | 42}$ tai·]

本字不明，用同音字和儿化同韵字代替。用在谓词性词语前或句首，表示某种期望，意思与普通话的“万一”（发生的可能性极小）相当，但感情色彩明显不同。普通话的“万一”一般用于不希望发生的事情。

（30）俺小儿忘屋儿嘞考^{D}上大学嘞。我儿子万一考上了大学呢。

（31）你好儿好儿干，忘屋儿嘞能转正嘞。你好好儿干，万一能转正呢。

“好歹”用于谓词前或句首，表示某种期望，意思与“最好是”相当。这和普通话的“好歹”所表示的“将就”或“无论怎样”义差别较大。

（32）他好歹甭来了。他最好是别来了。

（33）好歹叫俺小儿考^{D}上个好大学吧。无论怎样也叫我儿子考上个好大学吧。

（七）过真嘞[kuo^{312} tsɤn^{24} nɛ·]

本字不明，同音字替代。用于谓词性词语前，也可以用于句首，是反问句的形式标志。其作用在于加强反问语气，强化句子“信”的程度。大致相当于普通话中的“难道”。

（34）他过真嘞有恁高哟？他难道有那么高吗？

（35）过真嘞你来不唠哟？难道你真来不了吗？

（36）你瞧^{D}恁个下作劲儿，过真嘞冇吃过哟？你看那个下作劲儿，难道没有吃过吗？

（八）逗^{D}□[to^{312} xor^{24}]、趁早儿[ts‘ɤn^{312} tsor^{55}]

“逗^{D}□[xor^{24}]”本字不明，同音字代替。用于谓词性词语之前或句首，表示所述情况始终没有改变，大致相当于“原本”“本来”等。常用于“逗

D□+逗+AP/VP”这一溯源性释因句式。

（37）逗 D□家嘞大人逗不同意两家儿佮亲戚。本来家里的大人就不同意两家成亲戚。

（38）甭说了，这事儿逗 D□逗冇一忽儿。不要说了，这事儿本来就没有一点可能。

另外，“逗 D□”也可以用于祈使句，否定句中意思接近“压根儿”，肯定句中未找出合适的对译词。

（39）你逗 D□甭去。你压根儿就不要去。

（40）明儿个你逗 D□拜钱给 D他。

“趁早儿”也作“文早儿[uɤn^{42} tsor^{55}]”，“文”字可能是“趁”的变音形式。用于祈使句的动词语前，加强否定或命令的语气。否定句中意思接近普通话中的“压根儿”“根本”等，肯定句中尚未找出合适的对译词。

（41）你趁早儿甭去。你压根儿就别去。

（42）你趁早儿甭上了。你压根儿就别上了。

需要指出，“趁早儿”与“逗 D□[xor^{24}]”在祈使句中两者可以替换，意思基本不变；在陈述句中只能使用后者。

另外，“趁早儿”在内黄方言中只能作为语气副词使用，与普通话中的情态副词“趁早”（抓紧时机或提前）不同。“趁早”在内黄方言中的对应词是“及早儿嘞”或“早 D点儿”。

（九）清[tɕ‘iŋ^{24}]

用于谓词性词语前，加强肯定语气。又作“清是[tɕ‘iŋ^{24} sɿ·]”。

1）表示事情的发生令人惋惜或令人无可奈何。普通话中没有与之完全对应的词。

（43）他不叫开刀，清弄 D他爹嘞病耽误了。他不让开刀，把他爹的病耽误了。

（44）我清知道咱告也告不赢。我就知道咱告也告不赢。

2）表示事情的发生是额外的，意思相当于“另外”。

（45）知道你不好吃饺得，我又清搁你下嘞面条儿。知道你不爱吃饺子，我又另外给你下了面条儿。

（46）为指个事儿，我清又跑 D城里一趟。为了这个事儿，我另外又跑到城里一趟。

（十）到来[tau^{312} lai·]

用于谓词性词语前或句首，表示追根究底所得的结论，强调事实或原因，相当于普通话中的“毕竟”。

（47）他到来还是个小孩嘞，你甭跟 D他一迷迷样儿。他毕竟还是个小孩儿，你别跟他一般见识。

（48）他嘞眼到来是不得劲。他的眼毕竟有毛病。

顺便一提，“到来”在内黄方言中不作动词，只能作语气副词使用。

五 情态副词

情态副词主要描摹动作行为进行的方式和情状。其内部单一，差别较小，词义具体实在。内黄方言的情态副词主要有：

A 胡、乱、白、成心、当场、当面、并排、亲眼、里外里、亲口、亲自[tɕ'in²⁴ sɿ·]、好儿好儿[xor⁵⁵xor·]、按说

B 单装、单门儿、只请、一齐儿、花打花、绝个得儿嘞、冒、冒亩得、冒不登嘞

（一）单装 [tan²⁴ tsuaŋ²⁴]

本字不明，同音字代替。用在动词语前，表示专门为了一件事情，相当于普通话中的"专门""特地，特意"等。

（1）我单装来ᴰ他家一趟。我专门去了他家一趟。

（2）你单装去搁他打个招呼嘞，瞧ᴰ她咋说。你专门去给他打个招呼，看他怎么说。

（3）我单装枚事问过他，他也冇说啥，主会儿他又倒后账嘞。我郑重其事地问过他，他也没有说什么，现在他又倒帐呢。

例（3）"单装枚事"属于固定短语，大致相当于普通话中的"郑重其事"。

（二）单门儿[tan²⁴ mər·]

也作"当门儿"[taŋ²⁴ mər·]。可以用在谓词之前，也可以"是、嘞"之间，表示明知不应或不必这样做而这样做，相当于普通话的"故意"。

（4）我单门儿不给他嘞。我故意不给他的。

（5）他单门儿影住我嘞明儿嘞。他故意挡住我的亮光。

（6）不碍紧吧，俺真不是单门儿嘞。不要紧吧，我不是故意的。

（三）只情[tsɿ²⁴ tɕ'iŋ·]

也作"情"[tɕ'iŋ⁴²]。用在动性词语前，表示不必考虑别的，放心去做，相当于普通话中的副词"尽管"。

（7）这东西多嘞，你只请拿了。这东西多着呢，你尽管拿。

（8）你交住我只请甭管了。你交给我尽管放心。

（9）不怕挨打，你只情甭来了。不怕挨打，你尽管别来。

（四）一齐儿[i²⁴ tɕ'iər⁴²]、花打花[xua²⁴ ta· xua²⁴]

"一齐儿"用在谓词性词语前，表示动作、行为的发生是一同或是同时的。"一齐儿"涵盖了普通话的"一起"（内黄方言不用"一起"）和"一齐"的意义和用法。

（10）几个人一齐儿去找支书嘞了。几个人一起去找支书了。

（11）听我嘞哨儿，一齐儿往外推。听我的哨子，一齐往外推。

（12）我说一二，咱一齐儿蹦。我说一二，我们一起蹦。

“花打花”本字不详，同音字代替。用于动作动词语前，表示“（人）一个一个地”，与普通话的“逐个”大致相当。

（13）我兴恁几个花大花上。我让你们五个一个一个上。

（14）花打花搿骨碌儿恁五个也不是他嘞对手。一个一个来摔跤你们五个也不是他的对手。

（15）咱两班儿花打花嘞捣拐吧。我们两拨儿人捣拐吧，一个一个地上。

需要说明，“花打花”所修饰的动词仅限于做游戏时使用的少数几个动词，如“上、来、捣拐”等。

（五）绝个得儿嘞[tɕyɛ⁴² kɤ· tər²⁴ lɛ·]

本字不明，用同音字和儿化同韵字代替。用于否定句中动词性词语前，表示没有回旋余地，意思接近普通话的“根本就”。

（16）这一崩儿他绝个得儿嘞一回也不来了。这一段时间，他根本就一回也不来了。

（17）不知道咋来，他这几天绝个得儿嘞不往张根那儿去了。不知道怎么了，他这几天根本就不往张根儿那里去了。

（18）这一回，他绝个得儿嘞冇提那个事儿。这一次，他根本就没提那个事儿。

（六）冒[mau³¹²]、冒亩得[mau³¹² mu⁵⁵ tɛ·]、冒不登嘞[mau³¹² pu· tɤŋ²⁴ lɛ·]

这应是一组同源词，都与表“冒失”义的“冒”有关，仅用在动作动词前。

“冒”表示动作随意、缺乏根据性，意思与普通话的“随意、随便”相当。

（19）我是冒说嘞，你甭当真。我是随意说的，你别当真。

（20）他冒扔嘞，□[k‘ɛ³¹²]扔ᴰ那个小孩儿头上。他随意扔的，正好扔到那个小孩头上。

“冒亩得”表示动作行为缺乏目标，意思接近普通话的“盲目”。

（21）东西掉了，冒亩得找肯定再找不着。东西丢了，盲目找肯定找不着。

（22）他年似个冒亩得搞ᴰ个大棚。他去年盲目搞了个大棚。

“冒不登嘞”表示动作行为缺乏准备，显得轻率、突然，意思接近普通话的“贸然”

（23）他冒不登嘞往北京嘞了？他贸然去北京了？

（24）你冒不登嘞去找□[niɛ³¹²]，根本逗办不成事儿。你贸然去找人家，根本就办不成事儿。

六　否定副词

内黄方言的否定副词只有“不、冇、甭、非、休”五个，每一个都或多或少和普通话的否定副词有差别。

（一）冇[mou^{312}]

也可以读作[mou^{24}]。“冇”是“没有”的合音，其用法和普通话中的否定词“没、没有”大致相同。作为副词，用在谓词性词语前，否定事实和变化。

（1）他夜个冇来。他昨天没来。

（2）他冇拜钱要回来。他没有把钱要回来。

（3）这儿嘞东西冇恁贵。这里的东西没那么贵。

（4）他写完了冇？他写完了没有？

顺便一提，“冇”作为动词，用在体词性成分前，表示对领有、存在的否定，与“有”相对。表“消失”义时读作[ma^{312}]或[ma^{24}]，应是“冇了”的合音。

（5）跑^{D}冇几步逗叫□[$niɛ^{312}$]逮住了。跑了没几步就叫人家逮住了。

（6）娘家冇[ma^{312}]人了。娘家没（了）人了。

（二）不[pu^{24}]

“不”表单纯的否定，用在谓词词语前面，表示对意愿、情状等的否定，跟普通话的“不”基本相同，但内黄方言中的“不”一般不能单独回答问题。

（7）你去吧？——俺不，俺不去。

（8）天不早了，你住^{D}这儿吧？——不啦不啦，家嘞人儿还等^{D}俺嘞。

（9）逗^{D}给你怎些儿吧。——不中！最少得添五个。

（三）甭[$piŋ^{42}$]

除了合音的读法与普通话口语有差别外，意义和用法都与普通话相同：可表示劝阻、禁止以及客观上不需要；可构成表让步的习语“甭说”“甭提”，表根本不可能等的“甭想”等。不再例释。

不同的是，内黄方言中的“甭”一般不能单独成句。

（10）我明儿清早逗搁你送^{D}来。——甭啦，甭啦，这两天我还用不着嘞。

（11）我带你走吧？——甭甭，这冇多远儿了。

（12）我甭拿走哟？——（那）你甭。

（四）非[fei^{24}]

“非”这个否定副词在内黄方言中必须在紧缩句中和“不”或“才”配合使用。“非……不”表示一定要这样，“非……才”表示一定要具备某种条件才能怎么样。

（13）不叫他去，他非（要）去！

（14）我非打你一顿不中。

（15）我非拜恁爹叫^{D}来才中嘞不是^{D}？我非把你爸叫来才行吗？

（五）休[xou^{24}]

“休”的一般读音为[çiou^{24}]，作为表示禁止的否定副词读作[xou^{24}]。该词为早期白话的遗留。

（16）你休走嘞。你不要走。

（17）休嘞，你等等儿。不要，你等一等。

（18）你先休买嘞，我瞧瞧咱娘买了冇。你先不要买，我看看咱娘买了没有。

第五节 介词

介词是起介引作用的虚词，引出与动作相关的对象以及时间处所等。介词的下位分类一般以其介引成分的语义类型为标准。

我们按通行的分法将内黄方言的介词分为“时间处所、施事受事、关涉对象、工具依据、原因目的”等五类，并依次描写。

一 引进处所、时间

引进时间和处所的介词主要有“在、从、搭、押、挨^{D}、照、往、朝”等。

（一）在[tai^{312}]

“在”除了读音特殊外，虚化程度也不高，仅能引进处所。由“在”构成的介词短语只能用在谓词前面，表示动作发生或事物存在的处所。

（1）他在南地嘞锄地嘞。他在南地里锄地呢。

（2）你在哪儿剃嘞头也？你在哪里理的发？

（3）头牯在屋嘞卧^{0}嘞。牲口在屋里卧着呢。

（4）我正在那儿瞧书嘞。我正在看书呢。

例（4）中的“那儿”有虚化的倾向，常和句末的“嘞”呼应，表示持续的状态。

普通话中由“在”构成的介词短语用在动词之后，表示动作达到的处所，在内黄方言中只能使用“V^{D}+处所词”或动词后加“到+处所词”的形式。普通话中“写一个名字在上头”类的结构，在内黄方言里介词短语只能放在谓词前面，说成“在上头写个名儿”。

普通话中由“在”构成的介词短语用在动词前后，表示出生、发生、居留的处所，内黄方言一般只能用在动词前面或不用介词短语。

（5）我住在城里。——我在城里住^{D}嘞。

（6）竹笋产在南方。——笋是南方产嘞。

普通话“在+时间词”修饰动词的用法，内黄方言一般直接使用时间词。

（7）拉砖的车在下午三点就到。——拉砖嘞车下午三点逗到。

（8）我是在到了医院以后才听说的。——我是到 D 医院嘞哪会儿才听说嘞。

这里附带比较一下“在”的动词用法在内黄方言和普通话中的差异。

1）普通话中“在”表存在义，内黄方言多用“有（冇）”。

（9）那张相片还在。——恁个相片儿还有嘞。

（10）他祖母早就不在了。——他奶奶早逗冇[ma^{312}]了嘞。

2）普通话表示存在的处所位置，可以不再带宾语，内黄方言必须带宾语，至少带一个弱处所义的代词“那儿”。

（11）书在（桌子上）呢。——书在桌儿上嘞/书在那儿搁嘞。

（12）你爸在（家里）吗？——恁爹在家嘞冇？

3）普通话“在”表“在于、决定于”时，可带名词、动词或小句作宾语，内黄方言使用“在、在并[$tsai^{312}$ piŋ·]”或“到”，但后面一般只能带名词性宾语。

（13）这事成不成全在你自己了。——这事儿成不成在并你自己了。

（14）学外语难就难在这上边了。——学外国话难逗难到这上了。

（二）从[$ts^{‘}u\gamma\eta^{42}$]、搭[ta^{24}]、押[ia^{24}]、挨 D [ε^{24}]

这是一组介引处所、时间、起点、经由的介词。从使用频率上看，“从”最高，“搭、押”次之，“挨 D”最低。“从”与普通话的“从”意义和用法相当，“搭”与普通话“打”相当。四个词使用上的分合情况如下：

1）引进处所词表示起点、经由时，“从、搭、押、挨 D”一般可以自由替换。

（15）他明儿个逗从/搭/押/挨 D 城里回来了。他明天就从县城回来了。

（16）你从/搭/押/挨 D 哪儿借嘞钱儿？你从哪里借的钱？

（17）他将从/搭/押/挨 D 东头往西头嘞了。他刚从东头向西头去了。

（18）我拉脚嘞时候儿，不知道从/搭/押/挨 D 那个村儿嘞路过多少趟儿。我拉脚的时候，不知道从那个村里路过多少次。

2）引进单纯的方位词表示方向或引进名词、方位词与“到”配合使用表示范围时，一般只能使用“从”。

（19）他从东来了。他从东向西来了。

（20）她从南朝北跑了。他从南向北跑了。

（21）你从上往下捣逗不用恁费劲了。你从上往下捣就不用那么费劲儿了。

（22）从安阳到内黄共满六十公里。从安阳到内黄一共六十公里。

例（19）可以看作“他从东往西来了”的省略形式。“从+东/西/南/北+

来”都可以单独作谓语。

3）引进时间的起点时，“从、搭、押”可以自由替换，“挨 D”的使用频率极低。

（23）寒假从/搭/押/明儿个开始嘞。寒假从明天开始。

（24）她从/搭/押上初中开始，学习逗越里越不中了。她从上初中开始，学习就越来越不行了。

（25）从/搭/押那个事儿以后，他再也冇来过。从那个事儿以后，他再也没有来过。

“从今往后”“从今以后”等带有固定短语性质，不能用其他三个介词替换。

另外，“从”作为介词还可以表示根据，其他三个则不能。

（26）从他写嘞字儿瞧，不办龟孙事。从他写的字看，一点儿也不成。

（27）从这个事儿上你逗能瞧出来他是个啥人了。从这个事儿你就能看出他是什么人了。

二　引进关涉对象

引进关涉对象的介词主要有“往、搁、朝、对、跟 D、住、除 D、比 D”等。

（一）往[uaŋ 24]、搁[kɤ24]、朝[ts‘au42]

这是一组表示动作方向的介词，其中“往”和“搁”还可以引进关涉对象的介词，且用法则十分复杂。为了方便比较，我们放在这里一并讨论。

1. 作为表示动作方向的介词，“往”和“搁”适用面较宽，且可以自由替换，“朝”适用面较窄。

1）引进方位名词表示移动的方向时，“往、搁、朝”可以自由替换，意思相同。

（1）他往/搁/朝东走了。他向东走了。

（2）一直往/搁/朝前走逗到了。一直向前走就到了。

2）引进方位词表示非位移动作的方向时，常使用“往、搁”，一般不使用“朝”。这一点和普通话明显不同。

（3）光瞧着眼前这一点儿不中，得往/搁前瞧。仅看见眼前这一点不行，得朝前看。

（4）他往/搁我摆 D 摆 D 手儿。他朝我摆了摆手。

3）引进处所名词表示终点（目的地）时，常使用“往”和“搁”，一般不使用“朝”。

（5）他往/搁家走了。他往家里走了。

（6）贵臣家恁个小孩儿往/搁城里上学嘞了。贵臣家那个小孩往县城去上学了。

2. 作为引进关涉对象的介词，“往”和“搁”有多种意思。

1）引进动作的受损者，表示“从……那里”或“对”。

（7）他往/搁我要 D 走五百块钱。他从我那里要走五百块钱。

（8）甭光往/搁他说，往/搁大家都说说。别光对他说，对大家都说说。

2）引进动作的受益者，相当于普通话中的“为”或“给”。

（9）他往/搁大孩得借来五百块钱。他给大儿子借来五百块钱。

（10）你往/搁他赔个不是，逗冇事儿了。你给他道个歉，就没事儿了。

3）引进遭受者，相当于普通话的“把”，可以替换为“拜”。

（11）招火点儿，甭往/搁玻璃敲碎了。注意点儿，别把玻璃敲碎了。

（12）往/搁恁个破碗扔喽吧。把那个破碗扔了吧。

4）引进交付、传递的接受者。用在动词之前，相当于普通话的“给”。

（13）老师往/搁学生都发了一份儿表格儿。老师给学生都发了一份儿表格。

（14）来 D 那儿往/搁家打个电话。到了那里给家里打个电话。

5）引进与动作有关的对方或比较的对象等，相当于普通话的“跟”。

（15）你也老大不小了，甭往/搁小孩儿家佮气。你也老大不小了，别跟小孩儿生气。

（16）光往/搁人家耍赖，能有人儿待见哟？老是跟人家耍赖，能有人待见吗？

另外，“往、搁、朝”都还存有动词用法。“往、搁”相当于普通话的“去”①，后接处所名词、代词（处所）等。“朝”作为动词有两个意思：表示正对某个方向，必带宾语；表示“赶上、抵得上”，后常带补语“住”[tç‘y·]。

（17）你往/搁哪儿嘞呀？你要去哪里？

（18）我地下走 D 往城里嘞呀。我正要走着去县城。

（19）他家在路南嘞胡同里头住 D 嘞，门朝西。他家在路南的胡同里住着，门朝西。

（20）这会儿一百块钱还朝不住以前嘞十块钱嘞。现在一百块钱还抵不上以前的十块钱。

（二）对[tuei^{312}]、跟 D [kɛ^{24}]、住[tç‘y·]

“对”引进对象或事物的关系者，相当于普通话的“对”和“对于”。内黄方言不使用“对于”。

（21）他老婆得对人儿不咋样儿。他老婆对人不怎么样。

（22）这对他来说不是个事儿。

“跟 D”引进与动作有关的对方或比较的对象等，与普通话的“跟”相当。

（23）你去跟 D 恁爹商量商量嘞。你去跟你爹商量商量。

（24）跟 D 年似个比，今年嘞收成还算差不多儿。跟去年比，今年的收成还算差不多。

需要指出，例（23）（24）都可以替换为“往”或“搁”（见上文这两个词的用法），至于“跟 D”与“搁”是否同源目前不清楚。

“住”仅用在动词之后，引进交付、传递的接受者，相当于普通话的“给”。

---

① 内黄话中的“去”和“往”还可以连在一起使用构成“去往”，“你往哪儿嘞呀？”与“你去往哪儿嘞呀？”意思相同。其中的“往”也可以自由替换为“搁”。

（25）他借住我两千块钱。他借给我两千块钱。

（26）我扔住他两盒烟。我扔给他两盒烟。

（三）除 D[tɕ'yɛ42]

“除 D”引进排除的对象，和普通话中的“除了、除去、除开”的用法基本一致。

1）表示排除特殊，强调一致时，常与后面的“都”或“也”呼应。

（27）指个妮儿除 D 低点儿，旁别嘞都不孬。这个女孩儿除了矮点儿，其他的都不错。

（28）指个路除 D 窄点儿，走起来也好走。这条路除了窄点儿，走起来也好走。

2）强调事物或动作唯一性时，常与后面的“不”或“冇”呼应。

（29）除 D 他干怎得儿嘞事儿，别嘞谁也不会干。除了他干这样的事，别的谁也不会干。

（30）除 D 贵臣，冇人儿搁这屋嘞来过。除了贵臣，没人到这个房间来过。

3）表示排除已知，补充其他时，常与“还”或“也”呼应。

（31）论懂行嘞，除 D 他还有一个人。要说懂行的，除了他还有一个人。

（32）除 D 他想去，还有俩人也想去嘞。除了他想去，还有两人想去。

4）表示二者必居其一时，常与“逗是”或“还是”呼应。

（33）月得里头嘞小孩儿除 D 吃逗是睡。月子里边的小孩儿除了吃就是睡。

（34）奶嘞个腿嘞，这两天除 D 刮风还是刮风。奶奶了腿，这两天除了刮风还是刮风。

另外，“除 D”可以构成“除 D+V+冇治儿”结构，在句中一般作谓语。该结构带有一定的熟语性，表示“必须 V”。如：“除 D 走冇治儿、除 D 买冇治儿、除 D 铲喽冇治儿”等。“除 D 死冇活儿”为固定短语，表示“没有活路”。

（四）比 D[piɛ55]

“比 D”是比较句的标记，引进比较的对象，主要用于比较性状和程度。既可以用于两种不同事物的比较，也可以用于同一事物前后不同时期比较（“比 D”后限于时间词语）和普通话的介词“比”相当。详见本章第八节“差比句”。

三　引进工具、依据

引进工具、依据的介词主要有“使 D、弄 D、掌 D、用、拿、按、按 D、照、照 D、依、依 D、论、趁、趁 D、凭、尽 D”等。

（一）使 D[sɛ55]、弄 D[no312]、掌 D[tso55]、用[yŋ312]、拿[na42]

这一组介词是引进所凭借的工具、材料或手段的介词。“使 D、弄 D、掌 D”是内黄方言使用的介词，“用、拿”是和普通话通用的。

“使 D、弄 D、掌 D”引进所凭借的具体工具和材料，在句中可以自由替换。

（1）使^{D}/弄^{D}/掌^{D}勺子挖吧。用勺子挖吧。

（2）他使^{D}/弄^{D}/掌^{D}温水洗嘞脸。他用温水洗的脸。

（3）使^{D}/弄^{D}/掌^{D}筷得吃，甭用手抓。用筷子吃，别用手抓。

“用”和“拿”既可以引进所凭借的工具和材料，也能引进所凭借的手段。这一点和普通话相同。上面三例都可以替换为“拿/用”。引进凭借手段时，“拿”和“用”一般也可以替换。

（4）用/拿咱老家嘞话说，这叫“少脸冇皮”。用我们老家的话说，这叫“少脸冇皮”。

（5）这是他拿/用自己嘞命换^{D}来嘞。这是他用自己的生命换来的。

“拿”还可以引进凭借、依据，意思与“凭”相当，普通话一般不这样使用。

（6）拿他恁个架呱得，能跟咱比哟？凭他那个架势，能跟我们比吗？

（7）拿咱嘞家门儿，拜闺女嫁住他够^{D}他嘞了。凭咱的家门，把闺女嫁给他已经很对得起他了。

另外，“拿”可以引进所处置或关涉的对象（介词短语所修饰的动词为数有限），或用“拿……（来）说”格式从某个方面引进话题。这一点与普通话也基本一致。

（8）甭拿这不当回事儿。别把这不当回事。

（9）你逗拿咱大队新批嘞庄得说吧，有嘞家儿好几片儿，有嘞家儿一片儿也不一片儿。你就拿我们大队新批的宅基地来说吧，有的家庭有好几处，有的家庭一处也没有。

（二）按[an^{312}]、按^{D}[ɛ^{312}]、照[tsau^{312}]、照^{D}[tso^{312}]、依[i^{24}]、依^{D}[iɛ^{24}]、论[luɤn^{312}]

这是一组引进依据、标准的介词。“按、按^{D}、照^{D}”引进依据或标准，前两个适用面宽，后一个适用面窄。

（10）按/按^{D}/照^{D}年似个嘞志得分吧。按去年的标准分吧。

（11）今年拉伸按/按^{D}/照^{D}多些钱儿一斤收也？今年花生按多少钱一斤收呢？

（12）按/按^{D}这儿嘞辈儿你还叫我叫舅嘞。按这里的辈分你还得我叫舅舅呢。

“照、照^{D}”还可以表示方向，引进动作的目标（一般是方位短语）。

（13）照/照^{D}他脸上□[ts‘ɛ^{312}]！照着他脸上打！

（14）他照/照^{D}那个树上劈^{D}一斧得。他照着那棵树劈了一斧子。

“照”作为动词除了普通话的义项之外，还有“应验、核对”的意思。

（15）全照^{D}你嘞话了。全应验你的话了。

（16）咱俩照照嘴儿逗妥了。咱俩口头儿核对一下就行了。

“依、依^{D}”引进标准或依据，两者可以自由替换，相当于“按”。但适用面较窄，仅用于“依/依^{D}我瞧”“依/依^{D}他说”，不再例释。

“论”与普通话相同，跟量词组合表示以某单位为标准；跟其他单位组合表示根据某个方面来谈论。

（17）在他那儿干活儿，论天儿开钱嘞。在他那里干活儿，按天数发钱的。

（18）论下棋，黄全清在咱街嘞数着了。要说下棋，黄全清在咱街里数得着了。

（三）趁[ts‘ɤn^{312}]、趁^{D}[ts‘ɛ^{312}]、凭[p‘iŋ^{42}]

这一组介词引进凭借。“趁、趁^{D}”和普通话中的“趁、趁着”基本相同，表示利用条件或机会。“趁”一般用于小句或谓词性词语之前，“趁^{D}”一般用于名词之前。

（19）趁天还冇黑嘞，麻利回家吧。趁天还没黑，赶紧回家吧。

（20）煎灌肠趁热儿吃才好吃嘞。煎灌肠趁热吃才好吃。

（21）你趁^{D}空儿到俺家一趟。你趁空儿到我们家一趟。

“凭”跟普通话的“凭、凭着”相当，引进动作的凭借或根据。

（22）凭咱嘞手艺，到哪儿不混碗饭吃？凭我们的手艺，到哪里不能混碗饭吃？

（23）光凭老师教那一点儿根本考不上。仅凭老师教那一点儿根本考不上。

（四）尽^{D}[tɕiɛ^{55}]

“尽^{D}”作为介词，语义上跟普通话的介词“尽、尽着”相近，二者应是同源关系。普通话的“尽、尽着”作为介词表示两个意思（《现代汉语词典》第5版）：① 表示让某些人或事物尽先：先尽旧衣服穿。② 表示以某个范围为极限，不得超过：尽着三天把事情办好。内黄方言的“尽^{D}”也有两个意思：

1）表示让某些人或事物尽先（和普通话相同）。

（24）馍不多了，尽^{D}小孩儿吃吧。馒头不多了，尽着小孩儿吃吧。

（25）这苹果先尽^{D}玄嘞卖吧，好嘞能放。苹果先尽着不好的卖吧，好的可以存放。

（26）你来^{D}街嘞尽^{D}那便宜嘞买点儿逗中。你到街里尽着便宜的买点儿就行。

2）表示听任或任由某些人做某事（和普通话不同）。

（27）我瞧^{D}尽^{D}你蹦你到底能蹦多高儿嘞？我看任凭你蹦你到底能蹦多高？

（28）今儿个做嘞饭多，尽^{D}恁喝嘞。今天做的稀饭多，任你们喝。

需要指出，“尽^{D}”表示听任或任由某些人做某事时，后面的指人的代词或名词在一定的语境中可以省略。

四　引进原因、目的

引进原因、目的的介词主要有“因为、为、为^{D}、为嘞、替^{D}”等。

（一）因为[in^{24} uei·]、为[uei^{312}]

这是两个引进原因的介词。“因为”可以放在主语之前，也可以放在主语之后，用法基本上与普通话的“因为”相同。

（1）因为这点儿小事儿吵架不值固嘞。因为这一点儿小事儿吵架不值得。

（2）他两家因为那片儿庄得吵吵一天。他们两家因为那片宅基地吵了一天。

（3）逗^{D}因为这，她夜个一黑价冇睡。就是因为这个，他昨天一夜没睡。

普通话中的“因为……而……”在内黄方言中只能使用“因为……逗……”等。

（4）庄稼因为缺水逗死了。

（5）咱能因为这点儿困难逗撒手不管哟？

“为”只能放在主语之后，其使用面要比普通话的“为”狭窄，仅用于不如意的事情。

（6）我还为指个事儿发愁嘞。我还因为这个事儿发愁呢。

需要指出，内黄方言的介词“为”不能介引行为的对象。普通话中的这一用法，在内黄方言一般用“替^{D}、搁、往”等。

（二）为^{D}[uɛ^{312}]、为嘞 [uei^{312} lɛ·]、替^{D}[t‘iɛ^{312}]

这是引进目的的介词，“为^{D}”相当于普通话中的“为”和“为了”。有趣的是，“为^{D}”和“为嘞”并不能自由替换。

“为^{D}”只能用于指称人的名词和代词之前，且名词前一般有人称代词或指量短语修饰，多用于表示劝诫的祈使句。

（7）为^{D}这孩得，你也得想开点儿。为了孩子，你也得想开点儿。

（8）甭生气了，不为^{D}指个为^{D}恁个嘞。别生气了，不为这个还为那个呢。

（9）为^{D}恁个小妮儿，你也不能离婚。为了那个小女孩儿，你也不能离婚。

“为嘞”则不受此限制，既可以后接名词语，也可以后接动词语或小句。

（10）为嘞省事儿，拜打尖这一项去了。为了省事，把打尖这一项取消了。

（11）为嘞拜席面弄嘞好点儿，他多割二十斤肉。为了把席面弄得好一点，他多买了二十斤肉。

（12）这会儿这人为嘞两块钱，不说那脸嘞面嘞。现在的人为了两块钱，不说那脸面。

“替^{D}”表示目的，大致相当于普通话的“为”“给”等。

（13）瞧住他病嘞那个样儿，我替^{D}他难受。看到他病的那个样子，我为他难受。

（14）你也替^{D}□[niɛ^{312}]媳妇儿想想。你也为人家媳妇儿想想。

五　引进施事、受事

内黄方言里，引进施事的介词只有“叫”，引进受事的介词只有“拜、弄^{D}、搁”。这几个介词的意义和用法参见本章第八节“被动句”和“处置句”。

最后指出，除了“尽^{D}”带有一定的动词性可以不带名词外，其余介词不能悬空。

第六节　连词

连词是连接词、短语、句子的虚词，本身不表示具体的词汇意义和时态意义，只表示抽象的语法关系意义或逻辑关系意义。连词在实际的口语中常常可以省略。

根据所表意义，连词可以分为联合连词和偏正连词两大类。

一　联合连词

A 又……又……、一是……二是……、越……越……、一面……一面……、是……还是……、宁可……也……、再说、要不然、不是……逗就是……、逗就是……也……

B 跟 D、不光、越巴、要不……要不……、倒好

（一）跟 D[kε24]

“跟 D”由动词“跟着”虚化而来，作连词表示并列关系，主要连接体词性成分，有时也可以连接谓词性成分，不能用来连接句子。

（1）我来 D 街嘞买点儿姜跟 D 韭菜。我到街里买点儿姜和韭菜。

（2）夜个跟 D 今儿个他都没来。昨天和今天他都没有来。

（3）你瞧 D 他急嘞，谁跟 D 谁也。你看他急的，谁和谁呀。

（4）学画画儿跟 D 学弹琴哪一个难也？学画画儿和学弹琴哪一个难？

内黄方言里没有“和、同、与、及”表并列关系的连词，“跟 D”差不多承担了相当于普通话中这些连词的全部功能，使用频率极高。

（二）不光[pu24 kuaŋ24]、越巴[yε24 pa·]

这是两个表递进关系的关联词，“不光”的适用面宽，任何事情都能使用，“越巴”一般只能用于不如意的事情。

“不光”用于前一分句，常和后面的“还”或“也”呼应。意思跟普通话的“不仅”相当。

（5）他不光会鸭鸭凫儿，还会立立凫儿嘞。他不仅会仰泳，还会立式游泳。

（6）我不光想吵你，还想打你嘞。我不仅想吵你，还想打你呢。

（7）这儿不光车得过不去，连人也过不去。这儿不仅车子过不去，连人也过不去。

“越巴”用于复句中分句的句首，有两种意思：

1）用于后一分句，表示程度进一步增加。

（8）真是还缺人儿嘞，越巴他又不去了。实在是还缺人呢，越发他又不去了。

（9）好人儿还不中嘞，越巴他腿还不得劲儿。正常的人还不行呢，何况他的腿还不得劲儿。

2）用于前一分句，与后一分句的“还”或“又”等呼应，表示随着情

况的发展而加重。

（10）越巴瘸吧，还弄^{D}棍儿敲嘞。越是瘸吧，还用棍儿敲呢。

（11）他越巴穷吧，又叫[niɛ^{312}]讹^{0}走一万多块钱。他越是穷吧，又叫人家讹走一万多块钱。

（四）要不[iau^{42} pu^{24}]……要不[iau^{42} pu^{24}]……

这是表示未定选择的连词，连接两个分句，相当于普通话的“要么……要么……”。也作“要不嘞……要不嘞……”。

（12）要不你去，要不我去，一定得有人去。要么你去，要么我去，一定得有人去。

（13）要不你回家，要不你逗好儿好儿干。要么你回家，要么你就好好儿干。

（14）你要不再复习一年，要不逗走个大专，反正三本咱是不上。你要么再复习一年，要么就走个大专，反正三本我们不上。

另外，“要不”单用时意思是“如果不这样”，也可以说成“要不然”。该用法与普通话相同，不再例释。

（五）倒好[tau^{312} xau·]

用于谓词性词语前，表示在某种条件下会怎样，意思与普通话的“就”相当。只能用于紧缩复句（包括复句形式的分句）。

（15）他逗^{D}怎得儿弄来弄去倒好快冇人儿理了。他就这样弄来弄去就快没人搭理了。

（16）赢喽他谝嘞差火嘞，输喽他倒好不吭了。赢了（钱）他炫耀得厉害，输了他就不说了。

（17）全指望他本家嘞个哥搁他仗势力嘞，他哥走喽他倒好不敢恁牙种了。全凭他本家的一个哥哥给他撑腰的，他哥哥走了他就不敢说话那么厉害了。

以三个上例句“倒好”都可以替换为“逗”，意思基本不变。

二 偏正连词

A 既然……逗^{D}……、因为、不管、不过、只是、只有、只要、哪怕、逗算……也……、即便……也……

B 脆^{D}、冲管^{D}、冲管、甭管、除^{D}说、要、要是、逗是、甭说、省嘞

（一）脆^{D}[ts‘uɛ^{312}]、冲管^{D}[ts‘uɤŋ^{312} kuɛ^{55}]、冲管[ts‘uɤŋ^{312} kuan^{55}]、甭管[piŋ^{42} kuan^{55}]

这是一组表示周遍条件的连词，常跟“都”和“也”等呼应，表示任何条件下结果或结论都不会改变，与普通话中的“无论、不论、别管”以及通用的“不管”意思相同。

“脆^{D}、冲管^{D}、冲管”是一个词的变体形式。具体来说，“冲管^{D}”应源于“冲管”和某字的合音，而“脆^{D}”是“冲管^{D}”的进一步合音（冲管→冲管^{D}→脆^{D}）。三者在句中可以自由替换，且后面必须有疑问代词。

（1）你脆^{D}/冲管^{D}/冲管说个啥儿，他一声儿不吭。你无论说什么，他都不吭声。

（2）他脆 D/冲管 D/冲管咋也得先往他爹娘那儿瞧瞧。他无论如何也得先往他父母那儿看看。

（3）你脆 D/冲管 D/冲管咋得儿找理由儿，今儿个得喝点儿。你无论怎么找理由，今天得喝点儿。

（4）脆 D/冲管 D/冲管谁去都中，逗 D 你不能去。无论谁去都可以，就你不能去。

“甭管”源于“不用管”的合音，与“不管”的句法表现相同，可用于所有的周遍条件句。其后可以直接跟有疑问代词，也可以是正反疑问或选择问等形式。

（5）甭管它是啥地上儿，只要挣钱逗妥了。不管它是什么地方，只要挣钱就行了。

（6）你甭管去不去，都搁我来个电话儿。你不管去不去，都给我来个电话。

（7）不管好嘞玄嘞，给几个逗中。不管好的赖的，给几个就行。

（8）不管是刮风还是下雨，他都来嘞早 D 嘞。不管是刮风还是下雨，他都来得早着呢。

（二）除 D 说[tɕ‘yɛ^{42} ɕyɛ^{24}]

这是个表示条件关系的连词，后面一般可以加“是”，与普通话的“除非”相当，但使用面较窄。普通话的“除非”既能从正面提出某个唯一的条件，也能从反面强调不能缺少某个条件，而“除 D 说”仅有后一种用法。

（9）除 D 说（是）放假了，要不他来不了。除非是放假了，要不他来不了。

（10）他一般都出车，除 D 说（是）天不好了。他一般都出车，除非是天不好。

另外，“除 D 说”后还可以跟反复问形式，用于复句的前一分句，表示推测。

（11）除 D 说他去不去吧，俺反正都去。不知道他去不去，我们反正都去。

（12）除 D 说贵臣愿意不愿意吧，俺几个都不愿意。不知道贵臣愿意不愿意，我们几个都不愿意。

（三）要[iau^{312}]、要是[iau^{312} sʅ·]

这是内黄方言为数不多的两个表假设关系的连词，与普通话中“要”“要是”的用法大致相同。用在前一个分句，提出假设的条件，常跟后面分句的“逗”呼应。条件分句的句末可以添加“嘞话”。

普通话中的“要”作为表假设关系的连词，既可以连接谓语或小句，也可以连接名词。内黄方言的“要”一般只能连接谓语或小句。

（13）你要能来，逗早 D 点儿来。你要是能来，就早点儿来。

（14）要不是你，俺做啥能知道也？要不是你，我怎么会知道？

（15）你要想 D 吃嘞，逗甭说贵不贵了。你要是想吃呢，就别说贵不贵了。

（16）＊这怕啥，要我逗不怕。

例（16）在普通话中能说，在内黄方言中只能使用“要是”。其他例句都可以替换为“要是”意思不变。

另外，内黄方言没有普通话里用“要就……要就……”格式表示选择关系的用法。

“要是”作为连词与普通话基本相同，不再例释。值得注意的是，内黄方言的“要是”还可以作为语气副词使用（参见本章第三节）。

（四）逗是[tou^{312} sɿ·]、甭说[piŋ^{42} ɕyɛ^{24}]

这是两个用于让步复句的连词，但“甭说”的适用面更宽。

“逗是”用于表假设的让步复句，一般用于前一个分句。与普通话的“就是”一致。

（17）逗是遇着天大嘞事儿，你也要沉住气。就是遇到天大的事儿，你也要沉得住气。

（18）你逗是说叉了，也冇多大个事儿。你就是说错了，也没有多大事儿。

“甭说”用于表让步的复句。先把某人或事物往低处说，借以突出另外的人或事物。后面一般可以加“是”。与普通话的“别说”基本一致。用于前一分句，后一分句常用“逗是、也”等，用于后一分句，前一分句常用“都、也、还”等。

（19）甭说拿一万块钱了，一千块他也拿不出来。别说拿一万块了，就是拿一千块他也拿不出来。

（20）这儿连个人都过不去，甭说（是）大车了。这里连个人都过不去，别说是大车了。

（21）他还不中嘞，甭说（是）你了。他还不行呢，别说你了。

（五）省嘞[sɤŋ^{55} lɛ·]

这是一个表示目的关系的连词，表示避免发生某种不希望发生的情况。多用于后一分句的开头，主语往往不说出来。相当于普通话的“省得”或“免得”。

（22）有事儿打个电话儿逗中了，省嘞你来回跑。有事打个电话就行了，免得你来回跑。

（23）我今儿个多做点儿，省嘞老是不够吃。我今天多做点儿，免得总是不够吃。

（24）办罢事儿早点儿回来，省嘞大人操你嘞心。办完了事早点儿回来，省得大人操你的心。

第七节　助词

助词是附着在其他语言单位上，表示一定辅助性附加意义的虚词。我们这里主要描写内黄方言的时态助词、结构助词和语气助词。

一　时态助词

内黄方言的时态助词主要有“喽、了、过、开、住、哒、来”等，分别表示不同的时态意义。

（一）喽 [lou·]

内黄方言表示动作完成通常是采取变韵的方式。“喽”是内黄方言中为数不多的表示“完成”的助词，大致相当于普通话中的“了”，但使用的范围较窄。值得注意的是，“喽”存在连读形式[nou·]，条件是前一音节的韵尾是[n]。

1）用于祈使句句末，句子表示说话人要求听话人尽快实施或禁止实施某一动作行为。

（1）快点拜药吃喽！快点儿把药吃了！

（2）你买喽那个驴儿吧。你买了那头驴吧。

（3）吃了[liau^{55}]喽吧，不值望嘞剩。吃完了吧，不值得剩。

以上例句中动词后的“喽”可以省去，但动词须采用变韵形式，口气更为强硬。

2）用于复句中表假设、条件分句句末。

（4）你要是拜作业写完喽，我能吵你哟？你要是把作业写完了，我能吵你吗？

（5）你要是去嘞晚喽，肯定逗坐不上车了。你要是去得晚了，肯定就坐不上车了。

（6）等^{D}我做完活儿喽，再说你嘞事儿。等到我做完活儿了，再说你的事儿。

3）用于紧缩句中的前一分句（背景句）。

（7）他来喽逗叫你走。他来了就让你走。

（8）我夜个干完活儿喽逗回家了。我昨天干完活儿就回家了。

4）用于答句，句子表示答话人并不介意，其格式为“V+喽+V+喽+吧”。

（9）（<他拜你藏嘞酒喝了。）喝喽喝喽吧。喝了就喝了吧。

（10）（<这一棵树咋死了也？）死喽死喽吧，起栽^{D}那儿也不见长。死了就死了吧，从栽到那儿也不见长。

以上例句谓词后或句末加“喽”的动作行为一般是未然态，但在紧缩句和动词重叠式的答句中能表示已然态。

（二）了 [la·]

用于句子末尾，表示事态的变化等，具有“完句”的作用。

1）用于陈述句句末，表示所述情况的实现或新情况的出现，相当于普通话中的“了$_{2}$”。

（11）我吃罢饭了[na·]。我吃过饭了。

（12）枣都红了。枣已经红了。

2）用于表示禁止的祈使句句末或分句的句末，句子表示说话人要求听话人终止正在进行或即将进行的动作行为。

（13）甭说话了！别说话了！

（14）甭吸烟了，吃梨膏吧。别吸烟了，吃糖球吧。

3）用于表假设关系的紧缩句中分句的末尾。

（15）来了逗甭走。来了就别走。

（16）你要走喽逗甭来了。你要走了就别来了。

（三）过 [kuo·]、开[k'ai^{24}]

“过”表示经历体，“开”表示起始体，与普通话用法基本相同。也都留有动词的用法。

（17）他从来逗冇跟^{D}谁红过脸。他从来就没跟谁红过脸。

（18）冇吃过猪肉，还冇见过杀猪哟？没吃过猪肉，还没见过杀猪吗？

（19）客还冇来齐嘞，他那一桌刻喝开了。客人还没有来齐呢，他那一桌就喝起来了。

（20）街嘞好□儿[mɐr^{24}]嘞敲开鼓了。街里突然敲开鼓了。

（四）住[tɕ'y·]

“住”读作[tɕ'y·]，表示持续体。“住”跟表持续义的D变韵具有同源关系，但句法表现存在差异。D变韵语法化程度高，可以用在表达状态持续的各类句子。“住”受到限制，多用于祈使句、连动句。

（21）拿住/拿^{0}吃吧。拿着吃吧。

（22）开住/开^{D}门得吧。开着门吧。

（23）他低住/低^{D}那个头，一声儿不吭。他低着头，一声不吭。

“住”由动词虚化而来，至今仍保留动词的用法。作动词读作[tɕy^{312}]，意谓“居住，住宿”，常作谓语，后接处所宾语或时量成分。作定语需要借助结构助词“嘞”。（“住”的介词用法，参见本章第四节）

（24）他在城里住^{D}一个多月了。他在县城住了一个多月了。

（25）他住嘞屋得不咋样儿。他住的房子不怎么样。

唯补动词“住”读作[tɕ'y·]，用在动词后作补语，表示牢固、稳当、停止等附着结果义。

（26）他见喽我抓住我嘞手不丢。他见了我抓住我的手不放。

（27）他来^{D}那儿刻叫□[niɛ^{312}]逮住了。他到那里就叫人家逮住了。

（五）哒 [ta·]

用于动作动词之后，表示短时反复貌，多数情况下用于单音节动词之后构成“V哒V哒”结构。

（28）来^{D}地嘞干哒干哒不妥了哟？来到地里干干不就行了吗？

（29）甭管好孬，搁他垒哒垒哒逗妥了。别管他好坏，给他垒垒就行了。

（30）他来^{D}苹果园嘞拜好嘞拣哒拣哒弄^{D}走了。他来到苹果园里把好的拣了拣弄走了。

“哒”还可用于单音节动作动词和起始体标记“开”之间，仅起衬字作用。

（31）来^{D}那儿刻吃哒开了。到了那儿就开始吃了。

（32）天哪会儿了？你咋刻睡哒开了？什么时候了，你怎么就开始睡了？

（六）来 [lai·]

用在全句或分句末尾，表示过去时，指明某一事件、过程是过去发生过或完成了的。意思上接近普通话的“来着”。

（33）我前几天去北京来。我前几天去了北京。

（34）他恁急荒得，你对他说啥来也？他那么急，你对他说了什么？

（35）我逗是打他来，你能做啥吧？我就是打他了，你能怎么样吧？

（36）他年似个个还来来。他去年还来过。

学界认为，助词“来”源于趋向动词这一点无疑，但演变过程至今不明。作为趋向动词的用法参见本章第二节“谓词变韵”部分。“来”作为表数助词与普通话相同，不再例释。

另外，“来”还可以构成表数助词“来地儿”，多用于“数词+月/年”等之后，表示接近某一段时间。如：半月来地儿、仨月来地儿、一年来地儿。

二 语气助词

语气助词一般是附加在句尾表示说话人对事件评价意义的虚词，有时也附在短语之上。内黄方言常用的语气助词有：也、不咋、哦/哟、呀、吧、不是[D]、荒得、唻、啵、嘞。

（一）也 [iɛ·]

“也”是表示静态的语气词，具体来说表“确认、判断”语气，可以用于除是非问句以外的其他三类问句。常和“嘞”发生合音读作[liɛ·]，受前一个音节韵尾的影响发声音变，连音形式有[uɛ·]、[ŋɛ·]、[zɛ·]等。

（1）这是谁也？这是谁呢？

（2）你夜个是咋干嘞也？你昨天是怎么干的呢？

（3）儿哭嘞恸哟，闺女哭嘞恸也？儿子哭得恸呢，还是闺女哭得恸？

（4）你是二安家哟东庄家也？他是二安人呢还是东庄人呢？

（5）你往他说说中不中也？ 你给他说说行不行？

（6）光说嘞，他吃罢饭了冇也？光说呢，他吃完饭了没呢？

“也”还常常用于祈使句，舒缓节奏。

（7）你快点儿走也。

（8）你过来也。

（二）不咋 [pu· tsa·]

该语气助词大致相当于普通话的“呗”，语气大致同“吧”。

1）用于祈使句，表示商量。一般可以换作“吧”。

（9）往家捎点儿东西不咋。给家里捎点儿东西呗。

（10）也是割麦得嘞，炸点儿馃得不咋。也是割麦子呢，炸点儿油条呗。

2）用于回应句的动词之后，表示同意。

（11）（<他想来一趟嘞。）来不咋。来呗。

（12）（<我打算买个往墙上挂嘞电视嘞。）买不咋。买呗。

3）用于特指问的答句形式，放在针对疑问点回答的词语之后。

（13）（<啥时候儿去嘞也？）过明儿不咋。后天呗。

（14）（<咋得儿去嘞也？）坐车不咋。坐车呗。

4）表示道理简单，无须解释。

（15）冇车得你逗地下走^{D}不咋。没有车子就步行呗。

（16）吃不了逗拿走不咋。吃不完就拿走呗。

5）用在“V+（就）+V”句尾，表示“没关系、不要紧”。

（17）走叫他走不咋，谁离^{D}谁也能过。来叫他呗，谁离开谁也能过。

（18）来逗来不咋，还拿啥东西嘞也。来就来呗，还拿什么东西。

（三）哦 [o·] /哟 [io·]

“哦/哟”常跟“嘞”合读为[lio·]，与“了”合读为[lau·]，连音形式为[no·]、[ŋo·]、[zo·]等，用于儿化韵之后读作[lo·]。主要用于是非问句句末，舒缓语气。

（19）指个桶得是恁家嘞哟？这个桶是你们家的吗？

（20）你跟^{D}恁叔学烫带嘞哟？你跟你叔叔学补胎呢？

“哦/哟”还用于陈述句句末，表示对所生的事情感到意外或不满。

（21）哦，这是咱嘞哟。哦，这是我们的呀。

（22）一百块钱才买怎大一点儿哟。一百块钱才买这么一点儿。

（四）呀[ia·]

“呀”也常跟别的虚词发生合音或受前一音节韵尾的影响而改变发音，合音形式有[lia^{55}]，连音形式有[ua·]、[na·]、[ŋa·]、[za·]、[la·]等。

1）用于陈述句句末，表示申辩、提醒等语气。

（23）这会儿干啥也不好干呀[na·]。现在干啥也不好干哪。

（24）我冇说你嘞不是呀[za·]。我没有说你的不对呀。

2）用于祈使句句末，表示催促、劝告等语气。

（25）你该^{D}走嘞呀[lia·]。你该走了。

（26）路上不好走，你慢点儿呀[la·]。路上不好走，你慢点儿呀。

3）用于句中停顿处，表示列举，使语气显得舒缓。

（27）吃嘞呀，穿嘞呀，啥都不用操心。吃的呀，穿的呀，什么都不用操心。

（28）屋得呀，钱儿呀[la·]，你都得准备^{D}好。房子呀，钱哪，你都得准备好。

4）用于特指问和是非问句句末，与“嘞”配合使用，二者常合读为[lia^{55}]，表示正在或即将干什么，特指问句的答句也常常使用。

（29）你做啥[tsua⁵⁵]嘞呀？你去干什么？——剜红薯嘞呀。去刨红薯。

（30）你往哪儿嘞呀？你去哪里？——往城里嘞呀。去县城。

（五）吧[pa·]、不是 D[sɛ312]

“吧”可用于祈使句、问句等，与普通话的“吧”基本相同，不再例释。“不是 D”只能用于是非问句，与“吧”许多情况下可以替换（“吧”与“不是 D”用法上的差异参见本章第八节句子‘是非问句’”）。

（31）你走嘞不是 D？你要走了吧？

（32）这是贵臣不是 D？这是贵臣吧？

（六）荒得[xuaŋ· tɛ·]

“荒得”用在指示代词“恁/怎”和形容词或动词短语构成的谓语句之后，表夸张的语气。去掉该词一般不影响句子的成立。

（33）他怎高荒得，我逗能撂倒他了哟？他这么高，我就能摔倒他了吗？

（34）□[niɛ312]家恁好过荒得，肯定不愿意。人家那么富有，肯定不愿意。

（35）啥药也？怎苦荒得。什么药？这么苦。

（36）你恁景见恁大孙得儿荒得，咋不带 D 他来也？你那么喜欢你大孙子，怎么不带着他来呢？

（七）唻[lai·]

该语气词表示惊叹，用于“我+嘞+NP 结构的末尾，读音随前一个音节的末尾音素而发生音变。连音形式分别为：[ŋai·]（[ŋ]尾后）、[nai·]（[n]尾后）、[iai·]（韵腹[ɛ]或韵尾[i]后）、[uai·]（韵腹[o]或韵尾是[u]后）、[zai·]（韵母[ʅ]后）。值得注意的是，用于儿化名词之后，读作[lai·]。

该句式中，名词为“娘”、“天”、“伯”等的句子一般并无实指，可用于任何惊奇的事件前，多用于不如意的事情，使用频率极高。

（37）我嘞娘儿唻！/我嘞天儿唻！[lai·]

（38）我嘞娘唻！/我嘞狗儿恁个登唻！/我嘞老天登（唻）！[ŋai·]

（39）我嘞伯唻!/我嘞（老）天爷唻！/我嘞祖奶奶唻！[iai·]

一部分句子是针对实际场景中某一事物发生意外而发出感叹。

（40）我嘞孩儿唻！/我嘞妮儿唻！

以上例句可以在名词前加上衬字“那”或“个”，句子意思不变。“我嘞”常可省去。

（八）啵 [po·]

“啵”本字不明，该语气词仅用于感叹句末尾，表赞叹语气。

（41）恁个小妮儿唱嘞好 D 嘞啵！那个女孩儿唱得好着呢！

（42）□[niɛ312]这个媳妇儿嘞手儿巧 D 嘞啵！人家这个媳妇儿的手巧着呢。

三 多功能助词“嘞”

“嘞”是内黄方言中使用频率最高的一个字眼儿，它既可以作为各类助词使用，还可以作为方位词或者语素使用。

（一）作为结构助词

作为结构助词，“嘞”大体上相当于普通话的“的、地、得”。

1. 相当于“的”的用法

1）连接体词、谓词与名词、短语（从句）与名词等，表领属或修饰、限制关系。

（1）黄闯嘞书叫老师收 D 走了。黄闯的书被老师收走了。

（2）我嘞个天儿啦，咋弄成这了？我的天哪，怎么弄成这个样子了？

（3）他写嘞（那）字儿，跟 D 那虫得爬嘞样。他写的字，像虫子爬一样。

和普通话中“谁的主席”结构一致，内黄方言中也存在相应的格式。

（4）明儿个谁嘞掌勺儿嘞？明天谁主厨呢？

（5）您村儿嘞清忠嘞支书哟？你们村里清忠的支书吗？

普通话中“VP+的+NP”这一歧义结构，内黄方言也存在相应的格式。既可以分析成偏正关系，也可以分析成主谓关系。构成主谓关系时，一般是答句或对举形式的句子。

（6）我吃嘞面条儿，他吃嘞饺得。我吃的（是）面条儿，他吃的（是）饺子。

（7）（<你说嘞啥也？）俺说嘞家务事儿。我（们）说的（是）家务事。

当然，作为定语标志，内黄方言的“嘞”与普通话中有的“的”并不完全对等。“嘞”作为方位词和结构助词叠置的用法等在普通话中不存在（参见下文）；普通话中“NP+的+VP（他的到来）”“一+N_1+的 N_2（一身的汗、一桌子的菜）”等句法格式，在内黄话中也不能说。“他嘞到来”不成立，“一身的汗”只能说成“一身汗/可身汗”。

2）作为转指手段，用于动词、形容词、代词、名词或短语（从句）之后，在主语、宾语的位置上构成“嘞”字结构。

（8）这一片儿哪儿都是卖饭嘞。这一片儿到处是卖吃的的。

（9）要说鱼呀，大嘞□[k‘ɛ³¹²]不好吃。要说鱼呀，大的反而不好吃。

（10）指个电车儿是他嘞。这辆电动车是他的。

（11）穿嘞戴嘞都准备好。穿的戴的都准备好。

3）构成“V_1+嘞+V_2+嘞”，表示特定的含义，其中的 V_1 和 V_2 是相关动词。

（12）叫人家接嘞送嘞，俺心里过意不去。让人家又接又送，我（们）心里过意不去。

（13）他两家儿这二年吵嘞打嘞，一直都冇停过。他们两家这几年又吵又打，一直没停过。

（14）他死嘞活嘞不让我去。他无论如何都不让我去。

前两例属于对举格式，表示“又……又……”。“嘞”后面有停顿，具有一定的封闭性。（14）“嘞”后不能停顿，格式表示“无论如何都”，作状语的这种格式词汇化程度较高，该类用例不多。我们这里说的“A 嘞 B 嘞”格式不包括例（11）那种“嘞”字结构临时组合的并列形式。

2. 相当于状语标记“地”的用法

用于多音节形容词、副词、拟声词、并立结构等之后，状语多为强调成分。

（15）你仔细嘞瞧瞧。你仔细地看看。

（16）他见天见嘞数落我。他成天数落我。

（17）他不住气儿嘞说说这道道那。他不停地说说这道道那。

（18）你一个字儿一个字儿嘞挨住写。你一个字一个字地挨着写。

3. 相当于补语标记“得”的用法

用于谓词性词语之后，后边带有补语成分。

（19）恁个事儿我说嘞怪清了呀。那件事儿我说得很清楚了呀。

（20）他拜家撕腾嘞不像个样儿。他把家糟蹋得不成样子了。

（21）洞里头黑嘞很^{D}嘞。洞里头黑得很呢。

（22）瞧你拜屋嘞摆活嘞（成^{D}啥了）！看你把屋里摆弄得！

例（22）可以看作省去了补语的形式。普通话里相应的述补结构中的补语，既可表可能又可表结果，内黄方言中只表结果。

内黄方言中，存在“V+他（你）+嘞+多”这一句法格式，表示“不会V 他（你）”，应是由反语句式“我说你（他）说嘞多”省略形式发展而来。

（23）（<你说说他吧）我说他嘞多。我不会说他。

（24）知道是这，我劝你嘞多嘞。知道会这样，我就不会劝你了。

这里说一下形容词重叠式后“嘞”的问题。内黄方言的形容词重叠形式“AA 儿、ABB、AAB、ABAB”不论在句中哪一位置出现都必须带“嘞”①，因此有理由将之看作重叠的一部分。目前学界将这一黏着成分视作结构助词，我们暂且也做同类处理。

（25）他平常傲傲儿嘞。他平常有点儿傲。

（26）指个小妮儿嘞脸弄嘞黑红黑红嘞。这个小女孩儿的脸弄得黑红黑红的。

（27）他那腌臜臜嘞脸逗冇法儿瞧。他那脏兮兮的脸就没法看。

---

① “好好儿”等不带“嘞”能出现在状语位置（你来^{D}那儿好好儿说说），但与“AA 儿”重叠式的第二个音节读阴平或去声不合，读为轻声，且不能出现在其他位置，由此我们认定它是个叠音副词。“AABB”式在内黄方言中较少使用，且在补语、状语位置上有时可不带“嘞”，似是受普通话影响所致。

（28）恁个小孩儿高兴兴嘞走了。那个小孩儿高高兴兴地走了。

需要指出的是，像例（25）、（26）句末的“嘞”是否和语气词叠置、例（27）、（28）处于名词、谓词之前的“嘞”是否和结构助词叠置等问题，尚有待进一步探讨。

（二）作为语气助词

作为语气助词，“嘞”大体上相当于普通话的“呢”。这里根据朱德熙对普通话中“呢”的分类情况对“嘞”加以描写。

1. 相当于“呢$_1$”的用法

作为兼表持续义的语气助词，“嘞”常与进行体（正、在）、现在时配合，用于陈述句和是非问句。

（29）小孩儿都在外边儿玩嘞。小孩儿都在外边玩呢。

（30）正走嘞，他猛一拐，能不倒哟？正走呢，他猛一拐弯，能不倒吗？

（31）他这会儿来嘞冇？他现在是不是正来呢？

（32）他在那儿打麻将嘞不□[sɛ·]？他在那儿打麻将吧？

2. 相当于“呢$_2$”的用法

用于问句句末表探究语气，可用于特指问、选择问和正反问句。

1）用于特指问

（33）你吃啥嘞？你吃点什么呢？

（34）他去哪儿嘞？他去哪儿呢？

（35）谁做这个活儿嘞？谁做这个活呢？

（36）我嘞帽得嘞？我的帽子呢？

常与“咋、何必、哪儿”呼应，加强反诘语气。

（37）我咋不记嘞嘞？我怎么不记得呢？

（38）冇恁爹给你搊后手，哪儿轮着你嘞？没你爸在后面给你使劲儿，哪里能轮得着你呢？

2）用于选择问和正反问

（39）你去嘞还是他去嘞？你去呢还是他去呢？

（40）你回家（嘞）不回家嘞？你回家不回家呢？

例（39）选择问句中的“嘞”如果隐去，需一同隐去。例（40）正反问句动词后的第一个“嘞”多数情况下不出现，强调时可以出现。

特指问句、正反问句，“嘞”后面可以后附上“也”。“也”有强调疑问范围内对象的意味，有时带有责问的意味，多数情况下和“嘞”连读为[liɛ·]。

3. 相当于“呢$_3$”的用法

1）用于陈述句句末表确认语气，有时略带夸张、感叹色彩。

（41）这个衣裳怪好看嘞。这件衣服怪好看呢。

（42）五百块钱嘞！哪能说拉倒逗拉倒嘞？五百块钱呢！哪能说拉倒就拉倒呢？

2）用于句中表提顿语气，引起人注意。

（43）今儿个指个事儿嘞，不用你操心了。今天这件事呢，不用你操心了。

（44）一来嘞，省点钱；二来嘞，也省点事。一来呢，省点钱；二来呢，也省事。

（三）作为时制助词

作为时制助词，“嘞”大体上相当于普通话的“的”和“的+是”。

1. 相当于“的”的用法

用于动宾之间、离合动词的内部或句末动词的后面，表示过去时①。

1）用于动宾之间

（45）今儿个是村长讲嘞话，支书冇吭一声儿。今天是村长讲的话，支书没吭一声。

（46）大前年个去嘞北京，这会儿啥都不记嘞了。前年去的北京，现在什么都不记得了。

（47）他在城里上嘞初中。他在县城上的初中。

2）用于离合动词的内部

（48）他俩年是个离嘞婚。他俩去年离的婚。

（49）一个街坊帮嘞忙。一个街坊帮的忙。

（50）你将将儿洗嘞澡不是 D？你刚才洗的澡吧？

3）用于句末动词之后

（51）你夜个啥时候儿去嘞？你昨天什么时候去的？

（52）他咋得儿进去嘞？他怎么进去的？

2. 相当于“的+是”的用法

用在动词和宾语从句之间表示过去时，同时带有肯定的语气，有学者将中原官话中相应的“哩”看作标句词。

（53）俺娘说嘞她中午不回来吃饭。我妈说的是他中午不回来吃饭。

（54）信上写嘞他不愿意在那儿了。信上写的是他不愿意在那儿了。

（55）阴阳仙儿算嘞他回不来了。算卦先生算的是他回不来了。

（56）谁说嘞不中？谁说的“不中”？

例（56）“不中”还可以按谓语理解，意思是“谁说的（话）不行”，此时的“嘞”为结构助词，相当于普通话的“的”。

（四）作为助词存在的纠葛

作为结构助词、时制助词、语气助词，“嘞”存在界限不明的含糊地带，主要体现为与普通话“是……的”对应的“是……嘞”等结构中。

（57）他是坐火车来嘞。他是坐火车来的。

（58）他夜个是地绷儿来嘞。他昨天是步行来的。

（59）你是咋进来嘞？你是怎么进来的？

---

① 朱德熙（1982）把与“嘞”功能相当的“的”看作语气词，我们这里采用张斌（2008）的说法。

以上例句的“嘞”功能都相当于普通话中的“的”，但性质颇难定夺。按目前学界通行的处理方式，将带判断动词“是”的句子看作“嘞”字结构，不带“是”的看作时制助词。静态地看，例（59）不带“是”时还是一个同形结构：

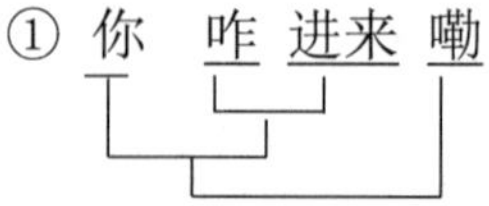

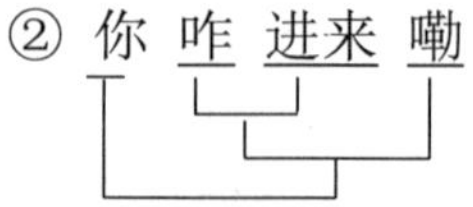

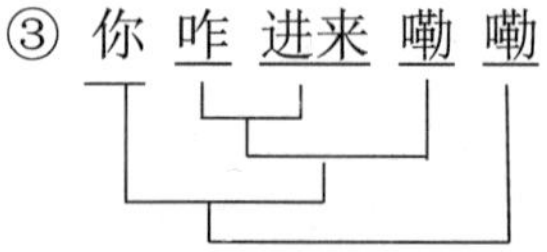

语调为升调时一般按①理解，“嘞”相当于表探究语气的“呢”。语调为降调时一般按②理解，“嘞”相当于“的”，属表过去的时制助词。也正是因为如此，②可以后附语气词“嘞”形成③，表示“怎么进来的呢”，而①不能。

（五）作为方位词等

“嘞”除了作为各类助词之外，还有可以作为方位词和构词语素的用法，这里附带作简要说明。

1. 作为方位词

作为方位词其作用相当于普通话的“里”，表示处所、时间等。

1）表示处所

（1）堂屋嘞爬出来一条长虫。堂屋里爬出来一条蛇。

（2）拜猪撵^{D}圈嘞吧。把猪赶到圈里吧。

（3）他在庵得嘞睡^{D}嘞。他在草棚里睡着呢。

跟某些表示人体部分的名词组合，有实指和虚指两种意义。跟表示机构的名词组合，既可以指该机构，也可以指该机构的所在处所。

（4）他手嘞拿^{0}个啥东西。他手里拿着个什么东西。

（5）犯^{D}他手嘞，有好果得吃。犯到他手里，没有好果子吃。

（6）他将从学嘞回来。他刚从学校回来。

（7）我往大队嘞说罢这个事儿了。我给村委会说过这个事儿了。

2）表示时间

（8）小孩儿正月嘞不剃头。小孩儿正月里不理发。

（9）假期嘞甭去了。假期里别去了。

（10）喝嘞水多喽，夜嘞光起吧。喝得水多了，夜里只剩起床了。

以上各例中表方位的“嘞”一般可以换作“里边儿、里头”，意思基本不变。

2. 作为方位词与结构助词的叠置

当方位词“嘞”后面带上结构助词“嘞”时，两个“嘞”叠置在一起，相当于普通话“里+的”的功能合体。

（11）布袋得嘞东西多^{0}嘞。口袋里的东西多着呢。

（12）他家嘞不愿意。他老婆（家里的）不同意。

（13）地嘞庄稼长嘞不孬儿。地里的庄稼长得不错。

（14）胡同儿嘞人儿尖种嘞狠^{D}嘞。胡同里的人抠门儿得很。

除了例（12）外，另外三例的“嘞”前都可以添加“里头、里边儿”，此时的“嘞”为结构助词，相当于普通话的“的”。若添加“里头、里边儿”，去掉“嘞”，就变为方位短语作主语的句子。但不管句法关系是否改变，前后两个名词语义上的空间存在关系始终不变。

有时“存在”与“领有”的界限并不是那么明显，将“嘞”解释为“里+的”或“的”似乎都能说得通。

（15）二八月嘞天儿盖屋得最合适了。二八月（里）的天盖房子最合适了。

（16）有人儿愿意管他家嘞事儿。没有人愿意管他家（里）的事儿。

另外，“嘞”作为语素可以构成动词、名词、副词等。附在表心理活动的中心语素之后构成动词，主要有“觉嘞、记嘞、认嘞、显嘞、省嘞、娄嘞”等，构成的名词有“下嘞、白儿嘞、环嘞”①等。

第八节　句子

本节主要描写和讨论内黄方言的句子格式，包括比较句、处置句、被动句、重动句、疑问句、复叠句等，并对重动句中涉及到的组合性述补结构进行分析。

一　比较句

比较句是用语义关系范畴定性的句子类型，包括差比句和等比句（也叫平比句）。内黄方言的比较句跟普通话的比较句格式区别不大，但在比较标记、否定形式以及表意等方面仍有自己的特点。

（一）差比句

差比句表示两个对象在某一属性上的程度差异。内黄方言最常见的差

① 根据赵元任（1968）“儿”来源于“日”，我们推断“白儿嘞”应是从“白日里”发展而来。至于“环嘞”，从“环”的语音形式 [xuaːn^{42}]或[xuan^{42} an·]推断，应是从“黄昏里”发展而来。带“嘞”的时间名词、处所名词作定语时，不再加上“嘞”，可能与“嘞”来源于“里”有关。

比句是“比”字句，句法格式为：“X+比^{D}+Y+AP/VP”。其中 X 为性质属性主体，Y 为比较基准，“比^{D}”为比较标记（须用变韵形式），“AP/VP”为比较参项。

1.“比^{D}”字句

1）X+比^{D}+Y+AP/VP

这是“比”字句的常见肯定形式。X、Y 可以为体词，也可以为谓词或小句。

（1）指个二孩得比^{D}大孩得好看嘞多。这个老二比老大好看得多。

（2）他只满比^{D}俺少一个。他仅仅比我少一个。

（3）人家混嘞比^{D}谁都强。人家混得比谁都强。

（4）较出干点儿就比^{D}不干强嘞多。稍微干点儿就比不干强得多。

2）X+冇+比^{D}+Y+AP/VP

这是“比^{D}”字句常见的否定形式，对差比的否定没有点明是反向差比，即数学上的“小于或等于”。

（5）我冇比^{D}你少干。我没有比你少干。

（6）夜个黑价他冇比^{D}我多喝。昨天晚上他没有比我多喝。

需要注意的是，内黄方言中由形容词短语（由介词短语“比^{D}+ Y”修饰构成）加“嘞”构成的“嘞”字短语作动词“冇”宾语的句子。

（7）可内黄冇比^{D}你好过嘞。全内黄县没有比你富的（人）。

3）X+不+比^{D}+Y+AP/VP

这一类对差比的否定，也没有点明是反向差比。

（8）他不比^{D}你强多儿。他不比你强多少。

（9）我不比^{D}你吃嘞少。我不比你吃得少。

2. 非“比”字差比句

1）X+冇+Y+AP/VP

（10）指个小妮儿冇恁个小儿学习好。这个女孩儿没有那个男孩儿学习好。

（11）他还冇个小孩有精神头儿嘞。他还没有一个小孩儿有精神呢。

（12）今年嘞麦得冇年似个嘞饱。今年大麦粒没有去年的饱满。

这一类否定差比属于反向差比，即点明“小于”。该类句子可以变为“比”字句，比较参项一般可以用反义词替换。如例（10）可以变为：“这个小妮儿比^{D}恁个小儿学习差”。

2）X+不递/不胜+Y

该类句子比较参项经常出现话题位置，有时比较参项不出现，表示泛比。“不递”和“不胜”可以自由互换，但前者使用频率高。

（13）论学习，我不递你；论掏力，你不递我。论学习，我不如你；论力气活，你不如我。

（14）在外头不递在家。在外头不如在家。

“不递/不胜”也可以去掉否定词“不”，但只能用于无疑而问的反诘句中。

（15）他哪儿递你也？他不如你。

（16）这胜在家哟？这不如在家。

另外，内黄方言也存在纯语序型的差比句，比较基准直接作宾语，其格式为：“X+A+Y+O”。例如：

（17）他高你一头。

（18）他低你一骨□[liɛ⁴²]得。他比你低一大截儿。

这种用法是双宾语句式的类推用法，只适合于少数基本度量形容词。句法格式起了一定的作用，属于不太典型的差比句。

（二）等比句

等比句表示两个对象在某一属性上程度的等同。现实句中等比句一般只有肯定形式。

1.“跟 D”字句

1）X+跟 D+Y+一板+AP

（19）我（嘞）跟 D 他嘞一板多儿。我（的）跟他的一样多。

（20）我跟 D 他垒嘞一板齐儿。我跟他垒得同样（高）。

当强调主体 X 与比较基准 Y 性质完全相同时，“一板”可以采用重叠形式“一板板”。

（21）他家跟 D 俺家打嘞粮食一板板多儿。他家和我们家打的粮食同样多。

（22）指个西瓜跟 D 恁个西瓜一板板大儿。这个西瓜跟那个西瓜一样大。

当强调主体 X 与比较基准 Y 形状、姿势等完全相同时，使用“X+跟 D+Y+一迷迷样儿”。

（23）指个小孩儿嘞走头儿跟 D 他哥一迷迷样儿。这个小孩儿走路的样子跟他哥哥完全一样。

（24）朝生跟 D 朝学（长嘞）一迷迷样儿。朝生和朝学（长得）完全相同。

2）X+跟 D+Y+样，VP /AP

（25）我跟 D 你样，不会说。我跟你一样，不会说。

（26）他跟 D 他爹样，能说会道嘞。他跟他爹一样，能说会道。

3）X+AP/VP +嘞+跟 D+Y+（一）样

（27）他骀嘞跟 D 你样。他笨得跟你一样。

（28）他写嘞跟 D 他兄弟写嘞一个屌样儿。他写的跟他弟弟写的一个样子。

例（28）“一个屌样儿”带有较强的詈词性，其功能相当于助词“一样”，表达强烈的不满情绪或戏谑时才使用。

2. 弱等比句

这类比较句的性质属性主体 X 在某一方面和比较基准 Y 接近等同。

1）X+撵上/朝住/顶住+Y+（A）

（29）他嘞个儿撵上他哥（高）了。他的个儿撵上他哥的了。

（30）贵臣家嘞地快朝住恁嘞（多）了。贵臣家的地快撵上你们家的多了。

该类格式性质主体 X 在说话人心中实际上仍弱于比较基准 Y，动词前经常使用“快“修饰。使用“顶住”，句子一般不能再带性质形容词。

2）X+（快）超过+Y

（31）大小儿穿嘞鞋超过他爹嘞了。大儿子穿的鞋超过他爹穿的了。

（32）他嘞学习快超过你了。他的学习成绩快超过你了。

该格式中的性质主体 X 在说话人心中只是等同或稍强于比较基准 Y。

二 处置句

内黄方言的处置句主要有两种类型，一类是带有处置标记的“拜/弄^D/搁”字句，一类是无介词标记的处置句。前者与普通话的“把”字句相当，后者普通话没有相应的格式。

（一）“拜/弄^D/搁”字句①

内黄方言的一般“拜/弄^D/搁”字句与普通话中的“把”字句的特点大致相同，其句法格式为“NP$_{施事}$+拜/弄^D/搁+NP$_{受事}$+VP”。其中，“拜[pai^{312}]”可能是“把”的变读形式，“弄^D[no^{312}]是“弄”的变韵形式，“搁”本字不明。“拜、弄^D、搁”在句中可以自由替换，但“拜”的使用频率高，“弄^D、搁”年轻人使用较少。

我们从语义特征、否定词和助动词的位置、特殊格式这三个方面对“拜/弄^D/搁”字句加以描写。用例只列举“拜”字句。

1.“拜/弄^D/搁”字句的语义特征

关于汉语“把”字句的语义有“处置”说（王力），“致使”说（薛凤生）、“位移”说（张旺熹）、“主观处置”说（沈家煊）等。从语用上看，内黄方言来的“拜/弄^D/搁”字句都带有说话人主观认定的处置意味；从客观语义上看，“拜/弄^D/搁”字句有的表示“处置”，有的表示“致使”，有的只是表示动作的范围和处所。

1）表示处置

这类处置句客观语义和说话人的主观认定一致，只有强及物动词可以

① “往”字也能作为处置标记，但使用场合较少，多用于祈使句、条件分句等，例句见“第五节介词”。

进入这一结构。

（1）你拜钱给喽。你把钱给了。

（2）贵臣拜那纸撕嘞碎乎乎嘞。贵臣把纸撕得很碎。

（3）我这两天拜屋嘞墙搅泥^{D}搅泥^{D}。我这几天把屋里的墙泥了泥。

（4）咱今儿个一定得拜这个活儿弄了。我们今天一定得把这个活儿做完。

2）表示致使

这类处置句客观语义表示因受外力作用导致某种结果，而说话人主观认定为处置。这类句子大多表示不如意的事情，部分非自主动词如“死、病”等也可以进入这一结构。

（5）拜鞋底得都磨破了，还冇找着嘞。把鞋底都磨破了，还没找着。

（6）谁拜咱家嘞抓钩得掉了？谁把我们家的抓钩丢了？

（7）他悠个拜衣裳弄嘞腌臜臜嘞。他天天把衣服弄得脏兮兮的。

（8）你刻说，可儿拜他嫂死了。你可说，偏偏把他嫂子给死了。

例（8）“死”为非自主结果动词，这类处置句一般没有否定形式。

3）表示动作的范围和处所

（9）他一上午拜北地嘞都跑遍了。

（10）拜四邻八家都问^{D}个遍。

2. 否定副词与助动词的位置

内黄方言的否定副词“冇、不、甭”的位置等没有普通话“把”字句中否定副词的要求严格，放在“拜/弄^{D}/搁”前顺畅，放在“拜/弄^{D}/搁”后也能接受。

（11）他冇拜箱得拿来。→他拜箱得冇拿来。

（12）你不拜作业写喽，甭想去玩嘞。→你拜作业不写喽，甭想去玩嘞。

（13）你还不拜麦得晒晒嘞哟？→你拜麦得还不晒晒嘞哟？

助动词“能、该、敢”等也是如此。

（14）他能不能拜钱儿给^{D}你逗是事儿。→他拜钱儿能不能给^{D}你逗是事儿。

（15）咱该^{D}拜粮食好好儿晒晒了。→咱拜粮食该^{D}好好儿晒晒了。

（16）我敢拜钱儿借给你逗冇打算叫你还。→我拜钱儿敢借给你……

3. 特殊格式

1）瞧^{D}+（NP$_{施事}$）+不+拜/弄^{D}/搁+NP$_{受事}$+VP+嘞

这是一种表“恐吓”的反语格式，多用于假设关系复句中的后一个分句，表示某种假设前提下所产生的严重后果。

（17）再指个样儿，瞧^{D}（恁爹）不拜他嘞嘴撕烂喽嘞！要是再这个样子，看你爸爸不把他的嘴撕烂呢！

（18）再叫我知道你不去上学嘞喽，瞧^D（我）不拜你嘞头拧喽嘞！再让我知道你不去上学的话，看（我）不把你的头拧了呢！

当动词短语为黏合式述补结构（包括“V^D+处所宾语”）时，可以使用更简洁的内部否定形式，即“拜/弄^D+NP 受事+V 不 C”，语气更为强烈。

（19）再指个样儿，拜他嘞嘴撕不烂喽！再这样，把你的头撕不烂！

（20）你再戗俺，拜你嘞头打不肚嘞！你再欺负我们，把你的头打不到肚里！

该格式实例字面上表示“不处置”和“处置不了”，实际上，它们要表达的真正意思都是与动词短语字面义相反的严厉“处置”。前一种直接源于反语句，后一种是紧缩句省略后面的否定性分句并进一步固化形成的，后面还能补出否定性分句：“刻邪了可就邪了、算你长嘞能、我逗不姓 X 了”等。

2）你瞧^D+拜/弄^D/搁+NP+A/V+嘞

这是一个表示评价的句法格式，主要说明某情况或行为致使某人处于极端状态，常带有感叹或责备的意味，一般直接成句。该格式与“你瞧^D+A/V+嘞+ NP”可以自由变换。

（21）你瞧^{D}拜三得高兴嘞。←→你瞧^{D}高兴嘞三得。你看把三子高兴得。

（22）你瞧^{D}拜指个小孩儿难嘞。←→你瞧^{D}难嘞指个小孩儿。你看把这个小孩儿难得。

（23）你瞧^{D}拜贵臣他爹打嘞。←→你瞧^{D}打嘞贵臣他爹。你看把贵臣他爹打得。

（24）你瞧^{D}拜这麦得洒嘞。←→你瞧^{D}撒嘞这麦得。你看把麦子撒得。

该类格式及其变换式中的“A/V+嘞”后可以补出“成^{D}啥了”等，补出的形式应是原形式。简洁的特点使得省略形式固化。形容词能进入该格式，是母语人将之用作致使动词的结果。

（二）无介词标记的处置句

这类处置句的核心是由单趋式“V^D+来/走”和述宾短语“V^D+NP 处所”插入定指的指人名词（受事）而形成的。这两类结构遵循汉语的通则：受事名词借助介词“拜”可以移到动词之前，语序上具有非连续性质。

1. V^D+NP 受事+来/走

（25）他娘叫^D[tɕio^{312}]他来了。他娘把他叫来了。

（26）抱^D[po^{312}]这个小妮儿走！把这个小妮儿抱走！

（27）那一年，大水冲^D[tsuo^{24}]他走了。那一年，洪水把他冲走了。

（28）你咋不捎^{D}俺来也？你怎么不把我们捎来呢？

这类结构中的受事成分除了可以移到动词之前外，也可以直接移到趋向成分之后构成一般的述宾结构。例（25）可以变换为“他娘拜把他叫^{D}来了、他娘叫^{D}来他了”。持续动词进入该结构，可能形成同形异构。例（26）“抱”还可以表示“抱着这个小妮儿走”的意思。

2. V^D+NP 受事+NP 处所

这类结构我们在本章第二节“动词变韵”中已经提到。这里只补充一点，受事成分除了是定指的“某人”外，还必须是一个不带复杂定语的轻成分。若成分较重，只能借助介词“拜/弄^D”或话题化手段置于动词之前。比较：

（29）锁^0[suo^{55}]他屋嘞。→拜他锁^{0}屋嘞。把他锁在屋里。

（30）a. *锁^{0}夜个来恁个人屋嘞了。

b. 拜夜个来恁个人锁^{0}屋嘞了。把昨天来的那个人锁在屋里了。

c. 夜个来恁个人叫□[niɛ·]锁^{0}屋嘞了。昨天来的那个人被锁在屋里了。

受事成分主要由人称代词、人名、“人称代词+数量词/称谓词、指量词+指人名词”等名词性短语构成。其中，人称代词出现的频率最高。

三 被动句

内黄方言中的被动表达，主要有“叫”字句和无形式标记的受事主语句（意念上的被动句）。后者与普通话一致，这里不展开讨论。

（一）“叫”字句的结构特点

“叫”字句和普通话的“被”字句相当，由介词“叫”引出施事，句法格式为“NP_1 受事+叫+NP_2 施事+VP”。无论老派还是新派普遍使用“叫”字句。

1.“叫”的宾语

和普通话不同，内黄方言中的“叫”字句中介词的宾语必须出现，施事不明或无须点明的情况下，也必须用表泛指的代词“□[$ni\varepsilon^{312}$]”（“人家”之义，在“叫”后常常轻读）充任。

（1）他家嘞猪里得夜个黑家叫小偷儿偷光了。他家的山羊昨天晚上被小偷偷光了。

（2）你的车得叫贵臣骑^{D}走了。你的车子被贵臣骑走了。

（3）他叫□[niɛ·]集上家嘞小孩儿打过。他被集上的小孩儿打过。

（4）夜个叫□[niɛ·]捶一家伙。昨天被（人家）坑了一回。

2. VP 的构成与句末助词

VP 为单个动词、动趋式、动结式、变韵动词带处所宾语时，句末须带时态助词“了/过”。

（5）屋嘞东西全叫他撕登过。屋里的东西全被他翻腾过。

（6）一大盆得肉叫他倒^{D}粪圈里头了。一大盆子肉被他倒在粪坑里了。

VP 为“动词语+时量成分/动量成分/偏称性宾语”或是动词重叠式时，句末可不带助词。

（7）我来^{D}那儿叫□[niɛ·]说^{0}一顿。我来到那里被人家奚落了一顿。

（8）一共满仨小猪里儿，叫他爹牵^{D}走俩。总共才三只小山羊，被他爹牵走了两只。

VP 为组合式动补结构“V+嘞+C”时，情况较为复杂。若 C 为表程度义的状中结构或固定短语时，句末不带时态助词能够成立。形容词重叠式亦是如此。

（9）屋嘞叫他搅泥嘞不像个样儿。屋里被他折腾得不像个样子。

（10）班嘞叫几个调皮捣蛋弄嘞乱七八糟。班里被几个调皮捣蛋的家伙弄得乱七八糟。

若 C 为从句时，句末是否带时态助词主要看从句本身。

（11）他叫他爹打嘞不能动了。他被他爹打得不能动弹了。

（12）半篓得苹果叫他几个吃嘞一个也冇剩。半篓子苹果被他几个人吃得一个也没剩。

3.“叫”与“拜/弄 D/搁”同现结构

当动词语是介词“拜/弄 D”构成的介词短语作状语的动词短语时，形成介词同现结构，其格式为“叫+NP+拜/弄 D+他+VP”。“他”复指句子的主语，整个句子表示被动的处置。句末是否需要添加助词“了”或“过”，取决于介词短语后面的核心谓语。

（13）“老一得”叫个小孩儿拜他搞住了。“老一得”被一个小孩儿把他搞定了。

（14）恁个小妮儿叫人贩得拜她拐 D 南边儿过。那个小妮儿被人贩子把她拐到南方过。

（15）他不是能 D 嘞哟？咋叫个憨得拜他噎住了？他不是很能吗？怎么被一个傻瓜把他给噎住了？

（二）“叫”字句的语义特点

1. 句子的语义色彩

内黄方言的“叫”字句一般只能表达不如意的事情，这和普通话中的“被”字句已泛化为无所谓如意不如意的情况有所不同。普通话中“被选为人大代表、被老师表扬”等在内黄方言中不能转换为“叫”字被动结构，只能变为主动句或意念上的被动句。

（16）他当 D 上人大代表了。

（17）小明学习不孬儿，经常受老师嘞夸。

例（17）动词“受”表示意义上的被动。内黄方言不存在引进施事成分的介词“被”。

2. 动词的语义特征

“叫”字句的语义焦点在于说明动作行为的结果，谓语动词是表示动作行为的及物动词，能对主语产生积极影响。[+动作性]、[+结果性]是“叫”字句谓语动词两个明显的语义特征。这一点甚至比处置句的要求还要严格。

少数非动作动词（主要是感知动词）可以构成“叫”字句，因为它们本身含有“动作+结果”的语义特点。虽说这一结果可能并非客体有明显的变化，但属于说话人不希望存在的。

（18）他从□[niɛ·]地嘞轧过去叫□[niɛ·]瞧见了。他从人家地里轧过去被人家看见了。

（19）这要叫□[niɛ·]娘家知道喽，瞧 ^{D} 能咋你。这要是被人家娘家知道了，看怎么收拾你。

四 重动句与述补结构

重动句也叫动词拷贝句，它是指同一个动词的述宾结构叠加一个述补结构作谓语而构成的句子，基本的句法格式为：V+O+V+C。

（一）重动句的结构类型

根据补语的语义特征和结构特点，可以将重动句分为以下四类：

1. 结果补语句

补语由单纯的谓词充当。

（1）他喝酒喝懵了。

（2）他种秦椒种好过了。他种辣椒致富了。

2. 时量、动量补语句

（3）这几个人儿当麻将当 ^{D} 一黑家。 这几个人打麻将打了一夜。

（4）他剁肉剁 ^{0} 手下[xai·]得。他剁肉剁了手一下。

3. 状态、程度补语句

（5）他学点啥儿学嘞血快。他学点什么都学得很快。

（6）他说他小儿说嘞不像价。他数落他儿子数落得很重。

4. 补语后带宾语

（7）我扫地扫出来一百块钱。

（8）他赌钱儿赌到里头二亩地。

（二）述补结构

1. VP/AP+嘞+C

这种述补结构与普通话中带“得”述补结构相当，属于朱德熙（1982）说的组合式述补结构（黏合式参见第本章第二节“动词变韵”），其中的 C 只能是状态补语或程度补语，不能是可能补语，这一点与普通话明显不同。比较：

普通话：写得好—写得不好—写得好不好　写得好—写不好—写得好写不好

内黄话：写嘞好—写嘞不好—写嘞好不好　能写好—写不好—能写好不能/能不能写好

程度补语与状态补语使用同一个标记“嘞”，二者在句法上属于同类。从意义上说，它们也没有一条严格的界限。刘丹青（2008）指出，这类补语有的偏重状态，有的还带有方式义，有的偏重结果，而表示结果的补语用在形容词后头同时又兼有程度的作用。

1）状态补语

当C为状态补语时，该结构与普通话的差别不大，主要由谓词及谓词短语（包括主谓短语）来充当。当然，补语本身也可能一个复杂的述补结构。

（9）他哭嘞恸，你哭嘞不恸。

（10）他热嘞满头是汗。

（11）贵臣家恁个小妮儿长嘞好^{D}嘞。贵臣家那个小妮儿长得好着呢。

（12）他拜菜洗嘞干净净嘞。他把菜洗得干干净净的。

（13）他高兴嘞蹦跶开了。他高兴得蹦起来了。

（14）她干嘞慢种嘞叫人瞧着逗想往她急。她干得慢得让人看见就想跟她急。

2）程度补语

内黄方言不存在纯粹表示程度的补语，“极”在内黄方言中不说。当C为“狠、有种、差火、不像价、不像个样儿、不轻、跟^{D}那啥样、冇边得/儿、冇法儿”时，补语兼表状态义但偏重程度，都表示程度极高，但句法上存在差异。

“狠、有种、差火”作补语能受副词修饰，也可以用肯定否定的叠加形式。“跟^{D}那啥样、不轻、不像价、冇边得、冇法儿”凝固性强，一般不能受其他成分修饰。

（15）指个石头沉$_{重}$嘞狠。

（16）指个电影武查嘞狠不狠？

（17）指个小妮儿支唠嘞怪差火。这个姑娘叫唤得怪厉害。

（18）他四爷来^{D}地嘞干嘞血有种。他四爷到地里干得很卖力。

（19）他娘想嘞他跟^{D}那啥样。他娘想他想得跟什么似的。

（20）□[niɛ^{312}]两家儿近嘞不像价。人家两家近得很。

2. V+嘞+O+C

这是内黄方言一种特殊的述补结构，其中动词是表具体动作义的及物动词，宾语一般是有生名词构成的受事成分，补语为上面所列“狠”等偏重程度义的词语充当。该结构和重动结构具有平行变换关系，即：V+嘞+O+C→V+O+V+C。

（21）打嘞恁个狗不轻。→打恁个狗打嘞不轻。打那只狗打得不轻。

（22）他家嘞人儿护嘞他不像价。→他家嘞人护他护嘞不像价。他家里的人很袒护他。

（23）他娘捶嘞他狠^{D}嘞。→他娘捶他捶嘞他狠^{D}嘞。他娘打他打得很重。

（24）□[niɛ^{312}]捲嘞村长五个六个儿嘞。→□[niɛ^{312}]捲村长卷嘞五个六个儿嘞。人家骂村长骂得很重。

需要指出，重动结构不一定能变换为“V+嘞+O+C”，因为重动结构的补语并非局限于程度补语，宾语也并非局限于有生名词。

（25）他学点啥儿学嘞血快。→*他学嘞点啥儿血快。

（26）他打场打嘞身上腌臜臜嘞。→*他打嘞场身上腌臜臜嘞。

五　疑问句

疑问句是按句子语气分出来的句子类，按不同标准还可以分出不同的下位类型。我们以结构形式的下位分类（非问句、特指问句、选择问句、反复问句）为纲，对内黄方言的疑问句加以描写。

（一）是非问句

从表现形式看，是非问的是在一般陈述句的基础上加上疑问语调和语气词构成的问句。和普通话相比，内黄方言的是非问句只表示半信半疑和无疑而问，有疑而问的“吗”字句缺位。

1. 半信半疑

该类句子的肯定回答可以用点头表示，也可以用“嗯/欸[ε]”作答。否定回答可以用摇头表示，言语作答则可以使用多种形式。

1）陈述小句形式+（哟）

陈述小句所表示的判断，一般不是问话人直接做出的断定（多为引述），问话人半信半疑，提出来期待回答者予以证实。常用的语气词是“哟”，语调用升调。否定回答都可以用“谁说来也/哪儿嘞”等。

（1）他才走^{D}三天（哟）？他才走了三天？

——谁说来也/哪儿嘞，他走^{D}十来天了嘞。

（2）恁爹在家嘞（哟）？——谁说来也/哪儿嘞/冇。

（3）是恁叔往你办嘞（哟）？是你叔叔给你办的？——谁说来也/哪儿嘞/不是。

2）陈述小句形式+吧/不是^{D}[sε·]

陈述小句所表示的判断，一般是问话人自己做出的推断，但问话人仍有疑问，提出来期待回答者予以证实。“不是^{D}”与“吧”大致相当，但具体用法存在差异。

（4）你冇吃饭嘞吧/不是^{D}?

（5）他来了吧/不是^{D}?

（6）恁两家儿不吵了吧/不是^{D}?

（7）这是你的书吧/不是^{D}?

（8）你说嘞是他吧/不是^{D}?

“吧”可以直接附于不带其他语气词的“陈述小句形式”之后，“不是^{D}”则除了能附在表判断的陈述小句形式之后外，不能直接附在其他陈述小句之后。

（9）你一会儿走吧？——＊你一会儿走不是^{D}?

（10）他明儿个回家吧？——＊他明儿个回家不是^{D}？

例（9）（10）若后附语气助词“嘞”，则“吧”可以用“不是^{D}”替换。

2. 无疑而问

发话人没有疑问，采用疑问形式主要出于礼貌。用问句形式打招呼显得热情；用来反问显得语气委婉。主要使用“陈述小句形式+哟”结构。

1）招呼

只是招呼用语，面对当前事实的确认。回答一般只有肯定形式（多用“嗯/欸[ε]”），没有否定形式。

（11）（<看到大伙儿来了）都来了哟？都来了？

（12）（<看到某个人搬不动某物）你还搬不动嘞哟？你还搬不动啊？

例（12）陈述小句形式表否定，其肯定的回答常用“刻别（可不是）”。

2）反诘

不是有疑而问，面对所述情况的不确定或不以为然而进行的反诘，表达说话人不认可的态度。句子使用疑问语调（升调），主谓之间常用表反问的语气副词“过真嘞”。

（13）这（过真嘞）有恁难哟？

（14）他（过真嘞）抬不动哟？

（二）特指问句

特指问的是指说话人希望听话人就特定的疑问点进行回答的一种问句。内黄方言的特指问句与普通话的差别主要表现在疑问代词及语气词的使用不同上。

1. 疑问代词句

这是特指问句的常态，句中的疑问代词就是句子的疑问点，要求对此进行回答。句子可以带上语气词，也可以不带。带上语气词，句子口气平缓。内黄方言的疑问代词参见“第三节代词”。

（15）桌得上搁嘞这是啥也？桌子上放的这是什么呢？

（16）你给^{D}他多儿嘞？你给了他多少呢？

（17）这是那个啥名儿家也？这是那个叫什么名字的爱人呢？

（18）他咋还冇走嘞也？你怎么还没走呢？

（19）这个活儿咋得儿做？这个活儿怎么做？

（20）为啥咱学习不好嘞？为什么我们学习不好呢？

2. 省略形式

“NP /VP +语气词”在一定语境条件下可以构成特指问句的省略形式，语气词为“嘞、也、咧”等。

“NP+语气词”在起始问句中一般是问 NP 所处的位置，在后续问句中是问 NP“怎么样”或“干什么”等；“VP+语气词”往往含有“如果 VP，那么该怎么办（样）呢”的意思。谓词前通常有表假设关系的连词。

（21）我嘞书嘞？——我嘞书咧？我的书呢？

（22）我来搁孩得交学费嘞，你嘞？我来给孩子交学费的，你（来干什么）呢？

（23）我要钱嘞？如果我要钱呢？

（24）要是冇借到钱嘞？如果没借到钱呢？

3. 特指问形式的反问句

该类句子无疑而问，不需要回答，句中使用疑问代词。

1）由“啥”构成

（25）（<你咋还不翻盖屋得嘞也？）啥是咱冇钱嘞？什么是咱没有钱呢？

（26）这算啥也？（这不算一回。）这算什呢？

（27）这会儿正便宜嘞，你不买还等^{D}啥咧？这会儿正便宜呢，你不买还等什么呢？

例（25）是由“啥+是+小句形式”构成的反问句。这类反问句是听话人针对问话所作的解释，“小句形式”所表达的内容就是原因。例（26）已泛化为否定某情形的固定说法，带有感叹的意味。句中的“啥”可以由“哪一回”替代，意思基本不变。

2）由“谁、哪儿、咋得儿（怎么）”等构成

（28）这儿连个亲戚都冇，□[niɛ^{312}]谁会帮咱嘞忙也？这儿连个亲戚都没有，人家谁会帮咱的忙呢？

（29）哪儿有怎得儿嘞事儿嘞？哪里有这样的事儿呢？

（30）来^{D}学嘞逗不学，咋得儿能撵上□niɛ^{312}也？到学校里就不学，怎么能赶上人家呢？

例（29）使用频率高，已泛化为表示否定（“不应该这样做”）的固定说法。

（三）选择问

这类问句并列几个项目，希望听话人从中选择一种来回答，所使用的句型是复句或紧缩句。分句之间可以用关联词语“还是”“是……还是”（有标记焦点的作用）来连接，也可以用意合法。

内黄方言的选择问句与普通话的不同主要表现在句末语气词使用方面。

1. 构成形式

1）小句+嘞（哟），小句+嘞

这是复句形式的选择问句，分句末使用语气词“嘞”前后呼应，前一个“嘞”还可以附上语气词“哟”，且常和“嘞”合读为[lio]。

（31）你去瞧唱嘞（哟），还是去瞧电影嘞？

（32）你说嘞话是真嘞（哟），还是假嘞？

（33）你吃面条嘞（哟），还是吃饺得嘞？

（34）你到底是去嘞（哟），还是不去嘞？

2）小句+哟+小句+也

这是紧缩句形式的选择问句，分句末尾使用语气词“哟”和“也”呼应，中间不停顿。

（35）你是学生哟老师也？

（36）你瞧电影嘞哟瞧唱嘞也？

（37）你夜个打麻将输了哟赢了也？

（38）你到底去哟（还是）不去也？

2. 回答形式

无论是复句形式还是紧缩句形式，选择问句的肯定回答可以选择疑问项中的一项，多用简略形式的“VP”，否定回答可以全部否定，也可以在疑问项之外另选一项来回答，多为句子。小句是判断句的选择问句，肯定回答多用简略形式的“NP”。

（39）你往北京去嘞哟，还是往上海去嘞？

——往上海去嘞/我哪儿也不去。

（40）你是马固家哟汉晁家也？——汉晁嘞/哪儿嘞也不是/俺是东庄嘞。

例（40）“马固家、汉晁家”中的“家”是个表他称的名词性后缀，回答时转化为由地名加“嘞”构成的“嘞”字结构（和普通话的“的”字结构相当）。

（四）反复问句

反复问句从形式看接近于选择问句，从功能上看接近于是非问句。反复问跟选择问、是非问的纠葛，我们不予深究，主要以其本身的结构形式和回答形式作为判定标准。

反复问格式有两类：一类是“VP/AP +不+VP/AP”，一类是“VP/AP+冇”。前一类中凡 VP 有语气词“哟”和“也”呼应的我们视作选择问句，如前所述；不带语气词的，我们视作反复问句。后一类“冇”只能放在句末，根据回答形式我们也视作反复问。

两类反复问句的肯定回答大致相同，多用简略形式的“VP/AP”，否定回答则不同。前者使用“不+VP/AP”，后者使用“冇”或“冇+VP/AP”。

1. VP/AP+不+VP/AP

该格式使用谓词的肯定否定的叠加形式进行询问，主要是针对判断、意愿、事实或性状等情况。句末可以附上语气词“也”或“吧”等。按照谓词的构成情况可以分以下几个小类。

1）V/A +不+V/A

（1）你（到底）学不学？

（2）你愿意不愿意？

（3）他姊妹好看不好看？

（4）屋嘞暖和不暖和？

形容词除了位于谓语中心位置，还常出现在补语位置上。

（5）你学嘞快不快也？

（6）我往你说嘞清楚不清楚？

这一小类的反复问句，动词、形容词都是完全形式，双音节谓词没有“清不清楚”、“愿不愿意”的说法。

2）V+O+不+V+（O）

这是由动宾结构的肯定否定形式构成的反复问句，分为两种情况：一是宾语（包括双宾语）是简单形式；二是宾语是小句形式。

第一类情况，既可以使用“V+O+不+V”格式，也可以使用动宾结构的完全叠加形式。前一种使用频率高。

（7）你今儿个去安阳不去？——你今儿个去安阳不去安阳？

（8）他平常打麻将不打（也）？——他平常打麻将不打麻将（也）？

内黄方言中双音节离合动词，可以看作同类情况。

（9）你洗澡不洗？——你洗澡不洗澡？

（10）你睡一觉儿不睡？——你睡一觉儿不睡一觉儿？

第二类情况，宾语是复杂形式，只能使用“V+O+不+V”格式。

（11）你认嘞这是谁不认嘞？

（12）你知道自家是个弄啥嘞不知道？

（13）咱买他嘞东西不买？

（14）那是贵臣他爹不是？

需要指出，与普通话不同，内黄方言中没有“V+不+V+O”这类反复问格式。

3）V+C +V+不+C

这是黏合式述补结构和它的可能形态叠加构成的反复问句，其中的述补结构一般只能是简单形式（前面的处所状语、时间状语不影响该格式的成立）。这一类问句的肯定回答形式可以用“能+VP”，也可以用“VP+喽”；否定回答“V+不+C”。

（15）人怎多荒得，你这会儿挤进去挤不进去也？

——能挤进去/挤进去喽。

（16）怎重嘞这活儿，你顶住顶不住？

——能顶住/顶住喽。

这一类问句都可以变为“能+V+C+不能”和“能不能+ V+C”的反复问格式（参见下文）。

4）Au+VP+不+Au/ Au+不+Au +VP

助动词和动词语构成的复杂谓语使用两种疑问格式，但前一种使用频率高。使用后一种格式重读助动词，多属于无疑而问。

（17）你敢撂倒[D]他不敢？——你敢不敢撂倒[D]他？

（18）你能带回来东西不能？——你能不能带回来东西？

5）VP_1+VP_2+不+V_1/ VP_1+VP_2+不+V_2

兼语短语叠加第一个动词的否定式形式进行询问。

（19）她叫你吸烟不叫？

（20）你还求□niɛ[312]办事儿不求了？

连动短语的情况相对复杂一些。由“去”充任连动结构前一个直接成分的，一般只能叠加“去”的否定形式；而由“来”充任连动结构前一个直接成分的，既可以叠加“来”否定形式，也可以叠加第二个动词的否定形式。

（21）你去集上卖菜嘞不去？

（22）你来瞧瞧不来？——你来瞧瞧不瞧瞧？

当连动结构的第一个动词已有结果或带有时态助词时，只能叠加后面的动词。

（23）你听喽难受不难受？

（24）他拿出来书瞧不瞧也？

还需指出，“有+NP+VP”构成的连动短语或兼语短语所构成的反复问句，只能是“VP+有”类（见下文）。

6）PP+VP+不+（PP）+V

这是谓词性成分中含有介词短语反复问格式。分为两种情况：一是 VP 是单个动词，二是 VP 后带有宾语或补语的复杂形式。

第一种情况，可以使用核心动词的肯定否定叠加的形式表示疑问（“PP+V 不 V”格式），除了介词“拜”构成的介词短语不能成为这一格式中的叠加成分外，其他由表示关涉对象的“对”，表示起点、经由的“从/押/捱”，表示方向的“往/搁/朝”等构成的介词短语都可以成为这一格式中的叠加成分（“PPV+不 PPV”格式）。

（25）拜门得关喽不关喽？——＊拜门得关喽不拜门得关喽？

（26）这个事儿对他说不说？——这个事儿对他说不对他说？

（27）你明儿从这儿过不过？——你明儿从这儿过不从这儿过？

第二类情况，若动词带宾语或补语，则一般只能使用“PP+VP 不 V”

格式。

（28）这事儿往她打个电话不打？

（29）这个话儿我搁他说透[D]不说透[D]？

与普通话不同，内黄方言不存在用介词的肯定否定叠加形式修饰动词（“PP 不 PP +VP”）表示疑问的格式。

2. VP+冇

该格式与普通话中的“VP+没（有）”相当，使用“谓词+否定词”进行询问。主要针对领有、存在、完成、经历、进行、持续等情况。“冇”一般处于句末，有时可以再附上语气词“吧”或“也”。

需要指出，“VP+冇”与普通话中的“VP+没（有）”并不对称。因为后者存在“V+没+VP”或“V+不+VP”这样的变体形式，内黄方言则没有。

1）询问领有情况

（30）铺儿嘞有洗衣粉冇？铺子里有洗衣粉没有？

（31）怎得儿嘞农药你这儿有冇？这样的农药你这里有没有？

（32）你有气力垫起来这片儿庄得冇？你有力气垫起来这片儿宅基地没有？

例（31）询问是否领有时，若“有”不带宾语，内黄方言与普通话格式相同，即“有冇”。例（32）谓语是个“有+NP+VP”类连动结构，构成的反复问句只能是“VP+冇”格式。

2）询问存在情况

（33）恁爹在家嘞冇？你爹在家里没有？

（34）恁几个有人去瞧唱嘞冇？你们几个有人去听戏没有？

例（34）谓语是个“有+NP+VP”兼语结构，构成的反复问句也只能是“VP+冇”格式。

3）询问完成、经历情况

（35）他往地嘞走了冇？他往地里走了没有？

（36）这个事儿你问过俺家嘞人儿冇？

4）询问进行、持续情况

（37）他这会儿干嘞冇？他现在干着没有？

（38）你在那儿耘地嘞冇？他在那里正耘着地没有？

由以上分析可以看出，内黄方言的两种反复问句在语义上是对立的。“VP/AP+不+VP/AP”格式针对 VP/AP 所表示的判断、意愿或性质等情况进行询问；“VP/AP +冇”针对 VP/AP 所表示的领有、存在、完成、经历、持续等情况的询问。

（五）附加问句

该类问句由“陈述小句+疑问小句”构成，陈述小句是一个完整的命题，疑问小句由疑问格式或疑问词构成，且不受陈述小句肯定、否定的影响。该类问句期待肯定回答，若采用否定回答，语气一般较为夸张。

1. 求证义附加问

该类问句中说话人对某一事实已有了解、判断，提出来让听话人加以证实。

1）陈述小句+□[sor^{24}]

疑问小句形式到底是哪个词或是哪个短语的合音不易考证，但意思很明显，相当于“对吧”。周边的林州方言也有该类用法，但读作□[xor^{24}]。肯定的回答一般用“嗯”或“刻别”（语气夸张），否定的回答可以用“哪儿嘞”，然后否定陈述小句。值得注意的是，否定的回答也可以用“嗯”，但语调上扬并拖长音节。

（39）他都对你说了，□[sor^{24}]?

——哪儿嘞，冇对他说。/嗯↗，绝对冇。

（40）你还冇来过这儿嘞，□[sor^{24}]?

——哪儿嘞，俺来过。/嗯↗，来过好几回了。

（41）恁婆得对你一直都不好，□[sor^{24}]?

2）陈述小句+真嘞哟/有这回事儿冇

陈述小句一般是听说某种情况即将出现或已经出现过，用“真嘞哟/有这个事儿冇”加以求证。否定回答使用“哪儿嘞”或“冇恁得儿嘞事儿”等，而肯定回答则有差异。疑问小句为“真嘞哟”，肯定回答用“真嘞”，也可以使用反问句“哪还能有假哟？”；疑问小句为“有这回事儿冇”，肯定的回答则使用“有”。

（42）听说你这几天要出门儿嘞，真嘞哟？

（43）听说他夜个哭^{D}一黑价，真嘞哟？

（44）恁爹说你前儿个往老师吵来，有这个事儿冇？

2. 征询义附加问

这类问句是说话人就始发句的内容征求听话人的意见。

1）祈使小句+啊

说话人用祈使小句提出某种期望，希望听话人按此行事，用叹词“啊”询问对方的意见。肯定的回答用“中”、“知道了”等，否定的回答经常使用反问句“（不）VP能做啥也？”。长辈对晚辈或同辈之间嘱咐时使用。该类附加问句使用频率很高。

（45）恁几个来嘞时候甭打黑，啊?

（46）你今儿个得拜书包拿^{0}家，啊？

2）陈述小句+V/A 不 V/A

说话人用陈述小句提出某一事实，希望听话人依此作出选择或评价，用谓词的肯定否定的叠加形式征询听话人的意见。

（47）这个书怪有意思嘞，瞧不瞧？

（48）一块钱三斤，划算不划算？

3. 提醒义附加问

该问句是指说话人把某一事实、道理、常识或规矩等告知听话人时，为提醒对方作出有关陈述，进一步追问对方是否明确。

（49）咱街嘞起会嘞，知道吧？

（50）咱得麻利回家，知道不知道？

用复句手段来表达疑问的附加问句，尚有许多问题需要进一步深入挖掘。

六　复叠句

复叠是使某语言形式重复出现的语言手段，现代汉语方言中普遍存在。我们这里所说的复叠句指的是一种动词语、形容词语或名词语的重复形式镶入代词而形成的句子格式。吴继章（2008）对河北魏县方言中的该类（主要是“V+他+V”）句子格式进行了描写。

内黄方言中的复叠句子格式有自己的特点，结构类型更为多样。从功能上看可以分为复叠回应句和复叠起句两种类型。

（一）复叠回应句

这种复叠句用于对话中的回应句，即针对发话人说的情况听话人所做的反应。常见的形式为“X+他/你/□niε^{312}+X”。可以单独成句，多用作复句的前一个分句形式。

1. 结构类型

1）X+他+X

这是复叠回应句最常见的格式。一般是听话人对被告知一个于己不利的情形所作的回应，表示“随他的便”的意思。

发话人原本希望听话人能针对这种已经出现或即将出现的情形，采取一定的措施予以补救或阻止其发生，但听话人并不领情，用该格式来表明自己放任的态度。听话人之所以显得不够合作，或出于气愤、无奈，或出于不屑，或出于自认为无关紧要等因素。

根据 X 的构成成分可以分为以下几类：

V+他+V

（1）（<老王走了。）走他走，他非要走谁也拦不住。

（2）（<一班得小孩儿拜恁叔家嘞麦秸垛点了。）

点他点，谁叫他堆嘞不是地方儿嘞。

（3）（<他去超市嘞里买嘞了。）去他去/买他买/买嘞他买嘞。

例（3）谓语是个连动结构，可以有多种回应形式，主要看焦点信息的位置所在。

V+C+他+V+C

带程度补语的动补结构一般不能进入该格式。

（4）（<明儿个□[niɛ^{312}]要找^{D}来嘞？）

找^{D}来他找^{D}来，反正是有钱儿给他。

（5）（<恁家地嘞草一个蛋蛋得，拜苗儿都憮死了。）

憮死它憮死，反正也不指望地。

（6）（<人家都干^{D}一个小时了嘞。）

干^{D}一个小时他干^{D}一个小时，我管他那嘞。

例（6）动补短语较长，也可以省去"干^{D}"，用"一个小时他一个小时"来回应。

V+O+他+V+O

（7）（<你还吸烟嘞话，都要出毛病嘞。）

出毛病他出毛病，人活多大儿是一正嘞事儿。

（8）（<□[niɛ^{312}]去托人儿嘞了。）

托人儿他托人儿。

（9）（<他几个人干活儿光磨洋工。）

磨洋工他磨洋工，反正包住给他了。

AP+他+AP

（10）（<这一段儿你又显胖了。）

胖他胖，反正咱也不相人儿了。

（11）（<瞧^{D}恁妮儿嘞脸腌臜嘞。）

腌臜他腌臜，她从小儿都不知道干净爽当。

（12）（<恁个妮儿家不好过富裕呀。）

不好过他不好过吧，咱又不是寻她嘞家嘞。

该类格式除了像例（12）一类形容词性的否定结构外，X 多为形容词本身。

NP+他+NP

该格式名词语一般是发话人起句中的宾语。

（13）（<你全成^{D}个瘸得了。）

瘸得他瘸得，啥是人老了也？

（14）（<地嘞都成^{D}草蛋蛋得了。）

草蛋蛋得他草蛋蛋得，反正也不指望那点儿地。

（15）（<恁个小孩儿甭成^{D}个憨得。）

憨得他憨得，他起小儿脑得嘞逗有点儿毛病儿。

答句若是复句，“X+他+X”可以放在后面，但句末需要加“吧”。调换位置后句子语气比原形式委婉。如：例（17）的回应句可以变为“啥是人老了也，瘸得他瘸得吧。”

另外，个别情况下回应句中的 X，可以只是起句中的一个语素。就我们所见的情况看，主要是宾语位置上名词构成成分中的谓词性语素。

（16）（<你得赶紧往孩得治，时候儿长了都可能成^{D}瞎得了。）

瞎他瞎，你瞧这事儿多嘞哪儿有空儿管他也？

（17）（<指个小妮儿全成^{D}个疯得了。）

疯他疯，瞧^{D}末底了儿$_{最后}$害住谁。

这样的回答可能和听话人的理解因素有关。听话人将焦点信息“成^{D}瞎得、成^{D}个疯得”理解成一个谓词性语素变化的过程，用它作答显得更为简洁。

2）X+你/恁+X

与“X+他+X”不同，该格式一般是对发话人发出某种警告或胁迫的回应，表示“无所谓”“随你（们）的便”，其中的 X 只能是动词语。若仅是说话人将采取某种行动，使用代词“你”；若是包括说话人在内的多人将采取行动，则使用代词“恁”。

（18）（<我刻是要停嘞呀？）停你停。

（19）（<我呜叫他嘞呀。）呜叫你呜叫，呜叫瞧^{D}谁使嘞慌$_{累}$。

（20）（<明儿个俺逗不来了。）不来恁不来，到末底了儿瞧^{D}坑住谁。

例（20）听话人也可以采用“不来你不来”的形式来回应。因为“俺”既可以指复数，也可以指单数，这里的“逗[tou·]”与普通话中的“就”相当。当然，当该句使用表总括义的“都[tou^{24}]”时，只能使用“恁”来作答。

3）X+□[niɛ^{312}]+X

该格式一般是对发话人羡慕或赞誉别人的言语行为的回应，表示“与我们无关”，发话人在起句的句首使用他称代词“□[niɛ^{312}]”。其中的 X 只能是动词语或形容词语。

（21）（<□[niɛ^{312}]姊妹俩都考上大学了。）

考上□[niɛ^{312}]考上，咱不眼气□[niɛ^{312}]那。

（22）（<□[niɛ^{312}]悠个吃肉。）

吃□[niɛ^{312}]吃，□[niɛ^{312}]有钱甭叫□[niɛ^{312}]吃哟？

需要注意的是，并不是发话人句首带他称代词□niε^{312}，听话人就一定使用“X+□[niε^{312}]+X”格式来回应。若发话人所说的情形对听话人不利，听话人一般还是使用“X+他+X”来回应。

（23）（<□[niε^{312}]连年下都不往咱家来了嘞。）

不来他不来，谁离^{D}谁不能过哟？

（24）（<□[niε^{312}]全家都往咱爹娘磕过头了。）

磕他磕，谁叫他都来嘞哟？

4）X+啥+（也）+X

该格式一般是对发话人所肯定的焦点信息而进行的反驳，表示“不X/没X”的意思。代词“啥”和普通话中的“什么”相当，在这里表示否定，X为充当谓语中心或补语的谓词性词语，第二个X后一般不能带语气词。

该格式后面若跟有分句，一般是进一步表达否定，或用事实来说明否定的原因。

A+啥+（也）+A

（25）（<□[niε^{312}]恁个小妮儿长嘞好^{D}嘞。）

好啥（也）好，一点儿都不好看。

（26）（<这秦椒真还怪辣嘞。）

辣啥也辣，这不能算辣。

例（26）中的“也”不能省略，应是避免同韵拗口（韵母同为a）的缘故。

该格式有变体形式：“X+啥”和“啥+X”，一般不再带“也”。若形容词为多音节形式，则一般只能采用“啥+A”进行反驳。

（27）（<她嘞脸儿长嘞血难看。）啥难看，一般嘞人儿吧。

VP+啥+VP

对未然态谓语中心或补语的否定，对已然态谓语中心或补语的否定。

（28）（<明儿个我五点逗能起来。）起来啥（也）起来。

（29）（<汽车糊朗汤逗到了。）到啥（也）到，七点到逗不孬了。

（30）（<俺叔家嘞屋得夜个逗盖妥了。）

妥啥（也）妥，三天过真嘞能妥哟？

5. X+X+吧

该格式一般是听话人对发话人所说的意外或本不该发生的情形的回应，表示“容忍”。X为谓语中心或补语成分。

（31）（<我拜你嘞钱儿花了[liau^{55}]了。）

花了花了吧，反正我这会儿也用着。

（32）（<他到了儿[lior^{55}]还是买^{D}个新车得。）

买买吧，那个破嘞也真不能骑了。

（33）（<他拜屋嘞那点儿烂套得卖了。）

卖（喽）卖喽吧，堆^{D}那儿光碍事嘞哟。

该格式是紧缩句“X逗（就）X吧”的省略形式，以上例句两个X之间加上“逗”（就）依然成立。

2. 语用特点

复叠句是语用法固定化的结果，其语用方面的特征主要表现在三个方面。

1）回声性

无论是使用“X+代词+X”格式，还是使用“X+X+吧”格式，都是听话人针对发话人言语的回应。这种回应重复了发话人起句中谓语部分的焦点信息X，具有回声性。

X为谓词性词语，但具体使用单个的谓词或谓词性短语，主要取决于两个方面：一是发话人起句的结构；二是听话人对新信息的处理。若起句的焦点信息是单个的动词或形容词，回应句中的X就只能是单个的谓词；若是谓词性短语，则听话人既需要根据起句的结构，也需要依据对话的具体语境，选择出能够表示主要信息的谓词性词语。

2）主观性

沈家煊（2001）指出“主观性”是指语言的这样一种特性，即在话语中多多少少总是含有说话人“自我”的表现成分，也就是说，说话人在说出一段话的同时表明自己对这段话的立场、态度和感情，从而在话语中留下自我的印记。

就复叠回应句而言，该类格式所显示的主要就是说话人的这种“自我”表现成分（语言的表现意义），即说话人的主观态度和立场。“X+啥+X”与其他格式不同，它是对发话人整个判断的直接否定，显示了说话人断然否定的态度。

其余格式（含有的客观表述意义：“X　了”）表达一个共同的意思“X就让他X好了”，但所显示的态度还是有细微的差别，“X+他/你/恁+X”为“放任”，“X+□[$niɛ^{312}$]+X”为“漠然视之”，同时这两种格式一般含有强烈的不满情绪。“X+X+吧”显示的“容忍”态度，含有“包容或理解”的因素，一般不带有强烈的情绪。可以说，强烈的主观性是复叠回应句最为明显的特征。

3）简洁性

复叠句回应句重复了发话人起句的焦点信息，并作了进一步的简化处理。从我们搜集到的例句看，除了否定性动词结构、动量成分等外，X一般不超过三个音节，且绝大多数为单个的单、双音节谓词。可以说，简洁性是复叠回应句一个重要的特点。

吴继章（2008）在分析魏县方言的复叠回应句时，列举了“谓词为三个音节的句子”，如：“他不后悔那他不后悔吧”等。这类句子在内黄方言中也有相应的形式“他不后悔逗不后悔吧”。我们认为，这类句子不属于高度语法化的复叠回应格式，而属于使用关联词语的紧缩复句格式（大致相当于“A 就 A 吧”），应放在紧缩复句层面讨论。

以上我们描写了复叠回应句的结构类型及语义、语用特点。正是这些特点决定了该类句式鲜明的言语风格：直截了当、态度鲜明、简洁明快。

（二）复叠起句

起句采用复叠形式主要是针对听话人某一不当行为的反应，表示“（听话人）不该如此”，结构形式为：“V+啥+嘞/咧+V”，其中“咧[liɛ·]”是“嘞”和“也”的合音。

该格式带有强烈的“训斥”意味，和普通话的“X+什么+X”格式相当。马凤如（2000）称作“谓语的反复”。

（34）瞧啥咧瞧，过真嘞冇见过哟？

（35）你搁那儿哭啥咧哭！

（36）你撕登啥咧撕登！

以上格式都可以变为反问形式的“V+啥+咧”，意思基本不变，但训斥意味有所减弱。

第三章　词汇分类表

凡　　例

1. 这个词表所收的词（包括词组）按意义分为 27 类，密切相关的词虽然在意义上不同类，但有时候也连带排在一起。

2. 同义词排在一起，第一条顶格，其他各条缩一格另行排列。

3. 每个词条先写汉字，后标读音，有的加注或用例。义项不同的用①②③分开。例子之间用“｜”隔开，例子中“～”表示复举前面的词条。例句尽量避免使用 D 变韵，避不开的采用前面使用的标记惯例，“～^{D}”表示前面所列词条的 D 变韵标记形式。

4. 读音特殊的，在汉字下面画波浪线标示，必要时附文说明。

5. 本字不明的一般用同音字替代，没有同音字的用□替代。本字不明且有两种读法的，一般标注一个读音，另一个用小字进行说明。

6. 原形式与合读形式自由的词一般标注原形式，合音用小字说明，在其他涉及到该词的词条中不再一一说明。

7. “/”表示该符号前后两个语素或音节可以替换，词义不变。词条后标“(儿)”的，表示该词的儿化形式与原形式使用频率相当，儿化形式不再标音。

8. 词条右下角的小字“新”表示该词条是新起的说法，“旧”表示是过去的说法，现在已较少使用。“得”尾词条右下角的小字“儿”表示“得”尾可以替换为前一个音节的儿化韵形式，“得”尾词绝大部分可以儿化，不再标注。

9. 副词、介词、助词、连词等在语法部分已列举，本词表不再收录。

一 天文

(1) 日、月、星

爷儿爷儿 ior^{42} ior· 太阳

爷爷地儿 iɛ^{42} iɛ· tiər^{312}

月亮(儿) yɛ^{24} liaŋ·

月婆婆 yɛ^{24} p'o^{42} p'o·

月亮地儿 yɛ^{24} liaŋ· tiər^{312} 月亮照到的地方

天河 t'ian^{24} xɤ^{42} 银河

星星 ɕiŋ^{24} ɕiŋ·

贼星 tsei^{42} ɕiŋ^{24} 流星

扫絮星 sau^{312} ɕy· ɕiŋ^{24} 彗星

勺得星 suo^{42} tɛ· ɕiŋ^{24} 北斗星

牛郎星 niou^{42} laŋ^{42} ɕiŋ^{24}

织女星 tsɿ^{24} ny^{55} ɕiŋ^{24}

牛梭得星 niou^{42} suo^{24} tɛ· ɕiŋ^{24}

阴凉地儿 in^{24} liaŋ· tiər^{312} 阳光照不到的地方

凉凉儿 liaŋ^{42} liɐr·

日食 zɿ^{312} sɿ^{42}

月食 yɛ^{24} sɿ^{42}

狗吃月亮儿 kou^{55} ts'ɿ^{24} yɛ^{24} liɐr·

月黑头 yɛ^{24} xiɛ^{24} t'ou^{42} 晚上没有月光

双月黑头 suaŋ^{24} yɛ^{24} xiɛ^{24} t'ou^{42} "阴天"加上"月黑头"

(2) 风、云、雷、雨

风 fɤŋ^{24}

大风 ta^{312} fɤŋ^{24}

顺风 suɤn^{312} fɤŋ^{24}

顶风 tiŋ^{55} fɤŋ^{24}

顶头风 tiŋ^{55} t'ou^{42} fɤŋ^{24}

刮风 kua^{24} fɤŋ^{24}

起风 tɕ'i^{55} fɤŋ^{24}

喝风 xɤ^{24} fɤŋ^{24} 戗风

黄风 xuaŋ^{42} fɤŋ^{24}

黑风 xiɛ^{24} fɤŋ^{24}

屋檐儿风 u^{24} iar^{42} fɤŋ^{24} 顺屋檐刮来的风。传说这种风容易导致孕妇或坐月子的妇女得病

扭劲得风 niou^{42} tɕin^{312} tɛ· fɤŋ^{24} 风向不稳的风

风圈儿 fɤŋ^{24} tɕ'yar^{24} 日晕

旋风 ɕyan^{312} fɤŋ·

黑旋风 xiɛ^{24} ɕyan^{312} fɤŋ·

通天旋风 t'uɤŋ^{24} t'ian^{24} ɕyan^{312} fɤŋ·

刮黄了 kua^{24} xuaŋ^{42} la·

云彩 yn^{42} ts'ai·

黑云彩 xiɛ^{24} yn^{42} ts'ai·

红云彩 xuɤŋ^{42} yn^{42} ts'ai· 云霞

云彩朵得儿 yn^{42} ts'ai· tuo^{55} tɛ·

打雷 ta^{55} luei^{42}

打忽雷 ta^{55} xu^{24} luei·

响雷 ɕiaŋ^{55} luei^{42}

陈雷 ts'ɤn^{42} luei^{42} 远且声音很钝的响雷

打霍 ta^{55} xuo^{24} 闪电

龙抓了 luɤŋ^{42} tsua^{24} la·

雷劈了 luei^{42} p'i^{24} la·

雨水 y^{55}suei·

下雨 ɕia^{312} y^{55}

下嘞 ɕia^{312} lɛ·

木棱 mu^{24} lɤŋ· 下小雨

滴拉 ti^{24} la·

瓢泼大雨 p'iau^{42} p'o^{24} ta^{312} y^{55}

雷阵雨 luei^{42} tsɤn^{312} y^{55}

暴雨 pau^{312} y^{55}

连阴雨儿 lian^{42} in^{24} yər^{55}

小雨儿 ɕiau$^{55|42}$ yər^{55}

罗面雨儿 luo^{42} mian^{312} yər^{55} 细而均匀的小雨

木棱得雨儿 mu^{24} lɤŋ· tɛ· yər^{55}

孟生雨儿 mɤŋ^{312} sɤŋ· yər^{55}

透雨 t'ou^{312} y^{55} 把田地里干土层浇透的雨

滴点儿 ti^{24} tiar^{55} 开始下雨

雨点得儿 y$^{55|42}$ tian^{55} tɛ·

雨淋 y^{55} luɤn^{42}

潲雨 sau^{312} y^{55}

住点儿 tɕy^{312} tiar^{55} 雨停

绛 tɕiaŋ^{312} 虹

（3）冰、雪、霜、露

上冻 saŋ^{312} tuɤŋ^{312}

化冻 xua^{312} tuɤŋ^{312}

一冻一化儿 i$^{24|42}$ tuɤŋ^{312} i$^{24|42}$ xuɐr^{312}

冷得 lɤŋ^{55} tɛ· 冰雹

皮琉璃 p'i^{42} liou^{42} li· 雨雪融化后形成的冰

冰凌 piŋ^{24} liŋ·

冰凌茬得儿 piŋ^{24} liŋ· ts'a^{24} tɛ·

冰凌块得儿 piŋ^{24} liŋ· k'uai^{312} tɛ·

喇叭 la^{55} pa· 冰锥

下雪 ɕia^{312} ɕyɛ^{24}

雪花儿 ɕyɛ^{24} xuɐr^{24}

雪片得儿 ɕyɛ^{24} p'ian^{312} tɛ·

雪虫得儿 ɕyɛ^{24} ts'uɤŋ^{24} tɛ· 霰

鹅毛大雪 ɤ^{42} mau^{42} ta^{312} ɕyɛ^{55}

桃花雪 t'au^{42} xuɐr^{24} ɕyɛ^{24} 三月桃花开时下的雪

雪人儿 ɕyɛ^{24} zər^{42}

雪地嘞 ɕyɛ^{24} ti^{312} lɛ·

露水 lu^{42} suei·

露水珠得儿 lu^{42} suei· tɕy^{24} tɛ·

下霜 ɕia^{312} suaŋ^{24}

雾 u^{312}

　雾气 u^{312} tɕ'i·

起雾 tɕ'i^{55} u^{312}

（4）气候

天气 t'ian^{24} tɕ'i·

晴天（儿） tɕ'iŋ^{42} t'ian^{24}

　好天儿 xau^{55} t'iar^{24}

　大晴天 ta^{312} tɕ'iŋ^{42} t'ian·

　晴展展嘞天 tɕ'iŋ^{42} tsan· tsan^{42} lɛ· t'ian^{24}

孬天（儿） nau^{24} t'ian^{24}

天旱 t'ian^{24} xan^{312}

涝天 lau^{312} t'ian^{24}

连阴天儿 lian^{42} in^{24} t'iar^{24}

上大水 saŋ^{312} ta^{312} suei^{55} 发洪水

淹了 ian^{24} na·

头伏 t'ou^{42} fu^{42}

中伏 tsuɤŋ^{24} fu^{42}

末伏 mo^{24} fu^{42}

三伏 san^{24} fu^{42}

出伏 tɕ'y^{24} fu^{42}

三伏天 san^{24} fu^{42} t'ian^{24}

二　地理

（1）地

平地 p'iŋ^{42} ti^{312} ① 平整的地块儿 ② 把地整平

洼地 ua^{312} ti^{312} 地势低的地

　罗哇 luo^{42} ua^{24}

耷拉坡得 ta^{55} la· p'o^{24} tɛ· 一头高一头低的地块

旱地 xan^{312} ti^{312}

荒地 xuaŋ^{24} ti^{312} 弃置不种的地

　小辫儿荒 ɕiau^{55} piar^{312} xuaŋ^{24}

好地 xau^{55} ti^{312}

　水浇地 suei^{55} tɕiau^{24} ti^{312}

薄地 po^{42} ti^{312}

　孬地 nau^{24} ti^{312}

盐碱地 ian^{42} tɕian^{55} ti^{312}

沙地 sa^{24} ti^{312}

　沙土地 sa^{24} t'u· ti^{312}

　沙和地 sa^{24} xuo· ti^{312}

自留地 tsɿ^{42} liou^{42} ti^{312}

菜地 ts‘ai^{312} ti^{312}

闲地 ɕian^{42} ti^{312}

空地 k‘uɤŋ^{312} ti^{312}

春地 ts‘uɤn^{24} ti^{312} 专门留着第二年春天种的地

生地 sɤŋ^{24} ti^{312}

熟地 su^{42} ti^{312}

垡得地 fa^{42} tɛ· ti^{312} 收过庄稼的土地

地头儿 ti^{312} t‘or^{42}

地边儿 ti^{312} piar^{24}

庄得儿 tsuaŋ^{24} tɛ·

　宅基地新 tsɛ^{42} tɕi^{24} ti^{312}

地动 ti^{312} tuɤŋ^{312}

　地震新 ti^{312} tsɤn^{312}

（2）山、河、沟、水

沙圪挡 sa^{24} kiɛ^{24} taŋ^{55} 沙丘

　圪挡 kiɛ^{24} taŋ^{55}

山尖儿 san^{24} tɕiar^{24}

半山腰儿 pan^{312} san^{24} ior^{24}

山根儿 san^{24} kər^{24}

山沟 san^{24} kou^{24}

山□得 san^{24} p‘a^{55} tɛ· 山坡

卫河 uei^{312} xɤ^{42}

硝河 ɕiau^{24} xɤ^{42}

洹河 xuan^{42} xɤ^{42}

汤河 t‘aŋ^{24} xɤ^{42}

河边儿 xɤ^{42} piar^{24}

河沿儿 xɤ^{42} iar^{42}

河身 xɤ^{42} sɤn^{24}

河滩 xɤ^{42} t‘an^{24}

河底 xɤ^{42} ti^{55}

堤 ti^{24}

　大堤 ta^{312} ti^{24}

坝 pa^{312}

渡口儿 tu^{312} k‘or^{55}

摆渡 pai^{55} tu^{312}

河沟得 xɤ^{42} kou^{24} tɛ· 水沟

沙河 sa^{24} xɤ^{42} 排涝沟，在河北省魏县入卫河

杏元儿沟 ɕiŋ^{312} yar^{42} kou^{24} 排涝沟，在张龙乡杏元村入卫河

老塔坡沟 lau^{55} t‘a^{24} p‘o^{24} kou^{24} 排涝沟，流经老塔坡

王^{D}庄儿沟 uo^{42} tsuɐr^{24} kou^{24} 排涝沟，在楚旺镇王庄村入卫河

滑河屯沟 xuaŋ^{42} xɤ^{42} t‘uɤn^{42} kou^{24} 排涝沟，流经田氏乡滑河屯村

井 tɕiŋ^{55}

机井 tɕi^{24} tɕiŋ^{55}

轧水井儿 ia^{312} suei· tɕiɐr^{55} 利用大气压原理人工压水的小型饮用水井，多在庭院中

井台得儿 tɕiŋ^{55} t‘ai^{42} tɛ·

河水 xɤ^{42} suei^{55}

井水 tɕiŋ$^{55|42}$ suei^{55}

净水 tɕiŋ^{312} suei^{55}

凉水 liaŋ^{42} suei^{55}

　冷水 lɤŋ$^{55|42}$ suei^{55}

京八儿凉水 tɕiŋ^{24} pɐr^{24} liaŋ^{42} suei^{55} 刚从水井里取出的水

热水 zɛ^{24} suei^{55}

　开水 k‘ai^{24} suei^{55}

温水 uɤn^{24} suei^{55}

　乌都得水 u^{24} tu· tɛ· suei^{55}

水泡儿 suei^{55} p‘or^{24}

打水 ta$^{55|42}$ suei^{55} 以绳系桶取水

清水 tɕ‘iŋ^{24} suei^{55}

浑水 xuɤn^{42} suei^{55}

水坑 suei^{55} k‘ɤŋ^{24}

　污水坑 u^{24} suei^{55} k‘ɤŋ^{24}

坑上沿儿 k‘ɤŋ^{24} saŋ^{312} iar^{42}

坑嘴得儿 k‘ɤŋ^{24} tsuei^{55} tɛ· 水坑进水的地方

土井得 t‘u^{55} tɕiŋ^{312} tɛ· 坑中河里圆而深的坑

水洼得儿 suei^{55} ua^{312} tɛ· 地上积水之处

捣地窖得 tau^{24} ti^{312} iau^{42} tɛ· 路上或田野中因碾压而成的坑

（3）石、沙、土块、矿物

石头 sɿ^{42} t‘ou·

石头块得儿 sɿ^{42} t‘ou· k‘uai^{312} tɛ·

石头子得儿 sɿ^{42} t‘ou· tsɿ^{55} tɛ· 碎石

沙土 sa^{24} t‘u·

沙得 sa^{24} tɛ·

粗沙得 ts‘u^{24} sa^{24} tɛ·

细沙得 ɕi^{312} sa^{24} tɛ·

坯 p‘ei^{24} 方坯子

坯得 p‘i^{24} tɛ· 长方形的坯

砖头 tsuan^{24} t‘ou·

瓦渣得儿 ua^{55} tsa^{24} tɛ· 碎瓦片

灰 xuei^{24} 灰尘

　土 t‘u^{55}

　腌臜 a^{24} tsa·

木穰得儿 mu^{24} iaŋ· tɛ· 植物沤烂的碎末儿

石灰 sɿ^{42} xuei^{24}

洋灰 iaŋ^{42} xuei^{24}

　水泥新 suei^{55} ni^{42}

泥糊涂 ni^{42} xu^{42} tu· 稀泥

翁泥 uɤŋ^{24} ni· 污泥

煤土 mei^{42} t‘u· 和煤时掺进去的土

　胶泥 tɕiau^{24} ni·

坷垃 k‘iɛ^{55} la· 土块

金得 tɕin^{24} tɛ·

银得 in^{42} tɛ·

生疏 sɤŋ^{24} su· 生锈

　生锈新 sɤŋ^{24} ɕiou^{312}

蜂窝儿煤 fɤŋ^{42} uor^{24} mei^{42}

煤块得儿 mei^{42} k‘uai^{312} tɛ·

砟得 tsa^{55} tɛ· 煤块

煤球儿 mei^{42} tɕ‘ior^{42}

炭 t‘an^{312}

木炭 mu^{24} t‘an^{312}

洋油 iaŋ^{42} iou^{42} 煤油

汽油 tɕ‘i^{312} iou^{42}

柴油 ts‘ai^{42} iou^{42}

机油 tɕi^{24} iou^{42}

着火 tsuo^{42} xuo^{55} 失火

火头儿 xuo^{55} t‘or^{42} 火苗

吸铁石 ɕi^{24} t‘iɛ^{24} sɿ^{42}

玉石 y^{312} sɿ^{42}

青石 tɕ‘iŋ^{24} sɿ^{42}

磨刀石 mo^{42} tau^{24} sɿ^{42}

石膏 sɿ^{42} kau^{24}

硫磺 luɤŋ^{42} xuaŋ·

臭蛋儿 ts‘ou^{312} tar^{312} 樟脑球

（4）城乡处所

地场儿 ti^{312} sɐr· 地方

城里 ts‘ɤŋ^{42} li^{55} 县城

城门 ts‘ɤŋ^{42} mɤn^{42}

城墙 ts‘ɤŋ^{42} tɕ‘iaŋ^{42}

城关 ts‘ɤŋ^{42} kuan^{24}

公社 kuɤŋ^{24} sɛ^{312}

村儿 ts‘uər^{24}

街嘞 tɕiɛ^{24} lɛ· 街里

　大街嘞 ta^{312} tɕiɛ^{24} lɛ·

　门街 mɤn^{42} tɕiɛ^{24}

饭场儿 fan^{312} ts‘ɐr^{55} 农村众人聚在一起吃饭的地方

老家 lau^{55} tɕia^{24} 故乡

旮旯得儿 kiɛ^{24} lau· tɛ· 角落

　背旮旯得 pei^{312} kiɛ· lau^{24} tɛ·

夹道儿 tɕia^{42} tor· 三面有墙的角落

黑拉得儿 xiɛ^{42} la· tɛ· 狭窄处

风口得儿 fɤŋ^{24} k‘ou^{55} tɛ· 街口、路口等有风的地方

隔墙儿 kiɛ^{24} tɕ‘iɐr^{42}

胡同得儿 xu^{42} t‘uɤŋ· tɛ·

死胡同得儿 sɿ^{55} xu^{42} t‘uɤŋ· tɛ·
家边儿嘞 tɕia^{24} piar^{24} lɛ· 离村上很近的地方
漫间地嘞 man^{312} tɕian^{24} ti^{312} lɛ· 村外的野地里
方圆作劲儿 faŋ^{24} yan^{42} tsuo^{24} tɕiər^{312} 周围，附近
菜园 ts‘ai^{312} yan^{42}
园得 yan^{42} tɛ· 用墙围起来栽树或放柴草的空地
集上 tɕi^{42} saŋ·
伙路 xuo^{55} lu^{312} 宅院外留的路
出路 tɕ‘ y^{24} lu^{312} 田地间留的路
近路儿 tɕin^{312} lur^{312}
远路儿 yan^{55} lur^{312}
大路 ta^{312} lu^{312}
小路儿 ɕiau^{55} lur^{312}
土路 t‘u^{55} lu^{312}
山路 san^{24} lu^{312}
官路 kuan^{24} lu· 旧时称通往县城的大道，今多废置
马路 ma^{55} lu^{312}
　公路 kuɤŋ^{24} lu^{312}
油漆路 iou^{42} tɕ‘i^{24} lu^{312} 由沥青、石子铺设的路
　柏油马路 pɛ^{24} iou^{42} ma^{55} lu^{312}
骨芦沟 ku^{42} lu· kou^{24} 深沟中的大路

（5）方位

上头 saŋ^{312} t‘ou·
　上边/面儿 saŋ^{312} piar· /miar·
　顶上 tiɛ^{55} saŋ·
下头 ɕia^{312} t‘ou·
　下边/面儿 ɕia^{312} piar· /miar·
　底下 ti^{55} ɕia·
里头 li^{55} tou· 可以合读为liou^{55}
　里边/面儿 li^{55} piar·/miar·
外头 uai^{312} t‘ou· ① 超出一定的范围 ② 外地 ③ 表面
　外边/面儿 uai^{312} piar·/miar·
　外先 uai^{312} ɕian·
前头 tɕ‘ian^{42} t‘ou·
　前边/面儿 tɕ‘ian^{42} piar·/miar·
　头嘞 t‘ou^{42} lɛ·
后头 xou^{312} t‘ou·
　后边/面儿 xou^{312} piar·/miar·
左边/面儿 tsuo^{55} piar·/miar·
右边/面儿 iou^{312} piar·/miar·
当中 taŋ^{24} tsuɤŋ^{24}
中间 tsuɤŋ^{24} tɕian^{24}
当间儿 taŋ^{24} tɕiar^{312}
正中间 tsɤŋ^{312} tsuɤŋ^{24} tɕian^{24}
　正当中 tsɤŋ^{312} taŋ^{24} tsuɤŋ^{24}
　正当间儿 tsɤŋ^{312} taŋ^{24} tɕiar^{312}
东边/面儿 tuɤŋ^{24} piar·/miar·
西边/面儿 ɕi^{24} piar·/miar·
南边/面儿 nan^{42} piar·/miar·
北边/面儿 pei^{24} piar·/miar·
前前后后 tɕ‘ian^{42} tɕ‘ian^{42} xou^{312} xou^{312}
路边儿 lu^{312} piar^{24}
两边儿 liaŋ^{55} piar^{24}
头儿起 t‘or^{42} tɕ‘i^{55}
两头儿 liaŋ^{55} t‘or^{42}
东头儿 tuɤŋ^{24} t‘or^{42} “东”可替换为“西、南、北”，构成相应的方所词语
大东头儿 ta^{312} tuɤŋ^{24} t‘or^{42}
尽尽东头儿 tɕin$^{55|42}$ tɕin· tuɤŋ^{24} t‘or^{42} 最东头
四下 sɿ^{312} ɕia· 四处
一边儿 i^{24} piar^{24}
　旁边儿 p‘aŋ^{42} piar^{24}
　半边儿 pan^{312} piar^{24}
把边儿 pa^{55} piar^{24} 挨着边儿
边儿边儿 piar^{24} piar^{42} 最边儿上
根儿根儿 kər^{24} kər^{42} 离得很近
一前正东 i^{24} tɕ‘ian^{42} tsɤŋ^{312} tuɤŋ^{24}

向前正东方向。“东”可替换为“西、南、北”

地下 ti^{312} ɕia· 地上

跟前 kɤn^{24} tɕʻian· ① 眼前 ② 身边：他～俩小得

地底下 ti^{312} ti^{55} ɕia· 地面以下

正当路上 tsɤŋ^{312} taŋ^{24} lu^{312} saŋ· 路中间，“正”可以省去

半骨云嘞 pan^{312} ku· yn^{42} nɛ· 空中

三　时间、节令

（1）季节

春天 tsʻuɤn^{24} tʻian·

开春儿 kʻai^{24} tsʻuər^{24} 春天来临

麦口儿嘞 mɛ^{24} kʻor^{55} lɛ· 将要收割麦子的日子

麦天 mɛ^{24} tʻian·

麦罢 mɛ^{24} pa^{312} 收完麦子以后

热天 zɛ^{24} tʻian· 夏天

秋天 tɕʻiou^{24} tʻian·

冬天 tuɤŋ^{24} tʻian·

　冷天 lɤŋ^{55} tʻian·

五荒六月 u^{55} xuaŋ^{24} liou^{312} yɛ^{24}

十冬腊月 sɿ^{42} tuɤŋ· la^{24} yɛ·

节气 tɕiɛ^{24} tɕʻi·

打春 ta^{55} tsʻuɤn^{24}

　立春新 li^{24} tsʻuɤn^{24}

惊蛰 tɕiŋ^{24} tsɿ·

春分 tsʻuɤn^{24} fɤn·

清明儿 tɕʻiŋ^{24} miɐr· 清明节

谷雨 ku^{24} y·

立夏 li^{24} ɕia^{312}

小满 ɕiau$^{55|42}$ man·

芒种 maŋ^{42} tsuɤŋ^{312}

夏至 ɕia^{312} tsɿ^{312}

小暑 ɕiau^{55} su^{55}

大暑 ta^{312} su^{55}

立秋 li^{24} tɕʻiou^{24}

处暑 tsʻu^{312} su^{55}

白露 pɛ^{42} lu^{312}

霜降 suaŋ^{55} tɕiaŋ·

立冬 li^{24} tuɤŋ^{24}

小雪 ɕiau^{55} ɕyɛ^{24}

大雪 ta^{312} ɕyɛ^{24}

冬至 tuɤŋ^{24} tsɿ·

　数九 su^{42} tɕiou^{55}

小寒 ɕiau^{55} xan·

大寒 ta^{312} xan·

日历 zɿ^{312} li·

阴历 in^{24} li· 农历

阳历 iaŋ^{42} li· 公历

（2）节日

节亮儿 tɕiɛ^{24} liɐr· 节日

阳历年 iaŋ^{42} li· nian^{42} 元旦

年下 nian^{42} ɕia· 春节期间

　大年下 ta^{312} nian^{42} ɕia·

年关 nian^{42} kuan^{24} 年底

过年 kuo^{312} nian^{42}

年三十儿 nian^{42} san^{24} sər^{42}

大年初一 ta^{312} nian· tsʻu^{24} i^{24}

起五更 tɕʻi$^{55|42}$ u^{55} kɤŋ·

小年下儿 ɕiau^{55} nian^{42} ɕiɐr^{312} 正月十五、十六

破五儿 pʻo^{312} ur^{55} 正月初五

二月二 ər^{312} yɛ^{24} ər^{312} 龙抬头

五月当午儿 u^{55} yɛ^{24} taŋ^{24} ur^{55} 端午节

六月六 liou^{312} yɛ^{24} liou^{312}

七月七 tɕʻi^{24} yɛ^{24} tɕʻi^{24}

七月十五 tɕʻi^{24} yɛ^{24} sɿ^{42} u^{55} 鬼节

八月十五 pa^{24} yɛ^{24} sɿ^{42} u^{55} 中秋节

九月九 tɕiou^{55} yɛ^{24} tɕiou^{55} 重阳节

十月一儿 sɿ^{42} yɛ^{24} iər^{24} 寒衣节，为先人上坟、烧纸

腊八儿 la^{24} pɐr^{24}

（3）年、月

今年 tɕin^{24} nian·

年似个 nian^{42} sɿ· kɤ· 去年

前年个 tɕʻian^{42} nian· kɤ·

大前年个 ta^{312} tɕʻian^{42} nian· kɤ·

前几年 tɕʻian^{42} tɕi^{55} nian^{42}

过年 kuo^{312} nian· 明年

后年 xou^{312} nian·

大后年 ta^{312} xou^{312} nian·

年年儿 nian^{42} niar·

年头嘞 nian^{42} tʻou^{42} lɛ· 年前

年底 nian^{42} ti^{55}

年跟前 nian^{42} kɤn^{24} tɕʻian·

年根儿 nian^{42} kər^{24}

闰年 yn^{312} nian^{42}

上半年 saŋ^{312} pan^{312} nian^{42}

下半年 ɕia^{312} pan^{312} nian^{42}

正月 tsɤŋ^{24} yɛ·

腊月 la^{24} yɛ·

闰月 yn^{312} yɛ^{24}

大尽 ta^{312} tɕin· 阴历有三十天的月份

小尽 ɕiau^{55} tɕin·

月底 yɛ^{24} ti^{55}

上半月 saŋ^{312} pan^{312} yɛ^{24}

下半月 ɕia^{312} pan^{312} yɛ^{24}

上一个月 saŋ^{312} i$^{24|42}$ kɤ· yɛ^{24}

下一个月 ɕia^{312} i$^{24|42}$ kɤ· yɛ^{24}

半月来地儿 pan^{312} yɛ^{24} lai^{42} tiər^{24} 近半个月

（4）日、时

今儿个 tɕiər^{24}/tɕiou^{24} kɤ· 今天

明儿个 miɐr^{42}/miɛ^{42} kɤ· 明天

过明儿 kuo^{312} miɐr· 后天

大过明儿 ta^{312} kuo^{312} miɐr· 大后天

夜个 iɛ^{312} kɤ· 昨天

前儿个 tɕʻiar^{42}/tɕʻiau^{42} kɤ· 前天

大前儿个 ta^{312} tɕʻiar^{42}/tɕʻiau^{42} kɤ· 大前天

天天儿 tʻian^{24} tʻiar·

　悠个 iou^{24} kɤ·

　见天 tɕian^{312} tʻian^{24}

　见天见 tɕian^{312} tʻian^{24} tɕian^{312}

　成天 tsʻɤŋ^{42} tʻian^{24}

一半天儿 i$^{24|42}$ pan^{312} tʻiar^{24} 短时间内

递印儿 ti^{312} iər· 第二天

星期 ɕiŋ^{42} tɕʻi^{24} 星期日：今儿个～嘞

前半晌儿 tɕian^{42} pan^{312} tsʻɐr^{55}

后半晌儿 xou^{312} pan^{312} tsʻɐr^{55}

傍明儿 paŋ^{24} miɐr^{42} 蒙蒙亮

　临明儿 lin^{42} miɐr^{42}

　糊朗趟 xu^{24} laŋ· tʻaŋ^{24}

清早 tɕʻiŋ^{24} tau· 可以合读为 tɕʻio^{24}

　清早起来 tɕʻiŋ^{24} tau· tɕʻi^{24} lai·

　清早价 tɕʻiŋ^{24} tau· tɕia·

吃罢清早饭儿 tsʻɿ^{24} pa^{312} tɕʻiŋ^{24} tau· far^{312} 上午

晌午 saŋ^{42} u· ① 上午 ② 中午

晌午大错 saŋ^{42} u· ta^{312} tsʻuo^{312} 过了中午很久了

吃罢晌午饭儿 tsʻɿ^{24} pa^{312} saŋ^{42} u· far^{312}

后晌 xɤŋ^{312} saŋ· 下午。可以合读为 xo^{312}

　后晌价 xɤŋ^{312} saŋ· tɕia·

吃罢后晌饭 tsʻɿ^{24} pa^{312} xɤŋ^{312} saŋ· far^{312} 吃过晚饭

擦黑儿 tsʻa^{24} xior^{24} 傍晚

麻支眼得嘞时候儿 ma^{42} tsɿ^{24} ian^{55} tɛ· lɛ· sɿ^{42} xor· 天色已看不清的时候

环嘞 xuan^{312} nɛ· 晚上。"环"应是"黄昏"的合音

大长环嘞 ta^{312} tsʻaŋ· xuan^{312} nɛ· 天已黑了很长时间

白儿嘞　pε^{42} ər· lε·　白天。第二个音节可读为iər·
夜嘞　iε^{312} lε·　夜里
　黑价　xiε^{24} tɕia·
前半夜　tɕ'ian^{24} pan^{312} iε^{312}
后半夜　xou^{312} pan^{312} iε^{312}
三更半夜　san^{24} kɤŋ^{24} pan^{312} iε^{312}
下一点　ɕia^{312} i^{24} tian^{55}　凌晨一点
半夜黑价　pan^{312} iε^{312} xiε^{24} tɕia·
多半夜　tuo^{24} pan· iε^{312}　大半夜
通夜　t'uɤŋ^{24} iε^{312}
　一夜黑价　i$^{24|42}$ iε^{312} xiε^{24} tɕia·

(5) 其他

时候儿　sɿ^{42} xor^{312}
眼下　ian^{55} ɕia^{312}
　当下　taŋ^{24} ɕia^{312}
将将儿　tɕiaŋ^{24} tɕiɐr^{42}　刚才
先时候儿　ɕian^{24} sor·
　早先儿　tsau^{55} ɕiar^{24}
　原先　yan^{42} ɕian^{24}
　过去　kuo^{312} tɕ'y^{312}
后来　xou^{312} lai·
往后　uaŋ^{24} xou^{312}
　以后　i^{42} xou^{312}
　从今往后　ts'uɤŋ^{42} tɕin^{24} uaŋ^{24} xou^{312}
下边儿　ɕia^{312} piar·　今后：～得注点意了
展眼　tsan^{42} ian^{55}　极短的时间
说句话　ɕyε^{24} tɕy· xua^{312}　瞬间
　说话不及　ɕyε^{24} xua· pu^{24} tɕi·
黑黑儿　xiε^{42} xior^{24}　天刚黑
一下手儿　i$^{24|42}$ ɕia^{312} sor^{55}　刚开始
成年论辈得　ts'ɤŋ^{42} nian^{42} luɤn^{312} pei^{312} tε·　时间长的夸张说法：～不洗个澡
半世得　pan^{312} sɿ^{312} tε·　半辈子
一早一晚儿　i^{24} tsau^{55} i^{24} uar^{55}
一崩得儿　i^{24} pɤŋ^{24} tε·　一段时间
　一段儿　i$^{24|42}$ tuar^{312}
一大会得儿　i$^{24|42}$ ta^{312} xuei^{312} tε·
一时半会儿　i^{24} sɿ^{42} pan^{312} xuər^{312}
一支蒙儿　i^{24} tsɿ· mɐr^{24}　一会儿，较短的时间
　一小会儿　i^{24} ɕiau^{55} xuər^{312}

四　农业

(1) 农事

下地　ɕia^{312} ti^{312}　到地里去
上晌　saŋ^{312} ts'aŋ^{55}　下地干活
下晌　sou^{24} ts'aŋ^{55}　收工
浇地　tɕiau^{24} ti^{312}　灌溉农田
垄沟　luɤŋ^{42} kou^{24}　浇地用的水沟
看垄沟　k'an^{24} luɤŋ^{42} kou^{24}　浇地时看护垄沟
改水　kai$^{55|42}$ suei^{55}　使垄沟里的水改流
肥料　fei^{42} liau·
尿素　niau^{312} su^{312}
碳铵　t'an^{312} an^{24}　碳酸氢铵
氨水儿　an^{24} suər^{55}　氨的溶液，生产队时期用作肥料
溇肥料　lan^{42} fei^{42} liau·　施化肥
洇地　in^{24} ti^{312}　无苗时给地灌水
叨地　tau^{24} ti^{312}　用镢头翻地
剜地　uan^{24} ti^{312}　用铁锨、铁叉翻地
犁地　li^{42} ti^{312}
扶^{D}犁　fo^{42} li^{42}　从地块儿中间开墒沟，向两边犁
耩^{D}犁　tɕio^{55} li^{42}　从地两头儿向中间犁
耠地　xuo^{24} ti^{312}　用耠子翻松土壤
翻地　fan^{24} ti^{312}
耙地　pa^{312} ti^{312}
蹚耙　t'aŋ^{24} pa^{312}　顺着犁地的方向直耙
锁耙　suo^{55} pa^{312}　按S形方向斜着耙，耙完之后整个地被耙了两遍
墒沟　san^{24} kou^{24}
刮畦儿　kua^{24} ɕiər^{42}　用刮板打埂把地块分割成一块块整齐的田地

打圪林儿 ta$^{55|42}$ kiɛ^{55} liər· 打埂

　打埂得儿 ta$^{55|42}$ kɤŋ^{55} tɛ·

叨坑儿 tau^{24} k'ɐr^{24}

挑水 t'iau^{24} suei^{55}

浇水 tɕiau^{24} suei^{55} 点种庄稼时用瓢或碗等往刨好的“坑儿”里倒水

抿坑儿 min^{55} k'ɐr^{24} 点种庄稼时用脚把用锄叨的坑抹平

点 tian^{55} 种：～豆得｜～拉伸

耩地 tɕiaŋ^{55} ti^{312} 播种

种麦得 tsuɤŋ^{312} mɛ^{24} tɛ·

砘地 tuɤn^{312} ti^{312} 用砘子将耩过的地轧实

保墒 pau^{55} saŋ^{24}

种花 tsuɤŋ^{312} xua^{55} 种棉花

洗苗儿 ɕ'i^{55} mior^{42} 育苗

翁葱 uɤŋ^{24} ts'uɤŋ^{24} 给葱培土

红薯模得 xuɤŋ^{42} ɕy· mu^{42} tɛ· 育红薯苗的场所

栽秦椒 tsai^{24} tɕ'in^{42} tɕiau·

锄地 ts'u^{42} ti^{312}

上粪 saŋ^{312} fɤn^{312} 施农家肥

粪坑 fɤn^{312} k'ɤŋ^{24}

大粪 ta^{312} fɤn· 人粪

草脚粪 ts'au^{24} tɕyo^{24} fɤn^{312} 由草等沤成的粪

羊粪子得儿 iaŋ^{42} fɤn^{312} tsɿ^{55} tɛ· 羊粪粒

驴粪蛋得儿 ly^{42} fɤn^{312} tan^{312} tɛ·

攒粪 tsan^{55} fɤn^{312}

沤粪 ou^{312} fɤn^{312}

拾粪 sɿ^{42} fɤn^{312} 旧时挑个萝筐在路边、村口等捡拾牲口、狗等拉下的粪便

拉粪 la^{24} fɤn^{312} 用车运粪

套车得 t'au^{312} ts'ɛ^{24} tɛ·

驾辕 tɕia^{312} yan^{42} 在车杆中间拉套

起粪 tɕ'i^{55} fɤn^{312} 把圈肥清理出去

　起圈 tɕ'i^{55} tɕyan^{312}

剜粪 uan^{24} fɤn^{312}

倒粪 tau^{55} fɤn^{312} 把堆着的粪翻开捣碎

敛粪 luan^{55} fɤn^{312} 把摊在地上的粪堆起来

掏茅得 t'au^{24} mau^{42} tɛ· 清理厕所的粪便

　掏大粪 t'au^{24} ta^{312} fɤn·

垫圈 tian^{312} tɕyan^{312} 将柴草等放入圈内积肥

压瓜秧 ia^{24} kua^{24} iaŋ^{24} 把瓜秧一部分埋在土里，以防刮风时摆动

开园 k'ai^{24} yan^{42} 指瓜园开始摘瓜

薅瓜 xau^{24} kua^{24} 摘瓜

翻秧得 fan^{24} iaŋ^{24} tɛ· 一般指翻动红薯秧，因为红薯生长期间长腰跟，翻动可以使之丰产

薅草 xau^{24} ts'au^{24} ① 拔草 ② 泛指割草

剔苗儿 t'i^{24} mior^{42} 间苗

掐尖儿 tɕ'ia^{24} tɕiar^{24}

打杈得儿 ta^{55} ts'a^{312} tɛ· 除去棉花苗等上面不结果的枝条

打药 ta^{55} yo^{24} 给农作物等喷药

抹花儿 mo^{55} xuɐr^{24} 给西红柿等人工授粉

簸麦种 po^{55} mɛ^{24} tsuɤŋ^{55} 选麦种

割麦得 kɤ^{24} mɛ^{24} tɛ·

撧玉絮絮 tɕ'yɛ^{55} y^{24} ɕy^{42}ɕy· 掰玉米棒子

叨玉茬 tau^{24} y^{242} ts'a^{42} 用镢头将收割玉米时留下的根部取出

重茬 ts'uɤŋ^{42} ts'a^{42} 不隔年在同一块土地种同一种作物

倒茬 tau^{55} ts'a^{42}

场 ts'aŋ^{42} 碾轧谷物的场所

碾场 nian^{55} ts'aŋ^{42} 碾麦子

摊场 t'an^{24} ts'aŋ^{42} 把麦垛摊开晾晒

扬场 iaŋ^{42} ts'aŋ^{42}

打麦得 ta^{55} mɛ^{24} tɛ· 用打麦机使麦子脱粒

囤得 tuɤn^{312} tɛ·

　粮食囤 liaŋ^{42} sɿ· tuɤn^{312}

拾麦得 sɿ^{42} mɛ^{24} tɛ· 捡拾收割剩下的麦穗

麦茬 mɛ^{24} ts‘a^{42} ① 收割麦子后留下的根和茎的基部 ② 用在指农作物的名词前，指秋作物：～红薯、～拉伸
铲麦茬 ts‘an^{55} mɛ^{24} ts‘a^{42}
大棚 ta^{312} p‘ɤŋ^{42}
搞大棚 kau^{55} ta^{312} p‘ɤŋ^{42}
穿种 ts‘uan^{24} tsuɤŋ^{312}
　套种 t‘au^{312} tsuɤŋ^{312}
柴火垛 ts‘au^{42} xuo· tuo^{312}
收秋 sou^{24} tɕ‘iou^{24}
割谷得 kɤ^{24} ku^{24} tɛ· 收割谷子
捎谷得 sau^{312} ku^{24} tɛ· 割谷穗（一般在场里）
杀高粱 sa^{24} kau^{55} liaŋ· 用镢头把高粱棵挖起
扦高粱 tɕ‘ian^{24} kau^{55} liaŋ· 从砍倒的高粱秸上把高粱穗削下来
割条得 kɤ^{24} t‘iau^{42} tɛ·
剜拉伸 uan^{24} la^{55} sɤn^{24} 收花生
剜红薯 uan^{24} xuɤŋ^{42} ɕy·
剜萝卜 uan^{24} luo^{42} pu·
打枣 ta$^{55|42}$ tsau^{55}
摘花 tsɛ^{24} xua^{24} 摘棉花
薅花柴 xau^{24} xua^{24} ts‘ai· 拔花棵
割芝麻 kɤ^{24} tsɿ^{24} ma·
拉秧得 la^{24} iaŋ^{24} tɛ· 秋后拔掉瓜秧
　抽秧得 ts‘ou^{24} iaŋ^{24} tɛ·
净园 tɕiŋ^{312} yan^{42} 瓜园、果园摘完瓜果
铡 tsa^{42} ① 铡刀 ② 用铡刀切：～草｜～红薯秧得
鞧得 iau^{312} tɛ· 用麦秆拧成的捆麦个儿的绳
麦捆 mɛ^{24} k‘uɤn^{55} 麦个子
麦稳得 mɛ^{24} uɤn^{55} tɛ· 从穗上脱下来还没有扬干净的麦粒和麦糠的混合物
麦余得 mɛ^{24} y^{42} tɛ· 带壳儿的小麦籽粒
麦糠 mɛ^{24} k‘aŋ^{24}
麦秸 mɛ^{24} tɕiɛ·
麦秸莛得儿 mɛ^{24} tɕiɛ· t‘iŋ^{42} tɛ·
煞 sa^{24} 勒紧：～车得｜～绳

禬 k‘uei^{312} 拴：～绳
活禬儿 xuo^{42} k‘uər^{312} 活结
死禬儿 sɿ^{55} k‘uər^{312} 死结
　死疙瘩 sɿ^{55} kɤ· ta^{24}
起土 tɕ‘i$^{55|42}$ t‘u^{55}
培土 p‘ei^{42} t‘u^{55}
菜畦儿 ts‘ai^{312} ɕiər^{42}
步步 pu^{312} pu· 用步子丈量
栽树 tsai^{24} ɕy^{312}
柯树 k‘uo^{24} ɕy^{312} 用斧、刀等砍去旁枝
拾掇树 sɿ^{42} tau· ɕy^{312} 修剪果树
　剪树 tɕian^{55} ɕy^{312}
接树 tɕiɛ^{24} ɕy^{312} 嫁接果树
刨树 p‘au^{42} ɕy^{312}
割条得 kɤ^{24} t‘iau^{42} tɛ·
编条活 pian^{24} t‘iau^{42} xuo· 编制篮子、篓子等
沤麻 ou^{312} ma^{42}
打井 ta$^{55|42}$ tɕiŋ^{55}
年景儿 nian^{42} tɕiɐr^{312} 年成

（2）农具

马车 ma^{55} ts‘ɛ^{24} 套牲口的双轮大车
头牯车得 t‘ou^{42} ku· ts‘ɛ^{24} tɛ· 套牲口的双轮小车
车杆 ts‘ɛ^{24} kan^{24}
后椅得 xou^{312} i^{55} tɛ· 车厢的后部
车站厢 ts‘ɛ^{24} tsan^{312} ɕiaŋ· 车厢两边隆起的部分
边套 pian^{24} t‘au^{312}
拉套 la^{24} t‘au^{312}
笼头 luɤŋ^{42} t‘ou·
串铃 ts‘uan^{312} liŋ· 系在牲口脖子上的铃铛
镯得 tsuo^{42} tɛ· 拴在牲口口中的小铁链
挨眼 ai^{42} ian· 蒙在牲口眼上的布
马鞍得 ma^{55} an^{24} tɛ·
圪拉得 kiɛ^{24} la· tɛ· 套在马、驴脖子上，避免磨牲口皮肤的一种椭圆形用具

夹板得　tɕia^{24} pan· tɛ·

肚带　tu^{312} tai·　围绕牲口的肚子，两端系在鞍子上的皮带

兜杆得　tou^{24} kan· tɛ·　牲口屁股后面的横木，防后蹄踢得过高

缰绳　tɕiaŋ^{24} sɤŋ·

鞭得儿　pian^{24} tɛ·

鞭杆得儿　pian^{24} kan^{55} tɛ·

鼻圈　pi^{42} tɕyan^{312}　牛鼻孔里的铁环

牛梭得　niou^{42} suo^{24} tɛ·　放在牛膀子用来拉套的弯曲木棍

褡裢得　ta^{24} lian· tɛ·　搭在牲口或人身上两边能装东西的布袋

马勺　ma^{55} suo·　大铁勺子，喂牲口加水、料时使用

排得车儿　p‘ai^{42} tɛ· ts‘or^{24}

井扒　tɕiŋ^{55} pa^{24}　用藤条编制的立在车厢两端挡住车上东西的工具

排杈得　p‘ai^{42} ts‘a^{24} tɛ·　用木棍做成的立在车厢两端挡住庄稼、柴草的工具

轱咧得儿　ku^{55} liɛ· tɛ·　轮子：车～｜木～

条　t‘iau^{42}　辐条

车脚儿　ts‘ɛ^{24} tɕyor^{24}　成套的车轮

拖车　t‘uo^{312} ts‘ɛ·　犁地、耙地时，用于路上拖带犁、耙的方形木架，多用枣木做成

磨　mo^{312}　① 把粮食弄碎的工具 ② 把粮食弄碎 ③ 调转

磨扇得　mo^{312} san^{312} tɛ·　组成磨的两个圆盘

磨眼　mo^{312} ian^{55}　粮食进入磨扇的圆孔

磨脐　mo^{312} tɕ‘i·　磨轴，固定于下磨扇的正中间

碾　nian^{312}　① 碾子 ② 把粮食脱皮、碾碎

碾脐　nian^{312} tɕ‘i·

碾盘　nian^{312} p‘an^{42}　碾子的底盘

杈　ts‘a^{24}　头上三齿，安有长把的工具。主要用于挑麦子

桑杈　saŋ^{24} ts‘a^{24}　桑齿杈

铁杈　t‘iɛ^{24} ts‘a^{24}　铁齿杈

犁得　li^{42} tɛ·

犁铧得儿　li^{42} xua^{42} tɛ·

犁尖　li^{42} tɕian^{55}

犁面　li^{42} mian^{312}　犁镜

犁底　li^{42} ti^{55}

犁拐得　li^{42} kuai^{55} tɛ·　犁柄

洋镐　iaŋ^{42} kau^{24}　镐头

木锨　mu^{24} ɕian·　用木板和木棍做成的扬场工具

铁锨　t‘iɛ^{24} ɕian·、

抓得儿　tsua^{24} tɛ·　一种三齿或多齿的刨土工具

抓钩得　tsua^{24} kou^{24} tɛ·

刮板　kua^{24} pan·　用来打埂、推聚粮食的工具

　撞得　tsuaŋ^{312} tɛ·　马上、张龙两个乡的叫法

茓得　ɕyɛ^{42} tɛ·　粗制的狭长席子，围起来囤粮食

箔得　po^{42} tɛ·　用高粱秆或藤条编制的片状物，用于晒粮食、红枣等

簸箕　po^{312} tɕ‘i·　① 用柳条编成的簸粮食用具 ② 簸箕形手纹

升得　sɤŋ^{24} tɛ·　旧时量粮食的器具，今多用来搲粮食

篮得儿　lan^{42} tɛ·　篮子的总称

扤篮　k‘uai^{55} lan·　带木提梁的椭圆形或"元宝"形篮子

扒头篮得儿　pa^{24} t‘ou· lan^{42} tɛ·　用柳条等编制的圆形篮子，用于盛粮食或食品

竹篮得　tsu^{24} lan^{42} tɛ·　由竹篾编成的篮子。最常见的是提梁由宽竹篾编成的小型扁篮子，旧时多用于走亲戚装馒头、包子等

系得　ɕi^{312} tɛ·　篮子等物的提梁

筐　k‘uaŋ^{24}　用荆条编制的较大的容器，用于农事

筐得儿　k‘uaŋ^{24} tɛ·　用高粱秫秸等编制的较小的筐，用于日常生活

筐底得　k‘uaŋ^{24} ti^{55} tɛ·　上部可以扎茓子的大浅筐

篓得儿　lou^{55} tɛ·

箩头　luo^{42} t‘ou·　拾粪时用的箩筐

笸箩　pu^{42} luo·　用柳条编制的长方形用具，用于盛放粮食或食品

布袋　pu^{312} tai·　用帆布做的装粮食的大口袋

布袋得儿　pu^{312} tai^{24} tɛ·　① 用布等做的装东西的

用具 ② 衣兜

栈得 tsan^{312} tɛ· 麻袋

　麻包$_{新}$ ma^{42} pau^{24}

耙 pa^{312}

耙齿得 pa^{312} ts‘ɿ^{55} tɛ·

耙梢 pa^{312} sau^{24}

耧 lou^{42}

耧斗得 lou^{42} tou^{55} tɛ·

搅子槽儿 tɕiau$^{55|42}$ tsɿ^{55} ts‘or^{42}

耧把 lou^{42} pa^{55}

耠得 xuo^{24} tɛ· 翻松土壤的用具

滚得 kuɤn^{55} tɛ· 用石头或铁做成的圆柱形碾场用具

石碾磙得 sɿ^{312} niaŋ· kuɤn^{55} tɛ· 石磙

滚框 kuɤn^{55} k‘uaŋ· 套在石磙四周的木框

筢得$_{儿}$ p‘a^{42} tɛ· 搂柴草、树叶的工具

搂得 lou^{24} tɛ· 新兴的搂沟工具，点棉花、花生时使用

撮得 ts‘uo^{24} tɛ· 旧时的割麦子用具，有地方称“钐”

镢头 tɕyɛ^{24} t‘ou·

小镢头儿 ɕiau^{55} tɕyɛ^{24} t‘or·

　申镢得 sɤn^{24} tɕyɛ^{24} tɛ· 通行于城关镇

　片镢 p‘ian^{312} tɕyɛ· 通行于后河、六村等地

锄 ts‘u^{42} ① 松土、除草用具 ② 松土、除草：～红薯

锄头 ts‘u^{42} t‘ou^{42}

锄橿 ts‘u^{42} tɕiaŋ^{312} 锄把

耘锄 yn^{42} ts‘u^{42} 用于培土、除草的新兴农具，前面由牲口或人牵引，后面有人扶着，外形像“耧”

铡 tsa^{42} ① 铡刀 ② 用铡刀切草、秧等

镰 lian^{312}

镰拐儿 lian^{42} kuar^{55} 能安在木把上的带裤的镰，木把一般较短，用来割藤条等

捎谷刀 sau^{312} ku· tau^{24} 削谷穗的刀

扦刀得 tɕ‘ian^{24} tau· tɛ· 削高粱穗的刀

扁担 pian^{55} tan·

挑得$_{儿}$ t‘iau^{24} tɛ·

钩担 kou^{24} tan· 挑水用且两头有固定铁钩的扁担

粪插得$_{儿}$ fɤn^{312} ts‘a^{24} tɛ· 拾粪的工具，今已少见

笤絮 t‘iau^{42} ɕy· 笤帚

扫絮 sau^{312} ɕy· 扫帚

桩得 tsuaŋ^{24} tɛ·

橛得$_{儿}$ tɕyɛ^{42} tɛ·

铲得$_{儿}$ ts‘an^{55} tɛ·

簸箕铲 po^{312} tɕ‘i· ts‘an^{55} 呈扇面状的铲子

平头儿铲 p‘iŋ^{42} t‘or^{42} ts‘an^{55}

绳得$_{儿}$ sɤŋ^{42} tɛ·

筛得 sai^{24} tɛ·

屎舀得 sɿ$^{55|42}$ iau^{55} tɛ· 清理厕所屎尿坑里大粪的器具

喷雾器 p‘ɤn^{24} u· tɕ‘i^{312}

三轮儿车得$_{儿}$ san^{24} luɤn^{42} ts‘ɛ^{24} tɛ·

三马得$_{儿}$ san^{24} ma^{55} tɛ· 农用机动三轮车

四轮儿 sɿ^{312} lur^{42} 四轮拖拉机

手扶儿 sou^{55} fur^{42} 手扶拖拉机，三个轮

摇把 iau^{42} pa^{55} 发动机器时手摇的铁棒

打麦机 ta^{55} mɛ^{24} tɕi^{24}

五　植物

（1）谷物棉麻

庄稼 tuaŋ^{24} tɕia·

麦得 mɛ^{24} tɛ·

麦苗得$_{儿}$ mɛ^{24} miau^{42} tɛ·

　麦青 mɛ^{24} tɕ‘iŋ^{24}

麦穗得$_{儿}$ mɛ^{24} suei^{312} tɛ·

麦芒 mɛ^{24} uaŋ^{42}

麦秆得$_{儿}$ mɛ^{24} kan^{55} tɛ·

谷得 ku^{55} tɛ·

稻得 tau^{312} tɛ·

玉絮絮 y^{24} ɕy^{42} ɕy· 玉米

玉棵 y^{242} k‘uo^{24} 玉米苗

玉秆 y^{242} kan^{55} 玉米秸秆

玉穗得$_{儿}$ y^{242} suei^{312} tɛ·

乌霉 u^{24} mei^{42} 玉米黑粉病

秕得 pi^{55} tɛ· 不饱满的粮食粒儿

高粱 kau^{24} liaŋ·

秫秫蔑得 ɕy^{42} y· mi^{42} tɛ· 高粱秸秆外皮制成的篾条

芝麻 tsɿ^{24} ma·

芝麻梭儿 tsɿ^{24} ma· suor^{24} 芝麻粒的蒴果

黍得 ɕy^{55} tɛ·

穄得 tɕi^{312} tɛ·

红薯 xuɤŋ^{42} ɕy·

花 xua^{24} 棉花

花桃得儿 xua^{24} tʻau^{42} tɛ· 棉桃

磨秆椽 mo^{312} kan^{24} tsʻuan^{42} 结棉桃的枝条

花穰得儿 xua^{24} iaŋ^{55} tɛ· 去掉籽儿的棉花

　皮棉 pʻi^{42} mian^{42}

带籽儿花 ta^{312} tsər^{55} xua^{24}

　籽儿棉 tsər^{55} mian^{42}

麻 ma^{42}

麻杆得儿 ma^{42} kan^{55} tɛ·

麻批得儿 ma^{42} pʻi^{24} tɛ·

麻痣 ma^{42} tsɿ^{312} 蓖麻

（2）豆类、蔬菜

黄豆 xuaŋ^{42} tou·

黑豆 xiɛ^{42} tou·

豌豆 uan^{24} tou·

豇豆 tɕiaŋ^{24} tou·

绿豆 lu^{24} tou·

扁豆 pian^{55} tou·

梅豆 mei^{42} tou·

毛豆 mau^{42} tou^{312}

土豆得儿 tʻu^{55} tou^{312} tɛ·

山药 san^{24} yo·

藕 ou^{55}

　莲菜新 lian^{42} tsʻai·

茄得 tɕʻiɛ^{42} tɛ·

黄瓜 xuaŋ^{42} kua·

丝瓜得儿 sɿ^{24} kua· tɛ·

苦瓜 kʻu^{55} kua·

南瓜 nan^{42} kua·

大瓜 ta^{312} kua· “卖南瓜”属于詈语，瓜农或商贩出售南瓜时避称“南瓜”，以“大瓜”称之

菜瓜 tsʻai^{312} kua·

　艮瓜 kɤn^{312} kua·

冬瓜 tuɤŋ^{24} kua·

葫芦 xu^{42} lu·

亚亚葫芦儿 ia^{312} ia· xu^{42} lur· 中间细，像两个球连在一起的葫芦

□瓜得儿 ɕyŋ^{55} kua· tɛ·

小菜 ɕiau^{55} tsʻai· 油菜籽刚出来的幼苗

葱 tsʻuɤŋ^{24}

洋葱 iaŋ^{42} tsʻuɤŋ^{24}

葱胡得 tsʻuɤŋ^{24} xu^{312} tɛ·

葱脖得儿 tsʻuɤŋ^{24} po^{42} tɛ·

葱叶得儿 tsʻuɤŋ^{24} iɛ^{24} tɛ·

葱秧得 tsʻuɤŋ^{24} iaŋ^{24} tɛ· 供栽种的葱苗

蒜 suan^{312}

蒜瓣儿 suan^{312} par^{312}

蒜苔 suan^{312} tʻai^{42}

蒜苗得儿 suan^{312} miau^{42} tɛ·

蒜黄儿 suan^{312} xuɐr^{42}

蒜骨嘟儿 suan^{312} ku^{24} tur·

韭菜 tɕiou^{55} tsʻai·

韭花 tɕiou^{55} xua^{24}

韭黄 tɕiou^{55} xuaŋ^{42}

苋菜 ɕian^{312} tsʻai^{312}

洋柿得 iaŋ^{42} sɿ^{312} tɛ· 西红柿

姜 tɕiaŋ^{24}

洋姜 iaŋ^{42} tɕiaŋ^{24}

秦椒 tɕʻin^{312} tɕiau· ① 青椒 ② 辣椒

尖秦椒 tɕian^{24} tɕʻin^{312} tɕiau· 尖椒

耙齿得秦椒　pa^{312} ts‘ʅ^{55} tɛ· tɕ‘in^{312} tɕiau·

菜秦椒　ts‘ai^{312} tɕ‘in^{312} tɕiau·　青椒

朝天椒　ts‘au^{42} t‘ian^{24} tɕiau^{55}

豆角得儿　tou^{312} tɕyo^{24} tɛ·

茄得　tɕ‘iɛ^{42} tɛ·

菠菜　po^{24} ts‘ai·

白菜　pɛ^{42} ts‘ai·

　大白菜　ta^{312} pɛ^{42} ts‘ai·

洋白菜　iaŋ^{42} pɛ^{42} ts‘ai·

小白菜儿　ɕiau^{55} pɛ^{42} ts‘ar·

青嘟狼得　tɕ‘iŋ^{24} tu· laŋ^{42} tɛ·　收获期未长成的白菜

包菜　pau^{24} ts‘ai^{312}

根大菜　kɤn^{24} ta· ts‘ai·　“根”也可以读作 tɕyn^{24}

芫荽　ian^{42} suei·

　香菜新　ɕiaŋ^{24} ts‘ai^{312}

芹菜　tɕ‘in^{42} ts‘ai^{312}

萝卜　luo^{42} pu·

红萝卜　xuɤŋ^{42} luo^{42} pu·

白萝卜　pɛ^{42} luo^{42} pu·

萝卜缨得儿　luo^{42} pu· iŋ^{24} tɛ·

扫絮苗得儿　sau^{312} ɕy· miau^{42} tɛ·

笋　ɕyn^{55}

苤蓝　p‘iɛ^{55} la·

蔓菁　man^{42} tɕiŋ·

香椿　ɕiaŋ^{24} ts‘uɤn·

油菜　iou^{42} ts‘ai·

（3）树木

树　ɕy^{312}

树头　ɕy^{312} t‘ou^{42}

树皮　ɕy^{312} p‘i^{42}

树根　ɕy^{312} kɤn^{24}

树枝得儿　ɕy^{312} tsʅ^{24} tɛ·

树股得儿　ɕy^{312} ku^{55} tɛ·　树上较粗的枝干

树叶得儿　ɕy^{312} iɛ^{24} tɛ·

树不楞得儿　ɕy^{312} pu^{42} lɤŋ^{312} tɛ·

树栽得　ɕy^{312} tsai^{24} tɛ·　树苗

树林得儿　ɕy^{312} lin^{42} tɛ·

榆树　y^{42} ɕy·

槐树　xuai^{42} ɕy·

槐花得儿　xuai^{42} xua^{24} tɛ·

洋槐　iaŋ^{42} xuai^{42}

枝疏槐　tsʅ^{24} su^{24} xuai^{42}

槐豆得　xuai^{42} tou^{312} tɛ·

柳树　liou^{55} ɕy·

柳絮得　liou^{55}ɕy^{24} tɛ·

倒栽柳　tau^{312} tsai^{24} liou^{55}　垂柳

桑树　saŋ^{24} ɕy·

椹得　sɤn^{312} tɛ·　桑葚

楝树　lian^{312} ɕy·

楝豆得　lian^{312} tou^{312} tɛ·

椿树　ts‘uɤn^{24} ɕy·

松树　ɕyŋ^{24} ɕy·

柏树　pɛ^{24} ɕy·

桐树　t‘uɤŋ^{42} ɕy·

杜梨得树　tu^{24} li· tɛ· ɕy^{312}　杜梨树

葡萄树　p‘u^{42} t‘au· ɕy^{312}　葡萄藤

椽得　ts‘uan^{42} tɛ·

树茬得　ɕy^{312} ts‘a^{42} tɛ·

竹得　tsu^{24} tɛ·

竹竿　tsu^{24} kan·

竹劈得儿　tsu^{24} p‘i^{24} tɛ·　竹子劈成的长条

竹篾得儿　tsu^{24} mi^{42} tɛ·　竹子劈成的薄片

木事　mu^{24} sʅ·　木头

骨咧得儿　ku^{24} liɛ· tɛ·　圆木

　木骨咧得儿　mu^{24} ku^{24} liɛ· tɛ·

条得　t‘iau^{42} tɛ·

白拉条　pɛ^{42} la· t‘iau^{42}

杨条得　iaŋ^{42} t‘iau^{42} tɛ·

柳条得儿 liou^{55} t‘iau^{42} tɛ·
疥张圪针 tɕiɛ^{312} tsaŋ· kiɛ^{42} tsɤn· 一种带刺的藤条

（4）瓜果

苹果 p‘iŋ^{42} kuo·
桃 t‘au^{42}
杏 ɕiŋ^{312} 麦黄～｜甜核儿～｜馍馍～｜白纱杏
甜得 t‘ian^{42} tɛ· 沙果
李得 li^{55} tɛ·
梨 li^{42}
枣 tsau^{55}
　酸膀膀 suan^{24} p‘aŋ^{24} p‘aŋ·
　九月青 tɕiou^{55} yɛ^{24} tɕ‘iŋ^{24}
　酥酥枣儿 su^{24} su· tsor^{55}
　核桃纹 xiɛ^{42} t‘au· uɤn^{42}
枣隔得 tsau^{55} kiɛ^{24} tɛ· 枣林
酒枣 tɕiou$^{55|42}$ tsau^{55} ① 用酒浸泡后放在坛子里的枣 ② 动宾词组：酒点儿枣
僵枣 tɕiaŋ^{24} tsau^{55} 坏枣
枣核儿 tsau^{55} xur^{42}
蜜枣儿 mi^{24} tsor^{55}
做蜜枣儿 tsu^{312} mi^{24} tsor^{55}
软枣 yan$^{55|42}$ tsau· 黑枣
樱桃 iŋ^{24} t‘au·
橘得 tɕy^{24} tɛ·
柚得 iou^{312} tɛ·
栗得 li^{24} tɛ·
　毛栗得 mau^{42} li^{24} tɛ·
柿得 sɿ^{312} tɛ·
柿饼得 sɿ^{312} piŋ^{55} tɛ·
柿忽鑾得 sɿ^{312} xu· luan^{24} tɛ· 柿子去皮晒干
瓜 kua^{24}
瓜园 kua^{24} yan^{42}
瓜秧 kua^{24} iaŋ^{24}
坐胎儿 tsuo^{312} t‘ar^{24} 瓜开花结果
瓜胎儿 kua^{24} t‘ar^{24}
瓜圪带得儿 kua^{24} kiɛ^{42} tai^{312} tɛ· 瓜蒂
瓜瓤得儿 kua^{24} iaŋ^{42} tɛ·
西瓜 ɕi^{24} kua·
沙瓤儿 sa^{24} iɐr^{42}
瓜子得儿 kua^{24} tsɿ^{55} tɛ·
西瓜子得儿 ɕi^{24} kua· tsɿ^{55} tɛ·
木瓜 mu^{24} kua^{24}
小瓜得 ɕiau^{55} kua· tɛ· 甜瓜的总称
面瓜 mian^{312} kua·
酥瓜 su^{24} kua·
蜜瓜儿 mi^{24} kuɐr·
甜瓜 t‘ian^{42} kua·
牛角儿酥 niou^{42} tɕyor^{24} su^{24}
天津白 t‘ian^{24} tɕiŋ· pɛ^{42}
三棱得碱 san$^{24|42}$ lɤŋ^{312} tɛ· tɕian^{55}
瓠得 xu^{312} tɛ·
打瓜 ta^{55} kua· 像西瓜，个儿稍小，主要取其籽
甜秆儿 t‘ian^{42} kar^{55} ① 玉米或高粱发甜的秸秆 ② 甘蔗
　甜圪当得儿 t‘ian^{42} kɤ· taŋ^{312} tɛ·
核桃 xiɛ^{42} t‘au·
石榴 sɿ^{42} liou·
酸里红得 suan^{24} li· xuɤŋ^{42} tɛ· 山楂
转竹莲 tsuan^{312} tsu^{24} lian^{42} 向日葵
狂花儿 k‘uaŋ^{42} xɐr^{24} 瓜果类植物上不结果的花
干果儿 kan^{24} kuor^{55}
水果儿 suei$^{55|42}$ kuor^{55}

（5）花草、菌类

花儿 xuɐr^{24} 鲜花
花瓣儿 xua^{24} par^{312}
花骨朵儿 xua^{24} ku^{24} tuor·
花心儿 xua^{24} ɕiər^{24}
菊花儿 tɕy^{24} xuɐr^{24}
桂花儿 kuei^{312} xuɐr^{24}

梨花儿 li^{42} xuɐr^{24} ① 梨树开的花儿 ② 烟火
指甲草儿 tɕi^{42} tɕia· ts‘or^{55} 凤仙花
莲花儿 lian^{42} xuɐr^{24}
鸡冠花儿 tɕi^{24} kuan^{24} xuɐr^{24}
喇叭花儿 la^{55} pa· xuɐr^{24} 牵牛花
饼得花儿 piŋ^{24} tε· xuɐr^{24}
水红花儿 suei^{55} xuɤŋ· xuɐr^{24}
美人蕉 mei^{55} zɤn^{42} tɕiau^{24}
万年青 uan^{312} nian^{42} tɕ‘iŋ^{42}
　仙人掌 ɕian^{42} zɤn^{42} tsaŋ^{55}
秧得儿 iaŋ^{24} tε· ① 秧苗：葱～ ② 棵：西瓜～
棵得 k‘uo^{24} tε·
宿根 ɕy^{42} kɤn· 多年生草本植物的根
药草儿 yo^{24} ts‘au· 能入中药的草
王不留 uaŋ^{42} pu· liou^{42}
茅草 mau^{42} ts‘au·
芦草 lu^{42} ts‘au·
　芦草拐得 lu^{42} ts‘au· kuai^{55} tε·
马风菜 ma^{55} fɤŋ· ts‘ai^{312} 马齿苋
水卜楞棵 suei^{55} pu· lɤŋ^{312} k‘uo^{24} 米蒿
沙卜楞棵 sa^{24} pu· lɤŋ^{312} k‘uo^{24}
红眼得棵 xuɤŋ^{42} ian^{55} tε· k‘uo^{24}
害眼棵 xai^{312} ian^{55} k‘uo^{24}
七七菜 tɕ‘i^{24} tɕ‘i· ts‘ai^{312} 蓟
面条儿菜 min^{24} t‘ior^{42} ts‘ai^{312}
灰灰菜 xuei^{24} xuei· ts‘ai^{312}
猪毛菜 tɕy^{24} mau^{42} ts‘ai^{312}
星星草 ɕiŋ^{24} ɕiŋ· ts‘au^{55}
□链儿草 tɕ‘y^{42} liar· ts‘au^{55} 节节草
酸浆得草 suan^{24} tɕiaŋ^{24} tε· ts‘au^{55}
梢瓜儿秧 sau^{24} kuɐr· iaŋ^{24}
涩篙儿秧 sε^{24} kor· iaŋ^{24} 葎草
篙儿篙儿秧 kor$^{55|42}$ kor· iaŋ^{24}
羊角儿秧 iaŋ^{42} tɕyor^{24} iaŋ^{24}
茴香苗儿 xuɤn^{42} ɕiaŋ· mior^{42} 茴香菜
爷儿苗 ior^{42} miau^{42}
爪得秧 tsua^{55} tε· iaŋ^{24}
甜菜芽儿 t‘ian^{42} ts‘ai^{312} iɐr^{42}
麻练韭 ma^{42} lian· tɕiou^{55}
芥芥麻 tɕiε^{312} tɕiε· ma^{42}
野芫荽 iε^{55} ian^{42} suei·
补补丁 pu$^{55|42}$ pu· tiŋ^{24} 牛舌草
牛草 niou^{42} ts‘au· 狗尾草
　谷穗儿草 ku^{24} suər^{312} ts‘au^{55}
穗儿草 suər^{312} ts‘au^{55}
片得草 p‘ian^{312} tε· ts‘au^{55} 牛筋草
臭蒿得 ts‘ou^{312} xau^{24} tε· 因陈蒿
白蒿得 pε^{42} xau^{24} tε·
驴尾巴蒿得 ly^{42} i^{55} pa· xau^{24} tε·
小小虫儿卧单儿 iau^{55} au· ts‘uɐr^{312} uo^{312} tar· 地锦草
柳阎王 liou^{55} ian^{42} uaŋ· 菟丝
茬草 tsa^{42} ts‘au· 水里的藻类植物
洋草 iaŋ^{42} ts‘au^{55} 晒干的青草
圪针 kiε^{42} tsɤn· 枣树等上面的刺
蒺藜 tɕi^{42} li·
蒺藜秧 tɕi^{42} li· iaŋ^{24}
艾 ai^{312}
绿醭得儿 lu^{24} pu^{42} tε· 青苔
爬墙虎儿 p‘a^{42} tɕ‘iaŋ^{42} xur^{55}
菱角儿 liŋ^{42} tɕyor·
苇得 uei^{55} tε· 芦苇
桐花儿菜 t‘uɤŋ^{42} xuɐr^{24} ts‘ai^{312} 紫藤花
尿菇苔 niau^{312} ku· t‘ai^{42} 一种有毒的蘑菇
毛菇 mau^{42} ku· 蘑菇
香菇 ɕiaŋ^{24} ku·

六 动物

（1）牲畜
头牯 t‘ou^{42} ku·

牲口新 sɤŋ^{24} k'ou·

牤牛旧 maŋ^{24} niou^{42}

公牛新 kuɤŋ^{24} niou^{42}

石牛旧 sʅ^{42} niou^{42}

母牛新 mu^{55} niou^{42}

黄牛 xuaŋ^{42} niou^{42}

牛犊得儿 niou^{42} tu^{42} tɛ· 小牛

牛梆得 niou^{42} paŋ^{24} tɛ·

牛角 niou^{42} tɕyo^{24}

叫沫 tɕiau^{312} mo· 反刍

捶牛 ts'uei^{42} niou^{42} 捶碎牛蛋

马 ma^{55}

马驹得儿 ma^{55} tɕy^{24} tɛ· 小马

骡得 luo^{42} tɛ·

驴 ly^{42}

叫驴 tɕiau^{312} ly^{42} 公驴

草驴 ts'au^{55} ly^{42} 母驴

驴驹得儿 ly^{42} tɕy^{24} tɛ· 小驴

□驹得 tsuɤn^{55} tɕy^{24} tɛ· 牲口交配

将 tɕiaŋ^{24} 动物下崽

牙狗 ia^{42} kou^{55}

公狗 kuɤŋ^{55} kou^{55}

母狗 mu$^{55|42}$ kou^{55}

狮得狗 sʅ^{24} tɛ· kou^{55}

狼狗 laŋ^{42} kou^{55}

疯狗 fɤŋ^{24} kou^{55}

跑狗得 p'au$^{55|42}$ kou^{55} tɛ· 狗交配

猫 mau^{42}

狸猫 li^{42} mau^{42}

猪 tɕy^{24}

咯咯 lo^{24} lo· （儿语）

牙猪 ia^{42} tɕy^{24} 公猪

老海 lau$^{55|42}$ xai^{55} 母猪

打圈儿 ta^{55} tɕyar^{312} 母猪发情

猪娃得儿 tɕy^{24} ua^{42} tɛ·

□猪 tsɛ^{42} tɕy^{24} 阉割公猪

猪毛 tɕy^{24} mau^{42}

猪里得儿 tɕy^{24} li· tɛ· 山羊

猪里得种 tɕy^{24} li· tɛ· tsuɤŋ^{55} 种公羊

羊 iaŋ^{42}

绵羊 mian^{42} iaŋ^{42}

羊羔儿 iaŋ^{42} kor^{24} 小绵羊

跑羔儿 p'au^{55} kor^{24} 羊交配

骟羊 san^{312} iaŋ^{42} 阉割公羊

牴 ti^{55} 牛羊用角向前撞击：两牛在那儿～嘞

鸡得儿 tɕi^{24} tɛ·

公鸡 kuɤŋ^{24} tɕi·

草鸡 ts'au^{55} tɕi· 母鸡

小鸡儿 ɕiau^{55} tɕiər^{24}

鸡嗉得 tɕi^{24} su^{312} tɛ· 鸡胃

鸡毛 tɕi^{24} mau^{42}

落窝 lau^{312} uo^{24} 鸡不下蛋欲孵化小鸡儿

嬎蛋 fan^{312} tan^{312} 母鸡下蛋

轧蛋儿 ia^{312} tar^{312} 飞禽类交配

暖小鸡儿 nuan^{55} ɕiau^{55} tɕiər^{24} 孵化小鸡儿

暖蛋儿 nuan^{55} tar^{312} 鸟类孵化小鸟

野鸡得儿 iɛ^{55} tɕiɛ^{24} tɛ·

扁嘴得儿 pian^{312} tsuei^{55} tɛ· 鸭子

鹅 ɤ^{42} 公～｜母～

（2）鸟兽

虫蚁儿 ts'uɤŋ^{42} iər^{312} 鸟类的总称

鸟儿 nior^{55}

翅膀得儿 ts'ʅ^{312} paŋ· tɛ·

老鸹 lau^{55} kua· 乌鸦：～窝

小小虫得儿 ɕiau^{55}au· ts'uɤŋ^{312} tɛ· 麻雀

燕儿 iar^{312} 燕子

雁 ian^{312}

大雁 ta^{312} ian^{312}

鸽得儿 kɤ^{24} tɛ·

云鸡儿旧 yn^{42} tɕiər^{24}

鹌鹑 an^{24} ts‘uɤn·

咕咕喵得 ku^{24} ku· miau^{24} tɛ· 猫头鹰

　秃角 t‘u^{24} tɕyo·

咕咕虫 ku^{24} ku· ts‘uɤŋ^{42} 斑鸠

光棍儿打醋 kuaŋ^{24} kuər· ta^{55} ts‘u^{312} 布谷鸟

鹐扎木 tɕ‘ian^{24} tsa· mu^{24} 啄木鸟

八哥儿 pa^{24} kor· 鹦鹉

画眉 xua^{312} mei^{42}

鸳鸯 yan^{24} iaŋ·

老雕 lau^{55} tiau^{24} 老鹰

菢窝儿 pu^{312} uor^{24} 鸟类孵蛋

出^{D}飞儿 tɕ‘yɛ^{24} fər^{24} 鸟会飞

扑棱 p‘u^{24} lɤŋ· 扇动翅膀

燕鳖胡儿 ian^{312} piɛ· xur^{24} 蝙蝠

蚂蚁翘得儿 ma^{42} i· tɕ‘iau^{312} tɛ· 喜鹊

野翘得 iɛ^{55} tɕ‘iau· tɛ·

狼 laŋ^{42}

老虎 lau$^{55|42}$ xu·

母老虎 mu^{55} lau$^{55|42}$ xu· 又指“厉害女人”

豹得 pau^{312} tɛ·

狗黑得 kou^{55} xiɛ^{24} tɛ· 熊

　熊瞎得 ɕyŋ^{24} ɕia^{24} tɛ·

狐狸 xu^{42} li·

猴 xou^{42} ① 像人的哺乳类动物 ② 不安分

刺猬 ts‘ʅ^{312} uei·

鹿 lu^{24}

　梅花儿鹿 mei^{42} xuɐr^{24} lu^{24}

怀个狼得儿 xuai^{42} kɤ· laŋ^{24} tɛ· 黄鼠狼

兔得儿 t‘u^{312} tɛ·

野兔得儿 iɛ^{55} t‘u^{312} tɛ·

老鼠 lau^{55} ɕy·

长虫 ts‘aŋ^{42} ts‘uɤŋ· 蛇

地撇得儿 ti^{312} p‘iɛ^{24} tɛ· 田鼠名

天井 t‘ian^{24} tɕiŋ· 田鼠名，洞穴直上直下的部分较深

天井窝 t‘ian^{24} tɕiŋ· uo^{24}

搬口儿 pan^{24} ts‘or· 田鼠名，洞中贮藏的粮食多

粪驹 fɤn^{312} tɕy· 鼹鼠

掉毛 tiau^{312} mau^{42} 鸟兽随季节换毛

老糊得 lau^{55} xu^{24} tɛ· 吓唬小孩时常说到的动物

压虎得 ia^{24} xu· tɛ· 传说能引发做噩梦的动物

（3）虫类

虫得儿 ts‘uɤŋ^{42} tɛ·

雨汗 y^{55} xan· 蚜虫

布结 pu^{312} tɕiɛ· 尺蠖

蛴螬 ts‘ʅ^{42} ts‘au·

潮虫 ts‘au^{42} ts‘uɤŋ·

蜘蛛 tsʅ^{24} tɕy·

蚂蚁 ma^{42} i^{312}

肋蛄 lɛ^{24} ku· 蝼蛄

曲蟮 tɕ‘y^{42} ɕ‘yan^{312} 蚯蚓

鳖盖得虫 piɛ^{24} kai^{312} tɛ· ts‘uɤŋ^{42} 臭虫

屎壳郎 sʅ^{55} kɤ· laŋ^{24} 蜣螂

蛆 tɕ‘y^{24}

蚰蜒 iou^{42} yan^{312} 蜈蚣

蝎得 ɕiɛ^{24} tɛ·

蝎虎得儿 ɕiɛ^{24} xu· tɛ· 壁虎

地曲律得儿 ti^{312} tɕ‘y· ly^{24} tɛ· 蛤蚧

棉铃虫 mian^{42} liŋ^{42} ts‘uɤŋ^{42}

杖木虫 tsaŋ^{312} mu· ts‘uɤŋ^{42} 豆青虫

毛虫 mau^{42} ts‘uɤŋ·

磕头虫 k‘ɤ^{24} t‘ou^{42} ts‘uɤŋ^{42}

蝇得 iŋ^{42} tɛ·

蚊得 uɤn^{42} tɛ·

虱得 sʅ^{24} tɛ·

虮得 tɕi^{55} tɛ· 虱子的卵

圪蚤 kiɛ^{24} tsau· 跳蚤

促唧儿 ts‘u^{24} tɕiər· 蟋蟀

蚂蚱 ma^{24} tsa·

扁担 pian^{24} tan· 蝗虫，头尖身长

刀梁儿 tau^{24} liɐr· 螳螂
即了儿 tɕi^{24} lior· 知了
爬叉 p‘a^{42} ts‘a· 蝉蛹
烧结儿 sau^{24} tɕior· 一种个头很小的蝉
蜜蜂得儿 mi^{24} fɤŋ· tɛ·
马蜂 ma^{55} fɤŋ·
马蜂窝 ma^{55} fɤŋ· uo^{24}
扑拉娥得儿 pu^{24}la· ɤ^{42} tɛ· 蝴蝶、小飞蛾的统称
麦牛得儿 mɛ^{24} ou^{42} tɛ· 米象
马马蜓蜓 ma^{55} ma· t‘iŋ^{24} t‘iŋ· 蜻蜓
花大姐 xua^{24} ta^{312} tɕiɛ·
吊死鬼儿 tiau^{312} sɿ· kuər^{55} 槐树上的绿虫
地牤牛 ti^{312} maŋ^{24} ou^{42}
金豆得 tɕin^{24} tou^{312} tɛ·
□猪 mu^{55} tɕy^{24}
扒揪罐儿 pa^{24} tɕiou· kuar^{312} 枣树上一种躲在像罐子里的虫子
老鸹荸荠 lau^{55} kua· pi^{42} tɕ‘i·
椿蹦儿 ts‘uɤn^{24} pɐr^{312} 椿树上的一种昆虫
蚰得 iou^{42} tɛ· 蝈蝈
萤火虫 iŋ^{42} xuo^{55} tsu‘ɤŋ^{42}
丁丁拐 tiŋ^{24} tiŋ· kuai^{55} 水面上爬行的一种昆虫
马鳖倒搐 ma^{55} piɛ^{24} tau^{312} ts‘u^{24} 水蛭

（4）鱼虾类

鱼 y^{42}
鲤鱼 li^{55} y^{42}
　鲤鱼拐得 li^{55} y^{42} kuai^{55} tɛ·
鲫鱼片得儿 tɕy^{24} y^{42} p‘ian^{312} tɛ·
草鱼 ts‘au^{55} y^{42}
金鱼 tɕin^{24} y^{42}
带鱼 tai^{312} y^{42}
鲇鱼 nian^{42} y·
白鲢得 pɛ^{42} lian^{42} tɛ·
泥鳅 ni^{42} tɕ‘iou·
圪亚 kiɛ^{42} ia· 三枪鱼
鱼子 y^{42} tsɿ^{55}
鱼鳃 y^{42} sai^{24}
鱼刺 y^{42} ts‘ɿ^{312}
鱼鳞 y^{42} lin^{42}
海参 xai^{55} sɤn^{24}
鱿鱼 iou^{42} y^{42}
鱼苗儿 y^{42} mior^{42}
蚂虾 ma^{42} ɕia^{24} 海米
老鳖 lau^{55} piɛ^{24}
　王八 uaŋ^{42} pa·
□□ k‘iɛ^{42} p‘au· 蛤蜊
螃蟹 p‘aŋ^{42} ɕiɛ·
蛤蟆 xiɛ^{42} ma·
疥蛤蟆 tɕiɛ^{312} xiɛ^{42} ma· 蟾蜍
　疥㞘得蛤蟆 tɕiɛ^{42} tu· tɛ· xiɛ^{42} ma·
花篓得 xua^{24} lou^{55} tɛ· 青蛙
蛤蟆圪蚪得儿 xiɛ^{42} ma· kiɛ^{24} tou· tɛ· 蝌蚪

七 房舍

（1）房子

房得 faŋ^{42} tɛ·
　屋得儿 u^{24} tɛ·
院得儿 yan^{312} tɛ·
四合院儿 sɿ^{312} xɤ^{42} yar^{312}
厨屋 ts‘u^{42} u^{24} 厨房
　灶火 tsau^{312} xuo·
影背墙 iŋ^{55} pei^{312} tɕ‘iaŋ^{42}
栅栏 tsa^{312} la·
堂屋 t‘aŋ^{42} u^{24} 正房
东屋 tuɤŋ^{24} u^{24} 东厢房
西屋 ɕi^{24} u^{24} 西厢房
南屋 nan^{42} u^{24} 门朝北开的房子
里间屋嘞 li^{55} tɕian· u^{24} lɛ·
　里屋 li^{55} u^{24}

外间屋嘞 uai^{312} tɕian· u^{24} lɛ·
出厦屋得 tɕʻy^{24} sa^{312} u^{24} tɛ·
板砖儿屋得 pan^{55} tsuar^{24} u^{24} tɛ· 平放砖垒的房子
立砖儿屋得 li^{24} tsuar^{24} u^{24} tɛ· 侧立砖垒的房子
瓦屋 ua^{55} u^{24}
晒棚得儿 sai^{312} pʻɤŋ^{42} tɛ·
　平房新 pʻiŋ^{42} faŋ^{42}
老屋得 lau^{55} u^{24} tɛ· 长期无人居住的房子
屋壳□得 u^{24} kʻɤ· laŋ^{24} tɛ· 未盖成或房顶坍塌的房子
老院得儿 lau^{55} yan^{312} tɛ·
院墙 yan^{312} tɕʻiaŋ·
陪房 pʻei^{42} faŋ· 厢房
楼 lou^{42}
两棚儿楼 liaŋ^{55} pʻɐr^{42} lou^{42} 两层楼
门楼得儿 mɤn^{42} lou· tɛ·
牛屋 ou^{42} u^{24} 牲口屋

（2）*房屋结构*

屋脊 u^{24} tɕi^{24}
墙 tɕʻiaŋ^{42}
屋山 u^{24} san^{24} 房子两头的墙
　山墙 san^{24} tɕʻiaŋ^{42}
界墙 tɕiɛ^{312} tɕʻiaŋ· 房间内的隔墙
三八墙 san^{24} pa^{24} tɕʻiaŋ^{42} 38 厘米厚的砖墙
二五墙 ər^{312} u^{55} tɕʻiaŋ^{42} 25 厘米厚的砖墙
厦 sa^{312} 屋檐
地槽儿 ti^{312} tsʻor^{42}
拉线儿 la^{24} ɕiar^{312}
吊线儿 tiau^{312} ɕiar^{312}
打夯 ta^{55} xaŋ^{24}
碱脚 tɕian^{55} tɕyo· 房子的地下部分
檩 lin^{55}
　檩条得儿 lin^{55} tʻiau^{42} tɛ·
脊檩 tɕi^{24} lin^{55} 用在屋脊的檩
二路檩 ər^{312} lu^{312} lin^{55} 脊檩两侧的"檩"
叉手 tsʻa^{24} su· 与梁构成三角架，托起檩条儿等
梁 liaŋ^{42}
大梁 ta^{312} liaŋ^{42}
二梁 ər^{312} liaŋ^{42}
柱得 tɕy^{312} tɛ·
明三暗五 miŋ^{42} san^{24} an^{312} u^{55} 一种房屋结构
灶突 tsau^{312} tu· 厨房的烟囱
□台儿 kʻiɛ^{24} tʻar· 屋内墙上凹进用来盛放东西的阁台
扒箔得 pa^{24} po· tɛ· 盖房时盖在檩、椽子上的苇席
　扒片得 pa^{24} pʻian^{312} tɛ·
上梁 saŋ^{312} liaŋ^{42}
捶顶 tsʻuei^{42} tiŋ^{55} 给平房浇顶
挑脊 tʻiau^{55} tɕi· 盖瓦房的最后一道工序
头门儿 tʻou^{42} mər^{42} 农家院子临街的门
过道 kuo^{312} tʻau· 带有过道的屋（屋门即院子的门）
大门儿 ta^{312} mər^{42}
后门儿 xou^{312} mər^{42}
门槛得儿 mɤn^{42} tɕʻian^{312} tɛ·
门框 mɤn^{42} kʻuaŋ^{312}
门儿后 mər^{42} xou^{312}
正门儿 tsɤŋ^{312} mər^{42}
门搭得儿 mɤn^{42} ta^{24} tɛ· 固定在左边门扇上的铁链，用于锁门
门鼻得儿 mɤn^{42} pi^{42} tɛ· 固定在右边门扇上的铁环
门插得儿 mɤn^{42} tsʻa^{24} tɛ· 门闩
风门 fɤŋ^{24} mɤn· 旧时冬天安在木门外挡风的独扇门。由竹子或木头做成，糊一层白纸，装有内拉弹簧能自动关上
锁 suo^{55}
钥匙 yo^{24} sɿ·
窗户 tsʻuaŋ^{24} xu·
窗户台得儿 tsʻuaŋ^{24} xu· tʻai^{42} tɛ·

窗户棂得儿 tsʻuaŋ^{24} xu· liŋ^{42} tɛ·
帘得 lian^{42} tɛ·
吊顶 tiau^{312} tiŋ^{55} 装潢房顶
过木 kuo^{312} mu·
砖 tsuan^{24}
扒砖 pa^{24} tsuan^{24}
　方砖 faŋ^{24} tsuan^{24}
红砖 xuɤŋ^{42} tsuan^{24}
蓝砖 lan^{42} tsuan^{24}
砖罗 tsuan^{24} luo^{42}
瓦 ua^{55} ① 房顶用的材料 ② 取：～面
蓝瓦 lan^{42} ua^{55}
红瓦 xuɤŋ^{42} ua^{55}
　洋瓦 iaŋ^{42} ua^{55}
碹 tɕʻyan^{312} 建筑物的弧形部分
滴水 ti^{24} suei·

(3) 其他设施

锅台 kuo^{24} tʻai^{42}
锅底门儿 kuo^{24} ti· mər^{42} 灶门
煤火台得儿 mei^{42} xuo· tʻai^{42} tɛ·
炕 kʻaŋ^{312}
　煤火炕 mei^{42} xuo· kʻaŋ^{312}
煤池得 mei^{42} tsʻʅ^{42} tɛ· 和煤的池子
煤火洞得儿 mei^{42} xuo· tuɤŋ^{312} tɛ· 炕洞
煤火口 mei^{42} xuo· kʻou^{55} 放在火眼处的铁铸用具
炉渣 lu^{42} tsa^{55} 煤燃烧后结成的焦渣
样衬得 iaŋ^{312} tsʻɤn^{312} tɛ· 旧时用苇秆、纸做的吊顶
蓬箔得 pʻɤŋ^{42} po^{42} tɛ· 架在梁端的"箔得"，用于盛放杂物，今多已废置
猪圈 tɕy^{24} tɕyan^{312}
猪菩叉 tɕy^{24} pʻu^{42} tsʻa· 喂猪的石槽或水泥槽
羊圈 iaŋ^{42} tɕyan^{312}
鸡窝 tɕi^{24} uo^{24}
鸡笼得儿 tɕi^{24} luɤŋ^{42} tɛ·
鸡篓得 tɕi^{24} lou^{55} tɛ· 喂养小鸡儿的篓子
粪圈 fɤn^{312} tɕyan^{312}
　粪坑得儿 fɤn^{312} kʻɤŋ^{24} tɛ·
红薯井 xuɤŋ^{42}ɕy· tɕiŋ^{55} 储存红薯的土井
萝卜坑得儿 luo^{42} pu· kʻɤŋ^{24} tɛ·
地窨得 ti^{312} in^{312} tɛ· 地窖
茅得 mau^{42} tɛ· 厕所
　后园儿 xou^{312} yar^{42}
茅缸得 mau^{42} kaŋ^{24} tɛ· 厕所里的屎尿坑
灰橛 xuei^{24} tɕyɛ· 埋在宅基地边界处的标记

八　器具用品

(1) 一般家具

家具 tɕia^{24} tɕy·
柜 kuei^{312}
　大衣柜 ta^{312} i^{24} kuei^{312}
　立柜 li^{24} kuei^{312}
柜得 kuei^{312} tɛ·
组合柜 tsu^{55} xɤ^{42} kuei^{312}
柜橱得儿 kuei^{312} tɕʻy^{42} tɛ·
高低柜儿 kau^{55} ti^{24} kuər^{312}
箱得儿 ɕiaŋ^{24} tɛ·
桌得儿 tsuo^{24} tɛ·
方桌得儿 faŋ^{24} tsuo^{24}
圆桌得儿 yan^{42} tsuo^{24}
三斗桌儿 san^{24} tou^{55} tsuor^{24} 三个抽屉的桌子
抽斗 tsʻou^{24} tou· 抽屉
椅得 i^{55} tɛ·
躺椅 tʻaŋ$^{55|42}$ i^{55}
杌得 u^{312} tɛ· 圆面为三条腿、方面为四条腿的木坐具
马扎得儿 ma^{55} tsa^{24} tɛ· 用绳子编成坐面、可以折叠的坐具
板□ pan^{55} tʻaŋ· 长条高凳子
板凳儿 pan^{55} tʻɐr· 矮凳子

榾墩得 ku^{24} tuɤn^{24} tɛ· 由树木根部锯成的圆形坐具

榾柮得 ku^{24} tuo· tɛ· 形同"古墩得"的草编坐具

撇得 p'iɛ^{24} tɛ· 圆形的薄片状草编坐具

沙发 sa^{24} fa^{24}

单人儿沙发 tan^{24} zər^{42} sa^{24} fa^{24}

三人儿沙发 san^{24} zər^{42} sa^{24} fa^{24}

扶手儿 fu^{42} sər^{55}

橕得 ts'ɤŋ^{312} tɛ· 桌椅等上的横木

茶几 ts'a^{42} tɕi^{55}

熨铁 yn^{312} t'iɛ·

烙铁 luo^{24} t'iɛ·

（2）卧室用具

床 ts'uaŋ^{42}

墙围得 tɕ'iaŋ^{42} uei^{42} tɛ·

蚊帐得 uɤn^{42} tsaŋ^{312} tɛ·

床铺 ts'uaŋ^{42} p'u^{312}

地铺 ti^{312} p'u^{312}

单得儿 tan^{24} tɛ·

　床单儿 ts'uaŋ^{42} tar^{24}

　卧单旧 uo^{312} tan·

铺盖 p'u^{24} kai·

盖底 kai^{312} ti· 被子

　被得新 pei^{312} tɛ·

压风盖底 ia^{24} fɤŋ^{24} kai^{312} ti· 睡觉时所盖两床被子上面的一床

盖底面儿 kai^{312} ti· miar^{312}

　被面儿 pei^{312} miar^{312}

盖底里 kai^{312} ti· li^{55}

　被得里 pei^{312} tɛ· li^{55}

铺底 p'u^{24} ti· 褥子

垫得儿 tian^{312} tɛ·

套得儿 t'au^{312} tɛ· 破棉絮

席得 ɕi^{42} tɛ·

凉席得儿 liaŋ^{42} ɕi^{42} tɛ·

草苫得儿 ts'au^{55} san^{24} tɛ·

枕头 tsɤn^{312} t'ou·

枕巾 tsɤn^{312} tɕin·

枕头套儿 tsɤn^{312} t'ou· t'or^{312}

镜得 tɕiŋ^{312} tɛ·

洗脸盆得儿 ɕi^{55} lian^{55} p'ɤn^{42} tɛ·

盆架得儿 p'ɤn^{42} tɕia^{312} tɛ·

衣裳架得儿 i^{24} saŋ· tɕia^{312} tɛ·

夜壶 iɛ^{312} xu·

脚盆得儿 tɕyo^{24} p'ɤn^{42} tɛ·

　尿盆得儿 niau^{312} p'ɤn^{42} tɛ·

暖水袋 nuan$^{55|42}$ suei^{55} tai^{312}

蝇拍得儿 iŋ^{42} p'iɛ^{24} tɛ·

暖壶 nuan^{55} xu· 暖瓶

（3）炊事用具

锅 kuo^{24}

耳匙儿锅 ər^{55} ts'ər^{312} kuo^{24}

钢钟锅 kaŋ^{24} tsuɤŋ^{24} kuo^{24}

大锅 ta^{312} kuo^{24}

八印锅 pa$^{24|42}$ in^{312} kuo^{24}

平底儿锅 p'iŋ^{42} tiər^{55} kuo^{24}

锅盖得儿 kuo^{24} kai^{312} tɛ·

锅帽得儿 kuo^{24} mau^{312} tɛ· 草编拱形锅盖

笼布 luɤŋ^{42} pu^{312}

　抹布 ma^{24} pu·

笼扇得儿 luɤŋ^{42} san^{312} tɛ· 笼屉

箅得儿 pi^{312} tɛ·

箅圪杈得 pi^{312} kɤ· ts'a^{24} tɛ· 放在锅里支撑箅子的木架

抢锅铲得儿 tɕiaŋ^{55} kuo^{24} ts'an^{55} tɛ·

舂絮 tsuɤn^{24} ɕy· 用高粱秆的顶部扎成涮锅用具

碗 uan^{55}

瓷碗 ts'ʅ^{42} uan^{55} 质地粗糙的陶碗

细碗 ɕi^{312} uan^{55} 质地细密的陶碗

铁碗 t'iɛ^{24} uan^{55}

墩得碗儿 tuɤn^{24} tɛ· uar^{55} 黑色的小瓷碗

碗橱得儿 uan^{55} tɕ‘y^{42} tɛ· 放碗、盘等的橱柜
瓢 p‘iau^{42} 用葫芦做成的舀水、取面器具
舀得 iau^{55} tɛ· 由白铁皮制成的舀水器具
缸 kaŋ^{24} 水缸
粮缸得儿 liaŋ^{42} kaŋ^{24} tɛ· 盛米面的小缸
筲 sau^{24} 木桶
桶得儿 t‘uɤŋ^{55} tɛ·
盆 p‘ɤn^{42}
　大盆 ta^{312} p‘ɤn^{42}
洋瓷盆 iaŋ^{42} ts‘ɿ^{42} p‘ɤn^{42}
盆得儿 p‘ɤn^{42} tɛ·
和面盆得儿 xuo^{42} mian^{312} p‘ɤn^{42} tɛ·
盘得儿 p‘an^{42} tɛ·
勺得儿 suo^{42} tɛ·
茶缸得儿 ts‘a^{42} kaŋ^{24} tɛ·
竹篮得儿 tsu^{24} lan^{42} tɛ·
筷得 k‘uai^{312} tɛ·
筷笼得儿 k‘uai^{312} luɤŋ^{42} tɛ· 固定在墙壁上盛放筷子的用具
刀 tau^{24}
菜刀 ts‘ai^{312} tau^{24}
　切菜刀 tɕ‘iɛ^{24} ts‘ai^{312} tau^{24}
案板 an^{312} pan· 面板
水裙 suei^{55} tɕ‘yn· 做饭人用的围裙
擀杖 kan^{55} ts‘aŋ·
礤床得儿 ts‘a^{24} ts‘uaŋ· tɛ· 将萝卜等擦成丝儿或片的工具
水壶 suei^{55} xu^{42} 烧水用的壶
铝壶 ly^{55} xu^{42} 铝制的水壶
蒜臼得儿 suan^{312} tɕiou^{312} tɛ·
蒜槌得 suan^{312} ts‘uei^{42} tɛ·
鏊得 au^{312} tɛ· 用铁做成的烙饼或摊饼的工具，圆形
翻饼批得儿 fan^{24} piŋ^{55} p‘i^{24} tɛ· 烙饼、摊饼时的翻饼用具
煎盘 tɕian^{24} p‘an·
笊篱 tsau^{312} ly· 用金属丝制成的漏水工具，主要用于捞锅里煮熟或炸熟的面食
饸饹床得 xɤ^{42} lɤ· ts‘uaŋ^{42} tɛ·
罐得儿 kuan^{312} tɛ·
　瓦罐儿 ua^{55} kuar·
接口 tɕiɛ^{24} kou· 用铁或塑料制成的用具，将一个容器的液体倒进另一个出口较小的容器里时使用
坛得儿 t‘an^{42} tɛ·
□得儿 ts‘a^{55} tɛ· 腌菜、盛放食料用的小缸
瓮 uɤŋ^{312}
缸 ɕiaŋ^{42} 腌菜等用的大坛子
炉翅 lu^{42} ts‘ɿ· 炉箅子
风匣 fɤŋ^{24} ɕia· 风箱
火棍 xuo^{24} kuɤn·
洋火旧 iaŋ^{42} xuo^{55}
　火柴新 xuo^{55} ts‘ai^{42}
火捅 xuo^{55} t‘uɤŋ^{24} 铁制的扎火工具
刨花得 pau^{312} xua^{55} tɛ·
柴火 ts‘au^{42} xuo·
不节得儿 pu^{24} tɕiɛ· tɛ· 玉米芯子
酒壶儿 tɕiou^{55} xur^{42}
　酒嗉得 tɕiou^{55} su^{312} tɛ·
酒盅得儿 tɕiou^{55} tsuɤŋ^{24} tɛ·

（4）工匠、缝、纺用具、用品

刨得 pau^{312} tɛ·
锯 tɕy^{312}
电锯 tian^{312} tɕy^{312}
斧得 fu^{55} tɛ·
锛 pɤn^{24}
凿 tsuo^{42}
尺得 ts‘ɿ^{24} tɛ·
墨斗得 mei^{24} tou^{55} tɛ·
米尺 mi^{55} ts‘ɿ^{24}
水平尺 suei^{55} p‘iŋ^{42} ts‘ɿ^{24}
角儿尺 tɕyor^{24} ts‘ɿ^{24}

楦儿 ɕyər^{55}
钉得 tiŋ^{24} tɛ·
合叶 xɤ^{42} iɛ·
钳得 tɕʻian^{42} tɛ·
改锥 kai^{55} tsuei^{24}
　螺丝刀新 luo^{42} sɿ^{24} tau^{24}
镊得 niɛ^{24} tɛ·
批刀 pʻi^{24} tau^{24}
瓦刀 ua^{312} tau·
泥包得 ni^{42} pau^{24} tɛ· 建筑工地用于盛泥的布片
泥抹得 ni^{312} mo· tɛ· 泥水匠用来抹灰的工具
□板 ta^{42} pan^{55} 脚手架上的板子
泥盆得 ni^{42} pʻɤn^{42} tɛ·
夯 xaŋ^{24}
砧得 tsɤn^{55} tɛ· 打铁时垫在下面的铁器
锤 tsʻuei^{42} ① 铁～｜手～ ② 拳头
锻得 tuan^{312} tɛ·
钯锔 pa^{55} tɕy^{24} 两脚钉
剃头刀得 tʻi^{312} tʻou^{42} tau^{24} tɛ·
推得 tʻuei^{24} tɛ·
轧衣裳机得 tsa^{42} i^{24} saŋ· tɕi^{24} tɛ·
　缝纫机 fɤŋ^{42} zɤn^{312} tɕi^{24}
针线活儿 tsɤn^{24} ɕian· xuor^{42}
大针 ta^{312} tsɤn^{24}
小针儿 ɕiau^{55} tsər^{24}
针鼻儿 tsɤn^{24} piər^{42}
纫针 in^{312} tsɤn^{24} 穿针
针脚 tsɤn^{24} tɕyo·
剪得 tɕian^{55} tɛ·
锥得 tsuei^{24} tɛ·
　针锥得 tsɤn^{24} tsuei^{24} tɛ·
顶针得儿 tiŋ^{55} tsɤn· tɛ·
线轱咧儿 ɕian^{312} ku^{55} lior·
鞋样儿 ɕiɛ^{42} iɐr^{312} 做鞋用的纸样儿
　样得 iaŋ^{312} tɛ·

做活筐得 tsu^{312} xuo^{42} kʻuaŋ^{24} tɛ·
　针线筐得 tsɤn^{24} ɕian^{312} kʻuaŋ^{24} tɛ·
铺衬 pʻu^{24} tsʻɤn· 破布头、旧布片
布圪□得儿 pu^{312} kɤ· lin^{24} tɛ· 碎布条
褙得 pei^{312} tɛ· 用几层碎布裱成的布壳，多用来做鞋底
纺花车得 fa^{55} xua^{24} tsʻɛ^{24} tɛ·
花不节得 xua^{24} pu· tɕiɛ^{24} tɛ·
锭得 tiŋ^{312} tɛ·
穗得儿 suei^{312} tɛ·
络得 luo^{24} tɛ· 农村妇女织布时用于络线的工具
线得 ɕian^{312} tɛ· 织布的线
综 tsɤŋ^{312}
织布机得 tsɿ^{24} pu^{312} tɕi^{24} tɛ·
花布 xua^{24} pu^{312}
洋布 iaŋ^{42} pu^{312}
粗布得 tsʻu^{24} pu^{312} tɛ·
棒槌 paŋ^{312} tsʻuei·

（5）其他生活用具

东西 tuɤŋ^{24} ɕi·
　物件得儿 u^{312} tɕian· tɛ·
玩物儿 uan^{42} ur·
　玩具新 uan^{42} tɕy·
碱 tɕian^{55}
碱面儿 tɕian^{55} miar^{312}
胰得 i^{42} tɛ· 肥皂、香皂的总称
梯得 tʻi^{24} tɛ·
水壶儿 suei^{55} xur^{42} 装水用的铁制水壶
塑料壶儿 suo^{24} liau^{312} xur^{42}
糨得 tɕiaŋ^{312} tɛ· 用白面自制的糊状物，用来粘贴东西
浆糊儿 tɕiaŋ^{312} xur^{24} 商店卖的瓶装糊状物
电灯 tian^{312} tɤŋ^{24}
灯泡儿 tɤŋ^{24} pʻor^{24}
灯篓 tɤŋ^{24} lou· 灯笼
对得 tuei^{312} tɛ· 对联
信封儿 ɕin^{312} fɐr^{24}

电把得 tian^{312} pa^{312} tɛ· 手电筒

电池 tian^{312} tsʻʅ^{42}

搓板 tsʻuo^{24} pan·

网兜得儿 uaŋ^{55} tou^{24} tɛ·

气管得儿 tɕʻi^{312} kuan^{55} tɛ· 气筒

皮箱 pʻi^{42} ɕiaŋ^{24}

烟袋 ian^{24} tai^{312}

旱烟袋 xan^{312} ian^{24} tai^{312}

水烟袋 suei^{55} ian^{24} tai^{312}

烟袋锅得儿 ian^{24} tai^{312} kuo^{24} tɛ·

烟嘴儿 ian^{24} tsuər^{55}

烟油得 ian^{24} iou^{42} tɛ·

烟灰儿 ian^{24} xuei^{24}

烟灰缸儿 ian^{24} xuei^{24} kɐr^{24}

烟布袋儿 ian^{24} pu^{312} tar 装旱烟的口袋

打火机 ta$^{55|42}$ xuo^{55} tɕi^{24}

火石 xuo^{55} sʅ^{42}

擦包纸 tsʻa^{24} pau^{24} tsʅ^{42} 手纸

　草纸 tsʻau$^{55|42}$ tsʅ^{55}

章 tsaŋ^{24} 印章

挂历 kua^{312} li^{312}

台历 tʻai^{42} li^{312}

伞 san^{55}

油纸伞 iou^{42} tsʅ$^{55|42}$ san^{55} 塑料伞

雨衣 y^{55} i^{24}

九 称谓

（1）一般称谓

爷们儿 iɛ^{42} mər·

娘们儿 nia^{42} mər·

男嘞 nan^{42} nɛ· 男人

女嘞 ny^{55} lɛ· 女人

老头儿 lau^{24} tʻor^{42} 老年男性

老婆儿 lau^{24} pʻor^{42} 老年女性

孬蛋儿 nau^{24} tar^{312}

妞妞 niou^{24} niou·

当家儿嘞 taŋ^{24} tɕiɐr^{24} lɛ· ① 老板 ② 当家的

　掌柜 tsaŋ^{55} kuei^{312}

　掌柜嘞 tsaŋ^{55} kuei^{312} lɛ·

老掌把嘞 lau$^{55|42}$ tsaŋ^{55} pa^{55} lɛ· 老把式

大人 ta^{312} zɤn·

娃娃 ua^{42} ua·

小孩儿 ɕiau^{55} xar^{42}

　毛尾蛋得孩儿 mau^{42} i· tan^{312} tɛ· xar^{42}

小儿家 ɕior^{55} tɕia· 男孩儿

妮儿家 niər^{24} tɕia· 女孩儿

能豆得 nɤŋ^{42} tou^{312} tɛ· 聪明机灵的小孩儿

豁牙得狗 xuo^{24} ia^{42} tɛ· kou^{55} 换牙的小孩

半大小得 pan^{312} ta^{312} ɕiau^{55} tɛ·

小青年儿 ɕiau^{55} tɕʻiŋ^{24} niar^{42}

胖得 pʻaŋ^{312} tɛ· 肥胖的人

瘦猴儿 sou^{312} xor^{42} 很瘦的人

　瘦巴鸡儿 sou^{312} pa· tɕiər^{24}

劳力 lau^{42} li^{24} 劳动力，多指成年男子

家嘞 tɕia^{24} lɛ· ① 老婆：他～｜俺～ ② 家里

乡下人 ɕiaŋ^{24} ɕia^{312} zɤn^{42}

外地人 uai^{312} ti^{312} zɤn^{42}

外路人 uai^{312} lu^{312} zɤn^{42} 来路不明的人

外国庄儿 uai^{312} kuɛ^{24} tsuɐr^{24}

洋人 iaŋ^{42} zɤn^{42}

　外国人 uai^{312} kuɛ^{24} zɤn^{42}

南蛮得 nan^{42} man^{42} tɛ· 南方人

本家嘞 pɤn^{55} tɕia^{24} lɛ·

　本家本院嘞 pɤn^{55} tɕia^{24} pɤn^{55} yan^{312} nɛ·

自家嘞人儿 tɕi^{312} tɕia· lɛ· zər^{42} 自己人

内行 nuei^{312} xaŋ^{42}

外行 uai^{312} xaŋ^{42}

　白脖得 pɛ^{42} po^{42} tɛ·

土包得 tʻu^{55} pau^{312} tɛ· 指没有见过世面的人

雏巴头得　tsʻu^{42} pa· tʻou^{42} tɛ·　什么都干不好的人

墩巴汉得儿　tuɤn^{24} pa· xan^{312} tɛ·　又胖又矮的男人

光棍儿汉得儿　kuaŋ^{24} kuər· xan^{312} tɛ·

大拿　ta^{312} na^{42}　某一方面能独当一面的人

老闺女　lau^{55} kuei^{24} ny·　① 未出嫁的大龄女子 ② 娘家人对出嫁已久女子的泛称

流氓　liou^{42} maŋ^{42}

地头蛇　ti^{312} tʻou^{42} sɛ^{42}　横行乡里的当地人

寡妇儿　kua^{55} fur·

二半吊得　ər^{312} pan· tiau^{312} tɛ·

　二百五　ər^{312} pɛ^{24} u^{55}

　二敢得　ər^{312} kan^{55} tɛ·

　二不取得　ər^{312} pu· tɕʻy^{55} tɛ·

二性得驴　ər^{312} ɕiŋ^{312} tɛ· ly^{42}　做事鲁莽的人

二婚头　ər^{312} xuɤn^{24} tʻou^{42}　结过两回婚的人

二流得　ər^{312} liou^{24} tɛ·

　混得　xuɤn^{312} tɛ·

二圪意得　ər^{312} kiɛ^{42} i· tɛ·　阴阳人

二大溜　ər^{312} ta^{312} liou^{42}　因穿的衣服过大显得滑稽的人

懒虫蚁得　lan^{55} tsʻuɤŋ^{42} i^{312} tɛ·　懒汉

吃饱蹲　tsʻʅ^{24} pau^{55} tuɤn^{24}　无所事事的人

后人儿　xou^{312} zər^{42}　情妇、情夫

肉头　zou^{312} tʻiou^{42}　老婆与人通奸的人

败家子儿　pai^{312} tɕia^{24} tsər^{55}

皮不理儿　pʻi^{42} pu· liər^{55}　说什么都无动于衷的人

　皮脸得　pʻi^{42} lian^{55} tɛ·

　皮脸得灯　pʻi^{42} lian^{55} tɛ· tɤŋ^{24}

药捻得　yo^{24} nian^{55} tɛ·　指脾气暴躁的人

直筒得　tsʅ^{42} tʻuɤŋ^{55} tɛ·　指心直口快的人

对方得　tuei^{312} faŋ^{24} tɛ·　同名的人，多指男性：他嘞～叫他嘞

大喷得　ta^{213} pʻɤn^{24} tɛ·　爱吹牛的人

大咧咧　ta^{312} liɛ· liɛ^{24}　什么都不在乎的人

　片儿汤　pʻiar^{312} tʻaŋ^{24}

榆木疙瘩　y^{42} mu^{24} kiɛ^{24} ta·　不开窍的人

腌臜菜　a^{24} tsa· tsʻai^{312}　耍赖的人

顺毛儿驴　suɤn^{312} mor^{42} ly^{42}　爱听奉承话的人

饭桶　fan^{312} tʻuɤŋ^{55}　饭量大的人

　大肚汉　ta^{312} tu^{312} xan^{312}

红脸汉　xuɤŋ^{42} lian^{55} xan^{312}　遇到不符合自己利益的事就发脾气的人

　大红砖　ta^{312} xuɤŋ^{42} tsuan^{24}

老鳖一　lau^{55} piɛ^{24} i^{24}　吝啬鬼

宁末头　niŋ^{312} mo· tʻou^{42}　非常执拗的人

缠末头　tsʻan^{42} mo· tʻou^{42}　纠缠不休的人

酒疯得　tɕiou^{55} fɤŋ^{24} tɛ·　撒酒疯的人

酒缸　tɕiou^{55} kaŋ^{24}　特别能喝酒的人

人顶得　zɤn^{42} tiŋ tɛ·　人上人

白净得儿　pɛ^{42} tɕiŋ^{312} tər·　指脸白净胡须少的男性

药罐得　yo^{24} kuan^{312} tɛ·　常年患病的人

　病秧得　piŋ^{312} iaŋ^{24} tɛ·

冤大头　yan^{24} ta^{312} tʻou^{42}　枉费钱财的人

财迷　tsʻai^{42} mi^{42}

死脑筋　sʅ$^{55|42}$ nau^{55} tɕin·

丑八怪　tsʻou^{55} pa$^{24|42}$ kuai^{312}

刨死窑得　pʻau^{42} sʅ· iau^{42} tɛ·　吃好东西没够的人，多指小孩儿

睁眼儿瞎　tsɤŋ^{24} iar^{55} ɕia^{24}　文盲

懵头鸡得儿　mɤŋ^{24} tʻou^{42} tɕi^{24} tɛ·　愣头愣脑的人

绝户头　tɕyɛ^{42} xu· tʻou^{42}　没有孩子的家庭

五保户儿　u$^{55|42}$ pau^{55} xur^{312}

主户儿家　tɕy^{55} xur· tɕia·　财主

窑头　iau^{42} tʻou^{42}　赌博场所的主人

垫背嘞　tian^{312} pei^{312} lɛ·　代人受过的人

　替死鬼儿　tʻi^{312} sʅ· kur^{55}

饿死鬼 ɤ^{312} sɿ· kuei^{55} 指吃相不好的人

武郎横灰 u^{55}laŋ^{42} xuɤŋ^{312} xuei· 横行霸道的人

破搅吴贵 p‘o^{312} tɕiau· u^{42} kuei^{312} 经常毁坏东西的人

玄都 ɕyan^{42} tou^{24} 笨蛋

笨屁骀得 pɤn^{312} p‘i^{312} t‘ai^{55} tɛ· 笨蛋

摧咕得号 tɕ‘yo^{24} ku· tɛ· xau^{312} 拨弄是非的人

话篓得 xua^{312} lou^{55} tɛ· 话多的人

瞎话篓得 ɕia^{42} xua· lou^{55} tɛ· 爱撒谎的人

臭棋篓得 ts‘ou^{312} tɕ‘i^{42} lou^{55} tɛ· 下棋水平不高的人

屁篓得 p‘i^{312} lou^{55} tɛ· 放屁多的人

姑老 ku^{24} lau· 男姘头

杂种 tsa^{24} tsuɤŋ^{55} 詈语

（2）职业称谓

工作 kuɤŋ^{24} tsuo^{24}

工人 kuɤŋ^{24} zɤn·

干事儿嘞 kan^{312} sər^{312} lɛ· 干部

农民 nuɤŋ^{42} min^{42}

种地嘞 tsuɤŋ^{312} ti^{312} lɛ·

拉锄钩嘞 la^{24} ts‘u^{42} kou^{24} lɛ·

先生 ɕian^{24} sɤŋ· ① 私塾老师 ② 医生

医生 i^{312} sɤŋ^{24}

大夫 tai^{312} fu·

老师 lau^{55}sɿ·

老师儿 lau^{55}sər^{24} 师傅的泛称

学生 ɕyo^{42} ts‘ɤŋ·

同学 t‘uɤŋ^{42} ɕyo^{42}

做买卖嘞 tsu^{312} mai^{55} mai· lɛ· 生意人

卖家儿 mai^{312} tɕiɐr· 卖主

买家儿 mai^{55} tɕiɐr·

买主儿 mai$^{55|42}$ tsur^{55}

老板 lau$^{55|42}$ pan^{55}

老板娘 lau$^{55|42}$ pan^{55} niaŋ^{42}

伙计 xuo^{55} tɕi·

徒弟 t‘u^{42} ti·

学徒工 ɕyo^{42} t‘u^{42} kuɤŋ^{24}

东家 tuɤŋ^{24} tɕia·

灭□ miɛ^{24} xar· 雇工：我往你当～吧

摆摊儿嘞 pai^{55} t‘ar^{24} lɛ·

买破烂儿嘞 mai^{55} p‘o^{312} lar^{312} lɛ·

收废品嘞 sou^{24} fei^{312} p‘in^{55} nɛ·

伙夫 xuo^{55} fu^{24}

做饭嘞 tsu^{312} fan^{312} nɛ·

开车嘞 kai^{24} ts‘ɛ^{24} lɛ·

司机 sɿ^{24} tɕi^{24}

跟车嘞 kɤn^{24} ts‘ɛ^{24} lɛ· 押车的人

当兵嘞 taŋ^{24} piŋ^{24} lɛ·

剃头嘞 t‘i^{312} t‘ou^{42} lɛ·

锢噜锅嘞 ku^{42} lu· kuo^{24} lɛ· 补锅的

拉脚嘞 la^{24} tɕyo^{24} lɛ· 脚夫

糊纸扎嘞 xu^{24} tsɿ^{55} sa· lɛ· 制作花圈的人

裁缝 ts‘ai^{42} fɤŋ·

经纪 tɕiŋ^{24} tɕi· 经纪人

会首 xuei^{312} sou· 庙会的主要组织者

鞋匠 ɕiɛ^{42} tɕiaŋ·

掌鞋嘞 tsaŋ^{55} ɕiɛ^{42} lɛ·

铁匠 t‘iɛ^{24} tɕiaŋ·

画匠 xua^{312} tɕiaŋ·

木匠 mu^{24} tɕiaŋ·

银匠 in^{42} tɕiaŋ·

瓦匠 ua^{312} tɕiaŋ·

盖屋得嘞 kai^{312} u^{24} tɛ· lɛ·

大工 ta^{312} kuɤŋ^{24}

小工得儿 ɕiau^{55} kuɤŋ^{24} tɛ·

二把刀 ər^{312} pa^{55} tau^{24} 稍懂技术但不精的人

半秒得 pan^{312} ts‘au^{312} tɛ·

当官儿嘞 t‘aŋ^{24} kuar^{24} lɛ·

抬轿嘞 t‘ai^{42} tɕiau^{312} lɛ·

玩把戏嘞 uan^{42} pa^{55} çi· lɛ· 民间魔术师

唱戏嘞 ts‘aŋ^{312} çi^{312} lɛ· 戏曲演员

煤黑得 mei^{42} xiɛ^{24} tɛ· 掏煤窑的人

□马糊 ts‘ua^{55} ma· xu^{24} 指旧时趁人不备猛然抢夺别人手中食物的人

小偷儿 çiau^{55} t‘or^{24}

三只手 san^{24} tsɿ^{24} sou^{55}

偷家儿 t‘ou^{24} tçiɐr·

掏包儿嘞 t‘au^{24} por^{24} lɛ·

赌家儿 tu^{55} tçiɐr·

砸家儿 tsa^{42} tçiɐr· 抢劫者

甩三张牌儿嘞 sai^{55} san^{24} tsaŋ^{24} pa‘r^{42} lɛ· 用三张扑克牌行骗的江湖骗子

地痞 ti^{312} p‘i^{42}

人贩得 zɤn^{42} fan^{312} tɛ·

要饭嘞 iau^{312} fan^{312} nɛ· 乞丐

叫花得 tçiau^{312} xua^{24} tɛ·

十　亲属

（1）长辈

长辈儿嘞 tsaŋ^{55} pər^{312} lɛ·

老得儿 lau^{55} tər· 老人，多指父母

爹 tiɛ^{24}

娘 niaŋ^{42} 骂人时这样，常读作 nia^{42}

爷 iɛ^{42}

奶奶 nai^{55} nai·

老爷 lau^{24} iɛ^{42} 父亲的爷爷

老奶奶 lau^{24} nai^{55} nai· 父亲的奶奶

老老爷 lau^{24} lau^{24} iɛ^{42} 爷爷的爷爷

老老奶奶 lau^{24} lau^{24} nai^{55} nai· 爷爷的奶奶

大爷 ta^{312} iɛ· ① 伯父、姨夫（比父亲大）② 老年男子的泛称

大娘 ta^{312} niaŋ·

大大 ta^{312} ta· 大伯、大娘的统称（儿语）

叔 su^{55} ① 叔父 ② 姨夫（比父亲小）

婶得 sɤn^{55} tɛ·

姑姑 ku^{55} ku·

姑夫 ku^{24} fu·

姑姥姥 ku^{24} lau^{55} lau· 母亲的姑姑

老姑 lau^{55} ku· 父亲的姑姑

姨 i^{42}

姨夫 i^{42} fu· 他称

姨姥姥 i^{42} lau^{55} lau· 父母亲的姨

姥爷 lau^{55} iɛ·

姥娘 lau^{55} niaŋ·

姥姥 lau^{55} lau·

公公 kuɤŋ^{24} kuɤŋ·

婆得 p‘o^{42} tɛ·

丈人 tsaŋ^{312} zɤn·

老丈人 lau^{55} tsaŋ^{312} zɤn·

丈母娘得 tsaŋ^{312} mu· niaŋ^{42} tɛ·

舅 tçiou^{312}

妗得 tçin^{312} tɛ· 舅母

（2）平辈

平辈儿 p‘iŋ^{42} pər^{312}

弟兄 ti^{312} çyŋ·

弟儿们 tiɐr^{312} mɤn·

两口得 liaŋ$^{55|42}$ k‘ou^{55} tɛ·

哥 kɤ^{55}

嫂 sau^{55}

兄弟 çyŋ^{24} ti· 弟弟

兄弟媳妇儿 çyŋ^{24} ti· çi^{42} fur·

弟妹 ti^{312} mei^{312}

姐姐 tçiɛ^{55} tçiɛ·

姐夫 tçiɛ^{55} fu·

姊妹 tsɿ^{42} mei· 妹妹

妹夫得儿 mei^{312} fu· tɛ·

姊妹们 tsɿ^{42} mei^{312} mɤn·

亲姊热妹 tç‘in^{24} tsɿ^{42} zɛ^{24} mei^{312}

男人 nan^{42} zɤn· 丈夫

老头得儿 lau^{24} t‘ou^{42} tɛ·

老婆 lau^{24} p‘o^{42} 妻子

　老婆得 lau^{24} p‘o^{42} tɛ·

　媳妇得儿 ɕi^{42} fu· tɛ·

小老婆儿 ɕiau^{55} lau^{24} p‘or^{42} 妾

　小婆儿 ɕiau^{55} p‘or·

大伯得 ta^{312} pɛ^{24} tɛ· 丈夫的哥哥

　大伯得哥 ta^{312} pɛ^{24} tɛ· kɤ^{55}

小叔得 ɕiau^{55} su^{55} tɛ·

大姑得 ta^{312} ku· tɛ·

小姑得 ɕiau^{55} ku· tɛ·

大舅得 ta^{312} tɕiou^{312} tɛ·

小舅得 ɕiau^{55} tɕiou^{312} tɛ·

　内弟儿 nuei^{312} tiər^{312}

大姨得 ta^{312} i^{42} tɛ·

小姨得 ɕiau^{55} i^{42} tɛ·

亲兄弟 tɕ‘in^{24} ɕyŋ^{24} ti·

堂兄弟 t‘aŋ^{42} ɕyŋ^{24} ti·

叔伯兄弟 su^{24} pɛ· ɕyŋ^{24} ti·

亲哥 tɕ‘in^{24} kɤ^{55}

叔伯哥 su^{24} pɛ· kɤ^{55}

叔伯姐姐 su^{24} pɛ· tɕiɛ^{55} tɕiɛ·

叔伯姊妹 su^{24} pɛ· tsɿ^{42} mei·

表哥 piau$^{55|42}$ kɤ^{55}

表弟儿 piau^{55} tiər^{312}

表妹 piau^{55} mei^{312}

表嫂 piau$^{55|42}$ sau^{55}

（3）晚辈

晚辈儿 uan^{55} pər^{312}

　免辈儿 mian^{55} pər^{312}

儿 ər^{42}

　孩得 xai^{42} tɛ·

　小儿 ɕior^{55}

儿媳妇儿 ər^{42} ɕi^{42} fur·

闺女 kuei^{24} ny·

　妮儿 niər^{24}

大闺女 ta^{312} kuei^{24} ny· ① 已经长大成人的闺女 ② 姐妹排行第一的（第二的叫“二闺女”，以次类推）

大妮儿 ta^{312} niər^{24} 姐妹排行第一的（第二的叫“二妮儿”，以次类推）

女婿 ny^{55}ɕy·

　闺女女婿 kuei^{24} ny· ny^{55}ɕy·

侄儿 tsər^{42}

侄儿媳妇儿 tsər^{42} ɕi^{42} fur·

侄女儿 tsɿ^{42} nyər·

侄女得女婿 tsɿ^{42} ny· tɛ· ny^{55}ɕy·

孙儿 suər^{24}

　孙得儿 suɤn^{24} tər·

孙得儿媳妇儿 suɤn^{24} tər· ɕi^{42} fur·

孙女儿 suɤn^{24} nyər·

　孙女得 suɤn^{24} ny· tɛ·

孙女得女婿 suɤn^{24} ny· tɛ· ny^{55} ɕy·

重孙得儿 ts‘uɤŋ^{42} suɤn^{24} tər·

　重孙儿 ts‘uɤŋ^{42} suər^{24}

重孙女儿 ts‘uɤŋ^{42} nyər·

外甥得儿 uai^{312} sɤŋ· tɛ·

外甥女得儿 uai^{312} sɤŋ· ny^{55} tɛ·

重外甥得儿 ts‘uɤŋ^{42} uai^{312} sɤŋ· tɛ·

重外甥女得儿 ts‘uɤŋ^{42} uai^{312} sɤŋ· ny^{55} tɛ·

内侄儿 nuei^{42} tsər^{42}

内侄女儿 nuei^{42} tsɿ^{42} nyər·

老生得小儿/妮儿 lau^{55}sɤŋ^{24} tɛ· ɕior^{55}/niər^{24} ① 兄弟姐妹多而又排行最后的 ② 夫妇年纪较大生育的孩子

（4）其他

祖宗 tsu^{42} tsuɤŋ·

老上嗣 lau^{55} saŋ^{312} sɿ· 家族中辈分高、年龄最大者

辈儿 pər^{312}

　辈分 pei^{312} fɤn·

辈儿大 pər^{312} ta^{312} 辈分高

辈儿小 pər^{312} ɕiau^{55} 辈分低

叉辈儿　ts‘a^{312} pər^{312} 因婚姻导致辈分改变
排行　p‘ai^{42} xaŋ^{42}
五服　u^{55} fu^{42}
出五服　tɕ‘y^{24} u^{55} fu^{42}
家门儿　tɕia^{24} mər· 家族
一家得　i^{24} tɕia^{24} tɛ· 不出五服的家族，红白大事都参加
一根檩　i^{24} kɤn^{24} lin^{55} 连襟
妯娌　tsu^{42} li·
外老得儿　uai^{312} lau^{55} tər· 公公婆婆、岳父岳母
两亲家　liaŋ^{55} tɕ‘in^{24} tɕia·
亲戚　tɕ‘in^{24} tɕ‘i·
后娘　xou^{312} niaŋ^{42}
后爹　xou^{312} tiɛ^{24}
朋亲　p‘ɤŋ^{42} tɕ‘in^{24}
干亲戚　kan^{24} tɕ‘in^{24} tɕ‘i·
干爹　kan^{24} tiɛ^{24}
干娘　kan^{24} niaŋ^{42}
干姊妹　kan^{24} tsɿ^{42} mei·
干儿　kan^{24} ər^{42}
干闺女　kan^{24} kuei^{24} ny·
拜把得　pai^{312} pa^{55} tɛ·
　拜把得兄弟　pai^{312} pa^{55} tɛ· ɕyŋ^{24} ti·
亲占^{D}嘞　tɕ‘in^{24} tsɛ^{312} lɛ·
亲家婆得　tɕ‘in^{24} tɕia· p‘o^{42} tɛ·
孙男娣女　suɤn^{24} nan^{42} ti^{312} ny^{55} 儿女子孙

十一　身体

（1）五官
身体　sɤn^{24} t‘i·
　身得骨儿　sɤn^{24} tɛ· kur^{24}
　身板儿　sɤn^{24} par·
身架儿　sɤn^{24} tɕiɐr· 身材
胚瓜得　p‘ei^{24} kua· tɛ· 架势：他长嘞有恁个～
　胎瓜得　t‘ai^{24} kua· tɛ·
头　t‘ou^{42}
光头　kuaŋ^{24} t‘ou^{42}
　和尚头　xuo^{312} saŋ· t‘ou^{42}
　电光头　tian^{312} kuaŋ^{24} t‘ou^{42}
　葫芦头　xu^{42} lu· t‘ou^{42}
锛瞜头　pɤn^{24} lou· t‘ou^{42} 前额突出的头
脑瓜得$_{儿}$　nau^{55} kua^{24} tɛ· 大脑
头顶得　t‘ou^{42} tiŋ^{55} tɛ·
秃头顶得　t‘u^{24} t‘ou^{42} tiŋ^{55} tɛ·
谢顶　ɕiɛ^{312} tiŋ^{24}
雪皮　ɕyɛ^{24} p‘i^{42} 头屑
头发　t‘ou^{42} fa·
头发茬得　t‘ou^{42} fa· ts‘a^{42} tɛ·
汗临得$_{儿}$　xan^{312} lin^{42} tɛ· 刘海
卷毛儿　tɕyan^{55} mor^{42} 自然打卷的头发
泉　tɕ‘yan^{42} 头发旋
辫得$_{儿}$　pian^{312} tɛ·
脸　lian^{55}
洼沟脸　ua^{312} kou· lian^{55}
脸蛋得$_{儿}$　lian^{55} tan^{312} tɛ·
窟作纹儿　k‘u^{24} tsuo· uər^{42} 皱纹儿
抬头纹　t‘ai^{42} t‘ou^{42} uɤn^{42} 额头上的皱纹
囟得　ɕin^{312} tɛ· 囟门
血门得　ɕiɛ^{24} mɤn^{42} tɛ· 额头
眉　mei^{42}
　眉毛　mei^{42} mau·
　眼粘毛　ian^{55} tsan· mau^{42}
眉眼骨　mei^{42} ian· ku^{24}
眼　ian^{55}
欧斗眼　ou^{24} tou· ian^{55} 眼窝凹陷
眼圈儿　ian^{55} tɕyar^{24}
眼角　ian^{55} tɕyo^{24}
眵马糊　ts‘ɿ^{24} ma· xu^{24} 眼屎
眼皮得$_{儿}$　ian^{55} p‘i^{42} tɛ·
单眼皮儿　tan^{24} ian^{55} p‘iər^{42}

双眼皮儿 suaŋ^{24} ian^{55} p‘iər^{42}

斜楞眼儿 ɕiɛ^{42} lɤŋ· iar^{55}

前后眼 tɕ‘ian^{42} xou^{312} ian^{55} 指“预见”：谁也有长～，以后咋样儿逗瞧老天爷了

眼定珠得儿 ian^{55} tiŋ· tɕy^{24} tɛ· 眼珠子

眼劲头儿 ian^{55} tɕin· t‘or^{42} 眼力

眼神儿 ian^{55} sər^{42}

泪 luei^{312}

泪道得儿 luei^{312} tau^{312} tɛ· 泪痕

鼻梁骨 pi^{42} liaŋ· ku^{24}

鼻圪垯得儿 pi^{42} kɤ· ta^{24} tɛ· 鼻身

鼻窟窿得儿 pi^{42} k‘u· luɤŋ^{24} tɛ· 鼻孔

鼻圪渣 pi^{42} kɤ· tsa^{24} 鼻垢

鼻鼻筒 pi^{42} pi· t‘uɤŋ^{55} 指黏稠的鼻涕

腮帮得 sai^{24} paŋ^{24} tɛ·

酒盅得儿 tɕiou^{55} tsuɤŋ^{24} tɛ·

　酒窝儿 tɕiou^{55} uor^{24}

颧骨 tɕ‘yan^{55} ku·

嘴片得儿 tsuei^{55} p‘ian^{312} tɛ·

嘴擦得儿 tsuei^{55} ts‘a^{24} tɛ· 嘴角

嘴巴骨得儿 tsuei^{55} pa· ku^{24} tɛ·

　下巴 ɕia^{312} pa·

　下巴颏得儿 ɕia^{312} pa· k‘ɤ^{24} tɛ·

托盘嘴儿 t‘uo^{24} p‘an· tsuər^{55} 下巴短

嘴水 tsuei$^{55|42}$ suei· 口水

吐沫 t‘u^{312} mo· 唾液

吐沫星得儿 t‘u^{312} mo· ɕiŋ^{24} tɛ·

舌头 sɛ^{42} t‘ou·

舌头尖得儿 sɛ^{42} t‘ou· tɕian^{24} tɛ·

舌头根得儿 sɛ^{42} t‘ou· kɤn^{24} tɛ·

牙 ia^{42} ① 牙齿 ② 嘴上不服软

牙花得 ia^{42} xua^{24} tɛ· 牙龈

大牙 ta^{312} ia^{42}

狗牙 kou^{55} ia^{42}

虎牙 xu^{55} ia^{42}

奶牙 nai^{55} ia^{42}

牙口 ia^{42} kou·

换牙 xuan^{312} ia^{42}

虫牙 ts‘uɤŋ^{42} ia^{42}

扇牙 san^{24} ia^{42} 向里或向外长的牙

牙关得 ia^{42} kuan^{24} tɛ·

后脑勺得儿 xou^{312} nau^{55} suo^{42} tɛ·

耳道 ər^{55} tau· 耳朵

耳道眼得儿 ər^{55} tau· ian^{55} tɛ· 耳孔

耳根台得 ər^{55} kɤn^{24} t‘ai^{42} tɛ·

耳道背 ər^{55} tau· pei^{312} 耳朵稍聋

耳巴得 ər^{55} pa^{24} tɛ· 耳光：打他一～

嗓得儿 saŋ^{55} tɛ· ① 喉咙 ② 嗓音

嗓得眼儿 saŋ^{55} tɛ· iar^{55}

哑哑儿嘞嗓儿 ia$^{55|42}$ iɐr^{55} lɛ· sɐr^{55}

鬓角儿 pin^{312} tɕyor·

胡得儿 xu^{42}tɛ·

络腮胡儿 luo^{24} sai^{24} xur^{42}

　穿脸胡得儿 ts‘uan^{24} lian^{55} xu^{42} tɛ·

八字胡儿 pa^{42} tsɿ^{312} xur^{42}

脖得 po^{42} tɛ·

　脖儿梗 po^{42} ər· kɤŋ^{55}

　脖得窝儿 po^{42} tɛ· uor^{24}

（2）手、脚、胸、背

手 sou^{55}

手脖得儿 sou^{55} po^{24} tɛ· 手腕

手面 sou^{55} mian^{312}

手纹儿 sou^{55} uər^{42}

手心儿 sou^{55} ɕiər^{24}

斗 tou^{55} 圆形的指纹

元宝 yan^{42} pau·

巴掌 pa^{24} tsaŋ·

左手 tsuo$^{55|42}$ sou^{55}

　反手 sou^{55}

右手 iou^{312} sou^{55}

正手 tsɤŋ^{312} sou^{55}
指头 tsɿ^{42} tʻou·
手指头 sou^{55} tsɿ^{42} tʻou·
大门指头 ta^{312} mɤn· tsɿ^{42} tʻou·
二门指头 ər^{321} mɤn· tsɿ^{42} tʻou·
食指 sɿ^{42} tsɿ^{55}
中指 tsuɤŋ^{24} tsɿ^{55}
小门指头 ɕiau^{55} mɤn· tsɿ^{42} tʻou·
小指头 ɕiau^{55} tsɿ^{42} tʻou·
指头肚得儿 tsɿ^{42} tʻou· tu^{312} tɛ·
指头缝儿 tsɿ^{42} tʻou· fɐr^{312}
指头圪节儿 tsɿ^{42} tʻou· kiɛ^{24} tɕior·
手背 sou^{55} pei^{312}
指甲 tɕi^{42} tɕia·
手指甲 sou^{55} tɕi^{42} tɕia·
指甲盖得儿 tɕi^{42} tɕia· kai^{312} tɛ·
胳膊 kiɛ^{42} pau^{312}
胳肘窝儿 kiɛ^{42} tsou^{312} uor^{24} 胳肢窝
胳肘拐得儿 kiɛ^{42} tsou^{312} kuai^{55} tɛ· 肘子
膀得 paŋ^{55} tɛ· 肩膀
探肩得 tʻan^{312} tɕian^{24} tɛ· 溜肩膀
脚 tɕyo^{24}
脚脖得儿 tɕyo^{24} po^{42} tɛ· 脚腕
脚面 tɕyo^{24} mian^{312}
脚掌 tɕyo^{24} tsaŋ^{55}
光脚丫得 kuaŋ^{24} tɕyo^{24} ia^{24} tɛ·
湿马脚儿 sɿ^{24} ma· tɕyor^{24}
脚底板得儿 tɕyo^{24} ti· pan^{55} tɛ·
脚心 tɕyo^{24} ɕin^{24}
脚趾头 tɕyo^{24} tsɿ^{42} tʻou·
大门脚趾头 ta^{312} mɤn· tɕyo^{24} tsɿ^{42} tʻou·
小门脚趾头 ɕiau^{55} mɤn· tɕyo^{24} tsɿ^{42} tʻou·
脚趾甲 tɕyo^{24} tsɿ^{42} tɕia·
脚后跟儿 tɕyo^{24} xou^{312} kər^{24}
脚印得儿 tɕyo^{24} in^{312} tɛ· 脚印
脚经得儿 tɕyo^{24} tɕiŋ^{24} tɛ·
鸡眼 tɕi^{24} ian^{55}
腿 tʻuei^{55}
大腿 ta^{312} tʻuei^{55}
大腿根得儿 ta^{312} tʻuei^{55} kɤn^{24} tɛ· 腿、肚相连之处
小腿儿 ɕiau$^{55|42}$ tʻuər^{55}
腿肚得 tʻuei^{55} tu^{312} tɛ·
不落盖得儿 pu^{42} luo· kai^{312} tɛ· 膝盖
腿黑拉儿 tʻuei^{55} xiɛ^{42} lɐr^{312} 两腿之间
心口 ɕin^{24} kʻou^{55}
心口窝儿 ɕin^{24} kʻou^{55} uor^{24}
胸脯得儿 ɕyŋ^{24} pʻu^{42} tɛ·
客郎刺得 kʻiɛ^{24} laŋ· tsʻɿ^{312} tɛ· 肋骨骨架
肋巴骨 lɛ^{24} pa· ku^{24} 肋骨
妈妈 ma^{24} ma· ① 乳房 ② 奶
麦麦 mɛ^{24} mɛ·
妈妈水儿 ma^{24} ma· suər^{55} 奶汁儿
妈妈疙瘩儿 ma^{24} ma· kiɛ^{24} ta·
奶头儿 nai^{55} tʻor^{42}
脊梁 tɕi^{42} niaŋ·
脊梁骨 tɕi^{42} niaŋ· ku^{24}
腰 iau^{24}
腰眼儿 iau^{24} iar^{55}
肚得儿 tu^{312} tɛ·
肚摸脐 tu^{312} mo· tɕʻi^{42} 肚脐眼儿
肚皮 tu^{312} pʻi^{42}
胯骨 kʻua^{55} ku·
屁股 pʻi^{312} ku·
屁股㞘得 pʻi^{312} ku· tu^{24} tɛ·
屁股眼得儿 pʻi^{312} ku· ian^{55} tɛ·
屁股蛋得儿 pʻi^{312} ku· tan^{312} tɛ·
屁股沟得儿 pi^{312} ku· kou^{24} tɛ·

尾巴莛得儿 i55 pa· t'iŋ312 tɛ· 尾骨
鸡巴 tɕi24 pa·
　鸟 tiau55
　鸟鸡巴 tiau55 tɕi24 pa·
　鸽得 kɤ24 tɛ·
　鸭得 ia24 tɛ·
　球 tɕ'iou42
蛋子得儿 tan312 tsɿ55 tɛ· 睾丸

（3）其他

骨头 ku42 tou·
汗毛 xan312 mau·
汗毛眼儿 xan312 mau· iar55
胎毛儿 t'ai24 mor55
肤糟得儿 fu24 tsau· tɛ· 皮肤
血管儿 ɕiɛ24 kuar55
肝得 kan24 tɛ·
腰得 iau24 tɛ· 肾
肠得儿 ts'aŋ42 tɛ·
肚得 tu55 tɛ· ①胃 ②胆量：他冇～
尿脬 suei24 pau· 膀胱
　卜郎鼓得儿 pu24 laŋ· ku55 tɛ·
记 tɕi312 人身上深色的斑
　胎记 t'ai24 tɕi312
膙得 tɕiaŋ55 tɛ· 茧子
打嚏粉 ta55 t'i312 fɤn· 打喷嚏
茫头儿 maŋ42 t'or· 大致模样儿：他跟D他爹恁个～差不多
走头儿 tsou55 t'or· 走路的姿势：瞧D恁个～不像恁叔

十二 疾病 医疗

（1）一般用语

病 piŋ312
　不大好 pu55|42 ta312 xau55
　有病 iou55 piŋ312
头疼脑热嘞 t'ou42 t'ɤŋ· nau55 zor24 lɛ·
发神经 fa24 sɤn42 tɕiŋ·
神经病 sɤn42/ sɤn312 tɕiŋ· piŋ312
　精神病 tɕiŋ24 sɤn· piŋ312
紧病儿 tɕin55 piɐr312
　急病儿 tɕi42 piɐr312
疑心病儿 i42 ɕin· piɐr312
　疑心疯儿 i42 ɕin· fɐr24
刻心板 k'iɛ24 ɕin24 pan24 心病：全成D他嘞～
病轻了 piŋ312 tɕ'iŋ24 la·
　见轻了 tɕian312 tɕ'iŋ24 la·
　显轻了 ɕian55 tɕ'iŋ24 la·
好利索了 xau55 li312 suo· la·
　好零里了 xau55 liŋ42 li· la·
叫先生 tɕiau312 ɕian24 sɤŋ·
住院 tɕy312 yan312
瞧病 tɕ'iau42 piŋ312
　看病 k'an312 piŋ312
　治病 tsɿ312 piŋ312
号脉 xau312 mɛ24
涝渣 lau312 tsa24 中药熬第二次
忌嘴 tɕi312 tsuei55
拿药 na42 yo24
　抓药 tsua24 yo24
发汗 fa24 xan312
打针 ta55 tsɤn24
针挑 tsɤn24 t'iau55
输液 su24 iɛ312
去火 tɕ'y312 xuo55
　败火 pai312 xuo55
泻火 ɕiɛ312 xuo55
搬罐得儿 pan24 kuan312 tɛ·
药锅得 yo24 kuo24 tɛ·
扎汗针 tsa24 xan312 tsɤn24
下地儿 ɕia312 tiɚr312 从床铺上下来（多指病人）

上火　saŋ^{312} xuo^{55}

　有火气　iou$^{55|42}$ xuo^{55} tɕʻi·

开方儿　kʻai^{24} fɐr^{24}

单方儿　tan^{24} fɐr^{24}

土方儿　tʻu^{55} fɐr^{24}

偏方儿　pʻian^{24} fɐr^{24}

药片儿　yo^{24} pʻiar^{312}

药丸儿　yo^{24} uar^{42}

药面儿　yo^{24} miar^{312}

霍乱　xuo^{24} luan·

瘟疫　uɤn^{24} i^{42}

传鸡得　tsʻuan^{42} tɕi^{42} tɛ· 鸡瘟

一剂药　i$^{24|42}$ tɕi^{312} yo^{24}

吃药　tsʻʅ^{24} yo^{24}

　喝药　xɤ^{24} yo^{24}

熬药　au^{42} yo^{24}

配药　pʻei^{312} yo^{24}

摆治　pai^{55} tsʅ^{312}

（2）内科

跑肚　pʻau^{55} tu·

　闹肚得　nau^{312} tu^{312} tɛ·

　拉稀　la^{24} ɕi^{24}

　蹿鞭杆　tsʻuan^{24} pian^{24} kan·

痢疾　li^{312} tɕi·

发热　fa^{24} zɛ^{24}

　发烧　fa^{24} sau^{24}

针寒奓冷　tsɤn^{24} xan^{42} tsa^{312} lɤŋ^{55} 身上一阵热一阵冷

打颤颤　ta^{55} tsan^{312} tsan·

哆嗦　tuo^{24} suo· ①身体颤动 ②不安分：甭～了

搐搐　tsʻu^{24} tsʻu· 抽搐。应是"抽搐"逆同化的结果

伤风　saŋ^{24} fɤŋ^{24}

　受凉　sou^{312} liaŋ^{42}

受惊　sou^{312} tɕiŋ^{24}

　吓着了　ɕia^{312} tsuo· la·

风冒　fɤŋ^{24} mau^{312}

　感冒　kan^{55} mau^{312}

咳嗽　kʻiɛ^{42} sou·

气喘　tɕʻi^{312} tsʻuan^{55}

伤寒　saŋ^{24} xan·

起鸡皮疙瘩得　tɕʻi^{55} tɕi^{24} pʻi^{42} kiɛ^{24} ta· tɛ·

头疼　tʻou^{42} tʻɤŋ·

牙疼　ia^{42} tʻɤŋ·

恶心　ɤ^{24} ɕin·

头晕　tʻou^{42} yn^{24}

晕车　yn^{24} tsʻɛ^{24}

晕船　yn^{24} tsʻuan^{42}

哕了　yɛ^{55} la·

干哕　kan^{24} yɛ^{55}

反胃　fan^{55} uei^{312}

肚嘞疼　tu^{312} lɛ· tʻɤŋ^{42}

心嘴得疼　ɕin^{24} tsuei^{55} tɛ· tʻɤŋ^{42}

　心口儿疼　ɕin^{24} kʻor^{55} tʻɤŋ^{42}

生食气　sɤŋ^{24} sʅ^{42} tɕʻi· 因吃东西没有节制而引起的消化不良

气鼓　tɕʻi^{312} ku^{55}

闷气　mɤn^{24} tɕʻi^{312}

　气管儿炎　tɕʻi^{312} kuar^{55} ian^{42}

离心　li^{42} ɕin·

　烧心　sau^{24} ɕin^{24}

气蛋　tɕʻi^{312} tan^{312}

　疝气　san^{312} tɕʻi^{42}

出疹得　tɕʻy^{24} tsɤn^{55} tɛ·

　出水痘得　tɕʻy^{24} suei^{55} tou^{312} tɛ·

　出天花儿　tɕʻy^{24} tʻian^{24} xuɐr^{24}

种花儿　tsuɤŋ^{312} xuɐr^{24} 种牛痘

发疟得　fa^{24} yo^{24} tɛ· 害疟疾

痨病　lau^{42} piŋ^{312}

　肺结核儿　fei^{312} tɕiɛ^{24} xor^{42}

羊羔儿风 iaŋ^{42} kor· fɤŋ^{24} 癫痫
犯羊羔儿风 fan^{312} iaŋ^{42} kor· fɤŋ^{24}
吐沫儿 t‘u^{55} mor^{24}
掉叠肚 tiau^{312} tiɛ^{42} tu· 肛门脱落
嗓儿嘞病 sɐr^{55} lɛ· piŋ^{312} 食道癌
细病 ɕi^{312} piŋ^{312} 性病
风瘫 fɤŋ^{24} t‘an· 偏瘫
半身不遂 pan^{312} sɤn^{24} pu^{24} suei^{42}
鬼剃头 kuei^{55} t‘i^{312} t‘ou^{42}
（3）外科
刺个口得 la^{42} kɤ· k‘ou^{55} tɛ·
不淋 pu^{24} lin· 皮肤由鞭、藤条等导致的伤痕
　血不淋 ɕiɛ^{24} pu^{24} lin·
圪疤儿 kiɛ^{24} pɐr· 伤口结的痂
油皮 iou^{42} p‘i· 皮肤上的擦伤，没有流血
疤瘌 pa^{24} la· 疤痕
窟窿 k‘u^{24} luɤŋ· ① 血洞 ② 亏空：有钱了，得还～
闪着腰了 san^{55} tsuo· iau^{24} la·
皴了 ts‘uɤn^{24} la· 脸～
脚气 tɕyo^{24} tɕ‘i·
鸡眼 tɕi^{24} ian^{55}
痄腮 tsa^{312} sai^{24}
狐臭 xu^{42} ts‘ou·
生疮 sɤŋ^{24} ts‘uaŋ^{24}
疥疮 tɕiɛ^{312} ts‘uaŋ·
毒疮 tu^{42} ts‘uaŋ^{24}
老鼠疮 lau^{55} ɕy· ts‘uaŋ^{24} 瘰疬
口疮 k‘ou^{55} ts‘uaŋ·
长疙瘩 tsaŋ^{55} kiɛ^{24} ta·
痔疮 tsɿ^{312} ts‘uaŋ·
化脓 xua^{312} nuɤŋ^{42}
痱得 fei^{312} tɛ·
癣 ɕian^{55}
白癜风 pɛ^{42} tian^{312} fɤŋ^{55}
疖得 tɕiɛ^{24} tɛ·
燎泡 liau^{42} p‘o·
水灵得 suei^{55} liŋ^{42} tɛ· 因烧伤起的燎泡
橛眼 tɕyɛ^{42} ian· 麦粒肿
瘊得 xou^{42} tɛ·
烂嘴角得儿 lan^{312} tsuei^{55} tɕyo^{24} tɛ·
肿了 tsuɤŋ^{55} la·
　虚了 ɕy^{24} la·
　发了 fa^{24} la·
眯眼 mi^{42} ian^{55}
害眼 xai^{312} ian^{55} 患有眼疾
烂眼得 lan^{312} ian^{55} tɛ· ① 眼角溃烂 ② 患该病之人
破伤风 p‘o^{312} ts‘aŋ· fɤŋ^{24}
落枕 luo^{24} tsɤn·
腿肚得转筋 t‘uei^{24} tu^{312} tɛ· tsuan^{312} tɕin^{24}
抽筋儿 ts‘ou^{24} tɕiər^{24}
掉胳膊 tiau^{312} kiɛ^{24} pau· 胳膊脱臼
开刀 k‘ai^{24} tau^{24}
纱布 sa^{24} pu^{312}
药棉 yo^{24} mian^{42}
上药 saŋ^{312} yo^{24}
抹药 mo^{55} yo^{24}
眼药 ian^{55} yo·
眼药水儿 ian^{55} yo· suər^{55}
点眼 tian$^{55|42}$ ian^{55}
　滴眼 ti^{24} ian^{55}
贴膏药 t‘iɛ^{24} kau^{24} yo·
红汞 xuɤŋ^{42} kuɤŋ^{55}
（4）残疾等
柴坏 ts‘ai^{42} xuai· 四肢某一部分残废
柴坏爪儿 ts‘ai^{42} xuai^{312} tsuɐr^{55} 手有残疾
憨得 xan^{24} tɛ· 傻子
疯得 fɤŋ^{24} tɛ·
圪料眼得儿 kiɛ^{42} liau· ian^{55} tɛ·
　斜楞眼得儿 ɕiɛ^{42} lɤŋ^{312} ian^{55} tɛ·

观天儿 kuan^{24} t‘iar^{24}

一只眼 i^{24} tsɿ^{24} ian^{55}

独眼儿铳 tu^{42} iar^{55} ts‘uɤŋ^{312}

肉眼泡得儿 zou^{312} ian^{55} p‘au^{24} tɛ·

耳背 ər^{55} pei^{312} 耳稍聋

耳道聋 ər^{55} tau· luɤŋ^{42}

鼻得聋 pi^{42} tɛ· luɤŋ^{42}

瘸得儿 tɕ‘yɛ^{42} tɛ·

拐得 kuai^{55} tɛ·

罗锅得儿 luo^{42} kuo^{24} tɛ· 背驼

锅得 kuo^{24} tɛ·

锅腰得 kuo^{24} iau^{24} tɛ·

罗圈腿儿 luo^{42} tɕ‘yan^{24} t‘uər^{24}

秃得儿 t‘u^{24} tɛ·

瞎得儿 ɕia^{24} tɛ·

麻得儿 ma^{42} tɛ·

麻脸得 ma^{42} lian^{55} tɛ·

拖拉舌得 t‘u^{24} la· sɛ^{42} tɛ· 说话不清

半语得 pan^{312} y^{55} tɛ· 说话含混

聋得 luɤŋ^{42} tɛ·

豁牙得 xuo^{24} ia^{42} tɛ·

豁得 xuo^{24} tɛ·

豁嘴片儿 xuo^{24} tsuei^{55} p‘iar^{312}

老婆儿嘴 lau^{24} p‘or^{42} tsuei^{55}

哑巴 ia^{55} pa·

结巴舌得 tɕiɛ^{24} pa· sɛ^{42} tɛ·

结巴得儿 tɕiɛ^{24} pa· tɛ·

黑脸痧 xiɛ^{24} lian^{55} sa^{24}

斑点得儿 pan^{24} tian^{55} tɛ·

云见坨得 yn^{42} tɕian^{312} t‘uo^{42} tɛ· 脸上黑一块白一块

黑雀得 xiɛ^{24} tɕ‘yo^{24} tɛ· 雀斑

粉刺疙瘩得儿 fɤn^{55} ts‘ɿ^{312} kiɛ^{24} ta· tɛ·

对花儿眼 tuei^{312} xuɐr^{24} ian^{55}

老花眼 lau^{55} xua^{24} ian^{55}

近视眼儿 tɕin^{312} sɿ· iar^{55}

酒糟鼻得 iou^{55} tsau^{24} pi^{42} tɛ·

齉齉鼻得儿 naŋ^{24} naŋ· pi^{42} tɛ·

左不□得 tsuo^{312} pu· liɛ^{24} tɛ·

左撇得新 tsuo$^{55|42}$ p‘iɛ^{55} tɛ·

十三 衣服穿戴

（1）服装鞋帽

穿衣打扮儿 ts‘uan^{24} i^{24} ta^{55} par·

衣裳 i^{24} saŋ·

棉衣裳 mian^{42} i^{24} saŋ·

夹衣裳 tɕia^{24} i^{24} saŋ·

棉袄 mian^{42} au^{55}

小棉袄 ɕiau^{55} mian^{42} au^{55}

撅尿得袄 tɕyɛ^{24} tu^{24} tɛ· au^{55}

半大缸 pan^{312} ta^{312} kaŋ^{24} 长度到膝盖附近的棉袄

皮袄 p‘i^{42} au·

夹袄 tɕia^{24} au·

斗篷 tou^{55} p‘ɤŋ· 幼儿披的一种御寒外衣，有帽无袖

毛衣 mau^{42} i^{24}

秋衣 tɕ‘iou^{24} i^{24}

布衫得 pu^{312} san^{24} tɛ· 中式女罩衣

荒褂得儿 xuaŋ^{24} kua^{312} tɛ· 褂子。第一个音节有的地方读 xan^{24}

半截袖儿 pan^{312} tɕiɛ^{42} ɕior^{312}

旗袍儿 tɕ‘i^{42} p‘or^{42}

大氅 ta^{312} ts‘aŋ^{55} 大衣

对襟儿 tuei^{312} tɕiər^{24}

领得 liŋ^{55} tɛ·

领口儿 liŋ$^{55|42}$ k‘or^{55}

袖得 ɕiou^{312} tɛ·

袖口儿 ɕiou^{312} k‘or^{55}

袖头儿 ɕiou^{312} t‘or^{42}

贴边儿 t‘iɛ^{24} piar^{24}

窝边儿 uo^{24} piar^{24}

裤得儿 k‘u^{312} tɛ·
棉裤 mian^{42} k‘u^{312}
裤顿得 k‘u^{312} tuɤn^{312} tɛ·
单裤得儿 tan^{24} k‘u^{312} tɛ·
夹裤得儿 tɕia^{24} k‘u^{312} tɛ· 有里子的裤子
绒裤得儿 yŋ^{42} k‘u^{312} tɛ·
秋裤得儿 tɕ‘iou^{24} k‘u^{312} tɛ·
襻带裤儿 p‘an^{312} tai^{312} k‘ur^{312}
裙得儿 tɕ‘yɤn^{42} tɛ·
套裤儿 t‘au^{312} k‘ur^{312}
开裆裤儿 k‘ai^{24} taŋ^{24} k‘u^{312}
　露裆裤儿 lou^{312} taŋ^{24} k‘ur^{312}
裤裆 k‘u^{312} taŋ^{24}
裤衩得儿 k‘u^{312} ts‘a^{55} tɛ·
　裤头儿 k‘u^{312} t‘or^{42}
裤腰 k‘u^{312} iau^{55}
裤听得儿 ku^{312} t‘iŋ^{24} tɛ· 做裤子的布料
裤腰带 k‘u^{312} iau^{55} tai^{312}
　搐腰带 ts‘u^{24} iau^{24} tai^{312}
　腰带 iau^{24} tai^{312}
裤腿得儿 k‘u^{312} t‘uei^{55} tɛ·
汗衣儿 xan^{312} iər^{24}
　背心儿新 pei^{312} ɕiər^{24}
　汗溻儿 xan^{312} t‘ɐr^{24}
坎肩儿 k‘an^{55} tɕiar^{24}
内裤 nuei^{312} k‘u^{312}
兜兜肚儿 tou^{24} tou· tur^{312}
绑腿 paŋ$^{55|42}$ t‘uei^{55}
扣得儿 k‘ou^{312} tɛ·
布扣得 pu^{312} k‘ou^{312} tɛ·
扣门儿 k‘ou^{312} mər^{312}
围巾 uei^{42} tɕin^{24}
　扎巾 tsa^{24} tɕin^{24}
　纱巾 sa^{24} tɕin^{24}
围脖儿 uei^{42} por^{42} 围巾

毛巾 mau^{42} tɕin^{24}
　手巾 sou^{55} tɕin·
手巾儿 sou^{55} tɕiər· 手帕
手套儿 sou^{55} t‘or^{312}
围嘴撇得儿 uei^{42} tsuei· p‘iɛ^{24} tɛ· 旧时幼儿吃饭时套在脖子上的布片
　围嘴片得儿 uei^{42} tsuei· p‘ian^{312} tɛ··
护襟得儿 xu^{312} tɕin^{24} tɛ· 幼儿吃饭时穿在胸前的布片
褯得 tɕiɛ^{312} tɛ·
　尿布新 niau^{312} pu^{312}
夹鞋 tɕia^{24} ɕiɛ^{42}
棉鞋 mian^{42} ɕiɛ^{42}
骨朵得鞋 ku^{24} tuo· tɛ· ɕiɛ^{42} 幼儿穿不露脚的棉裤时穿的鞋
翁鞋 uɤŋ^{24} ɕiɛ^{42} 布棉鞋
皮鞋 p‘i^{42} ɕiɛ^{42}
胶鞋 tɕiau^{24} ɕiɛ^{42}
球鞋 tɕ‘iou^{42} ɕiɛ^{42}
气眼儿 tɕ‘i^{312} iar^{55} 鞋上穿鞋带儿的空
靴得 ɕyɛ^{24} tɛ·
　皮靴得 p‘i^{42} ɕyɛ^{24} tɛ·
趿拉儿 t‘ɛ^{24} lɐr·
　趿拉板儿 t‘ɛ^{24} la· par^{55}
　拖鞋新 t‘uo^{24} ɕiɛ^{42}
鞋帮得儿 ɕiɛ^{42} paŋ^{24} tɛ·
鞋口得儿 ɕiɛ^{42} k‘ou^{55} tɛ·
鞋底得儿 ɕiɛ^{42} ti^{55} tɛ·
鞋带儿 ɕiɛ^{42} tai^{312} tɛ·
鞋襻儿 ɕiɛ^{42} p‘ar^{312}
鞋提得 ɕiɛ^{42} t‘i^{42} tɛ· 缝在鞋后跟上帮助提鞋的带子
布袜得 pu^{312} ua^{24} tɛ·
棉袜得 mian^{42} ua^{24} tɛ· 用布和棉花缝制的袜子
洋袜得旧 iaŋ^{42} ua^{24} tɛ·
裹脚布 kuo^{24} tɕyo^{24} pu^{312}

帽得儿 mau^{312} tɛ·

皮帽得儿 p‘i^{42} mau^{312} tɛ·

帽檐儿 mau^{312} iar^{42}

草帽得儿 ts‘au^{55} mau^{312} tɛ·

礼帽儿 li^{42} mau^{312}

帽带儿 mau^{312} tar^{312}

（2）首饰等

首饰 sou^{55} sɿ·

镯得儿 tsuo^{42} tɛ·

手镯得儿 sou^{55} tsuo^{42} tɛ·

金镯得 tɕin^{24} tsuo^{42} tɛ·

银镯得 in^{42} tsuo^{42} tɛ·

戒指儿 tɕiɛ^{312} tsər·

项链儿 ɕiaŋ^{312} liar^{312}

锁得 suo^{55} tɛ· 小儿佩戴的麒麟锁

耳坠得儿 ər^{55} tsuei^{312} tɛ·

耳环 ər^{55} xuan^{42}

卡得儿 tɕ‘ia^{55} tɛ·

簪得 tsan^{24} tɛ·

胸花儿 ɕyŋ^{24} xuɐr^{24}

头绳儿 t‘ou^{42} sɐr^{42}

别针 piɛ^{42} tsɤn^{24}

唐鬏得 t‘aŋ^{42} tɕiou^{24} tɛ· 妇女盘在脑后的发髻

箍得儿 ku^{24} tɛ·

胭脂儿 ian^{24} tsər·

眼镜 ian^{55} tɕiŋ·

片夹儿 p‘ian^{312} tɕiɐr^{24}

　钱包儿新 tɕ‘ian^{42} por^{24}

扇得儿 san^{312} tɛ·

手表 sou$^{55|42}$ piau^{55}

怀表 xuai^{42} piau^{55}

掏耳勺儿 t‘au^{24} ər^{55} suor^{42}

拐棍儿 kuai^{55} kuər·

十四　饮食

（1）统称

粮食 liaŋ^{42} sɿ·

饭 fan^{312} ① 各类食品 ② 稀饭：喝点儿～心嘞得劲儿

伙食 xuo^{55} sɿ·

吃物儿 ts‘ɿ^{24} ur· 现成的食品

家常饭儿 tɕia^{24} ts‘aŋ^{42} far^{312}

大锅饭 ta^{312} kuo^{24} fan^{312}

小锅儿饭 ɕiau^{55} kuor^{24} fan^{312}

清早饭 tɕ‘iŋ^{24} tau· fan^{312}

晌午饭 saŋ^{42} u· fan^{312}

好饭 xau^{55} fan^{312} 泛指质量高的饭菜

孬饭 nau^{24} fan^{312}

剩饭 sɤŋ^{312} fan^{312}

马粪渣 ma^{55} fɤn^{312} tsa^{24} 指食物因水泡变得松散

（2）米、面、汤类

米面 mi^{55} mian·

面 mian^{312} 白面

麸得 fu^{24} tɛ·

实面 sɿ^{42} mian· 没有发酵的面

发面 fa^{24} mian·

酵得 tɕiau^{312} tɛ·

白面 pɛ^{42} mian·

　好面 xau^{55} mian·

绿豆面 lu^{24} tou· mian^{312}

黄豆面 xuaŋ^{42} tou· mian^{312}

糁得 sɤn^{24} tɛ· ① 用玉米磨成的粗面 ② 用“糁得”熬的粥

黄面 xuaŋ^{42} mian^{312} 用玉米磨成的细面

榆面 y^{42} mian· 用榆树皮磨成，做饸饹时使用

挂面 kua^{312} mian·

干泥 kan^{24} ni· 馒、包子、花糕等蒸制食品的总称

馍 mo^{42} 馒头：蒸～｜熥～

花糕 xua^{24} kau·

豆儿馍 tor^{312} mo^{42} 用豇豆、枣做馅儿蒸的没有褶皱包子
卷得 tɕyan^{55} tɛ· 长方形馒头
黄馍 xuaŋ^{42} mo^{42} 玉米面蒸制的馒头
杂和得 tsa^{42} xuo· tɛ· 豆面、玉米面等掺在一起
杂和得卷得 tsa^{42} xuo· tɛ· tɕyan^{55} tɛ·
窝窝 uo^{24} uo·
红薯面窝窝 xuɤŋ^{42} ɕy· mian· uo^{24} uo·
黄窝窝 xuaŋ^{42} uo^{24} uo· 玉米面窝头
菜窝窝 ts‘ai^{312} uo^{24} uo·
黏窝窝 nian^{42} uo^{24} uo· 黍面蒸制的窝头，发黏
红薯片得儿 xuɤŋ^{42} ɕy· p‘ian^{312} tɛ· 旧时将红薯擦成片晒干或馏熟，干的作为粮食卖掉，熟的作为食物
包得儿 pau^{24} tɛ·
肉包得 zou^{312} pau^{24} tɛ·
素包得 su^{312} pau^{24} tɛ·
糖包得 t‘aŋ^{42} pau^{24} tɛ·
菜角得儿 ts‘ai^{312} tɕyo^{24} tɛ·
肉盒得儿 zou^{312} xɤ^{42} tɛ·
菜卷得儿 ts‘ai^{312} tɕyan^{55} tɛ·
花卷儿 xua^{24} tɕyar^{55}
油卷儿 iou^{42} tɕyar^{55}
菜蟒 ts‘ai^{312} maŋ^{55}
　菜条得 ts‘ai^{312} t‘iau^{42} tɛ·
饼 piŋ^{55}
　油饼 iou^{42} piŋ·
烙饼 luo^{24} piŋ^{55}
锅饼得儿 kuo^{24} piŋ· tɛ·
菜饼 ts‘ai^{312} piŋ^{55}
馅儿饼 ɕyar^{312} piŋ^{55}
鸡蛋饼 tɕi^{24} tan· piŋ^{55}
煎饼 tɕian^{24} piŋ·
小鏊儿煎饼 ɕiau^{55} or^{312} tɕian^{24} piŋ·
烧饼 sau^{24} piŋ·
火烧 xuo^{55} ts‘au·
擀饼 kan$^{55|42}$ piŋ^{55} 薄而脆的饼：六月六，烙～

壮馍 tsuaŋ^{312} mo· 用黍子面、红枣等掺在一起烙制的食品。也称“黏壮馍”
小米儿 ɕiau$^{55|42}$ miər^{55}
米饭 mi^{55} fan·
　小米儿饭 ɕiau$^{55|42}$ miər^{55} fan^{312}
米油儿 mi^{55} ior^{312}
小米儿汤 ɕiau$^{55|42}$ miər^{55} t‘aŋ^{24}
大米 ta^{312} mi^{55}
大米干饭 ta^{312} mi^{55} kan^{24} fan^{312}
米汤 mi^{55} t‘aŋ^{24}
大米汤 ta^{312} mi^{55} t‘aŋ^{24}
黏面得 nian^{42} mian^{312} tɛ·
稀饭 ɕi^{24} fan^{312}
腊八儿饭 la^{55} pɐr^{24} fan^{312}
菜饭 ts‘ai^{312} fan^{312}
粉浆饭 fɤn^{55} tɕiaŋ^{24} fan^{312}
豆沫儿 tou^{312} mor^{24}
挂面汤 kua^{312} mian· t‘aŋ^{24}
面条儿 mian^{312}/min^{24} t‘ior^{42}
面条儿汤 mian^{312} t‘ior^{42} t‘aŋ^{24}
手擀面条儿 sou$^{55|42}$ kan^{55} mian^{312} t‘ior^{42}
拽面 tsuai^{312} mian^{312}
捞面条儿 lau^{42} mian^{312} t‘ior^{42}
汤面 t‘aŋ^{24} mian^{312}
　汤面条儿 t‘aŋ^{24} mian^{312} t‘ior^{42}
凉面 liaŋ^{42} mian^{312}
烩面 xuei^{312} mian^{312}
饸饹 xɤ^{42} lɤ·
炸酱面 tsa^{312} tɕiaŋ· mian^{312}
卤面 lu^{55}mian· 蒸的面条
饼剂得儿 piŋ^{55} tɕi· tɛ· 烙饼或擀面条时做成的面片
面剂儿 mian^{312} tɕiər^{312} 面和好后分成的面团
饺得 tɕiau^{55} tɛ·
　扁食旧 pian^{24} sɿ·

饺得馅儿 tɕiau^{55} tɛ· ɕyar^{312}

馄饨 xuɤn^{42} tuɤn·

汤圆儿 tʻaŋ^{24} yar·

粽得 tɕyŋ^{312} tɛ· 将糯米、大米、枣等置入锅中煮熟倒入大盆中，待凉后倒出。今豫北农村仍有人卖这种食品，论斤卖，要多少切多少

苇叶粽得 uei^{55} iɛ^{24} tɕyŋ^{312} tɛ·

疙瘩汤 kiɛ^{24} ta· tʻaŋ^{24}

面鱼得 mian^{312} y^{42} tɛ· 将面筋搦出的面放进漏勺，漏下的面块煮熟

面不节得儿 mian^{312} pu^{24} ɕiɛ· tɛ· 和少许面在灶火里烧的一种面食，旧时用于哄小孩

水煎包得儿 suei^{55} tɕian^{24} pau^{24} tɛ·

面托得儿 mian^{312} tʻuo^{24} tɛ·

馃得 kuo^{24} tɛ· 油条

气布袋 tɕʻi^{312} pu^{312} tai· 一种油炸面食，形状像布袋，内装荷包蛋。

老鸹头 lau^{55} kua· tʻou^{42} 面丸子

绿豆丸得 lu^{24} tou· uan^{42} tɛ· 用绿豆面和萝卜条儿和在一起炸的丸子

糖糕 tʻaŋ^{42} kau^{24}

麻环儿 ma^{42} xuar· 麻花

焦叶得儿 tɕiau^{24} iɛ^{24} tɛ·

掏襻儿 tʻau^{24} pʻar· 定亲、娶亲时炸的一种面食

米定得 mi^{55} tiŋ^{312} tɛ· 办过喜事儿回赠给送糕人的一种油炸面食

锅圪渣 kuo^{24} kiɛ^{24} tsa^{24}

鸡蛋糕 tɕi^{24} tan· kau^{24}

零嘴儿 liŋ^{42} tsuər^{55}

　零食（儿） liŋ^{42} sɿ^{42}

糖馃得 tʻaŋ^{42} kuo^{55} tɛ·

　点心 tian^{55} ɕin·

玉花儿 y^{242} xuɐr^{24} 玉米花儿

花丽弹儿 xua^{24} li· tʻar^{42} 小米膨化后做成的球状食品

大米糕 ta^{312} mi^{55} kau^{24}

　江米糕 tɕiaŋ^{24} mi^{55} kau^{24}

燎化糖 liau^{55} xua^{312} tʻaŋ^{42} 玉米面做的膨化食品

豆腐脑儿 tou^{312} fu· nor^{55}

豆浆 tou^{312} tɕiaŋ^{24}

胡辣汤 xu^{42} la· tʻaŋ^{24}

老汤 lau^{55} tʻaŋ^{24}

清汤 tɕʻiŋ^{24} tʻaŋ^{24}

高汤 kau^{24} tʻaŋ^{24}

　骨头汤 ku^{42} tʻou· tʻaŋ^{24}

鸡蛋汤 tɕi^{24} tan· tʻaŋ^{24}

羊汤 iaŋ^{42} tʻaŋ^{24}

肉丝儿汤 zou^{312} sər^{24} tʻaŋ^{24}

（3）肉、菜类

肉 zou^{312}

肥肉 fei^{42} zou^{312}

　肉膘得 zou^{312} piau^{24} tɛ·

猪肉 tɕy^{24} zou·

　大肉 ta^{312} zou^{312}

瘦肉 sou^{312} zou^{312}

里脊 li^{55} tɕi^{24}

扑囊得 pʻu^{24} naŋ· tɛ· 猪肚子下面的肥肉

猪蹄得儿 tɕy^{24} tʻi^{42} tɛ·

猪头肉 tɕy^{24} tʻou^{42} zou^{312}

猪头粽得 tɕy^{24} tʻou^{42} tɕyŋ^{312} tɛ· 皮冻

肘得 tsou^{55} tɛ·

前腿 tɕʻian^{42} tʻuei^{55}

后腿 xou^{312} tʻuei^{55}

后臀肩 xou^{312} tʻuɤn^{42} tɕian^{55}

肋条 lɛ^{24} tʻiau·

猪血 tɕy^{24} ɕiɛ^{24}

肉荡得 zou^{312} taŋ^{312} tɛ· 煮熟的大肉块

米猪肉 mi^{55} tɕy^{24} zou^{312} 有绦虫的猪肉

羊肉 iaŋ^{42} zou^{312}

羊脸儿 iaŋ42 liar55
羊头 iaŋ42 t‘ou42 添加作料蒸制羊头做成的地方名菜。因发源于内黄东庄镇，又称“东庄羊头”
羊杂盘儿 iaŋ42 tsa42 p‘ar· 羊杂碎
羊眼 iaŋ42 ian55
□肉 tɕin55 zou312 小火煮肉
烧鸡 sau24 tɕi24
鸡腿 tɕi24 t‘uei55
白条鸡 pɛ42 t‘iau42 tɕi24
丸得 uan42 tɛ·
肉丸得儿 zou312 uan42 tɛ·
酥肉 su24 zou312
蒸婉儿 tsɤŋ24 uar55
鸡翅 tɕi24 ts‘ʅ312
鸡腿儿 tɕi24 t‘uər55
鸡爪得儿 tɕi24 tsua55 tɛ·
肚得儿 tu55 tɛ· 杂水
杂碎 tsa42 suei· 猪羊牛等的内脏
连肝肺 lian42 kan24 fei312 肺
荤菜 xuɤn24 ts‘ai312
　肉菜 zou312 ts‘ai312
素菜 su312 ts‘ai312
青菜 tɕiŋ24 ts‘ai312
木耳 mu24 ər55
银耳 in42 ər55
金金 tɕin24 tɕin·
　黄花儿菜新 xuaŋ42 xuɐr24 ts‘ai312
海菜 xai55 ts‘ai· 海带
咸菜 ɕian42 ts‘ai312
芥菜 tɕiɛ312 ts‘ai·
芥菜疙瘩 tɕiɛ312 ts‘ai· kiɛ24 ta·
小菜儿 ɕiau55 ts‘ar312
酸菜 suan24 ts‘ai312
槐花得儿 xuai42 xua24 tɛ·
　槐花儿菜 xuai42 xuɐr24 ts‘ai312

柳絮得 liou55 ɕy24 tɛ·
榆钱儿 y42 tɕ‘iar· 榆荚
榆叶 y42 iɛ· 旧时将榆树叶当作蒸菜窝窝的主要配料
炒鸡蛋 ts‘au55 tɕi24 tan·
煎鸡蛋 tɕian24 tɕi24 tan·
腌鸡蛋 ian24 tɕi24 tan·
　咸鸡蛋 ɕian42 tɕi24 tan·
蒸鸡蛋 tsɤŋ24 tɕi24 tan·
变蛋 pian312 tan312 松花蛋
鸡蛋水 tɕi24 tan· suei55 打开生鸡蛋将蛋黄等倒入碗里，浇上开水后食用。打开生鸡蛋倒入空碗后直接食用，称之为“生鸡蛋水”
荷包鸡蛋 k‘iɛ42 pau· tɕi24 tan· ① 荷包蛋 ② 制作荷包蛋
煮鸡蛋 tɕy55 tɕi24 tan·
鸡蛋皮儿 tɕi24 tan· p‘iər42
鸡蛋清儿 tɕi24 tan· tɕ‘iɐr24
鸡蛋黄儿 tɕi24 tan· xuɐr42
鸡蛋□娄得儿 tɕi24 tan· k‘iɛ42 lou· tɛ· 鸡蛋壳儿
萝卜条得儿 luo42 pu· t‘iau42 tɛ·
萝卜丝得儿 luo42 pu· sʅ24 tɛ·
萝卜片得儿 luo42 pu· p‘ian312 tɛ·
豆腐 tou312 fu·
豆腐卤 tou312 fu· lu55
臭豆腐 ts‘ou312 tou312 fu·
豆腐渣 tou312 fu· tsa24 做豆腐时留下来的渣滓，旧时作为食物，今不再食用
细粉 ɕi312 fɤn· 粉条
　粉条得儿 fɤn55 t‘iau42 tɛ·
粉皮儿 fɤn55 p‘iər42
凉粉 liaŋ42 fɤn· 由红薯粉制成的食品
炒凉粉 ts‘au55 liaŋ42 fɤn·
焦拉伸 tɕiau24 la55 sɤn24 焦花生
炒拉伸仁儿 ts‘au55 la55 sɤn24 zər42

皮渣 p‘i^{42} tsa^{55} 由粉条漏制而成的食品

粉丝 fɤn^{55} sɿ^{24}

面筋 mian^{312} tɕin·

腐竹 fu^{42} tsu^{24}

豆腐皮儿 tou^{312} fu· p‘iər^{42}

豆腐干儿 tou^{312} fu· kar^{24}

爊菜 au^{24} ts‘ai^{312}

煠菜 tsa^{42} ts‘ai^{312} 把菜放在水里长时间泡

打卤儿 ta$^{55|42}$ lur^{55}

鸡蛋卤儿 tɕi^{24} tan· lur^{55}

肉卤儿 zou^{312} lur^{55}

（4）油盐佐料

作料 tsuo^{42} liau·

葱花儿 ts‘uɤŋ^{24} xuɐr^{24}

秦椒面儿 tɕ‘in^{42} tɕiau· miar^{312} 辣椒面儿

胡椒面儿 xu^{42} tɕiau· miar^{312}

五香面儿 u^{55} ɕiaŋ^{24} miar^{312}

五香粉 u^{55} ɕiaŋ^{24} fɤn^{55}

大茴香 ta^{312} xuɤn^{42} ɕiaŋ·

　八角 pa^{24} tɕyo·

小茴香 ɕiau^{55} xuɤn^{42} ɕiaŋ·

花椒 xua^{24} tɕiau·

花椒面儿 xua^{24} tɕiau· miar^{312}

桂皮 kuei^{312} p‘i^{42}

粉芡 fɤn^{55} tɕ‘ian·

　面得 mian^{312} tɛ·

香油 ɕiaŋ^{24} iou^{42}

　小磨香油 ɕiau^{55} mor^{312} ɕiaŋ^{24} iou^{42}

豆油 tou^{312} iou^{42}

大油 ta^{312} iou^{42}

　腥油 ɕiŋ^{24} iou^{42}

　荤油 xuɤn^{24} iou^{42}

菜籽得油 ts‘ai^{312} tsɿ^{24} tɛ· iou^{42}

黑油 xiɛ^{24} iou^{42} 棉籽油

　棉清油 mian^{42} tɕ‘iŋ^{24} iou^{42}

拉伸油 la^{55} sɤn^{24} iou^{42} 花生油

芝麻酱 tsɿ^{24} ma· tɕiaŋ^{312}

面酱 mian^{312} tɕiaŋ^{312}

西瓜酱 ɕi^{24} kua· tɕiaŋ^{312}

豆瓣儿酱 tou^{312} par^{312} tɕiaŋ^{312}

盐 ian^{42}

芝麻盐 tsɿ^{24} ma· ian^{42} 芝麻炒熟后，加盐擀成的碎末

油儿盐 ior^{42} ian^{42} 盐里滴一些香油，就着馒头吃

酱油儿 tɕiaŋ^{312} ior^{42}

　清酱 tɕ‘iŋ^{24} tɕiaŋ^{312}

醋 ts‘u^{312}

芥末油 tɕiɛ^{312} mo· iou^{42}

味道 uei^{312} tau·

颜色 ian^{42} sɛ·

　色糟得 sɛ^{24} tsau· tɛ·

（5）酒、水、糖、烟

辣酒 la^{24} tɕiou^{55}

　白酒 pɛ^{42} tɕiou^{55}

甜酒 t‘ian^{42} tɕiou^{55}

　葡萄酒 pu^{24} t‘au· tɕiou^{55}

料酒 liau^{312} tɕiou^{55}

汽水儿 tɕ‘i^{312} suər^{55}

冰糕 piŋ^{24} kau^{24}

芝麻糖 tsɿ^{24} ma· t‘aŋ^{42}

梨糕 li^{42} kau^{24} 糖块儿

黑糖 xiɛ^{24} t‘aŋ^{42} 红糖

白糖 pɛ^{42} t‘aŋ^{42}

　白砂糖 pɛ^{42} sa^{24} t‘aŋ^{42}

冰糖 piŋ^{24} t‘aŋ^{42}

糖精 t‘aŋ^{42} tɕiŋ^{24}

糖稀 t‘aŋ^{42} ɕi^{24}

糖墩儿 t‘aŋ^{42} tuər^{24} 糖葫芦

刷锅水 sua^{24} kuo^{24} suei^{55}

卤水 lu^{42} suei·

忌讳 tɕi^{312} xuei·

十五 红白大事

（1）婚姻、生育

红事儿 xuɤŋ^{42} sər^{312}

亲事 tɕin^{24} sʅ·

寻媳妇儿 ɕin^{42} ɕi^{42} fur^{312} 男子找对象

找婆儿家 tsau^{55} pʻor^{42} tɕia· 女子找对象

自搞嘞 tsʅ^{312} kau^{55} lɛ· 自由恋爱的

说媒 ɕyɛ^{24} mei^{42}

　提亲 tʻi^{42} tɕʻin^{24}

相 ɕiaŋ^{24} 察看：～家当｜～人儿

招 tsau^{24} 招亲

媒人 mei^{42} zɤn·

　说媒嘞 ɕyɛ^{24} mei^{42} lɛ·

媒历钱 mei^{42} li^{312} tɕʻian· 给媒人的钱

媒婆儿 mei^{42} pʻor^{42}

见面儿 tɕian^{312} miar^{312}

大见面儿 ta^{312} tɕian^{312} miar^{312} 正式见面

小见面儿 ɕiau^{55} tɕian^{312} miar^{312} 非正式见面

　晃面儿 xuaŋ^{55} miar^{312}

般配 pan^{24} pʻei^{312}

缘法 yan^{42} fa· 缘分：不对～

订婚 tiŋ^{312} xuɤn^{24}

　定亲 tiŋ^{312} tɕʻin^{24}

成亲 tsʻɤŋ^{42} tɕʻin^{24}

成家 tsʻɤŋ^{42} tɕia^{24}

换亲 xuan^{312} tɕʻin· 由两家各将女儿嫁给对方儿子或由三家推磨用女儿换回媳妇儿

姑舅亲 ku^{55} tɕiou^{312} tɕʻin^{24}

姨娘亲 i^{42} niaŋ^{42} tɕʻin^{24}

瞧好儿 tɕʻiau^{42} xor^{55} 让算命先生挑选吉日良辰

送好儿 suɤŋ^{312} xor^{55} 男方通知女方办喜事的日子

定钱 tiŋ^{312} tɕʻian·

压床 ia^{24} tsʻuaŋ^{42} 结婚的头天晚上，让小孩儿在新郎床上睡觉

过事儿 kuo^{312} sər^{312} 结婚办喜事儿

娶媳妇儿 tɕʻy^{55} ɕi^{42} fur·

蒙头红得 mɤŋ^{42} tʻou^{24} xuɤŋ^{42} tɛ· 盖头

撒麸得 sa^{55} fu^{24} tɛ· 媳妇娶进门时一种祝福的仪式

洞房 tuɤŋ^{312} faŋ^{42}

拜堂 pai^{312} tʻaŋ^{42}

　拜天地 pai^{312} tʻian^{24} ti^{312}

坐席 tsuo^{312} ɕi^{42}

上席 saŋ^{312} ɕi^{42} ① 席桌的主位 ② 上菜

席面 ɕi^{42} mian· 宴席的质量

喜酒 ɕi$^{55|42}$ tɕiou^{55}

拖板 tʻuo^{24} pan· 上席时端菜、馒头的方形木板

娶嫁 tɕʻy^{55} tɕia^{312} 出嫁

陪送 pʻei^{42} suɤŋ·

嫁妆 tɕia^{312} tsuaŋ·

送嫁妆 suɤŋ^{312} tɕia^{312} tsuaŋ·

送饭 suɤŋ^{312} fan^{312} 闺女出嫁前街坊邻居送花糕

回饭 xuei^{42} fan^{312} 闺女出嫁的当天给送饭邻居回礼

钥匙钱 yo^{24} sʅ· tɕʻian· 办喜事时，娘家来的小孩拿着嫁妆上的钥匙，新郎须以红包与之交换

娶客 tɕʻy^{55} kʻiɛ· 男方家陪男子去娶新媳妇的人

娶女婆 tɕʻy^{55} ny^{55} pʻo^{42}

送客 suɤŋ^{312} kʻiɛ· 娘家来的客人

送女婆 suɤŋ^{312} ny^{55} pʻo^{42}

添箱 tʻian^{24} ɕiaŋ^{24} 亲属送礼

轿 tɕiau^{312}

乱媳妇儿 luan^{312} ɕi^{42} fur^{312} 给新媳妇开玩笑取乐

抬夯 tʻai^{42} xaŋ^{24} 像打夯一样抬新媳妇取乐

筛糠 sai^{24} kʻaŋ^{24} ① 把人抬起来晃动 ② 发抖的样子

听房 tʻiŋ^{24} faŋ^{42}

压摞烧饼 ia^{24} luor^{312} sau^{24} piŋ· 旧时闺女出嫁时放在箱子里的两个烧饼，有“好合”的寓意

花媳妇儿 xua^{24} çi^{42} fur^{312}

回门儿 xuei^{42} mər^{42}

请新女婿 tç'iŋ^{55} çin^{24} ny^{55} çy· 朋友、邻居宴请跟闺女一起回门的新女婿

退了 t'uei^{312} la· 退婚

改嫁 kai^{55} tçia^{312}

倒插门儿 tau^{312} ts'a^{24} mər^{42} 男的娶到女方家

有了 iou^{55} la·

　有^{D}喜了 io$^{55|42}$ çi^{55} la·

　怀^{D}上了 xuɛ^{42} saŋ^{312} la·

嫌饭 çian^{42} fan^{312} 孕妇因怀孕感到恶心、厌食

早产 tsau$^{55|42}$ ts'an^{55}

小产 çiau$^{55|42}$ ts'an·

　流了 liou^{42} la·

　掉了 tiau^{312} la·

拴娃娃 suan^{24} ua^{42} ua· 求子风俗，需前往浚县山（大伾山）娃娃庙。

大肚得 ta^{312} tu^{312} tɛ· 孕妇

临月得 lin^{42} yɛ^{24} tɛ·

接生 tçiɛ^{24} sɤŋ^{24}

月得了 yɛ^{24} tɛ· la· 生了

撅屎得生 tçyɛ^{24} tu^{312} tɛ· sɤŋ^{24} 寤生（腿和屁股先出来）

产了 ts'an^{55} na·

　生了 sɤŋ^{24} la·

衣胞得 i^{24} pau· tɛ· 胎衣

报喜 pau^{312} çi^{55} 向亲友报告生孩子的消息

插红旗儿 ts'a^{24} xuɤŋ^{42} tç'iər^{42} 生了小孩儿的前三天，大门口插上小红旗儿避邪且示以街坊、邻居

过月得 kuo^{312} yɛ^{24} tɛ· 坐月子

办十二天 pan^{312} sɿ^{42} ər^{312} t'ian^{24} 小孩出生十二天时，办酒席

盒得 xɤ^{42} tɛ· 食盒，红白大事使用

抬盒得 t'ai^{42} xɤ^{42} tɛ· 办十二天时，娘家抬着装满米面、鸡蛋等的食盒到闺女家贺喜；办丧事时装供品

满月 man^{55} yɛ·

头生儿 t'ou^{42} sɐr^{24} 头胎

一对旋风儿 i$^{24|42}$ tuei^{312} çyan^{312} fɐr· 双胞胎

过生儿 kuo^{312} sɐr^{24}

　做生儿 tsu^{312} sɐr^{24}

吃奶 ts'ʅ^{24} nai^{55}

喂奶 uei^{312} nai^{55}

奶穗儿 nai^{55} suər^{312}

　奶嘴儿 nai$^{55|42}$ tsuər^{55}

断奶 tuan^{312} nai^{55}

抹秦椒油 mo^{55} tç'in^{42} tçiau^{312} iou^{42} 旧时妇女在乳头抹上辣椒油，让小孩断奶

拉巴 la^{24} pa· 拉扯

巴巴 pa^{42} pa· ① 小儿的粪便 ② 脏：甭拜衣裳弄～了（儿语）

尿床 niau^{312} ts'uaŋ^{42}

起名儿 tç'i^{55} miɐr^{42}

奶名儿 nai^{55} miɐr^{42}

大名儿 ta^{312} miɐr^{42}

露裆 lou^{312} taŋ^{24} 办红白事时东西不够用

（2）丧葬

白事儿 pɛ^{42} sər^{312}

坟 fɤn^{42}

坟地 fɤn^{42} ti^{312}

　茔地 iŋ^{42} ti^{312}

老坟 lau^{55} fɤn^{42} 祖坟

板 pan^{55} 棺材

木头板 mu^{24} t'ou· pan^{55}

洋灰板 iaŋ^{42} xuei^{24} pan^{55}

喜货 çi^{55} xuo^{312}

墓坑得 mu^{312} k'ɤŋ^{24} tɛ·

墓得 mu^{312} tɛ·

　墓骨堆得 mu^{312} ku· tuei^{24} tɛ·

　墓圪塔得 mu^{312} kɤ· ta^{24} tɛ·

墓圪啷得 mu^{312} kɤ· laŋ^{24} tɛ·

地椁 ti^{312} kuo^{55} 地下用砖、石砌的坟墓

丘得 tɕʻiou^{24} tɛ· 旧时地上用砖砌的坟墓

断气儿 tuan^{312} tɕʻiər^{312}

咽气儿 ian^{312} tɕʻiər^{312}

叫魂儿 tɕiau^{312} xuər^{42}

死了 sɿ^{55} la·

老了 lau^{55} la·

压纸 ia^{24} tsɿ^{24} 老人死去的前两天，每顿饭前孝子按远近、长幼列队哭嚎着到佛爷庙前烧纸。

围门儿 uei^{42} mər^{42} 有人去世后街坊邻居在自家大门前撒灰

报丧 pau^{312} saŋ^{24}

开吊 kʻai^{24} tiau^{312} 亲戚、邻友吊孝的日子，一般在死者去世的第二天进行

吊孝 tiau^{312} ɕiau^{312}

守灵 sou^{55} liŋ^{42}

灵棚 liŋ^{42} pʻɤŋ^{42}

灵盘 liŋ^{42} pʻan· 放死者饭食的方形木制托板。红事使用叫“托板”，白事使用叫“灵盘”

端灵盘嘞 tuan^{24} liŋ^{42} pʻan· nɛ· 压纸、出殡时走在队伍最前面手端“灵盘”的人，一般是近门的小孩儿

锞得 kʻuo^{312} tɛ· 冥币

银钱 in^{42} tɕʻian·

点纸儿 tian$^{55|42}$ tsər^{55}

孝子 ɕiau^{312} tsɿ^{55}

糊鞋 xu^{24} ɕiɛ^{42} 将白布缝在孝子的布鞋面上

破孝 pʻo^{312} ɕiau^{312} 为死者亲属做孝衣、孝帽等

撕孝 sɿ^{24} ɕiau^{312}

大孝 ta^{312} ɕiau^{312}

穿孝 tsʻuan^{24} ɕiau^{312}

戴孝 tai^{312} ɕiau^{312}

孝帽得儿 ɕia^{24} mau^{312} tɛ·

孝衫得 ɕiau^{312} san^{24} tɛ· 孝衣

孝带得 ɕiau^{312} tai^{312} tɛ· 孝子系在腰间的白带子

送路 suɤŋ^{312} lu^{312} 送死人上路的仪式，一般在去世的第二天晚上举行

祭奠 tɕi^{312} tian· 出殡的前一天晚上举行的悼念仪式

拉家儿 la^{24} tɕiɐr· ①拉起吊孝者或孝子的人 ②劝架的人

接记 tɕiɛ^{24} tɕi^{312} 在村口接闺女等亲戚抬来的供品

打尖 ta^{55} tɕian^{24} 抬棺材的人出殡前加一顿饭

抬架得嘞 tʻai^{42} tɕia^{312} tɛ· lɛ·

封口 fɤŋ^{24} kʻou^{55} 出殡前封棺材

钉板 tiŋ^{312} pan^{55}

出殡 tɕʻy^{24} pin^{312}

纸扎 tsɿ^{55} sa·

楼得 lou^{42} tɛ· 纸糊的楼

童儿 tʻuɐr^{42} 纸糊的童男、童女

亭得 tʻiŋ^{42} tɛ· 纸糊的亭子

老盆 lau^{42} pʻɤn·

摔老盆 suai^{55} lau^{42} pʻɤn· 出殡时大儿子摔碎盆子

挂孝 kua^{312} ɕiau^{312} 送葬时亲戚、朋友送的布块儿挂在身上

麻绳 ma^{42} sɤŋ^{42}

哀樟得 ai^{24} tsaŋ· tɛ· 哭丧棒

吹手 tsʻuei^{24} su· 吹鼓手

大笛 ta^{312} ti^{42} 唢呐

棚笙 pʻɤŋ^{42} sɤŋ^{24}

钹 po^{42}

写吹手 ɕiɛ^{55} tsʻuei^{24} su· 雇佣吹鼓手

小唱 ɕiau^{55} tsʻaŋ· 不化妆的戏班子

闹班得 nau^{312} pan^{24} tɛ·

大戏 ta^{312} ɕi^{312}

埋 mai^{42}

埋人 mai^{42} zɤn^{24}

埋嘞 mai^{42} lɛ·

护秧菜 xu^{312} iaŋ· tsʻai^{312} 埋人时做的菜

搁七天 kɤ^{24} tɕʻi^{24} tʻian^{24} 老年人死后一般要停

放七天（发丧）

排五 pʻai^{42} u^{55} 死后第五天。三伏天多在这一天下葬

排三 pʻai^{42} san^{24} 死后第三天。三四十岁的青壮年死后多在这一天下葬

摘孝 tsɛ^{24}çiau^{312} 去掉孝衣、孝帽

复三 fu^{24} san^{24}

五七纸 u^{55} tɕʻi^{24} tsɿ^{55}

百日 pɛ^{24} zɿ·

周年 tsou^{24} nian^{42}

烧三年纸 sau^{24} san^{24} nian^{42} tsɿ^{55}

　办三年 pan^{312} san^{24} nian^{42}

起魂儿 tɕʻi^{55} xuər^{42} 移动某人的坟

净面 tɕiŋ^{312} mian^{312} 给死人化妆

火化 xuo^{42} xua·

　火葬 xuo^{42} tsaŋ·

骨灰 ku^{24} xuei^{24}

验尸 ian^{312} sɿ^{24}

工儿头 kuɐr^{24} tʻou^{42} 以给人拿纸扎为活的人

赶事儿 kan^{55} sər^{312} “工儿头”前往事主家

寻死 çin^{42} sɿ^{55}

喝药 xɤ^{24} yo^{24} 服毒

上吊 saŋ^{312} tiau^{312}

跳河 tʻiau^{312} xɤ^{42}

跳井 tʻiau^{312} tɕiŋ^{55}

尸首儿 sɿ^{24} sor· 尸体

碑 pei^{24}

　石碑 sɿ^{42} pei^{24}

　石头碑 sɿ^{42} tʻou· pei^{24}

立碑 li^{24} pei^{24}

上坟 saŋ^{312} fɤn^{42}

烧纸 sau^{24} tsɿ^{55}

得济 tɛ^{24} tɕi^{312} 得到晚辈亲属的好处

十六 宗教、迷信

在教 tsai^{312} tɕiau^{312} 信教

老天爷 lau^{55} tʻian^{24} iɛ^{42}

天爷轴得 tʻian^{24} iɛ· tsu^{42} tɛ· 老天爷画像

灶间爷 tsau^{312} tɕian^{24} iɛ^{42}

关爷 kuan^{24} iɛ^{42}

财神爷 tsʻai^{42} sɤn· iɛ^{42}

老佛爷 lau^{55} fu^{42} iɛ·

龙王爷 luɤŋ^{42} uaŋ· iɛ^{42}

土地爷 tʻu^{55} ti^{312} iɛ^{42}

阎王爷 ian^{42} uaŋ· iɛ^{42}

仙家 çian^{24} tɕia·

神灵儿 sɤn^{42} liɐr·

菩萨 pʻu^{42} tsʻa·

　观音菩萨 kuan^{24} in^{24} pʻu^{42} tsʻa·

门神 mɤn^{42} sɤn·

判官 pʻan^{312} kuan·

鬼 kuei^{55}

　鬼魂儿 kuei^{42} xuər·

妖精 iau^{24} tɕiŋ·

邪气 çiɛ^{42} tɕʻi· 妖魔

不净 pu$^{24|42}$ tɕiŋ^{312} 有妖魔鬼怪：听说那儿～

上供 saŋ^{312} kuɤŋ^{312}

供桌儿 kuɤŋ^{312} tsuor^{24}

摆供 pai^{55} kuɤŋ^{312}

洋蜡 iaŋ^{42} la^{24}

和尚 xuo^{42} saŋ·

尼姑 ni^{42} ku^{24}

念经 nian^{312} tɕiŋ^{24}

开光 kʻai^{24} kuaŋ^{24}

还俗 xuan^{42} çy^{42}

道士 tau^{312} sɿ·

香炉得儿 çiaŋ^{24} lu^{42} tɛ·

香钱 çiaŋ^{24} tɕʻian·

烧香 sau^{24} çiaŋ^{24}

磕头 kʻɤ^{24} tʻou^{42}

作揖 tsuo^{24} i^{24}

供香 kuɤŋ^{312} ɕiaŋ· 给……上供：～老天爷

牌位儿 p‘ai^{42} uər· 灵牌

箔 po^{24} 涂上金属粉的小纸片儿，上香时作纸钱用

黄纸 xuaŋ^{42} tsɿ^{55} 叠元宝用的纸

庙 miau^{312}

庙会 miau^{312} xuei^{312}

土地爷庙 t‘u^{55} ti^{312} iɛ^{42} miau^{312}

佛爷庙 fu^{42} iɛ· miau^{312}

阴阳仙儿 in^{24} iaŋ^{42} ɕiar^{24} 算命先生

明眼儿 miŋ^{42} iar^{55} 风水先生

　瞧风水嘞 tɕ‘iau^{42} fɤŋ^{24} suei· lɛ·

相面 ɕiaŋ^{312} mian^{312}

算卦 suan^{312} kua^{312}

抽签 ts‘ou^{24} tɕ‘ian^{24}

师婆得 sɿ^{24} p‘o· tɛ· 巫婆

下神 ɕia^{312} sɤn^{42}

求雨 tɕ‘iou^{42} y^{55}

神汉 sɤn^{42} xan^{312}

升天 sɤŋ^{24} t‘ian^{24}

许愿 ɕy^{55} yan^{312}

还愿 xuan^{42} yan^{312}

妨 faŋ^{24} 属相相克

　妨着 faŋ^{24} tsau·

　妨碍 faŋ^{24} ai·

损头年 ɕyn^{55} t‘ou· nian^{42} 指老年人避讳的七十三岁和八十四岁

十七　日常生活

（1）衣

纺花 faŋ^{55} xua^{24}

织布 tsɿ^{24} pu^{312}

裁衣裳 ts‘ai^{42} i^{24} saŋ·

　做衣裳 tsu^{312} i^{24} saŋ·

　轧衣裳 tsa^{42} i^{24} saŋ·

锁边儿 suo^{55} piar^{24}

绞边儿 tɕiau^{55} piar^{24}

纳底得儿 na^{24} ti^{55} tɛ·

纳鞋垫儿 na^{24} ɕiɛ^{42} tiar^{312}

洗衣裳 ɕi^{55} i^{24} saŋ·

浆衣裳 tɕiaŋ^{312} i^{24} saŋ·

熨衣裳 yn^{312} i^{24} saŋ·

截布 tɕiɛ^{42} pu^{312} 买布

捶布 ts‘uei^{42} pu^{312}

（2）食

饥 tɕi^{24} 饿

饥饱 tɕi^{24} pau·

添锅 t‘ian^{24} kuo^{24} 把做饭用的水放入锅内

烧锅 sau^{24} kuo^{24}

做饭 tsu^{312} fan^{312}

做中了 tsu^{312} tsuɤŋ^{24} la· 饭做好

蒸干泥 tsɤŋ^{24} kan^{24} ni· 蒸馒头、包子等

掀锅 ɕian^{55} kuo^{24} 把蒸熟的馒头、包子等从锅里取出

熥馍 t‘ɤŋ^{24} mo^{42} 馏馒头

换馍 xuan^{312} mo^{42} 到馍房等处用麦子置换馒头

打面 ta^{55} mian^{312}

　磨面 mo^{312} mian^{312}

割肉 kɤ^{24} zou^{312} 买肉

吃饭 ts‘ɿ^{24} fan^{312}

开饭 k‘ai^{24} fan^{312}

舀碗 iau$^{55|42}$ uan^{55} 盛饭、盛菜

舀饭 iau^{55} fan^{312} 盛稀饭

　盛饭新 ts‘ɤŋ^{42} fan^{312}

拿筷得 na^{42} k‘uai^{312} tɛ·

端饭 tuan^{24} fan^{312}

喝饭 xɤ^{24} fan^{312} 吃粥

糊锅 xu^{42} kuo· 饭烧糊

淤锅 y^{24} kuo^{24} 稀饭或汤水之类因沸腾溢出锅外

牙碜 ia^{42} ts‘ɤn· 牙齿因咬着食物中的沙子等而不舒服

蹄汲 sɿ^{24} tɕi· 馊

干稠儿 kan^{24} ts‘or^{55} （面条儿）没有一点汤水

吃囊透了　tsʻɿ^{24} naŋ^{42} tʻou· la·　吃伤了

剩嘴得　sɤŋ^{312} tsuei^{55} tɛ·　吃剩的饭食

护嘴　xu^{312} tsuei^{55}　指油腻

揉面　zou^{42} mian^{312}

发面　fa^{24} mian^{312}

和面　xuo^{42} mian^{312}

擀面　kan^{55} mian^{312}

洗菜　ɕi^{55} tsʻai^{312}

　淘菜　tʻau^{42} tsʻai^{312}

焯　tsʻuo^{24}　把菜放入水里稍煮

抄菜　tsʻau^{24} tsʻai^{312}　用筷子夹菜

刷锅　sua^{24} kuo^{24}

洗碗　ɕi$^{55|42}$ uan^{55}

嚼嚼　tɕyo^{42} tɕyo·

嚼不动　tɕyo^{42} pu· tɤŋ^{312}

噎住了　iɛ^{24} tɕʻy· la·

打圪得儿　ta^{55} kiɛ^{42} tər^{312}　打嗝

撑着了　tsʻɤŋ^{24} tsuo· la·

坐水　tsuo^{312} suei^{55}　在煤火上烧水

掏水　tʻau^{24} suei^{55}　将做饭时烧开的水取出一部分倒入暖瓶中

添锅　tʻian^{24} kuo^{24}　给锅里加水

续水　ɕy^{312} suei^{55}　加水

喝水　xɤ^{24} suei^{55}

起火　tɕʻi$^{55|42}$ xuo^{55}

改顿儿　kai^{55} tuər^{312}　改善生活

断^{D}顿儿了　tuɛ^{312} tuər^{312} la·　因缺吃的停炊

推磨　tʻuei^{24} mo^{312}　两三个人推动石磨盘磨出面粉，今已废置

拐磨　kuai^{55} mo^{312}　① 手动小石磨 ② 用小石磨磨盐等，今已很难见到

拐碗儿　kuai$^{55|42}$ uar^{55}　吃完一碗再吃。多用于疑问和否定句

轮递吃　luɤn^{42} ti^{312} tsʻɿ^{24}　老人在几个儿子家轮流吃饭

（3）住

起来　tɕʻi^{55} lai·

　起床　tɕʻi^{55} tsʻuaŋ^{42}

穿衣裳　tsʻuan^{24} i^{24} saŋ·

辫辫得　pian^{312} pian^{312} tɛ·

剪指甲　tɕian^{55} tɕi^{42} tɕia·

挽个鬏得　uan^{55} kɤ· tɕiou^{24} tɛ·

洗脸　ɕi$^{55|42}$ lian^{55}

擦脸　tsʻa^{24} lian^{55}

洗手　ɕi$^{55|42}$ sou^{55}

刷牙　sua^{24} ia^{42}

漱嘴　su^{312} tsuei^{55}

梳头　su^{24} tʻou^{42}

剃头　tʻi^{312} tʻou^{42}

刮胡得　kua^{55} xu^{42} tɛ·

刮脸　kua$^{55|42}$ lian^{55}

护头　xu^{312} tʻou^{42}　小孩儿不让理发

洗身得旧　ɕi^{55} sɤn^{24} tɛ·

　凫水旧　fu^{312} suei^{55}

　游泳　iou^{42} yŋ^{55}

栽猛得　tsai^{24} mɤŋ^{55} tɛ·　潜泳

洗澡　ɕi$^{55|42}$ tsau^{55}

护怀　xu^{312} xuai^{42}　小儿不让别的小孩儿吃自己母亲的奶

尿脬　niau^{312} pʻau^{24}　撒尿

　解小手儿　tɕiɛ^{55}ɕiau$^{55|42}$ sor^{55}

屙屎　ɤ^{24} sɿ^{55}

　解大手儿　tɕiɛ^{55} ta^{312} sor^{55}

晒暖儿　sai^{312} nuar^{55}　晒太阳

烤火　kʻau$^{55|42}$ xuo^{55}

点灯　tian^{55} tɤŋ^{24}

吹灯　tsʻuei^{24} tɤŋ^{24}　① 灭灯 ② 告吹：两人早逗～了

关灯　kuan^{24} tɤŋ^{24}

歇一会儿　ɕiɛ^{24} i· xuər^{312}

歇晌儿　ɕiɛ^{24} tsʻɐr^{55}　夏天吃过午饭休息

栽嘴儿　tsai^{24} tsuər^{55}　打瞌睡

打瞌睡 ta^{55} kʻɤ^{42} sei^{312}
睡首儿 sei^{312} sor· 睡觉的姿势
铺床 pʻu^{24} tsʻuaŋ^{42}
抻床 tsʻɤn^{24} tsʻuaŋ^{42}
挺^{D}那儿 tʻio^{55} nɐr· 躺到那里
脱衣裳 tʻuo^{24} i^{24} saŋ·
脱鞋 tʻuo^{24} ɕiɛ^{42}
乏了 fa^{42} la· 困了
睡了 sei^{312} la·
打呼噜 ta^{55} xu^{24} lu·
侧楞膀得睡 tsɛ^{42} lɤŋ^{312} paŋ^{55} tɛ· sei^{312}
趴^{0}那儿睡 pʻa^{24} nar· sei^{312}
脸儿朝上睡 liar^{55} tsʻau^{42} saŋ^{312} sei^{312}
打通脚儿睡 ta^{55} tʻuɤŋ^{24} tɕyor· sei^{312} 两人一头一个在同一被窝里睡
囫囵腰儿睡 xu^{42} luɤn^{312} ior^{24} sei^{312} 不脱衣服睡觉
做梦 tsu^{312} mɤŋ^{312}
发癔症 fa^{24} i^{312} tsɤŋ·
长身 tsaŋ^{55} sɤn^{24} 伸懒腰
熬夜 au^{42} iɛ^{312}
鸡得叫了 tɕi^{24} tɛ· tɕiau^{312} la· 公鸡打鸣儿了
睡失明了 sei^{312} sɿ^{24} miŋ· la· 睡到该醒的时候没有醒
生火 sɤn^{24} xuo^{55}
　生煤火 sɤn^{24} mei^{42} xuo^{55}
和煤 xuo^{42} mei^{42} 将煤和胶泥掺在一起放在煤池里，兑水用铁锨和成稠泥状
火塘了 xuo^{55} tʻaŋ^{42} la· 煤火乏了
添火 tʻian^{24} xuo^{55} 给煤火添煤
搭火 ta^{24} xuo^{55} 给煤火添少量的煤
捅火 tʻuɤŋ^{24} xuo^{55} 从侧面火洞里捅使炉渣漏下去
　卸火 ɕiɛ^{312} xuo^{55}
扎火 tsa^{24} xuo^{55} 从火口向下捅
破火 pʻo^{312} xuo^{55}
封火 fɤŋ^{24} xuo^{55} 添煤将火封住，待下次扎开再用
灭火 miɛ^{24} xuo^{55} 使煤火灭：不冷了，今儿～吧
熟火儿 su^{42} xuor^{55} 没有火苗的炭火

（4）行

出去了 tɕʻy^{24} tɕʻy· la·
回家了 xuei^{42} tɕia^{24} la·
回来了 xuei^{42} lai· la·
逛逛 kuaŋ^{312} kuaŋ·
溜达溜达 liou^{24} ta· liou^{24} ta·
□□ zou^{24} zou· 转悠
转转 tsuan^{312} tsuan·
瞧瞧 tɕʻiau^{312} tɕʻiau·
赶集 kan^{24} tɕi^{42}
赶会 kan^{24} xuei^{312}
走路儿 tsou^{55} lur^{312}
跑路儿 pʻau^{55} lur^{312}
地崩得儿 ti^{312} pɤŋ^{24} tɛ· 步行：～往城里嘞了
洋车得儿 iaŋ^{42} tsʻɛ^{24} tɛ·
　自行车得新 tsɿ^{312} ɕiŋ^{42} tsʻɛ^{24} tɛ·
票车 pʻiau^{312} tsʻɛ^{24} 公共汽车
卧车儿 uo^{312} tsʻor^{24}
　轿车儿 tɕiau^{312} tsʻor^{24}
拉鼻儿 la^{24} piər^{42} 车、船等鸣喇叭
摩托 mo^{42} tʻuo^{24}
　电驴得旧 tian^{312} ly^{42} tɛ·

（5）其他

长法儿 tsʻaŋ^{42} fɐr^{24} 长久之计
杠杠儿 kaŋ^{312} kɐr· 界限：划个～
影影儿 iŋ^{55} iɐr· 影子
诀窍 tɕyɛ^{42} tɕʻiau·
　窍门儿 tɕʻiau^{312} mər^{42}
外找儿 uai^{312} tsor^{55} 外快
简得儿 tɕian^{55} tɛ· 事情（多用于非现实句）：这是他办嘞～｜他不办好～
心秉儿 ɕin^{24} piɐr· 秉性：一做逗多，～嘞事儿

奸矩 tɕian^{24} tɕy· 不正当的手段：有～｜使～
咕咕□儿 ku^{24} ku· mior^{24} 猫腻
把门儿 pa^{55} mər· 自控能力：他喝酒有～
吃首 ts'ʅ^{24} sou· 人饮食或牲口吃草料、家畜吃食的状况：这家伙～好^{D}嘞
死卡矩儿 sʅ^{55} tɕ'ia^{55} tɕyər· 固定的路数
一行伙儿嘞 i^{24} xaŋ^{42} xuor· lɛ· 同行
时运 sʅ^{42} yn·
　运气点儿 yn^{312} tɕ'i· tiar^{55}
起会 tɕ'i^{55} xuei^{312}
过会 kuo^{312} xuei^{312}
吸大烟 ɕi^{24} ta^{312} ian^{24}
家谱轴得 tɕia^{24} p'u· tsu^{42} tɛ· 家谱画像

十八　讼事

打官司 ta^{55} kuan^{24} sʅ·
告 kau^{312}
告状 kau^{312} tsuaŋ^{312}
证件 tsɤŋ^{312} tɕian· 证人、证据
罪呱儿 tsuei^{312} kuɐr· ① 罪行 ② 苦难：他在东北受嘞～不小
逮^{D}里头了 tɛ^{55} li· t'ou· la· “里头”可以合读为 liou^{55}
　抓^{0}里头了 tsua^{24} li· t'ou· la·
　住^{D}里头了 tɕyɛ^{312} li· t'ou· la·
押起来 ia^{24} tɕ'i· lai·
过堂 kuo^{312} t'aŋ^{42}
犯法 fan^{312} fa^{24}
劳改 lau$^{55|42}$ kai^{55}
游街 iou^{42} tɕiɛ^{24}
枪毙了 tɕ'iaŋ^{24} pi^{312}
　崩了 pɤŋ^{24} la·
　毙了 pi^{312} la·
　敲了 tɕ'iau^{24} la·
手铐得 sou^{55} k'au^{312} tɛ·
　铐得 k'au^{312} tɛ·
脚链得 tɕyo^{24} lian^{312} tɛ· 脚镣
贪官儿 t'an^{24} kuar^{24}
清官儿 tɕ'iŋ^{24} kuar^{24}
青天大老爷 tɕ'iŋ^{24} t'ian^{24} ta^{312} lau^{55} iɛ·
断官司 tuan^{312} kuan^{24} sʅ·
住禁闭室 tɕy^{312} tɕin^{24} min· sʅ^{24}
　住监狱 tɕy^{312} tɕian^{24} y^{24}
探监 t'an^{312} tɕian^{24}
文书 uɤn^{42} ɕy·
布告 pu^{312} kau^{312}
告示 kau^{312} sʅ·
画押 xua^{312} ia^{24}
　按手印儿 an^{312} sou^{55} iər^{312}
摘帽儿 tsɛ^{24} mor^{312} 平反

十九　交际

打招呼儿 ta^{55} tsau^{24} xur·
吃了冇 ts'ʅ^{24} la· mou·
吃喽走吧 ts'ʅ^{24} lou· tsou^{55} pa· 吃饭时与路过自家门口的人打招呼用语
　喝碗走吧 xɤ^{24} uan· tsou^{55} pa·
做啥嘞呀 tsu^{312} sa^{55} lia· 干什么去呀(问候语)。“做啥”常常合读为 tsua^{55}
有空儿冇 iou^{55} k'uɐr^{312} mou· 有时间没有（请人帮忙）
虚套得 ɕy^{24} t'au^{312} tɛ· 客套话
应付 iŋ^{312} fu· 应酬
来往 lai^{42} uaŋ^{55}
拉拢 la^{24} luɤŋ·
送礼 suɤŋ^{312} li^{55}
支场儿 tsʅ^{24} ts'ɐr^{55}
　请客儿 tɕ'iŋ^{55} k'ior^{24}
入座儿 zu^{24} tsuor^{312}

男客 nan^{42} k‘iε^{24}

女客 ny^{55} k‘iε^{24}

执客 tsʅ^{24} k‘iε^{24}

待客 tai^{312} k‘iε^{24}

送客 suɤŋ^{312} k‘iε^{24}

主客 tsu^{55} k‘iε^{24}

陪客 p‘ei^{42} k‘iε^{24}

上座儿 saŋ^{312} tsuor^{312} 主座位

入席 zu^{24} ɕi^{42}

上菜 saŋ^{312} ts‘ai^{312}

端菜 tuan^{24} ts‘ai^{312}

吸烟 ɕi^{24} ian^{24}

喝酒 xɤ^{24} tɕiou^{55}

倒酒 tau^{312} tɕiou^{55}

敬酒 tɕiŋ^{312} tɕiou^{55}

罚酒 fa^{42} tɕiou^{55}

让酒 zaŋ^{312} tɕiou^{55}

干杯 kan^{24} pei^{24}

作假儿 tsuo^{24} tɕiɐr^{55}

投投 t‘ou^{42} t‘ou· 喝醉酒后醒来再喝

慢待 man^{312} tai^{312}

请帖 tɕ‘iŋ^{55} t‘iε^{24}

留步 liou^{42} pu^{312}

慢走 man^{312} tsou^{55}

添麻烦了 t‘ian^{24} ma^{312} fan· na·

对劲儿 tuei^{312} tɕiər^{312} 关系好

不对劲儿 pu^{42} tuei^{312} tɕiər^{312} ① 不和睦 ② 不对头儿

装糊涂 tsuaŋ^{24} xu^{42} tu·

装疯 tsuaŋ^{24} fɤŋ^{24}

装冇事人儿 tsuaŋ^{24} mou^{312} sʅ^{312} zər^{42}

冇脸 mou^{312} lian^{55}

丢人 tiou^{24} zɤn^{42}

丢人现眼 tiou^{24} zɤn^{42} ɕian^{312} ian^{55}

丢人打家伙 tiou^{24} zɤn^{42} ta^{55} tɕia^{24} xuo·

丢死人 tiou^{24} sʅ· zɤn^{42}

丢人巴叉 tiou^{24} zɤn^{42} pa^{55} ts‘a^{24}

礼数儿 li^{55} sur·

礼貌 li^{55} mau·

改嘴 kai$^{55|42}$ tsuei^{55} 改口

拜年 pai^{312} nian^{42}

磕头 k‘ɤ^{24} t‘ou^{42}

磕头钱 k‘ɤ^{24} t‘ou^{42} tɕ‘ian· 压岁钱

扒乌乱得 pa^{24} u^{24} luan· tε· 闯祸

心嘞做活儿 ɕin^{24} nε· tsu^{312} xuor^{42} 有心计

玩儿心坎眼得 uar^{42} ɕin^{24} k‘an· ian^{55} tε· 耍心眼儿

胡闹台 xu^{42} nau^{312} t‘ai^{42}

佮气 kɤ^{55} tɕ‘i^{312} 小孩之间生气、打架

置气 tsʅ^{312} tɕ‘i^{312} 生气

气性 tɕ‘i^{312} ɕiŋ· 生气的程度：这家伙～真大，跟他叔吵^{D}两句逗气病了

□治 piε^{55} tsʅ· 故意刁难

糊迷眼 xu^{42} mi· ian^{55} 坑蒙人的勾当：他往你弄～嘞

摧巴儿壶 tɕ‘yo^{24} pa· xu^{42}

打拐 ta$^{55|42}$ kuai^{55} 暗中克扣

倒后账儿 tau^{312} xou^{312} tsɐr^{312}

不说话儿 pu^{24} ɕyε^{24} xuɐr^{312} 关系僵

不搭腔 pu^{24} ta^{24} tɕ‘iaŋ^{24}

供 kuɤŋ^{312} 有来往

供事儿 kuŋ^{312} sər^{312}

恼了 nau^{55} la·

翻了 fan^{24} na· 由关系好变为不来往了

不是 pu$^{55|42}$ sʅ· 过错

陪不是 p‘ei^{42} pu$^{55|42}$ sʅ·

低架儿 ti^{24} tɕiɐr^{312} 赔情道歉

赶 kan^{55} 以实际行动致歉：俺～他好几回了，人家不回头

乱 luan^{312} 嬉闹：甭往恁叔我～了

有大有小 mou^{312} ta^{312} mou^{312} ɕiau^{55}

偎边儿 uei^{24} piar^{24} 靠近：俺嘞事儿，他连～都不～

　耪络儿 paŋ^{312} lior^{312}

托后门儿 tʻuo^{24} xou^{312} mər^{42}

拉关系 la^{24} kuan^{24} ɕi·

套近乎儿 tʻau^{312} tɕin^{312} xur·

不甩你 pu^{24} sai$^{55|42}$ ni· 不在乎你

串门儿 tsʻuan^{312} mər^{42}

剌 la^{42} ① 聊天儿 ② 讲故事

　剌闲拱儿 la^{42} ɕian^{312} kuɐr^{55}

　说闲话儿 ɕyɛ^{24} ɕian^{312} xuɐr^{312}

瞎话 ɕia^{42} xua^{312}

捎信儿 sau^{24} ɕiər^{312}

口头语儿 kʻou^{55} tʻou^{312} yər^{55} 口头禅

荤话儿 xuɤn^{24} xuɐr^{312}

捣包话儿 tau^{55} pau^{24} xuɐr^{312}

说笑话儿 ɕyɛ^{24} ɕiau^{312} xuɐr^{312}

可笑话儿 kʻɤ^{55} ɕiau^{312} xuɐr^{312}

混时语得话儿 xuɤn^{312} sɿ· y^{24} tɛ· xuɐr^{312} 模棱两可的话

　两来得话儿 liaŋ^{55} lai^{42} tɛ· xuɐr^{312}

怪名儿 kuai^{312} miɐr^{42} 外号

铺排 pʻu^{24} pai· 铺张浪费

塌窟窿 tʻa^{24} kʻu^{24} luɤŋ· 借钱：有事儿谁能不～也

丧脸 saŋ^{24} lian^{55} 批评：挨一顿～

端架得儿 tuan^{24} tɕia^{312} tɛ·

　摆架得儿 pai^{55} tɕia^{312} tɛ·

拉倒 la^{24} tau^{55}

　撤伙 tsʻɛ^{312} xuo^{55}

　散伙 san^{312} xuo^{55}

说处儿 ɕyɛ^{24} tɕʻyər· 讲究

说着喽 ɕyɛ^{24} tsuo^{42} lou· 有交情、有来往：他能在油厂上班，要是能搁厂长～嘞

来回点儿 lai^{42} xuei· tiar^{55} 礼尚往来的精神：他这人都有～，甭搁他供事

做作 tsuo^{24} tsuo· ① 故意做出某种表情、姿势等 ② 逞强

一碗水端平 i^{24} uan^{55} suei^{55} tuan^{24} pʻiŋ^{42} 公平处置

两好搁一好 liaŋ$^{55|42}$ xau^{55} kɤ^{24} i^{24} xau^{55}

讲古气 tɕiaŋ$^{55|42}$ ku^{55} tɕʻi· 讲故事

哪一壶不开提哪一壶 na^{55} i· xu^{42} pu^{24} kʻai^{24} tʻi^{42} na^{55} i· xu^{42}

说不出来个里表儿 ɕyɛ^{24} pu· tɕʻy^{24} lai^{42} kɤ· li^{42} pior^{24}

耍骨伦 sua^{55} ku^{24} luɤn· 耍不讲理

上手 saŋ^{312} sou^{55} 别人打架时帮忙

动窝狗得嘞 tuɤŋ^{312} uo^{24} kou· tɛ· lɛ· 与别人生气打架时，本家族的人一起上

学□谁说 ɕyo^{42} niɛ· sei^{42} ɕyɛ^{24} 正如某某所说

　学谁讲话 ɕyo^{42} sei^{42} tɕiaŋ^{55} xua·

刻别 kʻiɛ^{24} piɛ^{42} 表同意的应答词，常单独成句。应是“可不是也”合音的结果

龟孙 kuei^{24} suɤn^{24}

　齐孙 tɕʻi^{42} suɤn^{24}

鸟毛 tiau^{55} mau^{42}

鸟样得儿 tiau^{55} iaŋ^{312} tɛ·

他娘恁个屄 tʻa^{55} nia^{42} nɤn· kɤ· pi^{24}

他奶嘞个屄 tʻa^{55} nai^{24} nɛ· kɤ· pi^{24}

日他祖奶奶 zɿ^{24} tʻa· tsu^{42} nai^{55} nai·

杂种家小儿 tsa^{42} tsuɤŋ^{55} tɕia· ɕior^{55}

卖屄家妮儿 mai^{312} pi^{24} tɕia· niər^{24}

捲嘞不上个牙齿儿 tɕyan nɛ· pu$^{55|42}$ saŋ^{312} kɤ· ia^{42} tsʻər· 骂得不堪入耳

二十 商业

(1)经商行业

商店 saŋ^{24} tian^{312}

超市 ts‘au^{24} sɿ^{312}

代销点 tai^{312} ɕiau^{24} tian^{55}

 杂货铺儿 tsa^{42} xuo^{312} p‘ur^{312}

买卖 mai^{55}mai·

招牌 tsau^{24} pai·

字号 tsɿ^{312} xau·

门面房(儿) mɤn^{42} mian^{312} faŋ^{42}

开铺得儿 k‘ai^{24} p‘u^{312} tɛ·

铺面儿 p‘u^{312} miar^{312}

摆摊儿 pai^{55} t‘ar^{24}

 摆地摊儿 pai^{55} ti^{312} t‘ar^{24}

 摆小摊儿 pai^{55} ɕiau^{55} t‘ar^{24}

跑买卖 p‘au$^{55|42}$ mai^{55} mai·

 跑生意 p‘au^{55} sɤŋ^{24} i·

 做买卖 tsu^{312} mai^{55} mai·

 做生意 tsu^{312} sɤŋ^{24} i·

二道贩得 ər^{312} tau^{312} fan^{312} tɛ·

集 tɕi^{42} 集市

店 tian^{312}

 旅馆儿 ly^{42} kuar^{55}

 旅社 ly^{55} sɛ^{312}

饭店 fan^{312} tian^{312}

 馆得 kuan^{55} tɛ·

 饭馆儿 fan^{312} kuar^{55}

 饭铺儿 fan^{312} p‘ur^{312}

 食堂 sɿ^{42} t‘aŋ^{42}

下饭店 ɕia^{312} fan^{312} tian^{312}

铁匠铺儿 t‘iɛ^{24} tɕiaŋ· p‘ur^{312}

铁匠炉 t‘iɛ^{24} tɕiaŋ· lu^{42}

药铺儿 yo^{24} p‘ur^{312}

烧饼摊儿 sau^{24} piŋ· t‘ar^{312}

照相馆儿 tsau^{312} ɕiaŋ^{312} kuar^{55}

文具店 uɤn^{42} tɕy· tian^{312}

瓜行 kua^{24} xaŋ^{42} 批发西瓜的市场

茶摊儿 ts‘a^{42} t‘ar^{24}

油坊 iou^{42} faŋ·

窑厂 iau^{42} ts‘aŋ^{55}

脱坯 t‘uo^{24} pei^{24} 用模子把泥制成方坯子

挖坯得 ua^{24} p‘i^{24} tɛ· 用模子把泥制成长方形坯子

剃头铺儿 t‘i^{312} t‘ou^{42} p‘ur^{312}

 理发店新 li^{55} fa^{24} tian^{312}

剃头挑得 t‘i^{312} t‘ou^{42} t‘iau^{24} tɛ·

澡堂得 tsau^{55} t‘aŋ^{42} tɛ·

银行 in^{42} xaŋ^{42}

 钱庄旧 tɕ‘ian^{42} tsuaŋ^{24}

当铺 taŋ^{312} p‘u^{312}

屠宰场 t‘u^{42} tsai$^{55|42}$ ts‘aŋ^{55}

杀猪 sa^{24} tɕy^{24}

肉架得 zou^{312} tɕia^{312} tɛ·

(2)经营、交易

开 k‘ai^{24} 批发:我拜豆角得~住发家儿了

过 kuo^{312} ① 称重 ② 批发:她拜一车得梨~住发家儿了

开门儿 k‘ai^{24} mər^{42}

 开张 k‘ai^{24} tsaŋ^{24}

关门儿 kuan^{24} mər^{42}

盘货 p‘an^{42} xuo^{312}

 点货 tian^{55} xuo^{312}

货底得儿 xuo^{312} ti^{55} tɛ·

柜台 kuei^{312} t‘ai^{42}

要价 iau^{312} tɕia^{312}

还价儿 xuan^{42} tɕiɐr^{312}

 搞价儿 kau^{55} tɕiɐr^{312}

估堆儿 ku^{55} tsuər^{24}

包圆儿 pau^{24} yar^{42} 全部买下

本钱 pɤn^{55} tɕ‘ian·

 老本儿 lau$^{55|42}$ pər^{55}

　本儿 pər^{55}
保本儿 pau$^{55|42}$ pər^{55}
　够本儿 kou^{312} pər^{55}
赚钱儿 tsuan^{312} tɕ‘iar^{42}
　落钱儿 luo^{24} tɕ‘iar^{42}
制钱儿 tsɿ^{312} tɕ‘iar^{42} 挣钱
赔钱儿 p‘ei^{42} tɕ‘iar^{42}
　赔本儿 p‘ei^{42} pər^{55}
　陪老本儿 p‘ei^{42} lau$^{55|42}$ pər^{55}
平平茬 p‘iŋ^{42} p‘iŋ· ts‘a^{42} 不赔不赚：这一年弄^{D}个～
欠 tɕ‘ian^{312}
　争 tsɤŋ^{24}
　差 ts‘a^{24}
　短 tuan^{55}
赁房得 lin^{312} faŋ^{42} tɛ·

（3）账目、度量衡

开销 k‘ai^{24} ɕiau^{24}
进项 tɕin^{312} ɕiaŋ^{312} 收入
要账 iau^{312} tsaŋ^{312}
欠账 tɕ‘ian^{312} tsaŋ^{312}
还账 xuan^{42} tsaŋ^{312}
清帐 tɕ‘iŋ^{24} tsaŋ^{312}
背帐 pei^{24} tsaŋ^{312} 背债务
拢帐 luɤŋ^{55} tsaŋ^{312}
　盘账 p‘an^{42} tsaŋ^{312}
死账 sɿ^{55} tsaŋ^{312}
顶账 tiŋ^{55} tsaŋ^{312} 抵债
赖账 lai^{312} tsaŋ^{312}
躲帐 tuo^{55} tsaŋ^{312}
赊账 sɛ^{24} tsaŋ^{312}
磨账 mo^{312} tsaŋ^{312}
账房 tsaŋ^{312} faŋ^{42}
一清 i^{24} tɕ‘iŋ^{24} 两清
平摊 piŋ^{42} t‘an^{24}
去皮 tɕ‘y^{312} p‘i^{42} 把盛货物的用具重量除去
打条儿 ta^{55} t‘ior^{42} 打借条
开条儿 k‘ai^{24} t‘ior^{42}
　开单得 k‘ai^{24} tan^{24} tɛ·
　开单据 k‘ai^{24} tan^{24} tɕy·
收据 sou^{24} tɕy^{312}
押金 ia^{24} tɕin^{24}
订钱 tiŋ^{312} tɕian·
运费 yn^{312} fei^{312}
盘缠 p‘an^{42} ts‘an· 路费
利息 li^{312} ɕi·
利儿滚利儿 liər^{312} kuɤn^{55} liər^{312}
银圆 in^{42} yan^{42}
大洋 ta^{312} iaŋ^{42}
票得儿 p‘iau^{312} tɛ· 纸币
零钱儿 liŋ^{42} tɕ‘iar^{42}
零票儿 liŋ^{42} p‘ior^{312}
块票儿 k‘uai^{312} p‘ior^{312}
毛票儿 mau^{55} p‘ior^{312}
分钱儿 fɤn^{24} tɕ‘iar^{42}
钢兑儿 kaŋ^{24} tuər^{24} 硬币
　毛壳儿 mau^{55} k‘or^{24}
块儿巴角 k‘uai^{312} ər· pa· tɕyo^{24}
钱头得 tɕian^{42} t‘ou^{42} tɛ· 资金来源：人家～硬^{D}嘞
刮得 kua^{24} tɛ· 刮平斗斛的木片儿
算得 suan^{312} tɛ· 算盘
　算盘得儿 suan^{312} p‘an^{42} tɛ·
秤 ts‘ɤŋ^{312}
秤盘得儿 ts‘ɤŋ^{312} p‘an^{42} tɛ·
秤杆得儿 ts‘ɤŋ^{312} kan^{55} tɛ·
秤星儿 ts‘ɤŋ^{312} ɕiɐr^{24}
秤钩得 ts‘ɤŋ^{312} kou^{24} tɛ·
秤砣 ts‘ɤŋ^{312} t‘uo^{42}
绵 mian^{42} 称重时秤杆低
斤两 tɕin^{24} liaŋ· 重量
压秤 ia^{24} ts‘ɤŋ^{312} 过秤时有意压低所称物品的分量

搬秤 pan^{24} ts'ɤŋ^{312} 比重大

打秤 ta^{55} ts'ɤŋ^{312}

磅 pɤŋ^{312}

过磅 kuo^{312} pɤŋ^{312}

二十一　文化教育

学 ɕyo^{42}

学校 ɕyo^{42} ɕiau·

学嘞 ɕyo^{42} lɛ·

上学 saŋ^{312} ɕyo^{42}

下学 ɕia^{312} ɕyo^{42}

放学 faŋ^{312} ɕyo^{42}

上堂 saŋ^{312} t'aŋ^{42}

上课 saŋ^{312} k'uo^{312}

下堂 ɕia^{312} t'aŋ^{42}

下课 ɕia^{312} k'uo^{312}

念书 nian^{312} ɕy^{24}

念熟嘴得 nian^{312} su^{42} tsuei^{55} tɛ· 照着课文熟读，并没有真正认识所学的生字

熟圈套儿 su^{42} tɕ'yan^{24} t'or^{312} 轻车熟路

背书 pei^{312} ɕy^{24}

复习 fu^{24} ɕi·

考试 k'au^{55} sɿ·

报名 pau^{312} miŋ^{42}

招生 tsau^{24} sɤŋ^{24}

考场 k'au$^{55|42}$ ts'aŋ^{55}

做题 tsuo^{24} t'i^{55}

提问 t'i^{42} uɤn^{312}

进场 tɕin^{312} ts'aŋ^{55}

大楷 ta^{312} k'ai^{55}

小楷 ɕiau$^{55|42}$ k'ai^{55}

钢笔 kaŋ^{24} pei^{24}

蘸笔 tsan^{312} pei^{24}

毛笔 mau^{42} pei^{24}

复写笔 fu^{24} ɕiɛ^{55} pei^{24}

铅笔 tɕ'ian^{24} pei^{24}

铅笔旋儿 tɕ'ian^{24} pei^{24} ɕyar^{312}

橡皮 ɕiaŋ^{312} p'i^{42}

抿了 min^{24} na· 用橡皮擦掉

擦了 ts'a^{24} la·

蜡笔 la^{24} pei^{24}

粉笔 fɤn^{55} pei^{24}

笔尖儿 pei^{24} tɕiar^{24}

笔杆儿 pei^{24} kar^{55}

笔帽儿 pei^{24} mor^{312}

墨汁儿 mei^{24} tsər^{24}

墨水儿 mei^{24} suər^{55}

笔水儿 pei^{24} suər^{55}

卷得儿 tɕyan^{312} tɛ·

改卷得儿 kai^{55} tɕyan^{312} tɛ·

判卷得儿 p'an^{312} tɕyan^{312} tɛ·

发卷得儿 fa^{24} tɕyan^{312} tɛ·

打叉得 ta^{55} ts'a^{312} tɛ·

作文儿本儿 tsuo^{24} uər^{42} pər^{55}

周记 tsou^{55} tɕi^{312}

学杂费 ɕyo^{42} tsa^{42} fei^{312}

点名册儿 tian^{55} miŋ^{42} ts'or^{24}

记分册儿 tɕi^{312} fɤn^{24} ts'or^{24}

分儿 fər^{24}

分数儿 fɤn^{24} sur·

总分儿 tsuɤŋ^{55} fər^{24}

满分儿 man^{55} fər^{24}

零分儿 liŋ^{42} fər^{24}

零蛋 liŋ^{42} tan^{312}

零鸡蛋 liŋ^{42} tɕi^{24} tan·

头名 t'ou^{42} miŋ^{42}

第一名 ti^{42} i^{24} miŋ^{42}

末末尾儿 mo^{24} mo· iər^{55} 最后

　末提溜得 mo^{24} ti· liou^{24} tɛ·
　老末儿 lau^{55} mor^{24}
菜包得 ts‘ai^{312} pau^{24} tɛ· ① 素包子 ② 差学生
不通□ pu^{24} t‘uɤŋ^{24} miər^{24} 一点儿也不懂
教室 tɕiau^{312} sɿ^{42}
讲台得儿 tɕiaŋ^{55} t‘ai^{42} tɛ·
教鞭儿 tɕiau^{312} piar^{24}
黑板擦儿 xiɛ^{24} pan^{55} ts‘ɐr^{24}
错别字儿 ts‘uo^{312} piɛ^{42} tsər^{312}
掉字儿 tiau^{312} tsər^{312}
打草稿儿 ta^{55} ts‘au$^{55|42}$ kor^{55}
誊 t‘ɤŋ^{42}
　抄 ts‘au^{24}
书包 ɕy^{24} pau^{24}
叠书皮儿 tiɛ^{42} ɕy^{24} p‘iər^{42}
方格儿纸 faŋ^{24} kior^{24} tsɿ^{55}
毕业 pi^{312} iɛ^{24}
文凭 uɤn^{42} p‘iŋ·
退班 t‘uei^{312} pan^{24} 留级
升级 sɤŋ^{24} tɕi^{24}
不上了 pu$^{24|42}$ saŋ^{312} la· 退学
考学 k‘au^{55} ɕyo^{42}
升学 sɤŋ^{24} ɕyo^{42}
晋级 tɕin^{312} tɕi^{24} 教师晋升职称
罚站 fa^{42} tsan^{312}
逃学 t‘au^{42} ɕyo^{42}
迟到 ts‘ɿ^{42} tau^{312}
早退 tsau^{55} t‘uei^{312}
放假 faŋ^{312} tɕia^{312}
请假 tɕ‘iŋ^{55} tɕia^{312}
　告假 kau^{312} tɕia^{312}
假期 tɕia^{312} tɕ‘i^{24}
秋假 tɕ‘iou^{24} tɕia^{312}
麦假 mɛ^{24} tɕia^{312}
伏假 fu^{42} tɕia^{312}
寒假 xan^{24} tɕia^{312}
真写儿 tsɤn^{24} ɕior^{55} 繁体字
简写儿 tɕian$^{55|42}$ ɕior^{55} 简体字
一点儿 i^{24} tiar^{55}
一横 i$^{24|42}$ xuɤŋ^{312}
一竖 i$^{24|42}$ su^{312}
一撇儿 i^{24} p‘ior^{24}
一捺 i$^{24|42}$ nai^{312}
一勾 i^{24} kou^{24}
一提 i^{24} ti^{42}
单立人儿 tan^{24} li^{24} zər^{42}
双立人儿 suaŋ^{312} li^{24} zər^{42}
竖心儿 su^{312} ɕiər^{24}
走之儿 tsou^{55} tsər^{2}
草字头 ts‘au^{55} tsɿ^{312} t‘ou^{42}
宝盖儿头 pau^{55} kar^{312} t‘ou^{42}
秃宝盖儿 t‘u^{24} pau^{55} kar^{312}
绞丝儿 tɕiau^{55} sər^{24}
提手儿 t‘i^{42} sor^{55}
毛耳朵儿 mau^{42} ər^{55} tor·
反文旁 fan^{24} uɤn^{42} p‘aŋ^{42}
月字边儿 yɛ^{24} tsɿ^{312} piar^{24}
火字边儿 xuo^{55} tsɿ^{312} piar^{24}
心字底 ɕin^{24} tsɿ^{312} ti^{55}

二十二　游戏、文体活动等

玩意儿 uan^{42} iər· 民间有特色的项目，如背阁、抬阁、走大跷等称之为“玩意儿”
风筝儿 fɤŋ^{24} tsɐr·
放风筝儿 faŋ^{312} fɤŋ^{24} tsɐr·
藏藏母儿 ts‘aŋ^{42} ts‘aŋ· mur^{55} 捉迷藏
踢毽儿 t‘i^{24} tɕiar^{312}
纳子儿 na^{24} tsər^{55} 女孩儿爱玩儿的一种游戏

打提溜罐儿 ta^{55} ti^{24} liou· kuar^{312} 双臂伸展，手抓住树枝、木棍等

磕琉璃蛋儿 k‘ɤ^{42} liou^{42} li· tar^{312} 用玻璃球玩的游戏

磕钢兑儿 k‘ɤ^{42} kaŋ^{24} tuər^{24}

磕莽莽骨碌得儿 k‘ɤ^{42} maŋ^{24} maŋ· ku^{24} lu· tɛ·

打骀 ta$^{55|42}$ t‘ai^{55}

打曲律滑儿 ta^{55} tɕ‘y^{24} ly· xuɐr^{42}

挤尿床 tɕi^{55} niau^{312} ts‘uaŋ· 儿童游戏。多人站在墙边面向阳光，由中间分成两队人马，一起朝中间挤

串马马亲戚儿 ts‘uan^{312} ma^{55} ma· tɕ‘in^{24} tɕ‘iər· 过家家

打□喽 ta^{55} tɛ^{42} lou· 玩陀螺

捻捻转儿 nian^{24} nian· tsuar^{312}

弹弓得 tan^{312} kuɤŋ^{24} tɛ·

丢沙包儿 tiou^{24} sa^{24} por^{24}

大炮轰小兵 ta^{312} p‘au^{312} xuɤŋ^{24} ɕiau^{55} piŋ^{24}

官打捉贼 kuan^{24} ta^{55} tsuo^{24} tsei^{42}

跳绳儿 t‘iau^{312} sɐr^{42}

砸杏核儿 tsa^{42} ɕiŋ^{312} xur^{42} 男孩儿游戏。两三个小孩将各自数目相同的杏核放在砖头上，依次用自己手中较大的杏核从高处丢落，碰掉（脱离砖头面）的杏核即为所赢

崩杏核儿 pɤŋ^{24} ɕiŋ^{312} xur^{42} 旧时男孩儿游戏。两个小孩各自拿数量相等的杏核放在一起，然后“顶杠锤”，赢者抓杏核撒在事先画好的小圈里（出圈者即被对手捡走），用食指和中将往一个一个往外弹，“崩”出者即为所赢。中间碰到其他杏核或被弹杏核不出圈，即换对手来“崩”

破谜 p‘o^{312} mi^{312} 出谜题

猜谜 ts‘ai^{24} mi^{312}

撞尜 tsuaŋ^{312} ka^{42} 旧时男孩儿游戏。两个小孩各自拿一个两头削尖的短木棍儿撞墙，比谁撞得远。远者拿“尜”对手的“尜”，撞着即赢

撑交 ts‘ɤŋ^{24} tɕiau^{24} 翻绳游戏

过河 kuo^{312} xɤ^{42}

捣拐 tau$^{55|42}$ kuai^{55} 斗拐

背遭遭 pei^{24} tsau^{24} tsau· 大人哄小孩儿的游戏，伴有歌谣

踅大盐 ɕyɛ^{42} ta^{312} ian^{42} 大人双手抷住小孩儿的腰部在空中翻转，将其放在肩膀或后背上

锛闲瓜得儿 pɤn^{24} ɕian^{42} kua^{24} tɛ· 大人逗小孩儿的把戏。照着屁股锛一脚，小孩儿双脚蹦一下

扣肉盒得儿 k‘ou^{312} zou^{312} xɤ^{42} tɛ·

打水漂儿 ta$^{55|42}$ suei^{55} p‘ior^{24}

挑人 t‘iau^{24} zɤn^{42}

老鹰捉小鸡儿 lau^{55} iŋ^{24} tsuo^{24} ɕiau^{55} tɕiər^{24}

煎鸡蛋 tɕian^{24} tɕi^{24} tan· 两个小孩双手拉住，另一个小孩趴在他们胳膊上，来回摇晃

黑白手儿 xiɛ^{24} pɛ^{42} sor^{55}

打手儿 ta$^{55|42}$ sor^{55}

丢蛋儿 tiou^{24} tar^{312}

打面包 ta^{55} mian^{312} pau^{24} 男孩儿游戏。一个小孩用叠的一个方形纸片（“面包”）放在地上，让另一个小孩用“面包”击打，地上的“面包”翻身就被赢走。击打轮流进行

打差脚 ta^{55} ts‘ai^{24} tɕyo· 侧翻

栽跟头儿 tsai^{24} kɤn^{24} t‘or·

翻不郎儿 fan^{24} pu^{24} lɐr·

打滚儿 ta$^{55|42}$ kuər^{55}

撂骨录儿 liau^{312} ku^{24} lur^{55} 摔跤

搂后腰 lou^{55} xou^{312} iau^{24} 两个人摔跤不是对手时，一个人让另一个人先搂住腰再开始

筛麦糠 sai^{24} mɛ^{24} k‘aŋ· 两小孩双手拉住，向两侧甩动，伴有儿歌

扽紧紧 tɤŋ^{312} tɕin^{55} tɕin· 两小孩儿两手紧拉，身体后仰，伴有儿歌

筛萝萝 sai^{24} luo^{42} luo· 两小孩儿两手拉住，来回

扯拽如筛萝状，伴有儿歌

切面条儿 tɕiɛ^{24} min^{24} tʻior^{42}

撞钢兑儿 tsuaŋ^{312} kaŋ^{24} tuər^{24}

拗腰 au^{24} iau^{24}

甩胶泥 sai^{55} tɕiau^{24} ni· 用柳条甩胶泥，比谁甩得高

摔胶泥 suai^{24} tɕiau^{24} ni·

搦轧蛋 nuo^{24} ia^{42} tan· 用手将湿土搦成圆形、椭圆形的土块（垒着玩儿）

推圈儿 tʻuei^{24} tɕʻyar^{24}

顶杠锤 tiŋ^{55} kaŋ^{312} tsʻuei^{42}

憋死九儿 piɛ^{24} sɿ· tɕior^{55} 棋类的一种，双方各有两个棋子，一方撵得另一方无路可走即告赢

搁方 kɤ^{24} faŋ^{24}

象棋 ɕiaŋ^{312} tɕʻi^{42}

下棋 ɕia^{312} tɕʻi^{42}

老将 lau^{55} tɕiaŋ·

□老将 uai^{42} lau^{55} tɕiaŋ·

抹牌 ma^{24} pai^{42} 老年妇女玩的纸牌

　抹别棍儿 ma^{24} piɛ^{42} kuər^{312}

　抹开金 ma^{24} kʻai^{24} tɕin^{24}

　当打雷 taŋ^{24} ta^{55} luei^{42}

当麻鹊儿 taŋ^{24} ma^{42} tɕʻyor^{24}

当扑克儿 taŋ^{312} pu^{42} kor^{312} 也称“打扑克”

　打升级 ta^{55} sɤŋ^{24} tɕi^{24}

　打唬儿 ta$^{55|42}$ xur^{55} 也称“喷大气”

　打白分儿 ta^{55} pɛ^{42} fər^{24}

　挤老鳖 tɕi$^{55|42}$ lau^{55} piɛ^{24}

　交公粮 tɕiau^{24} kuɤŋ^{24} liaŋ^{42}

　抹十点儿半 ma^{24} sɿ^{42} tiar^{55} pan^{312}

　挤黑五儿 tɕi^{55} xiɛ^{24} ur^{55}

　搁七 kɤ^{24} tɕʻi^{312}

红八印七 xuɤŋ^{42} pa^{24} in^{312} tɕʻi^{24} 锅牌玩法，也可以使用扑克玩

　当得桌 taŋ^{24} tɛ^{24} tsuo^{24}

玩捶 uan^{42} tsʻuei^{42} 练拳术

玩大跷 uan^{42} ta^{312} tɕʻiau^{24} 踩高跷

扭秧歌 niou^{55} iaŋ^{24} kor·

歌舞团 kɤ^{24} u^{55} tʻuan^{42}

抬阁 tʻai^{42} kɤ^{24}

背阁 pei^{24} kɤ^{24} 祭火神的一种民俗活动

放花得 faŋ^{312} xua^{24} tɛ· 燃放烟火

打灯篓 ta^{55} tɤŋ^{24} lou· 打灯笼

放天灯 faŋ^{312} tʻian^{24} tɤŋ^{24} 放孔明灯

放炮 faŋ^{312} pʻau^{312}

放鞭 faŋ^{312} pian^{24} 放整挂炮

烟火 ian^{24} xuo·

滴滴金儿 ti^{24} ti· tɕiər^{24}

天地两响 tʻian^{24} ti^{312} liaŋ$^{55|42}$ ɕiaŋ^{55} 鞭炮的一种。燃放时天上响一声，地上响一声

雷得 luei^{42} tɛ· 比一般个头大且更响的炮仗

旗火 tɕʻi^{42} xuo· 带着苇秆子的花筒，点燃后利用火花的反坐力可以升得很高

放花得 faŋ^{312} xua^{24} tɛ· 放烟火

药捻了 yo^{24} nian· na· 鞭炮捻子因受潮而熄灭

唱大戏 tsʻaŋ^{312} ta^{312} ɕi^{312}

戏台得 ɕi^{312} tʻai^{42} tɛ·

青衣 tɕʻiŋ^{24} i^{24}

花脸 xua^{24} lian^{55}

白脸 pɛ^{42} lian^{55}

丑儿 tsʻor^{55}

　丑角儿 tsʻou^{55} tɕyor^{24}

武把得 u$^{55|42}$ pa^{55} tɛ· 武功

大平调 ta^{312} pʻiŋ^{42} tiau^{312}

四平调儿 sɿ^{312} pʻiŋ^{42} tior^{312}

坠得 tsuei^{312} tɛ·

梆得 paŋ^{24} tɛ·

落儿腔 lor^{312} tɕʻiaŋ^{24} 地方戏曲剧种，也称“安阳

腔”。该剧种曾在内黄县盛行一时

瞧唱 tɕʻiau^{42} tsʻaŋ^{312} 听戏

打脸儿 ta$^{55|42}$ liar^{55} 演员化妆

开戏 kʻai^{24}ɕi^{312} 戏开始演出

煞戏 sa^{24} ɕi^{312} 演戏结束

晾台 liaŋ^{312} tʻai^{42} 演员没按时到场，无法正常开戏

弦得 ɕian^{42} tɛ· 二胡、板胡、京胡等的统称

电打布影 tian^{312} ta^{55} pu^{312} iŋ^{55} 舞台上的背景幕布

玩电影 uan^{42} tian^{312} iŋ^{55}

演电影新 ian^{55} tian^{312} iŋ^{55}

瞧电影 tɕʻiau^{42} tian^{312} iŋ^{55}

开演 kʻai^{24} ian^{55} 电影开始放映

加演 tɕia^{24} ian^{55} 正片儿前放映的“新闻简报”之类的短片

跑片儿 pʻau^{55} pʻiar^{24} 晚上一个放映点放完电影胶卷立刻拿到另一个放映点播放

说书 ɕyɛ^{24} ɕy^{24}

瞧说书 tɕʻiau^{42} ɕyɛ^{24} ɕy^{24} 听说书

敲杠得儿 tɕʻiau^{24} kaŋ^{312} tɛ· 酒令。杠子打老虎，老虎吃鸡，鸡吃虫儿，虫儿吃杠

大压小儿 ta^{312} ia^{24} ɕior^{55} 酒令。拇指压食指，食指压中指，中指压无名指，无名指压小指，小指压拇指

大西瓜儿小西瓜儿 ta^{312} ɕi^{24} kuɐr· ɕiau^{55} ɕi^{24} kuɐr· 酒令。说“大西瓜儿”手势比成小的，说“小西瓜儿”手势比成大的，违反者喝酒

猜洋火把儿 tsʻai^{24} iaŋ^{42} xuo^{55} pɐr^{312} 酒令。几个人准备几根火柴，行令人取出部分或全部让其他人猜，猜中者喝酒

空壳拉儿实圪垯儿 kʻuɤŋ^{24} kɤ· lɐr^{24} sʅ^{42} kɤ· tar^{24} 酒令。行令人拿个小东西握住作道具，让其他人猜有无

猜有冇 tsʻai^{24} iou^{55} mou^{312}

查七 tsʻa^{42} tɕʻi^{24} 酒令。数数时逢带 7 的数字以及 7 的倍数（暗 7）说“过”，违者喝酒

猜枚 tsʻai^{24}/ sai^{24} mei^{42} 划拳

宝一对 pau^{55} i· tuei^{312} 划拳用语，代表“零”

一点钟 i^{24} tian^{55} tsuɤŋ^{24} 同上，代表“一”

俩不赖 lia^{55}pu· lai^{312} 同上，代表“二”

三桃园 san^{24} tʻau^{24} yan^{42} 同上，代表“三”

四季菜 sʅ^{312} tɕi^{312} tsʻai^{312} 同上，代表“四”

五魁首 u^{55} kʻuei^{42} sou^{55} 同上，代表“五”

六六顺 liou^{312} liou^{312} suɤn^{312} 同上，代表“六”

巧七枚 tɕʻiau^{55} tɕʻi^{24} mei^{42} 同上，代表“七”

八大仙 pa$^{24|42}$ ta^{312} ɕian^{24} 同上，代表“八”

快升官 kʻuai^{312} sɤŋ^{24} kuan^{24} 同上，代表“九”

全了 tɕʻyan^{42} na· 同上，代表“十”

打麻将 ta^{55} ma^{42} tɕiaŋ·

坐庄 tsuo^{312} tsuaŋ^{24} 打麻将庄家和牌

搁跑漂戗 kɤ^{24} pʻau^{55} pʻiau^{24} tɕʻiaŋ^{312}

赌博儿 tu^{55} por^{24}

赌钱儿 tu^{55} tɕʻiar^{312}

牌九儿 pʻai^{42} tɕior^{55}

推牌九儿 tʻuei^{24} pʻai^{42} tɕior^{55}

推锅牌 tʻuei^{24} kuo^{24} pʻai·

庄家 tsuaŋ^{24} tɕia· 牌局的主持者

下家儿 ɕia^{312} tɕiɐr· 和庄家赌输赢的人

大推 ta^{312} tʻuei^{24} 推牌九的方式，庄家一次发给四张牌，两张牌相配，点儿小的在前，点大的在后。两个点都比庄家大，下家儿才赢，一大一小够本。同样的点算庄家大。这种方式输赢比较慢

小推 ɕiau^{55} tʻuei^{24} 庄家一次发两张牌，直接比点大小。推牌九以这种方式为主，该方式输赢较快

四门 sʅ^{312} mɤn^{42}

过一 kuo^{312} i^{24} 庄家的下家

天门 tʻian^{24} mɤn^{42} 庄家的对门儿

倒后 tau^{312} xou^{312} 天门的下家

自手 tsɿ^{312} sou^{55} 庄家

掷色得 tsɿ^{24} sɛ^{24} tɛ·

撂色儿 liau^{312} sor^{24}

打点儿 ta$^{55|42}$ tiar^{55}

搬点儿 pan^{24} tiar^{55} 用牌打点儿

送牌 suɤŋ^{312} p‘ai^{42} 庄家给下家儿发牌

独墩儿 tu^{42} tuər^{24} 按一般前后顺序发牌的方式

两头儿拽 liaŋ^{55} t‘or^{42} tsuai^{312} 从两头开始发牌的方式

上下拽 saŋ^{312} ɕia^{312} tsuai^{312}

中间抽 tsuɤŋ^{24} tɕian^{24} ts‘ou^{24} 从中间开始发牌的方式

皇上 xuaŋ^{42} saŋ· 牌九中最大的点儿，由阎王 6 和丁 3 配成

天地人娥儿 t‘ian^{24} ti^{312} zɤn^{42} or^{42} 天牌 12、地牌红 2、人牌红 8、鹅牌红 4（红一白三）

三长四短 san^{24} ts‘aŋ^{42} sɿ^{312} tuar^{55} 梅花 10、邪 6、板凳 4 称为“三长”，虎头 11、红 10、铜锤 7、骨朵 6 称为“四短”

五杂儿 u^{55} tsɐr^{42} 丁 3-阎王 6（红四、白二）、花 5、梅花 7、梅花 8、勾 9、称为“五杂儿”。点一样时按“天地人鹅长短杂”次序分大小，闭十除外

对儿 tuər^{312} 两张相同的牌配成的点，介于天杠和皇上之间。大小按“天地人鹅长短杂”次序排列

天杠 t‘ian^{24} kaŋ^{312} 天牌 12 配 8 的牌点

地杠 ti^{312} kaŋ^{312} 地牌 2 配 8 的牌点儿

天九儿 t‘ian^{24} tɕior^{55} 天牌 12 配 7 的牌点

地九儿 ti^{312} tɕior^{55} 地牌 2 配 7 的牌点儿

人九儿 zɤn^{42} tɕior^{55} 人牌 8 配虎头 11 的牌点儿

蛾九儿 ɤ^{42} tɕior^{55} 鹅牌 4 配 5 的牌点儿

长九儿 ts‘aŋ^{42} tɕior^{55} 板凳 4 配 5、斜 6 配丁 3、花 10 配 9 的牌点

短九儿 tuan$^{55|42}$ tɕior^{55} 红 6 配丁 3、红 10 配 9、虎头 11 配梅花 8 配成的牌点

闭十 pi^{312} sɿ^{42} 丁 3 和 7、4 和 6、梅花 10 和红 10、虎头 11 和 9 配成的牌点，是牌九中最小的点，不再分长短

有点儿 mou^{312} tiar^{55}

输赢儿 y^{24} iɐr^{42}

道 tau^{312} 赌注的道次。一点到七点是一道，八点上两道，九点上三道，地杠上四道，天杠上五道。所下赌注一般不超过五道

上道 saŋ^{312} tau^{312} 指牌点在 8 点以上

独头 tu^{42} t‘ou^{42} 不分道次的赌注。庄家赢即吃走，庄家输即照赔

怕钱 p‘a^{312} tɕ‘ian· 庄家对道次多的赌注的称呼

两家儿 liaŋ^{55} tɕiɐr^{24} 赌注，下一个赢一个。前提是至少有两家赢庄家

搭 ta^{24} 赌注，下一个赢俩，前提是三家都赢庄家。一家输给庄家够本，两家或三家输给庄家则输

黑得 xiɛ^{24} tɛ· 赌注,下一个赢仨,前提是三家都赢庄家。有一家输，庄家就将其吃掉

通吃 t‘uɤŋ^{24} ts‘ɿ^{24} 三门都输给庄家

通赢 t‘uɤŋ^{24} iŋ^{42} 三门都赢庄家

赔通 p‘ei^{42} t‘uɤŋ^{24}

三声炮儿 san^{24} sɤŋ^{24} p‘or^{312} 小推时庄家连续“通吃”三把牌

末把儿 mo^{24} pɐr^{55} 小推时最后一把牌（第四把），庄家可以重新洗牌再推

翻堆 fan^{24} tsuei^{24} 庄家赢了钱选择退出并清理钱数，“翻堆”须至少推三把牌，末把儿可以不推

打跨 ta^{55} k‘ua^{312} 庄家赢了钱，给设赌的主家抽头。一般为赢钱的一成

闭十开锅了 pi^{312} sɿ^{42} k‘ai^{24} kuo^{24} la· 庄家的牌长时间“赔通”

拉 la^{24} 针对庄家赌资剩的零头，由一个下家儿和庄家赌三次，庄家赢了接着推，庄家输了牌局结束

二十三　动作

（1）一般动作

低头 ti^{24} t‘ou^{42}
　低连头 ti^{24} lian· t‘ou^{42}
　耷拉头 ta^{55} la· t‘ou^{42}
摇头 iau^{42} t‘ou^{42}
点头 tian^{55} t‘ou^{42}
抬头 t‘ai^{42} t‘ou^{24}
回头 xuei^{42} t‘ou^{42}
扭头 niou^{55} t‘ou^{42}
拗眉头儿 niou^{312} mei^{42} t‘or^{42} 皱眉
扬头 iaŋ^{42} t‘ou^{42}
睁眼 tsɤŋ^{24} ian^{55}
瞪眼 tɤŋ^{312} ian^{55}
眯缝眼儿 mi^{24} fɤŋ· iar^{55}
挤巴眼 tɕi^{55} pa· ian^{55}
圪挤眼儿 kiɛ^{24} tɕi· iar^{55} 眨巴眼
翻白眼儿 fan^{24} pɛ^{42} iar^{55}
合眼儿 xɤ^{42} iar^{55} 闭眼
眼黧了 ian^{55} li^{42} la· 眼睛模糊而看错
掉泪儿 tiau^{312} luər^{312}
装哭不掉泪儿 tsuaŋ^{24} k‘u^{24} pu$^{24|42}$ tiau^{312} luər^{312}
□ sa^{42} 张望：甭胡～了，冇你找嘞东西
瞅 ts‘ou^{55}
扒插 pa^{24} ts‘a· 看
把划 pa^{55} xua·
使眼色儿 sɿ$^{55|42}$ ian^{55} sor·
糗鼻儿 tɕ‘iou^{24} piər^{42}
哧哼鼻得 ts‘ɿ^{24} xɤŋ· pi^{42} tɛ·
擤 ɕiŋ^{55} 捏住鼻孔猛力出气，把鼻涕排除：～鼻得
噘嘴 tɕyɛ^{24} tsuei^{55}
撇嘴 p‘iɛ$^{55|42}$ tsuei^{55} 努嘴
争嘴 tsɤŋ^{24} tsuei^{55} 争吃的
吸溜 ɕi^{24} liou·
吣 tɕ‘in^{312} 呕吐
客啾 k‘iɛ^{24} tɕiou· 啜泣
不咂嘴 pu^{24} tsa· tsuei^{55} 咂嘴
张开嘴 tsaŋ^{24} k‘ai^{24} tsuei^{55}
绷住嘴 pɤŋ^{55} tɕ‘y· tsuei^{55} 嘴紧闭
捂住嘴 u^{55} tɕ‘y· tsuei^{55}
打圪□儿 ta^{55} kiɛ^{42} tər^{312} 打嗝
摆手儿 pai$^{55|42}$ sor^{55}
松手（儿） suɤŋ^{24} sou^{55}
抻手（儿）ts‘ɤn^{24} sou^{55} ① 伸出手 ② 干预：指个事儿你甭～
动手（儿） tuɤŋ^{312} sou^{55} ① 开始 ② 打架：俩人～了
拍巴掌 p‘iɛ^{24} pa^{24} tsaŋ· 鼓掌
　拍手儿 p‘iɛ^{24} sor^{55}
背放手儿 pei^{312} faŋ· sor^{55}
揣手儿 ts‘uai^{24} sor^{55} 把两只手相互放进对着的袖筒里取暖
丢手儿 tiou^{24} sɐr^{55}
递手儿 ti^{312} sor^{55} 交手：俩人递^{D}手儿了
掐腰 tɕ‘ia^{24} iau^{24} 双臂弯曲，两手放在腰部
弯腰儿 uan^{24} ior^{24}
不拉 pu^{42} la· 拨拉：拜倮得～管得嘞
黑撒 xiɛ^{42} sa· ① 抖动：今儿～豆得 ② 颤抖：吓嘞他～开了
乌刖 u^{24} yɛ· 揉搓：他拜那张纸～成个蛋蛋儿了
不捏 pu^{24} niɛ· ① 两个手指捏在一起用力捻动 ② 单指掰动：～玉絮絮
擦 ts‘a^{24} ① 用布等摩擦使干净 ② 把瓜果放到礤床上使其成丝儿或片儿
抹 ma^{24} ① 用力擦 ② 捋 ③ 起：～扑克儿
扁 pian^{55} 挽：拜袖得～起来
掐 tɕ‘ia^{24} ① 用手指使劲儿捏或截断 ② 截断：拜线～了 ③ 动物争斗 ④ 撤职：公社嘞拜他嘞村长～了
揞 an^{55} ① 摁：～苗儿 ② 强加于：这不能～到俺头上

搦 nuo^{24} 用力握：～菜

务 u^{312} 用斧头等砍：～椽得

撧 tɕ'yɛ^{55} 用手折断：～树枝得

　□ p'iɛ^{55}

坤 k'uɤn^{24} 用手掌握住茎取下叶片、枝条：～叶得

攋 lai^{55} 用力猛拉

□ tuei^{24} 用铲子猛铲：～喽那一棵草

攮 naŋ^{55} ① 捅：～一刀得 ② 钻：一头～到桌子底下了

擩 zu^{55} 塞：～进去

揄 uɤŋ^{55} 手推：～^{D}他走

搧 san^{24} 用巴掌打：～一耳巴得

　摠 xu^{24}

　撤 ts'ɛ^{312}

搐 ts'u^{24} 抽：～他一鞭

　缕 ly^{55}

□ tsaŋ^{24} ① 捶：～～脊梁 ② 砸：拿砖～我嘞

圬 u^{24} 砸：拿砖～他

□ mɤn^{24} 投掷

□ ts'ɛ^{42} 用铁锹、杈等盛起来：～泥 | ～土

薅 xau^{24} ① 拔：～苗儿 ② 拽，拉：～^{D}来他

扽 tɤŋ^{312} ① 两头同时用力或一头用力把绳子、布匹等猛一拉 ② 拉

搁 kɤ^{24} ① 使处于某位置：～里头 ② 搁置

搊 ts'ou^{24} 从下面向上用力扶起或掀起：～上去

□ tsaŋ^{42} 放：菜里头冇～盐

搂 lou^{24} 用筢子把东西聚到眼前：～草 | ～叶得

挣 tsɤŋ^{24} 撑：～住布袋 | ～住麻袋

□ y^{312} 塞：往打麦机里头～麦得

揳 ɕiɛ^{24} ① 锤砸：～钉得 ② 打：～嘞他不轻

毁 xuei^{55} ① 打：再不听话，～他 ② 改做：拜指个裤得～个裤衩得吧

□ sɛ^{42} 将饧好的面掺入干面揉弄：～～面才能包嘞

泥 ni^{42} ① 涂抹墙壁或器物：～墙 ② 半固体状态的土

铆 mau^{42} 用钉得～住

甃 tsou^{312} 用砖砌：～个池得

茬 ts'a^{42} 用砖、瓦等摞起来挡住：～那儿几块儿砖

罗 luo^{42} ① 把砖、瓦等码起来 ② 量词：一～砖

搡 tsai^{312} 用大针脚缝

缭 liau^{24} 缝：～～裤得

盖 kai^{312} ① 修建：～屋得 ② 遮掩：～盖地

瓦 ua^{55} 用勺子、碗等容器取：～粮食 | ～面

摽 piau^{312} ① 用短棍把绳绞紧 ② 比：他～住我了

搌 tsan^{55} 用软物按压湿处吸去水分

狀 tsuaŋ^{55} ① 整理：～牌 ② 高傲

把脚 pa^{55} tɕyo· 两手拖住幼儿分开的腿，使其大小便

提溜 ti^{42} liou· ① 提 ② 悬挂：～到梁上吧

刹身得 sa^{24} sɤn^{24} tɛ· 束身

胳肘 kiɛ^{42} tsou^{312} 抓痒

撕拽 sɿ^{24} tsuai· 撕

撕翻 sɿ^{24} fan· 翻腾：甭乱～东西了

归拢 kuei^{24} luɤŋ^{55}

规整 kuei^{24} tsɤŋ·

骨堆 ku^{24} tsuei· 蹲

盘腿儿 p'an^{42} t'uər^{55}

蜷 tɕ'yan^{42} 腿弯曲：～腿

蹬 tɤŋ^{24} ① 腿和脚向脚面的方向用力 ② 踩

蹬吃了 tɤŋ^{24} ts'ʅ^{24} la· 踩滑了

蹅 ts'a^{55} 迈：一步逗～过去了

踀 tsuai^{55} ① 身体因肥胖而走路摇晃 ② 好：全弄～了

跺脚 tuo^{312} tɕyo^{24}

趿拉 t'ɛ^{24} la· 脚后跟踩在鞋后帮上

立蹬脚儿 li^{24} tɤŋ· tɕyor^{24} 踮起脚后跟儿

颠 tian^{24} 跑：他爹一来，他逗往西～了

曲律 tɕy^{24} ly· ① 滑行 ② 逛游：甭乱～了

圪蹬 kiɛ^{42} tɤŋ^{312} 蜷起一条腿，另一条腿支撑单跳

围 uei^{42} ① 包围：人家～住俺俩了 ② 用屁股在地上移动：恁个小孩儿还不会走嘞，会在地下～

群 tɕ'yn^{42} 包围：人家～住他打嘞不轻

□ k'iɛ^{42} 捉，逮：～住个老鼠

调屌得 tiau^{312} tu^{24} tɛ· 磨蹭：甭在后边～了

云磨 yn^{42} mo· 胡乱走动

爬插 p‘a^{42} ts‘a· 乱爬（贬义）：～这儿，～那儿

撒欢儿 sa^{55} xuar^{24} 连跑带跳：他在南地嘞～嘞

转远儿 tsuan^{312} yar^{55} 绕远

踅 ɕyɛ^{42} ① 转：～圈儿 ② 制作：～粉皮儿

踅摸 ɕyɛ^{42} mo· 寻找

杠 kaŋ^{312} ① 用身体涂抹 ② 蹭：～一身泥

骨晃 ku^{42} xuaŋ· 晃动

骨冗 ku^{24} yŋ· 身体蠕动

流逛 liou^{42} kuaŋ· 游荡

扭转 niou^{55} tsuan·

跟找 kɤn^{24} tsau. 按线索找

嘟磨 tu^{24} mo. 磨蹭

抗膀得 k‘aŋ$^{55|42}$ paŋ^{55} tɛ·

兑 tuei^{312} ① 分摊：～钱买酒 ② 掺：酒里～水

焌 tɕ‘y^{24}（用热水）烫：～点儿方便面喝吧

糗 tɕ‘iou^{55} ① 面条、粥等因冷凝变稠 ② 等待：赢嘞走，输嘞～

递呱儿递呱儿 ti^{312} kuɐr· ti^{312} kuɐr· 试试

片 p‘ian^{312} 硬要：甭～人家嘞东西

昧 mei^{312} 隐藏（贬义）：甭～人家嘞东西

寻 ɕin^{42} ① 借：～东西 ② 与……定亲：她～^{D}俺兄弟了

登换 tɤŋ^{24} xuan· 调换。第一个音节也可以读作 tiŋ^{24}

登倒 tɤŋ^{24} tau· 从一个容器倒在另一个容器里，反复进行使水或粥变凉

不行 pu^{24} ɕiŋ^{42} 不放过：弄坏东西，人家～咱

捡洋漏儿 tɕian^{55} iaŋ^{42} lor^{312} 得到意外收获

剺 li^{42} 划：竹劈得～^{D}我个口得

拉偏手儿 la^{24} p‘ian^{24} sor^{55}

　拉偏架 la^{24} p‘ian^{24} tɕia^{312}

鼓捣 ku$^{55|42}$ tau·

支乎 tsɿ^{24} xu· 敷衍

打麻缠 ta^{55} ma^{42} ts‘an· 找麻烦

打圪搅儿 ta^{55} kiɛ^{24} tɕior· 故意捣乱

压摞儿 ia^{55} luor^{312} 人压人或物压物

使性儿 sɿ^{55} ɕiɐr^{312}

搅泥 tɕiau^{55} ni·

泼命 p‘o^{24} miŋ^{312} 豁出性命

闪 san^{55} 剩：逗～^{D}咱

濒 pin^{24} ① 堵：～住水 ② 逼迫：大车拜骑洋车得嘞～到沟嘞了

挂劲儿 kua^{312} tɕiər^{312} 提劲儿

　叠劲儿 tiɛ^{42} tɕiə^{312}

扯拉 ts‘ɛ^{55} la· 牵连

拾掇 sɿ^{42} tau·

　收拾 sou^{24} sɿ·

　毒隆 tu^{42} luɤŋ·

修理 ɕiou^{24} li· 收拾：～他一顿

抽□儿 ts‘ou^{24} ts‘or^{42} 抓阄

侧棱 tsɛ^{42} lɤŋ· ① 侧：～身得才能过去嘞 ② 歪：屋得～了

尥蹶得 liau^{312} tɕyɛ^{42} tɛ·

支巴 tsɿ^{24} pa· 支起：～耳朵｜～架得

凫水 fu^{312} suei^{55} 游泳

招惹 tsau^{24} iɛ· 叫人来：他这一号人，甭～

不吭不哈儿 pu^{24} k‘ɤŋ^{24} pu^{24} xɐr^{24} 不声不响

（2）心理活动

琢磨 tsuo^{42} mo·

合摸 xɤ^{42} mo· 估摸

想点儿 ɕiaŋ$^{55|42}$ tiar^{55}

　想法儿 ɕiaŋ^{55} fɐr^{24}

想鲜点得儿 ɕiaŋ^{55}ɕian^{24} tian^{55} tɛ· 想离奇的办法

约莫 yo^{24} mo· 估计

满打满算 man$^{55|42}$ ta^{55} man^{55} suan^{312}

掂量 tian^{24} liaŋ· 斟酌

怵气 ts‘u^{312} tɕ‘i·

占胆儿 tsan^{312} tar^{55} 心里有底

向 ɕiaŋ^{312} 偏向：～理不能～人

腻歪　ni^{312} uai·

圪记　kɤ^{24} tɕi·　惦记

眼气　ian^{55} tɕʻi·　羡慕

计较　tɕi^{312} tɕiau·

记怪　tɕi^{312} kuai·

拿闲　na^{42} ɕian^{42}

疼　tʻɤŋ^{42}　可惜、疼爱：～东西｜～人

景见　tɕiŋ^{55} tɕian·　喜欢

　待见　tai^{312} tɕian·

烦气　fan^{42} tɕʻi·　讨厌

将就　tɕiaŋ^{24} tɕiou·

凑和　tsʻou^{312} xuo·　凑合

　对乎　tuei^{312} xu·

心嘞　ɕin^{24} nɛ·　认为

怄气儿　ou^{312} tɕʻiər^{312}

装憨　tsuaŋ^{24} xan^{24}　装傻

担待　tan^{24} tai·

推当　tʻuei^{24} taŋ·　假装

恼　nau^{55}　恨：～他爹

值当　tsɿ^{42} taŋ·　值得

　值固　tsɿ^{42} ku·

　值望　tsɿ^{42} uaŋ·

值情　tsɿ^{42} tɕʻiŋ^{42}　感恩

指望　tsɿ^{55} uaŋ·

虑事儿　ly^{312} sər^{312}　考虑事儿

絮估　ɕy^{42} ku·　记得：不～有这一回

　缕乎　ly^{55} xu·

圪臆　kiɛ^{42} i·

圪应　kiɛ^{24} iŋ·　对自己厌恶的事情或现象因怀疑受危害感到不安、烦躁

稀罕　ɕi^{24} xan·

性习　ɕiŋ^{42} ɕi·　习惯

认嘞　zɤn^{312} nɛ·　认识

志在　tsɿ^{312} tsai·　喜欢，多用于否定句和疑问句

嗑　kʻɤ^{312}　非常希望得到：～钱｜～东西

惯　kuan^{312}　～他～嘞上天

量　liaŋ^{312}　料定：～你不敢

鞠理　tɕy^{24} li·　惧怕、战栗的感觉：我上车～一家伙

（3）语言动作

言语　yan^{42} i·　说（用于非现实句）：～一声

愿意　yan^{312} i·　祷告：在神灵儿跟前～～

念叨　nian^{312} tau·　不断地说起

嘟囔　tu^{24} naŋ·

　嘟噜　tu^{24} lu·

赌咒儿　tu^{55} tsor^{312}

搭腔　ta^{24} tɕʻiaŋ^{24}

顺杆得爬　suɤn^{312} kan^{24} tɛ· pʻa^{42}

发背围　fa^{24} pei^{312} uei·

打个支声儿　ta^{55} kɤ· tsɿ^{24} sɐr·　说一声

打别　ta^{55} piɛ^{312}

打岔　ta^{55} tsʻa^{312}　转移话题

打嘴官司　ta$^{55|42}$ tsuei^{55} kuan^{24} sɿ·

磨嘴皮得　mo^{42} tsuei^{55} pʻi^{42} tɛ·　反复说

吵吵　tsʻau^{55} tsʻau·　嚷嚷

吵嘴　tsʻau$^{55|42}$ tsuei^{55}

　吵架　tsʻau^{55} tɕia^{312}

　抬杠得儿　tʻai^{42} kaŋ^{312} tɛ·

呜喊　u^{24} xan·　高声叫喊

　呜叫　u^{24} tɕiau·

　支唠　tsɿ^{24} lau·

捲　tɕyan^{55}　骂

挨捲儿　ai^{42} tɕyar^{55}　挨骂

拾捲儿　sɿ^{42} tɕyar^{55}

烧扯　sau^{24} tsʻɛ·　指桑骂槐

丧食　saŋ^{24} sɿ·　奚落、挖苦

　降食　ɕiaŋ^{42} sɿ·

倒扯　tau^{312} tsʻɛ·　说话颠三倒四，没完没了

晒摆　sai^{312} pai·　到处说人坏话

作践　tsuo^{24} tɕian·

花搅　xua^{24} tɕiau·　讽刺

霉气 mei^{42} tɕʻi·

叽咕儿 tɕi^{24} kur· 低声说话

秃赤 tʻu^{24} tsʻɿ·

圆场儿 yan^{42} tsʻɐr^{55}

孬贬 nau^{24} pian· 戏谑

挑刺儿 tʻiau^{24} tsʻər^{312}

找茬儿 tsau^{55} tsʻɐr^{42}

撮 tsʻuo^{24} 怂恿、唆使

豁豁 xuo^{24} xuo·

揭短儿 tɕiɛ^{24} tuar^{55}

噎人 iɛ^{24} zɤn^{312}

支使 tsɿ^{24} sɿ· 差遣

数落 su^{55} luo·

说漏嘴 ɕyɛ^{24} lou^{312} tsuei^{55}

顶嘴 tiŋ$^{55|42}$ tsuei^{55}

吹牛屄 tsʻuei^{24} niou^{42} pi^{24}

胡说 xu^{42} ɕyɛ^{24}

胡扯 xu^{42} tsʻɛ^{55}

胡放屁 xu^{42} faŋ^{312} pʻi^{312}

瞎说 ɕia^{24} ɕyɛ^{24}

嘚嘚 tɤ^{24} tɤ· 说个不停

瞎嘚嘚 ɕia^{24} tɤ^{24} tɤ·

瞎胡说 ɕia^{24} xu^{42} ɕyɛ^{24}

瞎嗒嗒 ɕia^{24} ta^{24} ta·

溜排嘴得 liou^{24} pʻai· tsuei^{55} tɛ· 编排整套的话

说瞎话 ɕyɛ^{24} ɕia^{42} xua·

编排 pian^{24} pʻai· 造某人的谣言

白证 pɛ^{42} tsɤŋ· 对质

掰赤 pɛ^{24} tsʻɿ· 分析争辩：甭～怨谁了，快去医院吧

照嘴儿 tsau^{312} tsuər^{55} 核对

咬个牙印儿 iau^{55} kɤ· ia^{42} iər^{312}

松口儿 suɤŋ^{24} kʻor^{55} 由不答应变答应

吐口儿 tʻu$^{55|42}$ kʻor^{55} 由不表态变答应

哼哼 xɤŋ^{24} xɤŋ· ① 呻吟 ② 央求

撂高腔儿 liau^{312} kau^{24} tɕʻiɐr^{24}

七喳 tɕʻi^{24} tsa· 议论

喳喳 tsa^{24} tsa· 乱说

啪儿啪儿 pʻɐr^{24} pʻɐr· 能言善辩

□缠 niau^{24} tsʻan· 软磨硬泡

说嘴 ɕyɛ^{24} tsuei^{55} 吹嘘、炫耀：该人家～嘞

学嘴 ɕyo^{42} tsuei^{55} 传话

翻翻嘴得 fan^{24} fan· tsuei^{55} tɛ· 来回传话

加支眼得 tɕia^{24} tsɿ^{24} ian· tɛ· 说别人不好的事情时添油加醋

拔气枚筋儿 pa^{42} tɕʻi^{312} mei· tɕiər^{24} 泄别人的气

打破头血儿 ta^{55} pʻo^{312} tʻou^{42} ɕior^{24}

絮叨 ɕy^{312} tau· 唠叨

絮叨嘴得 ɕy^{312} tau· tsuei^{55} tɛ·

顺嘴拉拉 suɤn^{312} tsuei^{55} la^{24} la· 乱说

拿话把得儿 na^{42} xua^{312} pa^{312} tɛ·

理料 li^{55} liau· 管教，训斥

放空炮 faŋ^{312} kʻuɤŋ^{24} pʻau^{312} 说空话

说大话 ɕyɛ^{24} ta^{312} xua^{312}

出帐气儿 tɕʻy^{24} tsaŋ^{42} tɕʻiər^{312}

打哈哈儿 ta^{55} xa^{24} xɐr· 开玩笑

吓唬 ɕia^{312} xu·

诈唬 tsa^{312} xu· 用言语吓唬

咋呼 tsa^{24} xu· 说话声音高

咋咋呼嘞 tsa^{24} tsa^{24} xu· lɛ·

活该 xuo^{42} kai^{24}

凑手 tsou^{312} sou^{55}

贫气 pʻin^{42} tɕʻi·

谝能 pʻian^{55} nɤŋ^{42}

逞能 tsʻɤŋ^{24} nɤŋ^{42}

诓 kʻuaŋ^{24} 欺骗，哄骗：～人

搭理 ta^{24} li· 用于否定句和问句

熊 ɕyŋ^{42} 训斥：～他一顿

告帮 kau^{312} paŋ^{24} 求助：他往亲戚家～嘞了

靠 kʻau 预约：～活儿｜～饭

寻嗔 çin^{42} ts‘ɤn· 找茬：他好～人

陷剥 çian^{312} po· 在有权威的人面前说某人的坏话

端嘴巴箍得 tuan^{24} tsuei^{55} pa· ku^{24} tɛ· 驳斥

带把儿 tai^{312} pɐr^{312} 说话带脏字

（4）其他

受跌墩 sou^{312} tiɛ^{24} tuɤn· 饱受生活折磨

板岔得 pan^{55} ts‘a^{312} tɛ· 发生事故

犯抢了 fan^{312} tç‘iaŋ^{55} la· 抢了

掉了 tiau^{312} la· 丢了

冇影了 ma^{312} iɐr^{55} la·

拖住手了 tç‘yɛ^{24} tç‘y· sou^{55} la· 因手头拮据办不成事

露相 lou^{312} çiaŋ^{312}

露馅儿 lou^{312} çyar^{312}

打嘚嘚 ta^{55} tɤ^{24} tɤ· 因受冷浑身打哆嗦

力拉 li^{24} la· 零碎地掉落：拉嘞麦得～一路儿

窝憋 uo^{24} piɛ·

返潮 fan^{55} ts‘au^{42}

板 pan^{55} 跌倒：～^{D}一骨碌得

绊倒 pan^{312} tau^{55} 跌倒

得拉 tɛ^{24} la· 耷拉。第一个音节也可以读上声

□ nan^{312} 因地软而下陷：～进去了

糊弄 xu^{42} nuɤŋ^{312} 欺骗、蒙混

招伙 tsau^{24} xuo· ① 防备 ② 照顾

抓瞎 tsua^{24} çia^{24}

打马虎眼儿 ta$^{55|42}$ ma^{55} xu· iar^{55} 故意装糊涂，企图混过去

秃噜 t‘u^{24} lu· 脱落

余剩 y^{42} ts‘ɤŋ^{312} 余下

馈生 fɤn^{312} sɤŋ· 繁殖

溻 t‘a^{24} 汗湿透：～湿了｜～透了

戕 tç‘iaŋ^{24} 欺负：人多也不能～人家

小看 iau^{55} k‘an^{312} 看不起

䞍受 tç‘iŋ^{42} sou· 继承：他～他三叔恁一片儿庄得

偎 uei^{24} 靠近：～住他冇好处

忖 ts‘uɤn^{55} 观察：你～～他

刳□ k‘u^{24} ts‘ua· ① 用刀等细微地刮：拜案板上嘞面～～ ② 揩油：他好过，不～他～谁

搬登 pan^{24} tɤŋ· 不定时地吃：半晌不能～东西

离箍儿 li^{312} kur^{24} ① 皮和瓤脱离 ② 不一条心

烦定 fan^{42} tiŋ^{312} 昏睡中挣扎：狗～一天，又过来了

黵 tsan^{55} ① 沾染而弄脏 ② 传染：他～嘞俺也风冒了

颤 ts‘an^{312} 放：～线｜～秧得（指说以前的事儿）

撅 tçyɛ^{24} 容纳：指个缸能～五桶水

锩刃 tçyan^{55} 刀刃儿卷了

劈 p‘i^{55} ① 木头纵向裂开 ② 没韧性

粪 fɤn^{312} 食物因浸水中变得过软：馍泡～了

殴斗 ou^{24} tou· 凹陷：～^{D}那眼

锛瞜 pɤn^{24} lou· 额头凸出：～头

抹嘟 ma^{24} tu· 滑脱：犊嘞绳～了

抹哈 ma^{55} xa^{24} 撤职：他嘞村长叫公社嘞～了

幠 xu^{24} 覆盖：草～苗儿

捂 u^{55} 发霉：麦得、豆得都～了

□ ly^{312} 打：～他一顿儿｜～一架

熰 ou^{55} 只冒烟不冒火苗的燃烧状态

饧 çiŋ^{42} 面剂子变软：叫那面～～再包

溚 ta^{24} 为露水所湿：晒嘞芝麻叫露水～了

□ tç‘i^{24} 水或其他液体被吸：坑嘞水快～干了

造腾 tsau^{312} t‘ɤŋ· 糟蹋

盘腾 p‘an^{42} t‘ɤŋ·

掂对 tian^{24} tuei· 搭配、安排：这事儿叫人家一～逗不一样了

白背儿 pɛ^{42} pər^{312} 瓜果近成熟时泛白色

挨肩儿 ai^{24} tçiar^{24} 子女出生年份相隔近：他～爹儿仨

瓦了 ua^{55} la· 得到大的好处

瓦一箅得 ua^{55} i· pi^{312} tɛ·

二十四　代词等

我 uo^{55}

俺 an^{55} ① 我 ② 我们

你 ni^{55}

他 ta^{55}

恁 nɤn^{55} ① 您 ② 你们

咱 tsan^{42} 我们

大家 ta^{312} tɕia^{24}

　大家伙儿 ta^{312} tɕia^{24} xuor^{55}

自己 tɕi^{312} tɕi·

　自家 tɕi^{312} tɕia·

俺俩 an$^{55|42}$ lia^{55}

他俩 tʻa$^{55|42}$ lia^{55}

咱俩 tsan^{42} lia^{55}

爷儿俩 ior^{42} lia^{55}

妯娌俩 tsu^{42} li· lia^{55}

弟儿俩 tiɐr^{312} lia^{55}

　兄弟俩 ɕyŋ^{24} ti· lia^{55}

　哥儿俩 kor$^{55|42}$ lia^{55}

姊妹俩 tsɿ^{42} mei· lia^{55}

谁 sei^{42}

几 tɕi^{55}

几儿 tɕiər^{55} 几号

哪印儿 na^{55} iər· 哪一天。"印儿"应是"一日儿"的合音

啥 sa^{55}

为啥 uei^{312} sa^{55}

　因为啥 in^{24} uei· sa^{55}

做啥 tsu^{312} sa^{55}/tsua^{55}

啥时候儿 sa^{55} sɿ^{42} xor·

啥得儿 sa^{42} tər· 什么样

啥得儿个样儿 sa^{42} tər· kɤ· iɐr^{312} 什么样（更为具体）

哪 na^{55}

哪会儿 na^{55} xuər·

哪儿 nɐr^{42} 哪里

哪个 na^{55} kɤ·

　哪一个 na^{55} i· kɤ·

哪个单儿 na^{55} kɤ· tar· 哪个地方

多儿 tuor^{24} 多少

　多些儿 tuo^{42} ɕiɐr·

咋 tsa^{55} 怎么：～办

咋得儿 tsa^{42} tər· 怎么

咋样儿 tsa^{55} iɐr^{312} 怎么样

咋得儿个样儿 tsa^{42} tər· kɤ· iɐr^{312}

这 tsɛ^{55}/tsɛ^{312}

指个 tsɿ^{55} kɤ·

　这一个 tsɛ^{55} i· kɤ·

指个单儿 tsɿ^{55} kɤ· tar· 这个地方

指个时候儿 tsɿ^{55} kɤ· sɿ^{42} xor· 这个时候

这一崩得儿 tsɛ^{55} i· pɤŋ^{24} tɛ· 这一段时间

那 na^{312}

恁个 nɤn^{312} kɤ·

　那一个 na^{312} i· kɤ·

恁个单儿 nɤn^{312} kɤ· tar· 那个地方

恁个时候儿 nɤn^{312} kɤ· sɿ^{42} xor· 那个时候

那个 na^{312} kɤ·

那一崩得儿 na^{312} i· pɤŋ^{24} tɛ· 那一段时间

这儿 tsɐr^{55} 指代某种行为或前面说过的话

这儿 tsɐr^{42} 这里

这会儿 tsu^{55} xuər· 这会儿，现在

　爷单儿旧 iɛ^{42} tar·

这厢 tsɛ^{55} ɕiaŋ· 这边

那儿 nɐr^{312} 那里

那会儿 na^{312} xuər·

那厢 na^{312} ɕiaŋ· 那边

不咋儿 pu^{24} tsɐr^{55} 不怎么：不～好｜不～来

怎 tsɤn^{42} 这么：他～孬荒得，甭搁他玩儿

怎得儿 tsɤn^{42} tər· 这样

怎些 tsɤn^{42} ɕiɛ· 这么多（说话人认为多）

　怎些价 tsɤn^{42} ɕiɛ· tɕia·

怎些儿 tsɤn^{42} ɕior· （说话人认为少）：就弄～？

恁 nɤn^{312} 那么

恁得儿 nɤn^{312} tər· 那样

恁些 nɤn^{312} ɕiɛ· 那么多（说话人认为多）

　恁些价 nɤn^{312} ɕiɛ· tɕia·

恁些儿 nɤn^{312} ɕior· （说话人认为少）

印啥儿 in^{312} sɐr^{55} ① 任何 ② 任何东西

二十五　形容词等

（1）性质

腌臜 a^{24} tsa· ① 脏：东西～了 ② 嘲笑

　恶囊 ɤ^{24} naŋ·

安生 an^{24} sɤŋ·

霸道 pa^{312} tau·

搬 pan^{24} 找对象端架子

板整 pan^{55} tsɤŋ· 端正

办事 pan^{312} sɿ^{312} 行：俺小儿真～

　干事 kan^{312} sɿ^{312}

白净 pɛ^{42} tɕiŋ^{312}

笨 pɤn^{312}

　骀 t'ai^{55}

　笨蛋 pɤn^{312} tan^{312}

　雏 ts'u^{42}

□登 pɤn^{42} tɤŋ· 过于老实

便宜 pian^{312} i· 方便

不孬 pu^{24} nau^{24}

　不赖 pu$^{24|42}$lai^{312}

差不多儿 ts'a^{24} pu· tuor^{24}

　不争啥儿 pu^{24} tsɤŋ^{24} sɐr·

　不差啥儿 pu^{24} ts'a^{24} sɐr·

差劲儿 ts'a^{24} tɕiər^{312}

差火 ts'a^{24} xuo·

　厉害 li^{312} xai·

　有种 iou$^{55|42}$ tsuɤŋ^{55}

柴 ts'ai^{42} 瘦弱：买嘞鸡得铁～

缠手 ts'an^{42} sou^{55} 事情难办

沉 ts'ɤn^{42} 重

瓷实 ts'ɿ^{42} sɿ· 结实，硬：他的肉怪～嘞

次 ts'ɿ^{312}

　差 ts'a^{24}

丑 ts'ou^{55}

　难看 nan^{42} kan^{312}

臭 ts'ou^{312} ① 气味难闻 ② 名声不好

凑乎 ts'ou^{312} xu·

逞强 ts'ɤŋ^{24} tɕ'iaŋ^{42}

　阳性 iaŋ^{42} ɕiŋ·

搐嘟 ts'u^{24} tu· 性格内向，什么事都不肯上前

忖笨 tsuɤn^{55} pɤn· 笨拙

撮莽 ts'uo^{24} maŋ· 敢想敢干

打食 ta^{55} sɿ^{42} 得到的好处多：他今年全～了

打瓦 ta$^{55|42}$ ua^{55} 落魄：这几年他混嘞～嘞很

　打锅 ta^{55} kuo^{24}

大手儿 ta^{312} sor^{55} 大方

大样 ta^{312} ia· 傲慢：他怪～，谁往他说话他都不理

捣 tau^{55} 调皮

　捣包 tau^{55} pau^{24}

　捣蛋 tau^{55} tan^{312}

得劲 tɛ^{24} tɕin^{312} 合适：咱找嘞人～，事儿能办成

得门儿 tɛ^{24} mər^{42} 做某类事情找到了要领

当紧 taŋ^{24} tɕin^{55}

地道 ti^{312} tau·

顶事儿 tiŋ^{55} sər^{312}

　管用 kuan^{55} yŋ^{312}

　挡事儿 taŋ^{55} sər^{312}

毒 tu^{42} ① 独断 ② 速度快：炮捻得～^{D}嘞

敦实 tuɤn^{24} sɿ·

讹人 ɤ^{42} zɤn^{42}

二乎 ər^{312} xu· 鲁莽

　二乎蛋 ər^{312} xu· tan^{312}

费气力 fei^{312} tɕ'i^{312} li· 小孩儿淘气

生古 ka^{55} ku· 可笑、滑稽

干脆 kan^{24} ts'uei^{312}

咧杠 liɛ^{55} kaŋ· 偏离方向：画嘞线～了

刚强 kaŋ^{24} tɕʻiaŋ·

圪节 kɤ^{24} tɕiɛ· 妥当

　挨事 ai^{24} sɿ·

圪赖 kiɛ^{42} lai· 脾气坏

　怪 kuai^{312}

圪焉 kiɛ^{24} ian· 瘪：苹果～了

搁事儿 kɤ^{24} sər^{312} 管用：给他三百二百嘞，都不～

艮 kɤn^{312} ① 瓜果不脆 ② 说话不流畅

官嘞 kuan^{24} nɛ· 应该的、合法的：我要你点儿东西是～

　官得儿 kuan^{24} tər·

光棍儿 kuaŋ^{24} kuər· 有势力

光粘 kuaŋ^{24} nian· 光滑

骨圪 ku^{24} kiɛ· 周全，完美

鼓 ku^{55} 凸起的程度高：篮得底儿怪～

过 kuo^{24}

　过毛 kuo^{24} mau·

　过头儿 kuo^{312} tʻor^{42}

害羞 xai^{312} ɕiau^{24}

含贱 xan^{42} tɕian· （小孩儿）爱闹、爱动、招惹是非

汉样 xan^{312} iaŋ· 沉得住气

好 xau^{55}

好看 xau^{55} kan^{312}

行 xaŋ^{42} 内行：人家干这～嘞狠^{D}嘞

猴气 xou^{42} tɕʻi· 不安分

　猴琐 xou^{42} suo·

活乐 xɤ^{42} lɤ· 松动：桌得腿儿～了

恨载 xɤ^{312} tsai^{312} 贪多

黑心 xiɛ^{24} ɕin· ① 心狠 ② 使坏：他又～咱嘞

糊涂 xu^{42} tu·

坏 xuai^{312}

　孬 nau^{24}

忽脓 xu^{24} nuɤŋ· 过软：红薯煮～了

忽奈 xu^{24} nai· 软

囫囵 xu^{42} luɤn· 完整

红化 xuɤŋ^{42} xua· 红火：买卖～

欢 xuan^{24} ① 旺：火很～ ② 活跃：小孩儿不～

浑 xuɤn^{42} ① 浑浊 ② 糊涂

浑实 xuɤn^{42} sɿ· 粗壮

豁扯 xuo^{24} tsʻɛ· 开朗，爱说话（多指女孩儿）

活动 xuo^{42} tuɤŋ· 灵活

　活道 xuo^{42} tau·

机灵 tɕi^{24} liŋ·

夹尾头儿 tɕia^{24} i· tʻor^{42} 吝啬（多指小孩）

夹嗦 tɕia^{24} suo· 吝啬、小气

尖 tɕian^{24} ① 尖锐 ② 吝啬：这一家人怪～

尖馋 tɕian^{24} tsʻan· 挑食

贱 tɕian^{312} ① 价钱低 ② 下贱

　贱种 tɕian^{312} tsuɤŋ^{55}

结实 kiɛ^{24}/tɕiɛ^{24} sɿ·

解乏 tɕiɛ^{55} fa^{42}

焦病 tɕiau^{24} piŋ· 易坏：这东西～嘞狠^{D}嘞

娇养 tɕiau^{24} iaŋ· 娇生惯养

筋拽 tɕin^{24} tsuai· 筋道

精 tɕiŋ^{24} 聪明、精明

景人 tɕiŋ^{55} zɤn^{42} 喜人

招人儿 tsau^{24} zər^{42} 能够招揽住人

净 tɕiŋ^{312}

　干净 kan^{24} tɕiŋ·

绝诌 tɕyɛ^{42} tsou· 说话难听

犟 tɕiaŋ^{312}

　拗 niou^{312}

　叫 tɕiau^{312}

足贵 tɕy^{24} kuei^{312} 珍贵：他嘞东西～嘞狠^{D}嘞，谁也甭打算摸摸

俊 tɕyn^{312} 女子好看

可怜 kʻɤ^{55} lian·

裉节 kʻɤn^{312} tɕiɛ· 正好

　正事儿 tsɤŋ^{312} sər^{312}

刻生 kʻiɛ^{24} sɤŋ· 苛刻

抠琐 kʻou^{24} suo· ① 小气 ② 猥琐

口 k‘ou^{55} 女子的嘴厉害

窟作 k‘u^{24} tsuo· 褶皱多

侉 k‘ua^{55} 口音与本地不同

狂 k‘uaŋ^{42} 张狂

宽 k‘uan^{24}

宽召 k‘uan^{24} tsau· 宽裕

喇麻 la^{55} ma· 懒惰而不注意收拾

郎荡 laŋ^{42} taŋ· 散漫，不严肃

牢靠 lau^{42} k‘au·

牢稳 lau^{42} uɤn·

老气 lau^{55} tɕ‘i· 陈旧

老根 lau^{55} kɤn·

老样 lau^{55} iaŋ· 瓜果等熟过头

老实 lau^{55} sʅ·

老相 lau^{55} ɕiaŋ· 貌相老

老些儿 lau$^{55|42}$ ɕior^{55} 很多

流皮 liou^{42} p‘i· 调皮捣蛋：他～嘞不轻

浪 laŋ^{312} 女子行为放荡

□襟 lian^{24} tɕin· 仪表不整洁

凉快 liaŋ^{42} k‘uai·

溜 liou^{312} 快：他跑嘞～嘞狠

□溜 liɛ^{55} liou· 衣服不整齐

灵 liŋ^{42} ① 脑瓜好使 ② 灵验、灵便

朗利 laŋ^{55} li· 清楚

利索 li^{312} suo·

　□利 k‘uo^{55} li·

撂边 liau^{312} pian· 偏僻：他住嘞很～

□亮 ly^{55} liaŋ· 井井有条

嫩 luɤn^{312}

　嫩样 luɤn^{312} iaŋ·

稆生 luo^{55} sɤŋ· 野蛮：这会儿这人～嘞狠^{D}嘞

马虎 ma^{55} xu·

麻缠 ma^{42} ts‘an· 不好办：这个孩儿很～

毛神 mau^{42} sɤn· 毛躁

冒尖 mau^{312} tɕian· 满

面 mian^{312} 性子慢

名头儿 miŋ^{42} t‘or^{42} 知名：～支书｜～人物儿

磨叨 mo^{42} tau· 拖沓

耐 nai^{312} 耐用：这一回拉嘞煤不～

耐看 nai^{312} k‘an^{312}

囊实 naŋ^{24} sʅ· 稠密

能 nɤŋ^{42} 有技术

年轻 nian^{42} tɕ‘iŋ·

捏 niɛ^{24} 找对象挑剔

暖和 nuan^{55} xuo·

排场 p‘ai^{42} ts‘aŋ· 体面：长嘞真～

僻静 p‘i^{55} tɕiŋ·

拼 p‘in^{24} 傻：这家伙怪～

平常 p‘iŋ^{42} ts‘aŋ^{42}

泼壮 p‘o^{24} tsuaŋ· 小孩儿健壮

气实 tɕ‘i^{312} sʅ· 心里踏实

齐整 tɕ‘i^{42} tsɤŋ· 漂亮

齐节 tɕ‘i^{42} tɕiɛ· 整齐

强梁 tɕ‘iaŋ^{42} liaŋ· 要强（含有贬义）

勤谨 tɕ‘in^{42} tɕin· 勤快

青黄 tɕ‘iŋ^{24} xuaŋ· 娇气：指个老头儿～嘞狠^{D}嘞

青气 tɕ‘iŋ^{24} tɕ‘i· 青草、叶味浓

缺德 tɕ‘yɛ^{24} tɛ^{24}

穷大手儿 tɕ‘yŋ^{42} ta^{312} sor^{55}

舒坦 tɕ‘y^{24} t‘an·

　得 tɛ^{24}

　得劲儿 tɛ^{24} tɕiər^{312}

　得应 tɛ^{24} iŋ·

蹊跷 tɕ‘i^{24} tɕ‘iau·

清亮 tɕ‘iŋ^{24} liaŋ· ① 清澈 ② 清楚，清晰

全换 tɕ‘yan^{42} xuan· 齐全

搉 tɕ‘yo^{24} ① 糟糕：买嘞东西全～了 ② 捣：～蒜

　搉锅 tɕ‘yo^{24} kuo^{24}

□ zaŋ^{42} ① 不足：车胎气～ ② 弱：他身体怪～

仁物 zɤn^{42} u· 讲义气

仗义 tsaŋ^{312} i·

肉 zou^{312} 不机灵

实摞 sɿ^{42} luo· 实在

实敬 sɿ^{42} tɕiŋ·

实在 sɿ^{42} tsai^{312}

烧嘴 sau^{24} tsuei^{55} 热，烫：饭铁～，等一等儿喝

臊气 sau^{24} tɕʻi· 臊味浓

臊胡 sau^{55} xu· 男子行为不庄重

死 sɿ^{55} 不灵活

死样 sɿ^{55}iaŋ·

死板 sɿ^{55} pan·

事兴 sɿ^{312} ɕiŋ^{24} 流行：过年不定～啥嘞

瘆人 sɤn^{312} zɤn^{42} 使人害怕

瘦气 sou^{312} tɕʻi· 消瘦

生 sɤŋ^{24} ① 不熟 ② 生猛

松闲 suɤŋ^{24} ian· 生活宽裕：他家过嘞怪～

爽当 suaŋ^{55} taŋ· ① 清爽：不知道干净～ ② 干脆

踏实 tʻa^{24} sɿ·

甜 tʻian^{42} ① 蜜的味道 ② 淡：菜铁～

听话 tʻiŋ^{24} xua^{312}

听说 tʻiŋ^{24} ɕyɛ^{24}

头沉 tʻou^{42} tsʻɤn^{42} 负担重

投 tʻou^{42} 灵验：算卦算嘞真～

土 tʻu^{55}

土气 tʻu^{55} tɕʻi·

洼 ua^{312} 低洼

稳当 uɤn^{55} taŋ·

窝囊 uo^{24} naŋ·

细气 ɕi^{312} tɕʻi· 身材纤细

细发 ɕi^{312} fa· 仔细

下作 ɕia^{312} tsuo· ① 低三下四 ② 吃东西贪馋

鲜 ɕian^{24} ① 鲜美：味道～ ② 少见：这人儿真～

小气 ɕiau^{55} tɕʻi·

小家得气 ɕiau^{55} tɕia^{24} tɛ· tɕʻi^{312}

小性儿 ɕiau^{55} ɕiɐr^{312}

性儿小 ɕiɐr^{312} ɕiau^{55}

心儿细 ɕiər^{24} ɕi^{312}

心渴 ɕin^{24} kʻɤ^{24} 胃口大

邪门儿 ɕiɛ^{42} mər^{42}

邪性 ɕiɛ^{42} ɕiŋ· 脾气不正，易狂躁

秀气 ɕiou^{312} tɕʻi·

秀溜 ɕiou^{312} liou· 物品精致

腥气 ɕiŋ^{24} tɕʻi· 腥味浓

萱登 ɕyan^{24} tɤŋ· 松软

玄乎儿 ɕyan^{42} xur· 说话过于夸张，令人难以相信

一般 i^{24} pan^{24}

压茬 ia^{24} tsʻa^{42} 说话具有权威性

严实 ian^{42} sɿ· 严密

眼生 ian^{55} sɤŋ^{24} 认生

眼得 ian^{55} tɛ· 软弱可欺

眼得头 ian^{55} tɛ· tʻou^{42}

眼皮儿薄 ian^{55} pʻiər^{42} po^{42} 势利眼

要紧 iau^{312} tɕin^{55}

状索 tsuaŋ^{55}suo·

洋气 iaŋ^{42} tɕʻi·

阴毒 in^{24} tu· 阴险

软 yan^{55}

硬气 iŋ^{312} tɕʻi· 有底气：娘家嘞人说话

硬铮 iŋ^{312} tsɤŋ·

匀实 yn^{42} sɿ· 均匀

匀不溜儿 yn^{42} pu· lior^{312} 后常带“嘞”，表示“一般的”

扎实 tsa^{24} sɿ· ① 老人身体硬朗 ② 物品结实不易坏

支楞 tsɿ^{24} lɤŋ· （脾气）没有容忍性

支生 tsɿ^{24} sɤŋ· 蔬菜、瓜果新鲜

仔细 tsɿ^{55} ɕi· ① 细心 ② 小气：她过嘞怪～

正经 tsɤŋ^{312} tɕiŋ·

正经儿 tsɤŋ^{312} tsɐr·

周正 tsou^{24} tsɤŋ·

窄狭 tsɛ^{24} ɕia· 狭窄

整狀 tsɤŋ^{55} tsuaŋ· 不零碎，个大

正常 tsɤŋ^{312} ts‘aŋ^{42}

如常 y^{42} ts‘aŋ^{42}

嘴硬 tsuei^{55} iŋ^{312}

庄户 tsuaŋ^{24} xu· 老实、本分

壮 tsuaŋ^{312} ① 土地肥沃 ② 健壮

中 tsuɤŋ^{24} 行：指个小孩～嘞狠

准当 tsuɤn^{55} taŋ·

靠盘儿 k‘au^{312} p‘ar^{42}

杂不拉得 tsa^{42} pu· la^{24} tɛ· ① 驳杂的：～色 ② 不好的、非正牌的：光买那～货，有人儿愿意使

（2）状态

雪白 ɕy^{24} pɛ^{42}

灰白 xuei^{24} pɛ^{42}

浅红 tɕ‘ian^{55} xuɤŋ^{42}

暗红 an^{312} xuɤŋ^{42}

大红 ta^{312} xuɤŋ·

枣儿红 tsor^{55} xuɤŋ·

二红 ər^{312} xuɤŋ·

粉红 fɤn^{55} xuɤŋ^{42}

深红 sɤn^{24} xuɤŋ^{42}

天蓝 t‘ian^{24} lan^{42}

浅蓝 tɕ‘ian^{55} lan^{42}

深蓝 sɤn^{24} lan^{42}

深灰 sɤn^{24} xuei^{24}

银灰 in^{42} xuei^{24}

杏黄 ɕiŋ^{312} xuaŋ·

米黄 mi^{55} xuaŋ·

橘黄 tɕy^{24} xuaŋ·

冰冷 piŋ^{24} lɤŋ^{55}

冰凉 piŋ^{24} liaŋ^{42}

透亮 t‘ou^{312} liaŋ^{312}

甘甜 kan^{24} t‘ian^{42}

死沉 sɿ^{55} ts‘ɤn^{42}

露精 lou^{312} tɕiŋ^{24} 爱耍小聪明

生疼 sɤŋ^{24} t‘ɤŋ^{42}

崭新 tsan^{55} ɕin^{24}

飞薄儿 fei^{24} por^{42}

白生生 pɛ^{42} sɤŋ· sɤŋ^{42}

臭烘烘 ts‘ou^{312} xuɤŋ· xuɤŋ^{42}

倒牙儿酸 tau^{55} iɐr^{42} suan^{24}

低骨□ ti^{24} ku· lior^{24} 矮

粉奈奈 fɤn^{55} nai· nai^{42}

干崩崩 kan^{24} pɤŋ· pɤŋ^{42}

光哒光 kuaŋ^{24} ta· kuaŋ^{24} 精光

净哒净 tɕiŋ^{312} ta· tɕiŋ^{312}

鼓楞楞 ku^{55} lɤŋ· lɤŋ^{42}

稠洞洞 ts‘ou^{42} tuŋ· tuŋ^{42}

黑哒糊 xiɛ^{24} ta· xu^{24} 天很黑

欢多多 xuan^{24} tuo· tuo^{42}

黄洋洋 xuaŋ^{42} iaŋ· iaŋ^{42}

红嘟嘟 xuɤŋ^{42} tu· tu^{42}

苦个茵 k‘u^{55} kɤ· in^{24} 稍带苦味儿

蓝莹莹 lan^{42} iŋ· iŋ^{42}

冷呵呵 lɤŋ^{55} xɤ· xɤ^{42}

寥寥嘞 liau^{42} liau^{55} lɛ· 形容少

有限嘞 iou^{55} ɕian^{312} nɛ·

乱糟糟 luan^{312} tsau· tsau^{42}

乱巴儿营 luan^{312} pɐr· iŋ^{42} 凌乱

有势有势嘞 mou^{312} sɿ^{312} mou^{312} sɿ^{312} lɛ· 难堪

木怜怜 mu^{24} lian· lian^{42}

胖哒哒 p‘aŋ^{312} ta· ta^{42}

喷儿香 p‘ər^{312} ɕiaŋ^{24}

黑油油 xiɛ^{24} iou· iou^{42}

青丝丝 tɕ‘iŋ^{24} sɿ· sɿ^{42}

湿漉漉 sɿ^{24} lu· lu^{42}

酸溜溜 suan^{24} liou· liou^{42}

沙漉漉 sa^{24} lu· lu^{42}

散漉漉 san^{55} lu· lu^{42}

稀巴儿烂 ɕi^{24} pɐr· lan^{312}

香喷喷 ɕiaŋ^{24} p'ɤn· p'ɤn^{42}

紫微微 tsɿ^{55} uei· uei^{42}

硬铮铮 iŋ^{312} tsɤŋ· tsɤŋ^{42}

一点点儿 i^{24} tian· tiar^{42} 极少

　一□□ i^{24} xɤŋ· xɐr^{42} 后两个音节的声母可省去

　一□□ i^{24} niŋ· niɐr^{42}

一迷迷样儿 i^{24} mi^{42} mi· iɐr^{312} 完全相同

一板大儿 i^{24} pan^{55} tɐr^{312} 一样大小

（3）其他

前沉 tɕ'ian^{24} ts'ɤn^{42} 装有东西的物体前面比后面重

后沉 xou^{312} ts'ɤn^{42} 装有东西的物体后面比前面重

偏沉 p'ian^{24} ts'ɤn^{42} 装东西的物体一侧比另一侧重

有脸儿 iou$^{55|42}$ liar^{55} 受欣赏

不打食 pu^{24} ta^{55} sɿ^{42} 不体面：他穿得怪～

论堆儿 luɤn^{312} tsuər^{24} 不讲道理

有抹儿 iou$^{55|42}$ mor^{55} 有办法、手段

会打扮 xuei^{312} ta^{55} pan·

会来事儿 xuei^{312} lai^{42} sər^{312}

不要脸 pu$^{24|42}$ iau^{312} lian^{55}

不丁兑 pu^{24} tiŋ^{24} tuei· 不和

少根筋 sau^{55} kɤn^{24} tɕin^{24}

有亏正 mou^{312} k'uei^{24} tsɤŋ· 没一定

有囊气 mou^{312} naŋ^{42} tɕ'i· 没有志气

有眼色 mou^{312} ian^{55} sɛ· 见机行事能力差

有一忽儿 mou^{312} i· xur^{24} 没有一点可能

有本事 iou^{55} pɤn^{55} sɿ·

有路儿 iou^{55} lur^{312}

有记心盅儿 iou tɕi^{312} ɕin· tsuɐr^{55} 记性好

吃不开 ts'ɿ^{24} pu· k'ai^{24}

靠不住 kau^{312} pu· tɕ'y^{312}

不知道好歹 pu^{24} tsɿ^{24} xau$^{55|42}$ tai·

不碍事 pu$^{55|42}$ ai^{312} sɿ^{312}

　不碍嘞 pu$^{55|42}$ ai^{312} lɛ·

　有事儿 mou^{312} sər^{312}

不咋样儿 pu^{24} tsa^{55} iɐr^{42}

不狀摊儿 pu^{24} tsuaŋ^{55} t'ar^{24} 指身体非常虚弱

不住气儿 pu$^{24|42}$ tɕy^{312} tɕ'ər^{312} 不停

不识玩儿 pu^{24} sɿ^{55} uar^{42}

不对头儿 pu$^{24|42}$ tuei^{312} t'or^{42}

不粘家儿 pu^{24} tsan^{24} tɕiɐr^{24} 不在家里呆，乱窜

不沾贤 pu^{24} tsan^{24} ɕian^{42} ① 品行不端：恁个人～ ② 不行：咱跟^{D}人家比，根本都～

平铺沓儿 p'iŋ^{42} p'u· t'ɐr^{24} 不突出

　不起眼儿 pu^{24} tɕ'i$^{55|42}$ iar^{55}

老^{D}鼻得了 lo^{55} pi^{42} tɛ· la· 极多

二十六　量词

把 pa^{55} 一～面

把得儿 pa^{55} tɛ· 一～葱

瓣儿 par^{312} 一～蒜

班得儿 pan^{24} tɛ· 拨儿：这一～人儿来罢了

　干得 kan^{24} tɛ·

包得儿 pau^{24} tɛ· 一～瓜子得

抱得 pu^{312} tɛ· 抱一～麦秸

笔 pei^{24} 一～钱儿

本儿 pər^{55} 一～书

部 pu^{312} 一～车

步 pu^{312} 一～长儿

茬得儿 ts'a^{42} tɛ· 一～

尺 ts'ɿ^{24} 一～高儿

层 ts'ɤŋ^{42} 里三～外三～

道 tau^{312} 一～题

滴得儿 ti^{24} tɛ· 一～油

顶 tiŋ^{55} 一～帽得

对得儿 tuei^{312} tɛ· 一～小儿

顿 tuɤn^{312} 一～饭

斗 tou^{55} 一～米

点儿 tiar^{55} 一～东西

嘟乱得儿 tu^{24} luan· tɛ· 一～葡萄

嘟噜得儿 tu^{24} lu· tɛ·
垡得儿 fa^{42} tɛ· ① 同辈：一～人 ② 茬儿：铲嘞这一～韭菜不好
分 fɤn^{24} 一～菜地
封 fɤŋ^{24} 一～信
副 fu^{312} 一～手套
个 kɤ^{312}
根 kɤn^{24} 一～筷得
骨咧得儿 ku^{24} liɛ· tɛ· 段：这一～路
圪节得儿 kiɛ^{24} tɕiɛ· tɛ·
股得 ku^{55} tɛ· 一～臭味儿
挂 kua^{312} 一～鞭
下得儿 xai^{312} tɛ· 磕～
行 xaŋ^{42} 一～桐树
盒儿 xor^{42} 一～粉笔
和 xuo^{312} 遍：洗^{D}两～
户儿 xur^{312} 一～人家
伙儿 xuor^{55} 次：考试两～
伙钩 xuo^{55} kou· 拇指与食指张开后的长度：一～长儿
回 xuei^{42} 一～生，二～熟
件得儿 tɕian^{312} tɛ· 一～毛衣
间 tɕian^{24} 一～屋得
句 tɕy^{312} 一～话
家伙 tɕi^{24} xuo· 次，回：弄一～
卷得儿 tɕyan^{55} tɛ· 一～纸
口 k‘ou^{55} 一～井
块得儿 k‘uai^{312} tɛ· 一～胰得
捆 k‘uɤn^{55} 一～麦得（大捆）
捆得儿 k‘uɤn^{55} tɛ· 一～麦得
棵 k‘uo^{24} 一～树
里 li^{55} 一～地
领 liŋ^{55} 一～席子
棱得儿 lɤŋ^{312} 小块儿：一～馍
辆 liaŋ^{312} 一～拖拉机
绺得 liou^{55} tɛ· 绺儿：一～头发
搂 lou^{55} 一～粗
面 mian^{312} 一～镜得
亩 mu^{55} 一～地
捏得 niɛ^{24} tɛ· 一～盐
盘儿 p‘ar^{42} 下 一～棋
批 p‘i^{24} 一～货
匹 p‘i^{42} 一～马
片儿 p‘iar^{312} 一～叶得
捧 p‘ɤŋ^{55} 一～拉伸
排 p‘ai^{42} 一～平房
篇 p‘ian^{24} 一～作文儿
秿得儿 p‘u^{24} tɛ· 一～草
扑溜得 p‘u^{42} liou· tɛ· 片：毁^{D}恁大一～庄稼
半坡得儿 pan^{312} p‘uo^{24} tɛ· 半个
多半坡得儿 tuo^{24} pan^{312} p‘uo^{24} tɛ· 大半个
少半坡得儿 sau^{55} pan^{312} p‘uo^{24} tɛ·
圈得儿 tɕ‘yan^{24} tɛ· 一～人
身得儿 sɤn^{24} tɛ· 一～衣裳
升 sɤŋ^{24} 一～谷得
双 suaŋ^{24} 一～袜子
沓得儿 ta^{42} tɛ· 一～票得
条 t‘iau^{42} 一～手巾
条得儿 t‘iau^{42} tɛ· 一～烟
头 t‘ou^{42} 一～牛
趟 t‘aŋ^{312} 去一～
套 t‘au^{312} 一～书
趟得儿 t‘aŋ^{312} tɛ· 一～枣树
庹 tuo^{24} 一～长
挑得 t‘iau^{24} tɛ· 一～韭菜
窝儿 uor^{24} 一～老鼠
畦得儿 ɕi^{42} tɛ· 一～芫荽
拃 tsa^{55} 一～宽
盏 tsan^{55} 一～灯
张 tsaŋ^{24} 一～桌得
堆儿 tsuər^{24} 一～粪

组儿 tsur^{55} 一～人

座 tsuo^{312} 一～屋得

阵得儿 tsɤn^{312} tɛ· 下一～

二十七 四字格等

半生不拉熟 pan^{312}sɤŋ^{24} pu^{24} la· su^{42} 半生不熟

白籽儿白瓤儿 pɛ^{42} tsər^{55} pɛ^{42} iɐr^{42} 过于直白

不齿载火儿 pu^{24} ts'ʅ^{55} tsai^{312} xuor· 经受不住

碍事不拉脚 ai^{312} sʅ^{312} pu^{24} la· tɕyo^{24} 碍手碍脚

扒高儿上低 pa^{24} kor^{24} saŋ^{312} ti^{24} 上蹿下跳

憋㞘得轧腰儿 piɛ^{24} tu^{24} tɛ· ia^{312} ior^{24} 瘦小难看

财迷转向 ts'ai^{42} mi^{42} tsuan^{312} ɕiaŋ^{312}

呲牙咧嘴 ts'ʅ^{24} ia^{42} liɛ^{42} tsuei^{55}

吃嘴不做活 ts'ʅ^{24} tsuei^{55} pu$^{24|42}$ tsu^{312} xuo^{42}

扯东道西 ts'ɛ^{55} tuɤŋ^{24} tau^{312} ɕi^{24}

吹牛大蛋 ts'uei^{24} niou^{42} ta^{312} tan^{312} 乱吹牛

待答不理 tai^{312} ta^{24} pu^{24} li^{55} 不愿理睬

单门独姓 tan^{24} mɤn^{42} tu^{42} ɕiŋ^{312} 指在村里同姓同族人少的家庭

低三下四 ti^{24} san^{24} ɕia^{312} sʅ^{312}

滴溜得摔乖 ti^{24} liou· tɛ· suai^{24} kuai^{24} 杂乱下垂的样子

颠三倒四 tian^{24} san^{24} tau^{312} sʅ^{312}

丢东儿忘西 tiou^{24} tuɐr^{24} uaŋ^{312} ɕi^{24}

丢三落四 tiou^{24} san^{24} la^{24} sʅ^{312}

二乎朗汤 ər^{312} xu· laŋ^{55} t'aŋ^{24} 说话办事条理不清

干不□蛋 kan^{24} pu· lian^{24} tan^{312} 果实稠密

梗儿嘞码儿嘞 kɐr^{24} lɛ· mɐr^{55} lɛ· 乱七八糟的

隔二片三 kiɛ^{24} ər^{312} p'ian^{312} san^{55} 不按次序，不连续：他来^{D}地嘞～嘞剜^{D}几铁锨

滚瓜烂熟 kuɤn^{55} kua^{24} lan^{312} su^{42}

憨二八登 xan^{24} ər· pa· tɤŋ^{24} 很笨

汗抹流水 xan^{312} mo· liou^{42} suei^{55} 出汗多

黑赤糊乱 xiɛ^{24} ts'ʅ· xu^{24} luan· 黑得难看

猴儿不点式 xor^{42} pu^{24} tian^{55}sʅ^{312} 非常不老实

猴气八叉 xou^{42} tɕ'i· pa^{24} ts'a^{24} 非常不安分

忽里倒腾 xu^{24} li· tau^{55} t'ɤŋ^{24} 动静大

胡说八道 xu^{42} ɕyɛ^{24} pa$^{24|42}$ tau^{312}

　胡溜八扯 xu^{42} liou^{24} pa^{24} ts'ɛ^{55}

　胡扯八道 xu^{42} ts'ɛ^{55} pa$^{24|42}$ tau^{312}

胡二马业 xu^{42} ər· ma^{55} iɛ^{24} 粗枝大叶

胡搅蛮缠 xu^{42} tɕiau^{55} man^{42} ts'an^{42} 纠缠不休

胡捲乱骂 xu^{42} tɕyan^{24} luan^{312} ma^{312} 乱骂

胡闹锅台 xu^{42} nau^{312} kuo^{24} t'ai^{42} 胡闹

胡喷六拉 xu^{42} p'ɤn^{24} liou^{312} la^{42} 乱吹

虎头虎脑儿 xu^{55} t'ou^{42} xu$^{55|42}$ nor^{55}

囫囵半片 xu^{42} luɤn^{312} pan^{312} p'ian^{312} 吃东西不细嚼

花不留秋 xua^{24} pu· liou· tɕ'iou^{24}

花里胡道儿 xua^{24} li· xu^{42} tor^{312} 花哨

花猫掉嘴儿 xua^{24} mau^{42} tiau^{312} tsuər^{55}

火烧火燎 xuo^{55} sau^{24} xuo$^{55|42}$ liau^{55} 紧急

挤眉弄眼儿 tɕi^{55} mei^{42} nuɤŋ^{312} iar^{55}

挤翁不动 tɕi^{24} uɤŋ· pu$^{24|42}$ tuɤŋ^{312} 形容人多

家长里短儿 tɕia^{24} ts'aŋ^{42} li$^{55|42}$ tuan^{55}

局里得拐弯儿 tɕy^{42} li· tɛ· kuai^{55} uar^{24} 形容路弯弯曲曲或说话不直接
脚蹬手不拉 tɕyo^{24} tɤŋ^{24} sou^{55} pu^{42} la· 容易
坑家败彩 k'ɤŋ^{24} tɕia^{24} pai^{312} ts'ai^{55}
狼烟洞地 laŋ^{42} ian^{24} tuɤŋ^{312} ti^{312} 浓烟滚滚
立陡立檐儿 li^{24} tou· li^{24} iar^{312} 陡峭
哩哩啦啦 li^{24} li· la^{24} la^{24}
里链得里拉 li^{42} lian^{312} tɛ· li^{42} la^{24}
里迷外不迷 li^{55} mi^{42} uai^{312} pu^{24} mi^{42}
连汤骨拉水 lian^{42} t'aŋ^{24} ku· la· suei^{55} 办事不分主次，胡子眉毛一起抓
燎锅底得 liau^{55}kuo^{24} ti^{55} tɛ· 完工
撂半截得砖 liau^{312} pan^{312} tɕiɛ^{42} tɛ· tsuan^{24} 暗中使坏，也称“下黑砖”
溜沟得舔腚 liou^{24} kou^{24} tɛ· t'ian^{55} tiŋ^{312} 溜须拍马
乱打乱擂 luan^{312} ta^{55} luan^{312} luei^{42}
抹嘟噜胡儿 ma^{24} tu^{24} lu· xur^{42}
昧口儿不提 mei^{312} kor^{55} pu^{24} t'i^{42} 绝口不提
面呆心不□□ mian^{312} tai^{24} ɕin^{24} pu^{24} lɤn^{42} tɤn^{312} 面相发呆，心里并不老实
有王儿嘞蜂 mou^{312} uɐr^{42} lɛ· fɤŋ^{24} 无约束
有滋落味 mou^{312} tsʅ^{24} la^{24} uei^{312} 没有滋味
能掐会算 nɤŋ^{42} tɕ'ia^{24} xuei^{312} suan^{312}
鸟牙片舌 niau^{55} ia^{42} p'ian^{312} sɛ^{42} 强词夺理
凭白无故 p'iŋ^{42} pɛ^{42} u^{42} ku^{312}
披麻戴孝 p'ei^{24} ma^{42} tai^{312} ɕiau^{312}
披头散发 p'ei^{24} t'ou^{42} san^{312} fa^{24}
破赤拉侉 p'o^{312} ts'ʅ· la^{42} k'ua^{55} 破旧
起头儿到尾儿 tɕ'i^{42} t'or^{42} tau^{312} iər^{55} 从头到尾
起早贪黑 tɕ'i$^{55|42}$ tsau^{55} t'an^{24} xiɛ^{24}
起五更打黄昏 tɕ'i$^{55|42}$ u^{55} kɤŋ· ta^{55} xuan^{42} an·
亲戚里道 tɕ'iŋ^{24} tɕ'i· li^{55} tau^{312} 乡里乡亲
人心有尽 zɤn^{42} ɕin^{24} mou^{312} tɕin^{312}
仨核桃儿俩枣儿 sa^{24} xiɛ^{42} t'or^{312} lia^{42} tsor^{55} 数量小，价值不高
撒疯撂炮 sa^{55} fɤŋ^{24} liau^{312} p'au^{312} 疯疯癫癫
神神叨叨 sɤn^{42} sɤn· tau^{24} tau·
死皮赖脸 sʅ^{55} p'i^{42} lai^{312} lian^{55}
四方四正 sʅ^{312} faŋ^{24} sʅ^{312} tsɤŋ^{312} 方正
死孱得烂沉 sʅ^{55} tu^{24} tɛ· lan^{312} ts'ɤn^{42} 很重
手忙脚乱 sou^{55} maŋ^{42} tɕyo^{24} luan^{312}
塘土荡天 t'aŋ^{42} t'u· taŋ^{312} t'ian^{24} 尘土飞扬
天塌地陷 t'ian^{24} t'a^{24} ti^{312} ɕian^{312}
天上搁地下 t'ian^{24} saŋ· kɤ^{24} ti^{312} ɕia· 相差悬殊：咱往人家比，～
添油儿加醋 t'ian^{24} ior^{42} tɕia^{24} ts'u^{312}
呜巴儿喊叫 u^{24} pɐr· xan^{55} tɕiau· 叫喊的声音大
五大三粗 u^{55} ta^{312} san^{24} ts'u^{24} 又高又胖
瓮声瓮气 uɤŋ^{312} sɤŋ^{24} uɤŋ^{312} tɕ'i^{312} 声音浑厚
细皮嫩肉儿 ɕi^{312} p'i^{42} luɤn^{312} zor^{312}
吓人大胆 ɕia^{312} zɤn^{42} ta^{312} tan^{55} 非常吓人
心焦儿末乱 ɕin^{24} tɕior· mo^{24} luan^{312} 心急如焚
血连骨拉 ɕiɛ^{24} lian· ku^{24} la· 流血多、血肉模糊的样子
寻死昧活 ɕin^{42} sʅ^{55} mei^{312} xuo^{42} 企图自杀
说这道那 ɕyɛ^{24} tsɛ^{55} tau^{312} na^{312}
萱不囔囔 ɕyan^{24} pu· naŋ·naŋ^{42} 被褥等非常软
一老支本 i^{24} lau^{55} tsʅ^{24} pɤn^{55} 安分守己
一齐一合 i^{24} tɕ'i^{42} i^{24} xɤ^{42}
烟熏火燎 ian^{24} ɕyn^{24} xuo$^{55|42}$ liau^{55}

严实合缝 ian42 sʅ· xɤ42 fɤŋ312 对接严密没有缝隙

吆五喝六 iau24 u55 xɤ24 liou312

摇头扑摁脑儿 iau42 t'ou42 p'u24 sai· nor55 摇头晃脑

阳大二正 iaŋ42 ta42 ər312 tsɤŋ312 满不在乎

有话说说有话儿道道 iou55 xuɐr312 ɕyɛ24 ɕyɛ· mou312 xuɐr312 tau312 tau· 啰嗦

云天雾地 yn24 t'ian24 u312 ti312

杂七杂八儿 tsa42 tɕ'i24 tsa42 pɐr24

找声咯拉气 tsau42 sɤŋ24 kɤ24 la· tɕ'i312 形容外地人的发音难听

正而八经 tsɤŋ312 ər· pa42 tɕiŋ55 正经

至死有活儿 tsʅ312 sʅ55 mou312 xuor42 没有活路

值着靠去 tsʅ42 tsuo42 k'au321 tɕ'y312 靠得住

直上直下 tsʅ42 saŋ312 tsʅ42 ɕia312

装疯卖傻 tsuaŋ24 fɤŋ24 mai312 sa55

装神卖鬼 tsuaŋ24 sɤn42 mai312 kuei55

醉马儿咕咚 tsuei312 mɐr· ku· tuɤŋ24 醉醺醺

第四章　语料标音

一　情景会话

1. 打招呼

甲：吃了冇？　ts‘ɿ^{24} la· mou·

乙：吃了，你做啥嘞呀？　ts‘ɿ^{24} la·　ni^{55} tsua^{55} lia·

甲：我来^{D}地嘞。你做啥嘞呀？　uo^{55} lɛ^{42} ti^{312} lɛ·　ni^{55} tsua^{55} lia·

乙：我来^{D}集上剃剃头嘞。uo^{55} lɛ^{42} tɕi^{42} saŋ· t‘i^{312} t‘i· t‘ou^{42} lɛ·

2. 扯闲话儿（闲聊）

甲：听说城里枪毙^{D}个人。t‘iŋ^{24} ɕyɛ^{24} ts‘ɤŋ^{42} li^{55} tɕ‘iaŋ^{24} piɛ^{312} kɤ· zɤn^{42}

乙：是哟？犯嘞啥罪也？　sɿ^{312} zo·　fan^{312} nɛ· sa^{55} tsuei^{312} iɛ·

甲：拜他老婆得杀了。pai^{312} t‘a^{55}lau^{24} p‘o^{42} tɛ· sa^{24} la·

乙：这会儿这人心狠^{D}嘞。tsu^{55} xuər· tsɛ· zɤn^{42} ɕin^{24} xɛ^{55} lɛ·

甲：不是单门儿嘞。听说那家伙二半吊得，平常逗打老婆打嘞狠^{D}嘞。

pu$^{24|42}$ sɿ^{312} tan^{24} mər· lɛ·　t‘iŋ^{24} ɕyɛ^{24} na^{312} tɕia^{24} xuo· ər^{312} pan· tiau^{312} tɛ· p‘iŋ^{42} ts‘aŋ^{42} tou· ta^{55} lau^{24} p‘o^{42} ta^{55} lɛ· xɛ^{55} lɛ·

乙：你不管咋说，杀人逗得兑命。

ni^{55} pu^{24} kuan^{55} tsa^{55} ɕyɛ^{24}　sa^{24} zɤn^{42} tou^{312} tɛ^{24} tuei^{312} miŋ^{312}

3. 串亲戚（走亲戚）

甲：都来了哟？　tou^{55} lai^{42} la· io·

乙：嗯。n·

甲：（接过来亲戚带的东西）还费这事做啥嘞也？

xan^{42} fei^{312} tsɛ^{55} sɿ^{312} tsua^{55} liɛ·

乙：这费啥事也。tsɛ^{55} fei^{312} sa^{55} sɿ^{312} zɛ·

甲：（递烟）点着吧。tian^{55} tsuo· pa·

乙：不点了，才扔喽。pu^{24} tian^{55} na· ts‘ai^{42} zɤŋ^{24} lou·
甲：这一崩得恁爹咋样儿嘞？ tsɛ^{55} i· pɤŋ^{24} tɛ· nɤn^{55} tiɛ^{24} tsa^{55} iɐr^{312} lɛ·
乙：逗^{D}恁个劲儿。to^{312} nɤn^{312} kɤ· tɕiər^{312}
甲：来，随便儿坐吧。lai^{42} suei^{42} piar^{312} tsuo^{312} pa·

4. 待客

甲：甭麻烦哪，又不是外人儿。
pin^{42} ma^{42} fan· na· iou^{312} pu$^{24|42}$ sɿ^{312} uai^{312} zər^{42}
乙：这麻烦啥嘞也？ tsɛ^{55} ma^{42} fan· sa^{55} liɛ·
甲：甭弄恁些价菜呀，吃不了都搭了。
piŋ^{42} nɤŋ^{312} nɤn^{312} ɕiɛ^{55} tɕia· ts‘ai^{312} ia· ts‘ɿ^{24} pu· liau^{55} tou· ta^{24} la·
乙：少弄俩菜，咱爷儿俩喝点儿。
sau^{55} nɤŋ^{312} lia^{55} ts‘ai^{312} tsan^{42} ior^{42} lia^{55} xɤ^{24} tiar·
甲：我这会儿逗不能喝酒，一喝逗醉。
uo^{55} tsu^{55} xuər· tou· pu^{24} nɤŋ^{42} xɤ^{24} tɕiou^{55} i^{24} xɤ^{24} tou· tsuei^{312}
乙：小不严嘞喝点儿有事儿。ɕiau^{55} pu^{24} ian^{42} nɛ· xɤ^{24} tiar· mou^{312} sər^{312}
甲：有时候儿一喝逗不当家儿了。
iou^{55} sɿ^{42} xor· i^{24} xɤ^{24} tou· pu^{24} taŋ^{24} tɕiɐr^{24} la·
乙：我招伙嘞，来来来，先干一杯。
uo^{55} tsau^{24} xuo· lɛ· lai^{42} lai^{42} lai^{42} ɕian^{24} kan^{24} i· pei^{24}
甲：干。kan^{24}
乙：抄菜，来^{D}恁姑姑家甭作假儿。
ts‘au^{24} ts‘ai^{312} lɛ^{42} nɤn· ku^{55} ku· tɕia· piŋ^{42} tsuo^{24} tɕiɐr^{55}

5. 瞧（探望）病人

甲：大爷，觉嘞好点儿了冇？ ta^{312} iɛ· tɕyo^{24} lɛ· xau^{55} tiar· la· mou·
乙：轻巧多了，还拿那东西做啥嘞也？
tɕ‘iŋ^{24} iau· tuo^{24} la· xan^{42} na^{42} na· tuɤŋ^{24} ɕi· tsua^{55} liɛ·
甲：俺爹叫我来^{D}这儿瞧瞧。an^{55} tiɛ^{24} tɕiau^{312} uo· lɛ^{42} tsor· tɕ‘iau^{42} tɕ‘iau·
乙：还叫恁爹圪记嘞。xan^{42} tɕiau^{312} nɤn^{55} tiɛ^{24} kɤ^{24} tɕi· lɛ·
甲：这不该^{D}嘞哟？这会儿又有啥事儿。
tsɛ^{55} pu^{24} kɛ^{24} lio· tsu^{55} xuər· iou^{312} mou^{312} sa^{55} sər^{312}
乙：人老了，光成^{D}搁小孩儿找麻烦了。
zɤn^{42} lau^{55} la· kuaŋ^{24} ts‘o^{42} kɤ^{24} ɕiau^{55} xar^{42} tsau^{55} ma^{42} fan· na·
甲：不能恁得儿说。这一崩儿天铁干，风冒嘞多^{0}嘞，输输液逗好了。

pu^{24} nɤŋ^{42} nɤn^{312} tər· ɕyɛ^{24}　tsɛ^{55} i· pɤŋ^{24} tɛ· t'ian^{24} t'iɛ^{24} kan^{24}　fɤŋ^{24} mau^{312} lɛ· tuo^{24} lɛ·　su^{24} su· iɛ^{312} tou· xau^{55} la·

乙：回去搁家嘞人儿说说，这逗快出院了，甭来回跑了。

xuei^{42} tɕ'y· kɤ^{24} tɕia^{24} lɛ· zər^{42} ɕyɛ^{24} ɕyɛ·　tsɛ^{55} tou· k'uai^{312} tɕ'y^{24} yan^{312} na· piŋ^{42} lai^{42} xuei^{42} p'au^{55} la·

6. 瞧（听）唱

甲：今儿个环嘞北街嘞有戏。tɕiou^{24} kɤ· xuan^{42} nɛ· pei^{24} tɕiɛ^{24} lɛ· iou^{55} ɕi^{312}

乙：哪儿嘞戏也？nɐr^{42} lɛ· ɕi^{312} iɛ·

甲：浚县嘞大平调。ɕyn^{312} ɕian· nɛ· ta^{312} p'iŋ^{42} tiau^{312}

乙：唱哪一回嘞也？　ts'aŋ^{312} na^{55} i^{24} xuei^{312} liɛ·

甲：听说是《穆桂英挂帅》。t'iŋ^{24} ɕyɛ^{24} sɿ^{312} mu^{24} kuei^{312} iŋ^{24} kua^{312} suai^{312}

乙：吃罢后晌饭儿一齐儿去吧？ts'ʅ^{24} pa^{312} xo^{312} far^{312} i^{24} tɕ'iər^{42} tɕ'y^{312} pa·

甲：中，到^{D}点儿喽我去叫你嘞。

tsuɤŋ^{24}　to^{312} tiar^{55} lou· uo^{55} tɕ'y^{312} tɕiau^{312} ni· lɛ·

乙：你甭忘喽哇？　ni^{55} piŋ^{42} uaŋ^{312} lou· ua·

甲：甭管了。piŋ^{42} kuan^{55} na·

二　曲儿（儿歌）

1. 板凳儿板凳儿摞摞，pan^{55} t'ɐr· pan^{55} t'ɐr· luo^{312} luo·
   里头坐个大哥。li^{55} t'ou· tsuo^{312} kɤ· ta^{312} kɤ·
   大哥出来买菜，ta^{312} kɤ· tɕ'y^{24} lai· mai^{55} tsai^{312}
   里头坐个奶奶。li^{55} t'ou· tsuo^{312} kɤ· nai^{55} nai·
   奶奶出来烧香，nai^{55} nai· tɕ'y^{24} lai· sau^{24} ɕiaŋ^{24}
   里头坐个姑娘。li^{55} t'ou· tsuo^{312} kɤ· ku^{24} niaŋ·
   姑娘出来磕头，ku^{24} niaŋ· tɕ'y^{24} lai· k'ɤ^{24} t'ou^{42}
   里头坐个双猴。li^{55} t'ou· tsuo^{312} kɤ· suaŋ^{24} xou^{42}
   双猴出来作揖，suaŋ^{24} xou^{42} tɕ'y^{24} lai· tsuo^{24} i^{24}
   里头坐个草鸡。li^{55} t'ou· tsuo^{312} kɤ· ts'au^{55} tɕi^{24}
   草鸡出来嬎蛋，ts'au^{55} tɕi^{24} tɕ'y^{24} lai· fan^{312} tan^{312}
   里头坐个小燕。li^{55} t'ou· tsuo^{312} kɤ· ɕiau^{55} ian^{312}
   小燕出来咋咋，ɕiau^{55} ian^{312} tɕ'y^{24} lai· tsa^{24} tsa·
   里头坐个蚂蚱。li^{55} t'ou· tsuo^{312} kɤ· ma^{24} tsa·
   蚂蚱出来喝露水，ma^{24} tsa· tɕ'y^{24} lai· xɤ^{24} lu^{42} suər·

里头坐个小蚰得儿，li^{55} t‘ou· tsuo^{312} kɤ· au· iou^{42} tər·
咯吱咯吱叫两声儿。kɤ^{24} tsɿ· kɤ^{24} tsɿ· tɕiau^{312} liaŋ^{55} sɐr^{55}

2. 绿布红布一大尺，lu^{24} pu^{312} xuɤŋ^{42} pu^{312} i$^{24|42}$ ta^{312} ts‘ɿ·
黏米定得尽^{D}俺吃。nian^{312} mi^{55} tiŋ^{312} tɛ· tɕiɛ$^{55|42}$ an· ts‘ɿ·
有钱吃个饱，iou^{55} tɕ‘iar^{42} ts‘ɿ^{24} kɤ· pau^{55}
冇钱儿俺逗跑。mou^{312} tɕ‘iar^{42} an^{55} tou· p‘au^{55}
跑到滑县，p‘au^{55} tau· xua^{42} ɕian·
吃块拉面。ts‘ɿ^{24} k‘uai· la^{42} mian·
拉面又辣，la^{42} mian^{312} iou^{312} la^{24}
辣嘞小狗儿回了大家。la^{24} lɛ· ɕiau$^{55|42}$ kor^{55} xuei^{42} liau· ta^{312} tɕia^{24}

3. 盘脚钉脚，楝花儿骨朵。p‘an^{42} tɕyo· tiŋ^{24} tɕyo·　lian^{312} xuɐr^{24} ku^{24} tuo·
姓张姓李，拿刀儿剁你。ɕiŋ^{42} tsaŋ^{24} ɕiŋ^{42} li^{55}　na^{42} tor^{24} tuo^{312} ni^{55}

4. 筛箩箩，大□□，sai^{24} luo^{42} luo·　ta^{312} t‘aŋ^{55} t‘aŋ·
磨麦得，瞧姥娘。mo^{312} mɛ^{24} tɛ·　tɕ‘iau^{42} lau^{55} niaŋ·
姥娘冇在家，lau^{55} niaŋ· mou^{312} tai^{312} tɕia^{24}
气嘞妗得抓抓抓。tɕ‘i^{312} lɛ· tɕin^{312} tɛ· tsua^{24} tsua^{24} tsua^{24}
抓抓那屎茅儿嘞，tsua^{24} tsua^{24} na· sɿ^{55} mor^{42} lɛ·
吃嘞饱饱儿嘞。ts‘ɿ^{24} lɛ· pau^{55} por^{42} lɛ·

5. 小公鸡儿，挠墙根儿，ɕiau^{55} kuɤŋ^{24} tɕiər·　nau^{42} tɕ‘iaŋ^{42} kər^{24}
一挠挠出来个小拉伸儿。i^{24} nau^{42} nau^{42} tɕ‘y· lai· kɤ· ɕiau$^{55|42}$ la^{55} sər^{24}
剥俩籽儿，卖俩钱儿，po^{24} lia^{55} tsər^{55}　mai^{42} lia^{55} tɕ‘iar^{42}
寻个媳妇儿生俩孩儿。ɕin^{42} kɤ· ɕi^{42} fur· sɤŋ^{24} lia^{55} xar^{42}

6. 小老鼠儿，上灯台，ɕiau$^{55|42}$ lau^{55} ɕyər·　saŋ^{312} tɤŋ^{24} t‘ai^{42}
偷油吃，下不来。t‘ou^{24} iou^{42} ts‘ɿ^{24}　ɕia^{312} pu· lai^{42}
叫小妮儿，抱猫来，tɕiau^{312} ɕiau^{55} niər^{24}　pu^{312} mau^{42} lai·
吱——扭，下来了。tsɿ^{24} niou^{24}　ɕia^{312} lai· la·

7. 小扁嘴儿，坑边儿卧。ɕiau^{55} pian^{312} tsuər^{55}　k‘ɤŋ^{24} piar^{24} uo^{312}
爹打水，娘推磨。tiɛ^{24} ta$^{55|42}$ suei^{55}　niaŋ^{42} t‘uei^{24} mo^{312}
呱儿呱儿景死我。kuɐr^{312} kuɐr^{312} tɕiŋ^{55} sɿ· uo·

8. 月婆婆，明光光，yɛ^{24} p‘o^{42} p‘o·　miŋ^{42} kuaŋ^{24} kuaŋ·
开开大门洗衣裳。k‘ai^{24} k‘ai· ta^{312} mər^{42} ɕi^{55} i^{24} saŋ·
洗嘞净，浆嘞白，ɕi^{55} lɛ· tɕiŋ^{312}　tɕiaŋ^{312} lɛ· pɛ^{42}
寻个女婿有成色。ɕin^{42} kɤ· ny^{55} ɕy· mou^{312} ts‘ɤŋ^{42} sɛ·
好吃嘴，好抹牌，xau^{312} ts‘ɿ^{24} tsuei^{55}　xau^{312} ma^{24} p‘ai^{42}
奶恁个脚嘞过不上来。nai^{24} nɤn· kɤ· tyo^{24} lɛ· kuo^{312} pu· saŋ· lai^{42}

9. 一二三，到南湾，i^{24} ər^{312} san^{24} tau^{312} nan^{42} uan^{24}
南湾有个说媒嘞。nan^{42} uan^{24} iou^{55} kɤ· ɕyɛ^{24} mei^{42} lɛ·
叫说媒，不说媒，tɕiau^{312} ɕyɛ^{24} mei^{42} pu^{24} ɕyɛ^{24} mei^{42}
腰嘞掖那弹花锤。iau^{24} lɛ· iɛ^{24} na· t‘an^{42} xua^{24} ts‘uei^{42}
叫弹花，不弹花，tɕiau^{312} t‘an^{42} xua^{24} pu^{24} t‘an^{42} xua^{24}
腰嘞掖那起粪锸。iau^{24} lɛ· iɛ^{24} na· tɕ‘i^{24} fɤn^{312} ts‘a^{24}
叫起粪，不起粪，tɕiau^{312} tɕ‘i^{24} fɤn^{312} pu^{24} tɕ‘i^{24} fɤn^{312}
腰嘞掖那拌料棍。iau^{24} lɛ· iɛ^{24} na· pan^{312} liau^{312} kuɤn^{312}
叫拌料，不拌料，tɕiau^{312} pan^{312} liau^{312} pu$^{24|42}$ pan^{312} liau^{312}
腰嘞掖那盒得炮。iau^{24} lɛ· iɛ^{24} na· xɤ^{42} tɛ· p‘au^{312}

10. 小公鸡儿，上草垛，ɕiau^{55} kuɤŋ^{24} tɕiər· saŋ^{312} ts‘au^{55} tuo^{312}
有娘嘞孩儿，真难过。mou^{312} niaŋ^{42} lɛ· xar^{42} tsɤn^{24} nan^{42} kuo^{312}
搁爹睡，爹打我。kɤ^{24} tiɛ^{24} sei^{312} tiɛ^{24} ta$^{55|42}$ uo·
跟^{D}爷睡，爷发我。kɛ^{24} iɛ^{42} sei^{312} iɛ^{42} fa^{24} uo·
自家睡，猫咬脚。tɕi^{312} tɕia· sei^{312} mau^{42} iau^{55} tɕyo^{24}
拿个棍儿，戳、戳、戳。na^{42} kɤ· kuər^{312} ts‘uo^{42} ts‘uo^{42} ts‘uo^{42}

三　谜（谜语）

1. 从南边儿飞^{D}来个雁，ts‘uɤŋ^{42} nan^{42} piar· fɛ^{24} lai^{42} kɤ· ian^{312}
腰嘞别^{0}那二十四根箭，iau^{24} lɛ· piɛ^{42} na· ər^{312} sɿ· sɿ^{312} kɤn^{24} tɕian^{312}
听嘞嗡嗡响，t‘iŋ^{24} lɛ· uɤŋ^{24} uɤŋ^{24} ɕiaŋ^{55}
卧^{0}那儿嬎^{D}个蛋。uo^{312} nɐ· fɛ^{312} kɤ· tan^{312}　（纺花）

2. 红公鸡，绿尾巴，xuɤŋ^{42} kuɤŋ^{24} tɕi· lu^{24} i^{55} pa·
一头扎^{0}那地底下。i^{24} t‘ou^{42} tsa^{24} na· ti^{312} ti^{55} ɕia·　（红萝卜）

3. 解开卧^{0}那儿了，tɕiɛ^{55} k‘ai^{24} uo^{312} nɐr· la·
拴住走了。suan^{24} tɕ‘y· tsou^{55} la·　（人）

4. 千弟兄，万弟兄，tɕ‘ian^{24} ti^{312} ɕyŋ· uan^{312} ti^{312} ɕyŋ·
住嘞屋得不透风。tɕy^{312} lɛ· u^{24} tɛ· pu$^{24|42}$ t‘ou^{312} fɤŋ^{24}　（石榴）

5. 青竹杆，十二节，tɕ‘iŋ^{24} tsu^{24} kan· sɿ^{42} ər^{312} tɕiɛ^{24}
上头坐^{0}个关老爷。saŋ^{312} t‘ou· tsuo^{312} kɤ· kuan^{24} lau^{55} iɛ·　（高粱）

6. 头戴红帽得，t‘ou^{42} tai^{312} xuɤŋ^{42} mau^{312} tɛ·
身穿白褂得，sɤn^{24} ts‘uan^{24} pɛ^{42} kua^{312} tɛ·
走路摆架得，tsou^{55} lu^{312} pai^{55} tɕia^{312} tɛ·
说话抻脖得。ɕyɛ^{24} xua^{312} ts‘ɤn^{24} po^{42} tɛ·　（鹅）

7. 天上有个长不老，t‘ian^{24} saŋ· iou^{55} kɤ· tsaŋ^{24} pu· lau^{55}
地下有个喂不饱，ti^{312} ɕia· iou^{55} kɤ· uei^{312} pu· pau^{55}
河嘞有个洗不净，xɤ^{42} lɛ· iou^{55} kɤ· ɕi^{55} pu· tɕiŋ^{312}
身上有个穿不正。sɤn^{24} saŋ· iou^{55} kɤ· ts‘uan^{24} pu· tsɤŋ^{312}
（小小虫儿麻雀、鸡得、泥鳅、鞋）
8. 我哭它也哭，uo^{55} k‘u^{24} t‘a^{55} iɛ· k‘u^{24}
我笑它也笑，uo^{55} ɕiau^{312} t‘a^{55} iɛ· ɕiau^{312}
我走它也走，uo^{55} tsou^{55} t‘a^{55} iɛ· tsou^{55}
我叫它也叫。uo^{55} tɕiau^{312} t‘a^{55} iɛ· tɕiau^{312} （镜得）
9. 小小一个枣，ɕiau^{55}ɕiau· i$^{24|42}$ kɤ· tsau^{55}
三间屋得□不了。san^{24} tɕian^{24} u^{24} tɛ· tɕyɛ^{24} pu· liau^{55} （灯）
10. 小时候儿青，老嘞时候儿黄，ɕiau^{55} sor· tɕ‘iŋ^{24} lau^{55} lɛ· sor· xuaŋ^{42}
光长穗得不打粮。kuaŋ^{24} tsaŋ^{55} suei^{312} tɛ· pu^{24} ta^{55} liaŋ^{42} （苇得芦苇）
11. 一点儿一横长，i^{24} tiar^{55} i$^{24|42}$ xuɤŋ^{312} ts‘aŋ^{42}
梯得顶大梁，t‘i^{24} tɛ· tiŋ^{55} ta^{312} liaŋ^{42}
大口张开嘴，ta^{312} k‘ou^{55} tsaŋ^{24} k‘ai^{24} tsuei^{55}
小口往里□。ɕiau$^{55|42}$ k‘ou^{55} uaŋ^{24} li^{55} tsaŋ^{42} （“高”字）
12. 一点儿一横，i^{24} tiar^{55} i$^{24|42}$ xuɤŋ^{312}
俩眼儿一瞪。lia$^{55|42}$ iar^{55} i$^{24|42}$ tɤŋ^{312} （“六”字）
13. 一点儿铁，一点儿铜，i^{24} tiar^{55} t‘iɛ^{24} i^{24} tiar^{55} t‘uɤŋ^{42}
一点儿木头，一点儿绳。i^{24} tiar^{55} mu^{24} t‘ou· i^{24} tiar^{55} sɤŋ^{42} （秤）
14. 一个人，二指高儿，i$^{24|42}$ kɤ· zɤn^{42} ər^{312} tsɿ^{55} kor^{24}
浑身麻得肋蛄腰儿。xuɤn^{42} sɤn^{24} ma^{42} tɛ· lɛ^{24} ku· ior^{24} （拉伸花生）
15. 一头猪，不吃糠，i^{24} t‘ou^{42} tɕy^{24} pu^{24} ts‘ɿ^{24} k‘aŋ^{24}
屁股眼得嘞扎一枪。p‘i^{312} ku· ian^{24} tɛ· lɛ· tsa^{24} i· tɕ‘iaŋ^{24} （锁）
16. 三尖一圆，san^{24} tɕian^{24} i^{24} yan^{42}
一年四季三季儿闲。i^{24} nian^{42} sɿ^{312} tɕi^{312} san$^{24|42}$ tɕiər^{312} ɕian^{42}（扇得）

四 谚语

1. 不是一家人，pu$^{24|42}$ sɿ^{312} i^{24} tɕia^{24} zɤn^{42}
不上一家坟。pu$^{24|42}$ saŋ^{312} i^{24} tɕia^{24} fɤn^{42}
2. 不怕秃角叫，pu$^{24|42}$ p‘a^{312} t‘u^{24} tɕyo· tɕiau^{312}
逗怕秃角笑。tou^{312} p‘a^{312} t‘u^{24} tɕyo· ɕiau^{312}
3. 吃罢冬至饭儿，ts‘ɿ^{24} pa^{312} tuɤŋ^{24} tsɿ· far^{312}

一天长一线儿。i^{24} t‘ian^{24} ts‘aŋ^{55} i$^{24|42}$ ɕiar^{312}

4. 春捂秋冻，ts‘uɤn^{24} u^{55} tɕ‘iou^{24} tuɤŋ^{312}
四季冇病。sɿ^{312} tɕi^{312} mou^{312} piŋ^{312}

5. 打铁嘞砧得，ta^{55} t‘iɛ^{24} lɛ· tsɤn^{55} tɛ·
锻磨嘞锻得，tuan^{312} mo^{312} lɛ· tuan^{312} tɛ·
石头子得，sɿ^{42} t‘ou· tsɿ^{55} tɛ·
光棍儿汉得（四大硬）。kuaŋ^{24} kuər· xan^{312} tɛ·

6. 打人不打脸，ta^{55} zɤn^{42} pu^{24} ta$^{55|42}$ lian^{55}
说人不揭短。ɕyɛ^{24} zɤn^{42} pu^{24} tɕiɛ^{24} tuan^{55}

7. 大鱼吃小鱼儿，ta^{312} y^{42} ts‘ɿ^{24} ɕiau^{55} yər^{42}
小鱼儿吃污泥儿。ɕiau^{55} yər^{42} ts‘ɿ^{24} u^{24} nər·

8. 胳膊拧不过大腿。kiɛ^{42} pau· niŋ^{42} pu· kuo^{312} ta^{312} t‘uei^{55}

9. 狗改不了吃屎。kou^{55} kai^{55} pu· liau^{55} ts‘ɿ^{24} sɿ^{55}

10. 管闲事，落不是。kuan^{55} ɕian^{42} sɿ·　luó^{24} pu$^{24|42}$ sɿ^{312}

11. 好狗不挡路，xau$^{55|42}$ kou^{55} pu^{24} taŋ^{55} lu^{312}
挡路嘞冇好狗。taŋ^{55} lu^{312} lɛ· mou^{312} xau$^{55|42}$ kou^{55}

12. 河嘞冇鱼市上看。xɤ^{42} lɛ· mou^{312} y^{42} sɿ^{312} saŋ· k‘an^{312}

13. 话说三遍，xua^{312} ɕyɛ^{24} san^{42} pian^{312}
比狗屎都臭。pi^{55} kou$^{55|42}$ sɿ· tou· ts‘ou^{312}

14. 嫁出去嘞闺女，tɕia^{312} tɕ‘y^{24} tɕ‘y· lɛ· kuei^{24} ny·
泼出去嘞水。p‘o^{24} tɕ‘y^{24} tɕ‘y· lɛ· suei^{55}

15. 见做啥都做啥，tɕian^{312} tsua^{42} tou^{24} tsua^{42}
屙屎掉牙。ɤ^{24} sɿ^{55} tiau^{312} ia^{42}

16. 懒人有懒福。lan^{55} zɤn^{42} iou^{55} lan^{55} fu^{24}

17. 卤水点豆腐，lu$^{55|42}$ suei· tian^{55} tou^{312} fu·
一物降一物。i$^{24|42}$ u^{312} ɕiaŋ^{42} i· u^{312}

18. 买卖好做，mai^{55} mai· xau^{55} tsu^{312}
伙计难打。xuo^{55} tɕi· nan^{42} ta^{55}

19. 磨脐不动，mo^{312} tɕi· pu$^{24|42}$ tuɤŋ^{312}
使死 ^{D} 推磨嘞。sɿ^{55} sɛ· t‘uei^{24} mo^{312} lɛ·

20. 能走南北二京，nɤŋ^{42} tsou^{55} nan^{42} pei^{24} ər^{312} tɕiŋ·
不走神庙儿、窦公。pu^{24} tsou^{55} sɤn^{42} mior^{312} tou^{312} kuɤŋ·

21. 起小儿看大。tɕ‘i$^{55|42}$ ɕior^{55} k‘an^{312} ta^{312}

22. 千年嘞王八万年嘞鳖。
tɕ‘ian^{24} nian^{42} nɛ· uaŋ^{42} pa· uan^{312} nian^{42} nɛ· piɛ^{24}

23. 钱儿难挣，屎难吃。tɕ‘iar^{42} nan^{42} tsɤŋ^{312} sɿ^{55} nan^{42} ts‘ɿ^{24}

24. 舍不嘞孩得套不住狼。sɛ^{55} pu· lɛ· xai^{42} tɛ· t‘au^{312} pu· tɕ‘y· laŋ^{42}

25. 三百六十行，san^{24} pɛ^{24} liou^{312} sɿ^{42} xaŋ^{42}
行行出状元。xaŋ^{42} xaŋ^{42} tɕ‘y^{24} tsuaŋ^{312} yan·

26. 桃保人，杏伤人，t‘au^{42} pau^{55} zɤn^{42} ɕiŋ^{312} saŋ^{24} zɤn^{42}
李得树底下抬死人。li^{24} tɛ· ɕy^{312} ti^{55} ɕia· t‘ai^{42} sɿ^{55} zɤn^{42}

27. 桃三杏四梨五年，t‘au^{42} san^{24} ɕiŋ^{312} sɿ^{312} li^{42} u^{55} nian^{42}
枣树开花逗见钱，tsau^{55} ɕy· k‘ai^{24} xua^{24} tou^{312} tɕian^{312}
想吃核桃得八年。tɕ‘ian^{42} ɕiaŋ^{55} ts‘ɿ^{24} xiɛ^{42} t‘au· tɛ^{24} pa^{24} nian^{42}

28. 桃花儿开，杏花儿败，t‘au^{42} xuɐ^{24} k‘ai^{24} ɕiŋ^{312} xuɐ^{24} pai^{312}
梨花儿开喽卖韭菜。li^{42} xuɐ^{24} k‘ai^{24} lou· mai^{312} tɕiou^{55} ts‘ai·

29. 听人劝，吃饱饭。t‘iŋ^{24} zɤn^{42} tɕ‘yan^{312} ts‘ɿ^{24} pau^{55} fan^{312}

30. 兔得不吃窝边儿草。t‘u^{312} tɛ· pu^{24} ts‘ɿ^{24} uo^{24} piar^{24} ts‘au^{55}

31. 一九二九不出手，i^{24} tɕiou^{55} ər^{312} tɕiou^{55} pu^{24} tɕ‘y^{24} sou^{55}
三九四九沿凌走。san^{24} tɕiou^{55}sɿ^{312} tɕiou^{55} ian^{42} liŋ^{42} tsou^{55}
五九半，凌碴儿散。u$^{55|42}$ tɕiou^{55} pan^{312} liŋ^{42} ts‘ɐr^{42} san^{312}
春打六九头。ts‘uɤn^{24} ta^{55} liou^{312} tɕiou^{55} t‘ou^{42}

32. 一个巴掌儿拍不响。i$^{24|42}$ kɤ· pa^{24} tsɐr· p‘iɛ^{24} pu· ɕiaŋ^{55}

33. 一瓶得不满，i^{24} p‘iŋ^{42} tɛ· pu^{24} man^{55}
半瓶得晃荡。pan^{312} piŋ^{42} tɛ· xuaŋ^{312} taŋ·

34. 一拃有四指近。i^{24} tsa^{24} mou^{312} sɿ^{312} tsɿ^{55} tɕin^{312}

35. 一个萝卜一个坑儿。i$^{24|42}$ kɤ· luo^{42} pu· i$^{24|42}$ kɤ· k‘ɐr^{24}

36. 一个女婿半个儿。i$^{24|42}$ kɤ· ny^{55}ɕy· pan^{312} kɤ· ər^{42}

37. 淹不淹，ian^{24} pu· ian^{24}
单看六月二十三。tan^{24} k‘an^{312} liou^{312} yɛ^{24} ər^{312} sɿ^{42} san^{24}

38. 淹死嘞都^{D}会水嘞，ian^{24} sɿ· lɛ· to^{42} xuei^{312} suei^{55} lɛ·
打死嘞都^{D}犟嘴嘞。ta^{55} sɿ· lɛ· to^{42} tɕiaŋ^{312} tsuei^{55} lɛ·

39. 杨叶呼啦啦，iaŋ^{42} iɛ^{24} xu^{24} la· la^{24}
满地老头得种瓜。man^{55} ti^{312} lau^{24} t‘ou^{42} tɛ· tsuɤŋ^{312} kua^{24}

40. 有借有还，再借不难。iou^{55} tɕiɛ^{312} xuan^{42} tsai^{312} tɕiɛ^{312} pu^{24} nan^{42}

41. 有钱儿难买老来瘦。iou^{55} tɕ‘iar^{42} nan^{42} mai^{55} lau^{55} lai^{42} sou^{312}

42. 树要皮，人要脸。ɕy^{312} iau^{312} p‘i^{42} zɤn^{42} iau^{312} lian^{55}

43. 雪窝嘞埋死孩得，ɕyɛ^{24} uo^{24} lɛ· mai^{42} sɿ^{55} xai^{42} tɛ·
早晚得露尸首儿。tsau$^{55|42}$ uan· tɛ^{24} lou^{312} sɿ^{24} sor·

44. 占小便宜儿吃大亏。tsan^{312} ɕiau^{55} p‘ian^{42} iər· ts‘ɿ^{24} ta^{312} k‘uei^{24}

45. 种地不上粪，tsuɤŋ^{312} ti^{312} pu$^{24|42}$ saŋ^{312} fɤn^{312}
等于瞎胡混。tɤŋ^{42} y^{312} ɕia^{24} xu^{42} xuɤn^{312}

46. 走路不用问，tsou^{55} lur^{312} pu$^{24|42}$ yŋ^{312} uɤn^{312}
大路准有小路儿近。ta^{312} lu^{312} tsuɤn^{55} mou^{312} ɕiau^{55}lur^{312} tɕin^{312}

五　歇后语

1. 背方手儿尿脬　pei^{312} faŋ· sor^{55} niau^{312} p‘au^{24}
——不服你　pu^{24} fu^{42} ni·

2. 唱戏嘞拿逮得　ts‘aŋ^{312} ɕi^{312} lɛ· na^{42} tai^{55} tɛ·
——不是凡人儿　pu$^{24|42}$ sɿ^{312} fan^{42} zər^{42}

3. 吃荆条屙箩头　ts‘ɿ^{24} tɕiŋ^{24} t‘iau^{42} ɤ^{24} luo^{42} t‘ou·
——现编嘞　ɕyan^{312} pian^{24} nɛ·

4. 大闺女上轿　ta^{312} kuei^{24} ny· saŋ^{312} tɕiau^{312}
——头一回　t‘ou^{42} i^{24} xuei^{42}

5. 弟儿俩比鸡巴　tiɐr^{312} lia^{55} pi^{55} tɕi^{24} pa·
——一个鸟样儿　i$^{24|42}$ kɤ· tiau^{55} iɐr^{312}

6. 屙屎尿脬　ɤ^{24} sɿ^{55} niau^{312} p‘au^{24}
——清搅清　tɕ‘iŋ^{24} tɕiau· tɕ‘iŋ^{24}

7. 二大爷赶集　ər^{312} ta^{312} iɛ· kan^{24} tɕi^{42}
——随便儿　suei^{42} piar^{312}

8. 放屁脱裤得　faŋ^{312} p‘i^{312} t‘uo^{24} k‘u^{312} tɛ·
——多费一遍手　tuo^{24} fei^{312} i$^{24|42}$ pian^{312} sou^{55}

9. 盖底窝儿嘞放屁　kai^{312} ti· uor^{24} lɛ· faŋ^{312} p‘i^{312}
——独吞　tu^{42} t‘ɤn^{24}

10. 锅腰得上树　kuo^{24} iau^{24} tɛ· saŋ^{312} ɕy^{312}
——钱紧　tɕ‘ian^{42} tɕin^{55}

11. 河南到河北　xɤ^{42} nan^{42} tau^{312} xɤ^{42} pei^{24}
——两省　liaŋ$^{55|42}$ sɤŋ^{55}

12. 黑拉儿嘞婆得　xiɛ^{42} lɐr· lɛ· p‘o^{42} tɛ·
——两头受气儿　liaŋ^{55} t‘or^{42} sou^{312} tɕ‘iər^{312}

13. 后娘打孩得　xou^{312} niaŋ^{42} ta^{55} xai^{42} tɛ·
——捞着一回是一回　lau^{24} tsuo^{42} i^{24} xuei^{42} sɿ^{312} i^{24} xuei^{42}

14. 脊梁上揳橛得　tɕi^{42} niaŋ· saŋ· ɕiɛ^{24} tɕyɛ^{42} tɛ·
——后寨（村名）　xou^{312} tsai^{312}

15. 磕俩头放^{D}仨屁 k'ɤ24 lia55 t'ou42 fo312 sa24 p'i312
——行好还有作恶嘞多嘞 ɕiŋ42 xau55 xan42 mou312 tsuo24 lɛ· tuo24 lɛ·
16. 六个指头挠痒 liou312 uo· sou55 tsɿ42 t'ou· nau42 iaŋ55
——多那一道得 tuo24 na· i· tau312 tɛ·
17. 老婆儿纺花 lau24 p'or42 faŋ55 xua24
——慢慢儿嘞上劲儿 man312 mar24 lɛ· saŋ312 tɕiər312
18. 聋得嘞耳朵 luɤŋ42 tɛ· lɛ· ər55 tau·
——摆设儿 pai55 sor·
19. 骡得嘞鸡巴儿 luo42 tɛ· lɛ· tɕi24 pɐr·
——多余儿 tuo24 yər42
20. 蚂蚱头包饺得 ma24 tsa· t'ou42 pau24 tɕiau55 tɛ·
——光嘴 kuaŋ24 tsuei55
21. 马尾串豆腐 ma55|42 i· ts'uan24 tou312 fu·
——提不起来 t'i42 pu· tɕ'i· lai42
22. 卖梨膏嘞盖^{D}座楼 mai312 li42 kau24 lɛ· kɛ312 tsuo312 lou42
——熬出来嘞 u42 tɕ'y· lai· lɛ·
23. 门头上挂葫芦 mɤn42 t'ou42 saŋ· kua312 xu42 lu·
——装种嘞 tsuaŋ24 tsuɤŋ55 lɛ·
24. 肉包得打狗 zou312 pau24 tɛ· ta 55|42 kou55
——一去不回头 i24|42 tɕ'y312 pu24 xuei42 t'ou42
25. 山西嘞核桃 san24 ɕi24 lɛ· xiɛ42 t'au·
——满人儿 man55 zər42
26. 三眼得枪打兔得 san24 ian55 tɛ· tɕ'iaŋ24 ta55 t'u312 tɛ·
——有准头儿 mou312 tsuɤn55 t'or·
27. 头顶得上生疮，t'ou42 tiŋ55 tɛ· saŋ· sɤŋ24 ts'uaŋ24
脚底板儿流脓 tɕyo24 ti· par55 liou42 nuɤŋ42
——坏透了 xuai312 t'ou42 la·
28. 剃头嘞挑得 t'i312 t'ou42 lɛ· t'iau24 tɛ·
——一头儿热 i24 t'or42 zɛ24
29. 秃得头上嘞虱得 t'u24 tɛ· t'ou42 saŋ · lɛ· sɿ24 tɛ·
——明摆^{D}嘞 miŋ42 pɛ55 lɛ·
30. 兔得嘞尾巴儿 t'u312 tɛ· lɛ· i55 pɐr·
——不长儿 pu24 ts'ɐr42
31. 瞎得点灯 ɕia24 tɛ· tian55 tɤŋ24
——白费蜡 pɛ42 fei312 la24

32. 瞎得踢毽儿　ɕia^{24} tɛ· t‘i^{24} tɕiar^{312}

——有一个儿　mou^{312} yor^{24}

33. 闲吃萝卜　ɕian^{42} ts‘ɿ^{24} luo^{42} pu·

——蛋操心　tan^{312} ts‘au^{24} ɕin^{24}

34. 小葱拌豆腐　ɕiau^{55} ts‘uɤŋ^{24} pan^{312} tou^{312} fu·

——一清二白　i^{24} tɕ‘iŋ^{24} ər^{312} pɛ^{42}

35. 哑巴吃饺得　ia^{55} pa· ts‘ɿ^{24} tɕiau^{55} tɛ·

——心嘞有数儿　ɕin^{24} nɛ· iou^{55} sur^{312}

36. 要饭嘞牵^{D}个猴　iau^{312} fan^{312} nɛ· tɕ‘iɛ^{24} kɤ· xou^{42}

——穷开心　tɕ‘yŋ^{42} k‘ai^{24} ɕin^{24}

37. 竹篮得打水　tsu^{24} lan^{42} tɛ· ta$^{55|42}$ suei^{55}

——一场空　i^{24} ts‘aŋ^{55} k‘uɤŋ^{24}

38. 做梦娶媳妇儿　tsu^{312} mɤŋ^{312} tɕ‘y^{55} ɕi^{42} fur·

——光想好事儿　kuaŋ^{24} ɕiaŋ^{55} xau^{55} sər^{312}

39. 针尖对麦芒儿　tsɤn^{24} tɕiar^{24} tuei^{312} mai^{24} uɐr^{42}

——尖对尖　tɕian^{24} tuei^{312} tɕian^{24}

40. 坐飞机放屁　tsuo^{312} fei^{24} tɕi^{24} faŋ^{312} p‘i^{312}

——想嘞不低　ɕiaŋ^{55} lɛ· pu^{24} ti^{24}

六　古气（故事）

1. □□pɤn^{42} tɤŋ· 人儿种甜瓜

iou^{55} kɤ· zɤn^{42} tai^{312} tɕiɛ^{24} lɛ· mɛ^{55} kɤ· t‘ian^{42} kua· ts‘ɿ^{24} tɕ‘y· kuai^{312} xau^{55}
有 个 人 在 街 嘞 买^{D} 个 甜 瓜，吃 住 怪 好
ts‘ɿ^{24} ts‘ɿ^{24} pa^{312} lou· tou^{312} pai^{312} sɤŋ^{312} lɛ· kua^{24} tsər^{55} na^{42} tɕia^{24} la· ti^{312} ər^{312}
吃。 吃 罢 喽 逗 拜 剩 嘞 瓜 子儿 拿^{0} 家 了。第 二
nian^{42} tsuɤŋ^{312} kua^{24} lɛ· sɿ^{42} xor· tɕi^{42} tsor^{55} lɛ· tou· tsuo^{312} ti^{312} lɛ· la· mou^{312}
年 种 瓜 嘞 时 候儿及 早儿 嘞 逗 种^{D} 地 嘞 了。有
kuo^{312} tuo^{42} ts‘aŋ^{42} sɿ^{42} xor· kua^{24} iaŋ^{24} tsaŋ^{55} ta^{312} la· tɕiɛ^{24} nɤn^{312} ɕiɛ^{55} tɕia·
过 多 长 时 候儿，瓜 秧 长 大 了，结 恁 些 价
kua^{24} tan^{312} tɛ· nɤn^{312} kɤ· zɤn^{42} i^{24} tɕ‘iau^{42} tɕian^{312} kua^{24} tou^{312} ɕiaŋ^{55} tɕ‘i·
瓜 蛋 得。恁 个 人 一 瞧 见 瓜， 逗 想 起
lai· nian^{42} sɿ^{312} kɤ· ts‘ɿ^{24} kua^{24} lɛ· nɤn^{312} kɤ· tsɿ^{24} uər· la· tsuei^{55} suei· xua^{24}
来 年 似 个 吃 瓜 嘞 恁 个 滋 味儿了， 嘴 水 哗

xua^{24} lɛ· lio^{42} nɤn^{312} ɕiɛ^{55} tɕia· t‘a^{55} tɤŋ^{55} pu· saŋ^{312} kua^{24} su^{42} tou· tɕ‘yan^{42}
哗嘞流^{D}恁些价。他等不上瓜熟，逗全
xau^{24} tio· lai· la· t‘a^{55} ts‘ʅ^{24} i· kɤ· sʅ^{312} k‘u^{55} lɛ· tsai^{312} ts‘aŋ^{42} i· kɤ· xan^{42} sʅ^{312}
薅掉^{D}来了。他吃一个是苦嘞，再尝一个还是
k‘u^{55} lɛ· pai^{312} kua^{24} ts‘o^{42} kɤ· pian^{312} iɛ^{55} mou^{312} i$^{24|42}$ kɤ· sʅ^{312} t‘ian^{42} nɛ·
苦嘞，拜瓜尝^{D}个遍，也有一个是甜嘞，
yɛ^{24} ts‘ʅ^{24} yɛ^{24} tɕyo^{24} lɛ· k‘u^{55} tsɛ^{55} i$^{24|42}$ xai^{312} tɛ· k‘iɛ^{24} pai^{312} t‘a^{55} zɛ^{55}
越吃越觉嘞苦。这一下得刻拜他惹
tɕi^{42} la· lɛ^{42} ti^{312} lɛ· k‘iɛ^{24} pai^{312} kua^{24} iaŋ^{24} ts‘ou^{24} la· la^{24} la· tɕia^{24} zo^{24} fɤn^{312}
急了，来^{D}地嘞刻拜瓜秧抽了，拉拉^{0}家扔^{D}粪
k‘ɤn^{24} tɛ· li^{55} t‘ou· la·
坑得里头了。

ts‘ɛ^{42} mou^{312} tuo^{42} ts‘aŋ^{42} sʅ^{42} xor· tɕiɛ^{24} lɛ· iou^{312} iou^{55} kɤ· mai^{312} t‘ian^{42}
迟^{D}有多长时候儿，街嘞又有个卖甜
kua· lɛ· t‘a^{55} iou^{312} tɕ‘y^{312} mai^{55} lɛ· la· i$^{24|42}$ mian^{312} tsou^{55} i$^{24|42}$ mian^{312} ɕiaŋ^{55}
瓜嘞，他又去买嘞了，一面走一面想，
o^{24} uaŋ^{312} pu· lɛ· iou^{55} mai^{312} t‘ian^{42} kua· lɛ· lɛ· tɕi^{312} tɕia· tsuɤŋ^{312} lɛ· tou^{24}
哦，望不嘞有卖甜瓜嘞嘞，自家种嘞都
pu^{24} xau^{55} ts‘ʅ^{24}
不好吃。

（张法礼讲述）

2. 烂锅片得

iou^{55} kɤ· ɕiau^{55} xar^{42} tai^{312} ti^{312} lɛ· kɤ^{24} ts‘au^{55} lɛ· sʅ^{42} xor· tɕ‘iau^{42} tsuo^{42} i^{24}
有个小孩儿在地嘞割草嘞时候儿，瞧着一
pa^{55} tɛ· ts‘au^{55} tsaŋ^{55} lɛ· iou^{312} ta^{312} iou^{312} uaŋ^{312} tou^{312} pai^{312} t‘a· kɤ^{24} tio· lai· la·
把得草长嘞又大又旺，逗拜它割掉^{D}来了。
kuai^{312} lɛ· xɤn^{55} na^{312} kɤ· ti^{312} sɐr· iou^{312} yan^{42} iɐr^{312} tsaŋ^{55} tɕ‘y· lai· i^{24} k‘uo^{24}
怪嘞狠，那个地上儿又原样儿长出来一棵
ts‘au^{55} t‘a^{55} iou^{312} pai^{312} ts‘au^{55} kɤ^{24} ɕia· lai· ts‘au^{55} iou^{312} tsaŋ^{55} tɕ‘y· lai· la·
草。他又拜草割下来，草又长出来了，
ts‘au^{55} suɛ^{42} kɤ^{24} suɛ^{42} tsaŋ^{55} i^{24} tsʅ· kɤ^{24} pu· liau^{55} t‘a^{55} i$^{24|42}$ xuər^{312} tou· kɤ^{24}
草随^{D}割随^{D}长，一直割不了。他一会儿逗割
i· lou^{55} tɛ· ts‘au^{55} xuei^{42} tɕia^{55} la·
一篓得草回家了。

çiau^{55} xar^{42} t‘a^{55} tiɛ^{24} niaŋ^{42} tçian^{312} t‘a^{55} tsɤn^{42} k‘uai^{312} xuaŋ· tɛ· tou^{312} xuei^{42}

小 孩儿 他 爹 娘 见 他 怎 快 荒 得 逗 回

lai· la· kɤ^{24} lɛ· ts‘au^{55} iou^{312} tuo^{24} tçyo^{24} lɛ· kuai^{312} çi^{24} xan· uɤn^{312} sɿ^{312} tsa^{55}

来了，割 嘞草 又 多，觉 嘞怪 稀 罕，问 是 咋

xuei^{42} sər^{312} çiau^{55} xar^{42} tou^{312} pai^{312} na^{312} k‘uo^{24} ts‘au^{55} lɛ· sər^{312} çyɛ^{24} la· i^{24}

回 事儿。小 孩儿 逗 拜 那 棵 草 嘞事儿说 了。一

t‘iŋ^{24} tsɛ^{55} t‘a^{55} tiɛ^{24} niaŋ^{42} lio^{55} çiau^{55} xar^{42} lɛ^{42} nɤn^{312} kɤ· i^{24} pa^{55} tɛ· ts‘au^{55} lɛ·

听 这，他 爹 娘 领^{D} 小 孩来^{D} 恁 个一把 得草 嘞

ti^{312} sɐr· ua^{24} k‘ai^{24} la· ua^{24} pan^{312} t‘ian^{24} ua^{24} nɤn^{312} ts‘ɤn^{24} xuaŋ· tɛ· sa^{55} iɛ·

地上儿 挖 开 了。挖^{0} 半 天 挖 恁 深 荒 得，啥 也

mou^{312} ua^{24} tç‘y· lai· kuaŋ^{24} ua^{24} tç‘y· lai· i$^{24|42}$ kɤ· lan^{312} kuo^{24} p‘ian^{312} tɛ· i^{24}

有 挖 出 来，光 挖 出 来 一 个 烂 锅 片 得。一

tçia^{24} tɛ· kuai^{312} pai^{312} çiŋ^{312} t‘a^{55} tiɛ^{24} pai^{312} lan^{312} kuo^{24} p‘ian^{312} tɛ· na^{42} tçia^{24}

家 得 怪 败 兴，他 爹 拜 烂 锅 片 得拿^{0} 家

suei^{42} piar^{312} zo^{24} u^{24} lɛ· tç‘iaŋ^{42} tçyor^{24} lɛ· la·

随 便儿 扔^{D} 屋 嘞 墙 角儿 嘞 了。

iou^{55} i· t‘ian^{55} i^{24} tsɿ^{24} ts‘au^{55} tçi^{24} tsuɛ^{24} u^{24} lɛ· la· tai^{312} lan^{312} kuo^{24} p‘ian^{312}

有一天，一只草 鸡 钻^{D} 屋嘞了，在 烂 锅 片

tɛ· liou^{55} fɛ^{312} kɤ· tan^{312} çiau^{55} xar^{42} pai^{312} tçi^{24} tan· na^{42} tç‘y· lai· li^{55} piar·

得 里头 嬎^{D} 个 蛋。小 孩儿 拜 鸡 蛋 拿 出来，里 边儿

iou^{312} iou^{55} i$^{24|42}$ kɤ· tsai^{312} na^{42} tç‘y· lai· i^{24} kɤ· li^{55} t‘ou· tou^{312} iou^{312} iou^{55}

又 有 一 个。再 拿 出来一 个，里 头 逗 又 有

i$^{24|42}$ kɤ· tçi^{24} tan· i^{24} tsɿ· na^{42} i^{24} tsɿ· iou^{55} i^{24} tçia^{55} tɛ· piŋ^{42} t‘i^{42} iou^{55} tuo^{42}

一 个，鸡 蛋 一 直 拿 一直 有。一 家 得 甭 提 有 多

kau^{24} çiŋ^{42} la· ma^{42} li· pai^{312} pau^{55} u· yŋ^{312} xuɤŋ^{42} pu^{312} pau^{24} tç‘y· ts‘o^{42} çiaŋ^{24}

高 兴 了，麻 利 拜 宝 物 用 红 布 包 住，藏^{D} 箱

tɛ· liou^{55} la· tçia^{55} lɛ· liaŋ^{42} sɿ· pu^{24} tuo^{24} la· tou^{312} na^{42} tç‘y· lai· pai^{312} liaŋ^{42} sɿ·

得里头 了。家 嘞 粮 食 不 多 了，逗 拿 出 来 拜 粮 食

tau^{312} tçin· tç‘y· i^{24} tiar^{55} liaŋ^{42} sɿ· tou^{312} i^{24} tsɿ· ts‘ɿ^{24} pu· liau^{55}

倒 进 去 一 点儿，粮 食 逗 一 直 吃 不 了。

iou^{55} kɤ· ts‘ai^{42} tsu^{55} t‘iŋ^{24} çyɛ^{24} tsɿ^{55} kɤ· sər^{312} la· tɛ^{312} i· pan^{24} tɛ· kou^{55}

有 个 财 主 听 说 指 个 事儿 了，带^{D} 一班 得 狗

t‘uei^{55} tɛ· uaŋ^{24} çiau^{55} xar^{42} tçia^{24} lɛ· la· lɛ^{42} nɐr· iŋ^{312} çyɛ^{24} lan^{312} kuo^{24} p‘ian^{312}

腿 得往 小 孩儿 家 嘞 了，来^{D} 那儿硬 说 烂 锅 片

tɛ· sɿ^{312} tʻa^{55} tɕia^{55} lɛ· sɤŋ^{24} sɐr^{24} lɛ· pai^{312} pau^{55} u· tuo^{42} tsou^{55} la·
得是他家嘞，生生儿嘞拜宝物夺走了。

ts‘ai^{42} tsu^{55} sɿ^{312} kɤ· ta^{312} ts‘ai^{42} mi^{42} lɛ^{42} tɕia^{55} tou^{312} tɕi^{42} xou^{24} xou· lɛ·
财主是个大财迷，来^{D}家逗急吼吼嘞
tɕ‘y^{312} tɕ‘y^{55} tɕin^{24} yan^{42} pau· lɛ· la· t‘a^{55} pai^{312} yan^{42} pau· uaŋ^{24} lan^{312} kuo^{24}
去取金元宝嘞了。他拜元宝往烂锅
p‘ian^{312} tɛ· liou^{55} i^{24} kɤ^{24} ian^{55} tɤŋ^{312} lɛ· nɤn^{312} kɤ· ian^{55} tiŋ· tɕy^{24} tɛ· tou· k‘uai^{312}
片得里头一搁，眼瞪嘞恁个眼睛珠得都快
tiau^{312} tɕ‘y· lai· la· t‘a^{55} na^{42} tɕ‘y· lai· i$^{24|42}$ kɤ· yan^{42} pau· kuo^{24} p‘ian^{312} tɛ·
掉出来了。他拿出来一个元宝，锅片得
liou^{55} xan^{42} iou^{55} i$^{24|42}$ kɤ· yan^{42} pau· i^{24} tsɿ· uaŋ^{24} uai^{312} na^{42} na^{42} lɛ· k‘uai^{312}
里头还有一个元宝，一直往外拿，拿嘞快
lɛ· xɛ^{55} lɛ· po· mou^{312} tuo^{42} ta^{312} i· xuər^{312} t‘a^{55} u^{24} lɛ· yan^{42} pau· tou^{312} tuo^{24} lɛ·
嘞狠^{D}嘞啵，有多大一会儿他屋嘞元宝逗多嘞
tɕyɛ^{24} pu· ɕia^{312} la·
□不下了。

ts‘ai^{42} tsu^{55} t‘a^{55} tiɛ^{24} ts‘ai^{42} sɿ^{312} kɤ· lau^{55} ts‘ai^{42} mi^{42} lɛ· i^{24} t‘iŋ^{24} ɕyɛ^{24} pau^{55}
财主他爹，才是个老财迷嘞。一听说宝
u· lɛ· sər^{312} ma^{42} li· k‘iɛ^{24} tau^{312} t‘a^{55} ɕior^{55} na^{312} u^{24} lɛ· iɛ^{55} tɕ‘y^{312} pian^{312} yan^{42}
物嘞事儿，麻利刻到他小儿那屋嘞也去变元
pau· lɛ· la· t‘a^{55} tou· tɕ‘i^{24} lau^{55} pa^{24} sɿ^{24} la· i^{24} tɕian^{312} pian^{312} tɕ‘y· lai· lɛ· yan^{42}
宝嘞了。他都七老八十了，一见变出来嘞元
pau· ku^{312} t‘ou^{42} pu^{24} ku^{312} tiŋ^{312} lɛ· tou· p‘u^{24} saŋ· tɕ‘y· la· p‘u^{24} t‘ɤŋ^{24} xai· tɛ·
宝，顾头不顾腚嘞逗扑上去了，扑腾下得
pɛ^{55} lan^{312} kuo^{24} p‘ian^{312} tɛ· liou^{55} la· ts‘ai^{42} tsu^{55} kan^{55} tɕin^{55} tou· tɕ‘y^{312} la^{24} t‘a· lɛ·
板^{D}烂锅片得里头了。财主赶紧逗去拉他嘞，
i^{24} la^{24} la^{24} tɕ‘y· lai· kɤ· tiɛ^{24} kuo^{24} p‘ian^{312} tɛ· liou^{55} iou^{312} iou^{55} kɤ· tiɛ^{24} tsai^{312}
一拉拉出来个爹，锅片得里头又有个爹，再
la^{24} tɕ‘y· lai· i$^{24|42}$ kɤ· li^{55} t‘ou· iou^{312} iou^{55} i$^{24|42}$ kɤ· i$^{24|42}$ xuər^{312} la^{24} lɛ·
拉出来一个，里头又有一个，一会儿拉嘞
man^{55} yan^{312} tɛ· tou^{24} ts‘o^{42} tiɛ^{24} la· tiɛ^{24} i^{24} tsɿ· la^{24} pu· liau^{55} la· tsɛ^{55} tsa^{55}
满院得都成^{D}爹了。爹一直拉不了了，这咋
nɤŋ^{312} ŋɛ· ts‘ai^{42} tsu^{55} tɕ‘i^{312} lɛ· ta^{312} tɕiau^{312} i· sɤŋ^{24} uo^{55} lɛ· tiɛ^{24} iai· to^{55} ti^{312}
弄也？财主气嘞大叫一声：“我嘞爹唻！”倒^{D}地
ɕia· tuɛ^{312} tɕ‘iər^{312} la·
下断^{D}气儿了。

（郭运峰讲述）

3. 弟儿仨分家

tsau^{55} ɕiar^{24} iou^{55} i· tɕiɐr^{24} tiɐr^{312} sa^{24} tiɛ^{24} niaŋ^{42} i$^{24|42}$ tɕ‘iər^{42} sɿ^{55} la·
早 先儿 有 一 家儿 弟儿 仨， 爹 娘 一 齐儿 死 了。

pai^{312} lau^{55} tər· mɛ^{42} ti^{312} lɛ· k‘iɛ^{24} ɕyɛ^{24} k‘ai^{24} fɤn^{24} tɕia^{24} lɛ· sər^{312} la· lau^{55}
拜 老 得儿埋 地 嘞 刻 说 开 分 家 嘞 事儿 了，老

ta^{312} ɕyɛ^{24} pai^{312} tuɤŋ^{24} ɕi· fɤn^{24} ts‘ɤŋ· san^{42} fər^{312} sei^{42} ta^{312} sei^{42} ɕian^{24} t‘iau^{24}
大 说：“拜 东 西 分 成 三 份儿，谁 大 谁 先 挑。”

lau^{55} ər^{312} lau^{55} san^{24} tou^{24} mou^{312} k‘ɤŋ^{24} sɐr^{24} i$^{24|42}$ xuər^{312} tou^{312} pai^{312} tɕia^{24}
老 二、老 三 都 冇 吭 声儿，一 会儿 逗 拜 家

fɤn^{24} na· lau^{55} ta^{312} fɤn^{24} nɛ· luo^{42} tɛ· ma^{55} lau^{55} ər^{312} fɤn^{24} nɛ· ly^{42} niou^{42}
分 了。老 大 分 嘞 骡 得、马，老 二 分 嘞 驴、 牛，

lau^{55} san^{24} fɤn^{24} nɛ· tɕi^{24} tɛ· kou^{55}
老 三 分 嘞 鸡 得、狗。

iou^{55} i· t‘ian^{24} lau^{55} san^{24} tɕ‘y^{312} ti^{312} lɛ· kan^{312} xuor^{42} lɛ· la· pai^{312} kou^{55}
有 一 天，老 三 去 地 嘞 干 活儿 嘞 了，拜 狗

kɛ^{24} tɕi^{24} tɛ· t‘o^{312} li^{42} tɛ· saŋ· tɕiau^{312} li^{42} ti^{312} lɛ· tsɤŋ^{312} iau^{312} li^{42} lɛ· sɿ^{42} xor·
跟^{D}鸡 得 套^{D}犁 得 上 叫 犁 地 嘞。正 要 犁 嘞 时 候，

tiŋ^{24} tiŋ· kuaŋ^{24} tiŋ^{24} tiŋ· kuaŋ^{24} lɛ^{42} i· liou^{312} tɛ· iaŋ^{42} piŋ^{24} k‘ua^{312} na· iaŋ^{42}
叮 叮 咣，叮 叮 咣，来^{D}一溜 得 洋 兵，挎^{0} 那 洋

tɕ‘iaŋ^{24} xɤ^{42} tɛ· p‘au^{312} iaŋ^{42} piŋ^{24} tɕ‘iau^{42} tsuo^{42} lau^{55} san^{24} iau^{312} yŋ^{312} tɕi^{24} tɛ·
枪 盒 得 炮。洋 兵 瞧 着 老 三 要 用 鸡 得

kɛ^{24} kou^{55} li^{42} ti^{312} tɕyo^{24} lɛ· kuai^{312} ɕi^{24} xan· t‘iŋ^{42} ɕia· lai· ɕyɛ^{24} ni^{55} nɤŋ^{42}
跟^{D}狗 犁 地，觉 嘞 怪 稀 罕，停 下 来 说：“你 能

ta^{42} ta^{42} uo^{24} uo^{24} li^{42} i· tsau^{24} tɕin^{24} tɛ· in^{42} tɛ· tɕiɛ^{55} ni· t‘iau^{24} lau^{55} san^{24} i^{24}
‘打 打 喔 喔’犁 一 招 金 得 银 得 尽^{D}你 挑。” 老 三 一

t‘iŋ^{24} kau^{55}ɕiŋ· lɛ· mou^{312} piar^{24} na^{42} tɕ‘i· lai· pian^{24} tɛ· k‘iɛ^{24} sɿ^{55} xuan· k‘ai·
听 高 兴 嘞 冇 边儿，拿 起 来 鞭 得 刻 使 唤 开

kou^{55} kɛ^{24} tɕi^{24} tɛ· la· uo^{24} uo^{24} ni^{55} piŋ^{42} ɕyɛ^{24} mou^{312} i^{24} tsɿ· mɐr^{24} t‘a^{55}
狗 跟^{D}鸡 得了。“喔，喔！”你 甭 说，冇 一 支 蒙儿，他

tsɤn^{24} liɛ^{42} i· tsau^{24} ti^{312} iaŋ^{42} piŋ^{24} ɕyɛ^{24} xua^{312} suan^{312} xua^{312} lau^{55} san^{24} iɛ^{55}
真 犁^{D}一招 地。洋 兵 说 话 算 话，老 三 也

kuai^{312} sɿ^{55} tɕy^{24} t‘io^{24} tɕi ^{55} io· ta^{312} tɕin^{24} yan^{42} pau· tou^{312} xuei^{42} tɕia^{24} la·
怪 识 足，挑^{D} 几 个 大 金 元 宝 逗 回 家 了。

xuei^{42} tau^{312} tɕia^{24} kɛ^{24} lau^{24} p‘o^{42} tɛ· i^{24} ɕyɛ^{24} lia^{55} zɤn^{42} piŋ^{42} t‘i^{42} iou^{55}
回到家跟老婆得一说，俩人甭提有
tuo^{42} kau^{24} ɕiŋ· la· lau^{55} ta^{312} pu^{24} tsɿ^{42} tau· tsa^{55} t‘iŋ^{24} ɕyɛ^{24} tsɿ^{55} kɤ· sər^{312} la·
多高兴了。老大不知道咋听说指个事儿了，
iɛ^{55} ɕiaŋ^{55} fa^{24} tsɿ^{55} kɤ· ts‘ai^{42} tou^{312} tɕ‘y lau^{55} san^{24} tɕia^{24} tɕiɛ^{312} kou^{55} kɛ^{24}
也想发指个财。逗去老三家借狗跟^{D}
tɕi^{24} tɛ· lɛ· la· lau^{55} san^{24} pu^{24} ɕiaŋ^{55} tɕiɛ^{312} iou^{312} pu^{24} kan^{55} pu$^{24|42}$ tɕiɛ^{312}
鸡得嘞了，老三不想借又不敢不借，
kuai^{312} pu^{24} tɕ‘iŋ^{42} yan· nɛ· tɕiɛ^{312} tɕ‘y· t‘a· la· lau^{55} ta^{312} xuei^{42} tau^{312} tɕia^{24}
怪不情愿嘞借住他了。老大回到家，
t‘o^{312} saŋ· li^{42} tɛ· tɕiau^{312} tɕ‘y· t‘a· lau^{24} p‘o^{42} tɛ· i$^{24|42}$ tɕ‘iər^{42} uaŋ^{24} ti^{312} lɛ· li^{42}
套^{D}上犁得叫住他老婆得，一齐儿往地嘞犁
ti^{312} lɛ· la·
地嘞了。

tsɤŋ^{312} iau^{312} li^{42} ti^{312} lɛ· sɿ^{42} xor· tiŋ^{24} tiŋ· kuaŋ^{24} tiŋ^{24} tiŋ· kuaŋ^{24} iɛ^{55}
正要犁地嘞时候儿，叮叮咣，叮叮咣，也
lɛ^{42} i·liou^{312} tɛ· iaŋ^{42} tɕ‘iaŋ^{24} xɤ^{42} tɛ· p‘au^{312} liŋ^{55} t‘or^{42} lɛ· ɕyɛ^{24} ni^{55} nɤŋ^{42} ta^{42}
来^{D}一溜得洋枪盒得炮，领头儿嘞说：“你能‘打
ta^{42} uo^{24} uo^{24} li^{42} i^{24} tsau^{24} tɕin^{24} tɛ· in^{42} tɛ· tɕiɛ^{55} ni· t‘iau^{24} i^{24} t‘iŋ^{24} tsɛ^{55}
打喔喔’犁一招，金得银得尽^{D}你挑。”一听这
xua^{312} liaŋ^{55} k‘ou^{55} tɛ· kau^{24} ɕiŋ· lɛ· pɤŋ^{312} k‘ai· la· lau^{55} ta^{312} tsuei^{55} lɛ· xan^{42}
话，两口得高兴嘞蹦开了！老大嘴嘞还
nian^{312} tau· tɕ‘y· fa^{24} ts‘ai^{42} la· fa^{24} ts‘ai^{42} la· t‘a^{55} lau^{24} p‘o^{42} tɛ· ɕyɛ^{24} piŋ^{42}
念叨住“发财了！发财了！”他老婆得说：“甭
nian^{312} tau· la· k‘uai^{312} tiar· li^{42} ti^{312}
念叨了，快点儿犁地!”

lau^{55} ta^{312} kan^{55} tɕin^{55} sɛ^{55} tsuo^{55} sou^{55} fu^{42} tɕ‘i· lai· li^{42} tɛ· iou^{312} sou^{55} sai^{55}
老大赶紧使^{D}左手扶起来犁得，右手甩
k‘ai· pian^{24} tɛ· ta^{312} sɤŋ^{24} iau^{24} xɤ· tɕia^{42} uo^{24} pu^{24} kuan^{55} t‘a^{55} tsa^{42} tər· sai^{55}
开鞭得，大声吆喝“驾，喔!”不管他咋得儿甩
pian^{24} iɛ^{55} pu^{24} kuan^{55} t‘a^{55} tsa^{42} tər· tsɿ^{24} lau· tɕi^{24} tɛ· kɛ^{24} kou^{55} uaŋ^{24} tɕ‘ian^{42}
鞭，也不管他咋得儿吱唠，鸡得跟^{D}狗往前
i$^{24|42}$ pu^{312} iɛ^{55} nuo^{42} pu^{24} tuɤŋ^{312} tɕi^{42} lɛ· lau^{55} ta^{312} lian^{55} xuɤŋ^{42} po^{42} tɛ· ts‘u^{24}
一步也挪不动。急嘞老大脸红脖得粗
lɛ· sɛ^{55} pian^{24} xɤn^{55} ts‘u^{24} k‘ai· tɕi^{24} tɛ· kɛ^{24} kou^{55} la· tɕi^{24} tɛ· tɕin^{24} pu^{24} tɕ‘y·
嘞，使^{D}鞭狠搐开鸡得跟^{D}狗了。鸡得尽不住

ts‘u^{24} i^{24} pian^{24} ɕia^{312} tɕ‘y· k‘iɛ^{24} t‘io^{55} nɐr· pu^{24} tuɤŋ^{312} la· kou^{55} iɛ^{55} tɕiau^{312}
搐，一鞭下去刻挺^{D}那儿不动了，狗也叫
t‘a· san^{24} pian^{24} liaŋ^{55} pian^{24} nɛ· k‘iɛ^{24} ts‘u^{24} sɿ^{55} la·
他三鞭两鞭嘞刻搐死了。

ti^{312} ər^{312} t‘ian^{24} lau^{55} san^{24} liaŋ^{55} k‘ou^{55} tɛ· kuo^{312} lai· iau^{312} t‘a^{55} lɛ· tɕi^{24}
第二天，老三两口得过来要他嘞鸡
tɛ· kɛ^{24} kou^{55} lɛ· lau^{55} ta^{312}ɕyɛ^{24} ni^{55} na· sa^{55} tɕi^{24} tɛ· sa^{55} kou^{55} uɛ· kɤn^{24}
得跟^{D}狗嘞，老大说："你那啥鸡得啥狗也，根
pɤn^{55} tou· li^{42} pu· lau^{55} ti^{312} sɛ^{55} an^{55} nan^{42} ti^{312} lɛ· la· lau^{55} san^{24} pu^{24} kan^{55}
本逗犁不唠地，死^{D}俺南地嘞了。"老三不敢
tiŋ$^{55|42}$ tsuei^{55} lio^{55} t‘a· lau^{24} p‘o^{42} tɛ· k‘iɛ^{24} uaŋ^{24} nan^{42} ti^{312} lɛ· tsou^{55} la· lɛ^{42}
顶嘴，领^{D}他老婆得刻往南地嘞走了。来^{D}
ti^{312} lɛ· i^{24} tɕ‘iau^{42} tɕi^{24} tɛ· kɛ^{24} kou^{55} tou^{24} tsɿ^{42} t‘iŋ· t‘iŋ^{42} lɛ· la· lia^{55} zɤn^{42}
地嘞一瞧，鸡得跟^{D}狗都直挺挺嘞了！俩人
tai^{312} nɐr· xau^{55} k‘uo^{24} i$^{24|42}$ tsɤn^{42} tɛ· lau^{55} san^{24} ɕyɛ^{24} no^{312} tsou· mai^{42} lou·
在那儿好哭^{D}一阵得，老三说："弄^{D}走埋喽
pa· ɕyɛ^{24} pa^{312} lou· tsɿ^{55} kɤ· xuɐr^{312} lia^{55} zɤn^{42} i$^{24|42}$ kɤ· la^{24} la· kou^{55} i$^{24|42}$
吧。"说罢喽指个话儿，俩人一个拉拉狗，一
kɤ· tian^{24} tɕ‘y· tɕi^{24} tɛ· xuei^{42} tɕia^{24} la· lai^{42} tau^{312} tɕia^{24} piar^{24} lɛ· nɤn^{312} kɤ^{312}
个掂住鸡得回家了。来到家边儿嘞恁个
y^{42} ɕy· ti^{55}ɕia· lau^{55} san^{24} sɛ^{55} t‘iɛ^{24} ɕian· p‘o^{42} kɤ· k‘ɤŋ^{24} pai^{312} tɕi^{24} tɛ· kɛ^{24}
榆树底下，老三使^{D}铁锨刨^{D}个坑，拜鸡得跟^{D}
kou^{55} kɤ^{24} liou· la· lin^{42} fɤŋ^{24} t‘u^{55} lɛ· sɿ^{42} xor· liaŋ^{55} k‘ou^{55} tɛ· iou^{312} k‘u^{24} k‘ai·
狗搁里头了。临封土嘞时候，两口得又哭开
la· uo^{55} lɛ· tɕi^{24} tɛ· ia uo^{55} lɛ· kou^{55} ua· tsɛ^{55} i· k‘u^{24} pu$^{24|42}$ iau^{312} tɕin^{55} y^{42}
了，"我嘞鸡得呀，我嘞狗哇！"这一哭不要紧，榆
ɕy· saŋ· xua^{24} xua^{42} lɛ· tiau^{312} k‘ai· tuɤŋ^{24} ɕi· la· tsa^{42} lɛ· t‘ou^{42} xan· t‘ɤŋ^{42} lɛ· sɿ^{42}
树上哗哗嘞掉开东西了，砸嘞头还疼嘞，拾
tɕ‘i· lai· i^{24} tɕ‘iau^{42} sɿ^{312} tɕin^{24} tɛ·
起来一瞧，是金得！

tsɿ^{55} kɤ· sər^{312} iɛ^{55} tɕiau^{312} lau^{55} ta^{312} t‘iŋ^{24} ɕyɛ^{24} la· t‘a^{55} ma^{42} li· tɕiau^{312}
指个事儿也叫老大听说了，他麻利叫
tɕ‘y· t‘a· lau^{24} p‘o^{42} tɛ· lɛ^{42} y^{42} ɕy· ti^{55} ɕia· uo^{55} lɛ· tɕi^{24} tɛ· ia uo^{55} lɛ· kou^{55}
住他老婆得来^{D}榆树底下，"我嘞鸡得呀，我嘞狗

ua· kɤ^{24} nɐr· tsuaŋ^{24} k‘u^{24} lɛ· man^{55}ta^{312} tɕin^{312} tsɛ^{55} i· k‘u^{24} y^{42} ɕy· iɛ^{55} xua^{24}
哇！”搁那儿装 哭 嘞 满 大 劲。这 一 哭，榆 树 也 哗
xua^{42} tiau^{312} k‘ai· tuɤŋ^{24} ɕi· la· tsɛ^{55} i· xuei^{42} tiau^{312} lɛ· pu$^{24|42}$ sɿ^{312} tɕin^{24} tɛ·
哗 掉 开 东 西 了。这一 回 掉 嘞 不 是 金 得，
sɿ^{312} sɿ^{42} t‘ou· k‘uai^{312} tɛ· tsa^{42} lɛ· t‘a^{55} liaŋ^{55} k‘ou^{55} tɛ· k‘u^{24} tiɛ^{24} tɕiau^{312} niaŋ^{42}
是 石 头 块 得，砸 嘞 他 两 口 得 哭 爹 叫 娘
lɛ· uaŋ^{24} tɕia^{24} p‘au^{55} la·
嘞 往 家 跑 了。

（李书玲讲述）

七 民间小调

武大郎推车得

一月那个提嘞媒，i^{24} yɛ^{24} lɛ· na^{312} kɤ· t‘i^{42} lɛ· mei^{42}
二月嘞娶呀，ər^{312} yɛ^{24} lɛ· ɕ‘y^{55} ia·
三月里生了个，san^{24} yɛ^{24} li· sɤŋ^{24} liau· kɤ·
小二郎嘞，嘿嘿。ɕiau^{55} ər^{312} laŋ^{42} lei· xei· xei·

四月嘞会坐，sɿ^{312} yɛ^{24} lɛ· xuei^{312} tsuo^{312}
五月嘞跑哇，u^{55} yɛ^{24} lɛ· p‘au^{55} ua·
六月里就会，liou^{312} yɛ^{24} li· tɕiou^{312} xuei^{312}
叫爹娘嘞，嘿嘿。ɕiau^{312} tiɛ^{24} niaŋ^{42} lei· xei· xei·

七月嘞上学，tɕ‘i^{24} yɛ^{24} lɛ· saŋ^{312} ɕyo^{42}
八月嘞考哇，pa^{24} yɛ^{24} lɛ· k‘au^{55} ua·
九月里就中了，tɕiou^{55} yɛ^{24} li· tɕiou^{312} tsuɤŋ^{312} liau·
状元郎嘞，嘿嘿。tsuaŋ^{42} yan· laŋ^{42} lei· xei· xei·

十月嘞得病，sɿ^{42} yɛ^{24} lɛ· tɛ^{24} piŋ^{312}
冬月嘞瞧哇，tuɤŋ^{24} yɛ^{24} lɛ· tɕ‘iau^{42} ua·
腊月里就进了，la^{24} yɛ^{24} li· tɕiou^{312} tɕin^{312} liau·
大墓坑嘞，嘿嘿。ta^{312} mu^{312} k‘ɤŋ^{24} lei· xei· xei·

小曲的简谱：

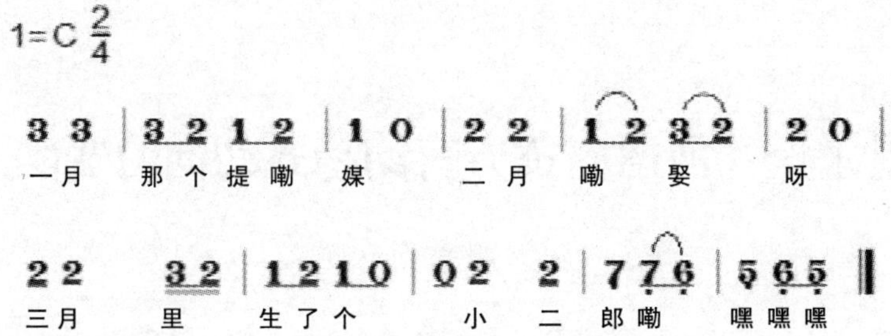

说明：这是流行于内黄县东庄镇北部一带的民间小调。口语中很少使用的方位词“里”在唱词中存在，并且和口语中的“嘞”同时使用。口语中多读“逗”的副词，在唱词里可以唱作“就”。口语中的“完成”义一般使用动词变韵形式表示，唱词可以用“了[liau^{55}]”表示，而“了”在口语中一般只能作谓语和补语。

附录一　河南内黄方言动趋式动词的变韵

1. 引言

内黄是安阳市所辖的五县之一，位于河南省最北部，其方言划归中原官话的郑曹片。内黄方言的音系特征详见李学军（2012）。

动词变韵在河南中北部地区有着广泛的分布，目前发现存在这一现象的方言点已达 25 个。贺巍（1965）、王森（1998）、赵清治（1998）、辛永芬（2006）、王青锋（2007）等有详细报道。

与以往报道的变韵动词仅限于行为动词（包括具有复合词性质的动结式）不同，内黄方言变韵动词的范围更广。除行为动词外，绝大多数趋向动词、部分表示属性或关系的动词也能实现变韵。相应地，变韵除了能够表示“完成、持续、终点格”这三类句法意义外，还能表示“确认”语气义等。

本文选择内黄方言动趋式作为考察对象，主要基于两点考虑：1）动趋式（单趋式）中行为动词的变韵在豫北方言中带有一定的普遍性，且与其他条件下行为动词的变韵功能存在明显差异。以往的研究对此缺乏讨论，少数学者“完成体标记”的定性值得商榷。2）趋向动词的变韵作为一种重要的功能类型至今未见报道，将之置于短语框架内进行考察，有利于揭示动、趋之间的变韵互动关系。

2. 内黄方言的动趋式及 D 变韵系统

2.1　动趋式的构成

由单音节趋向动词构成的动趋式叫单趋式，由双音节趋向动词构成的动趋式叫双趋式。

内黄方言中典型的单趋式只有三类：“V+来/走/上”。

双趋式主要有：“V+上来/下来/进来/出来/回来/过来/起来/上去/下去/进去/出去/回去/过去”等 13 类。无论是单趋式还是双趋式，趋向动词一般读轻声。

内黄方言的动趋式在组合上与动结式相同，属于粘合结构。除了其可能形态可在行为动词和趋向动词之间插入“不”之外，不能插入其他成分，双音节趋向动词之间更不能插入任何成分。普通话中“拿得出来”在内黄话只能在动趋式前加助动词“能”来表示，说成“能拿出来”，“拿了出来、拿出一本书来”在内黄话中都不能说，“拿一本书出来”只能构成连动短语。

趋向动词和行为动词的组合具有选择性。双趋式这方面的限制较为宽松，单趋式的行为动词一般是他动词，不能是自动词。如“走来”在内黄方言中不能构成动趋式，只能在特定条件下构成连动短语。

2.2　动趋式的语义-语法功能

动趋式表示的基本意义为“动作出现某种结果”。与一般动结式所不同的是，许多情况下这种结果带有位移性。内黄方言单趋式不发达，但每类之间差别明显。“来、走”多表示移位性结果，“上”表示移位性结果和一般结果的频率相当，但没有“来、走”的结合面宽。

双趋式与普通话大致相同，趋向动词既可以表示位移性结果（两个趋向语素意义的复合：前一个表示移动方向，后一个表示立足点），也能表示一般结果，个别的（如“下去”）还能表示动作的状态。

动趋式主要充当谓语中心。由他动词构成的动趋式一般可以带受事宾语，由自动词构成的动趋式（双趋式）一般可以带施事宾语。动趋式和所带宾语之间不能插入助词（内黄方言中没有词尾“了”）。内黄方言不存在带方所宾语的动趋式，普通话中动趋式带源点和终点题元的动宾结构在内黄话中必须借助介词来表达。如：“跳下车、撂进茶壶”在内黄话中只能说成“从车上跳下来（源点前置）、撂到茶壶里头”。后一类还能以动词的变韵形式出现，说成“撂^{D}茶壶里头”。

2.3　D 变韵系统

除南部的二安、井店、六村、梁庄、中召、后河六个乡镇外，以城关镇为代表的内黄方言 D 变韵系统如下表。括弧内为基本韵母。

a（<a）	ɤ（<ɤ）
ia（<ia）	ua（<ua）
ɛ（< ɛ ɿ ai ei an ɤn）	o（<o au ou aŋ ɤŋ）
iɛ（< i iɛ ian in）	io（< iau iou iaŋ iŋ）
uɛ（< uɛ uai uei uan uɤn）	uo（< u uo uaŋ uɤŋ）
yɛ（< y yɛ yn yan）	yo（< yo yŋ）iɛ（< i iɛ ian in）

① 内黄方言 D 变韵系统较为整齐，韵尾一律脱落，后鼻韵尾脱落后，韵母带有轻微的鼻化色彩。

② 基本韵母中[a o ɤ ɛ ər ia iɛ io ua uɛ uo yɛ yo] 这 13 个属于不变韵母，其余 27 个属于可变韵母。不变韵母和可变韵母经过整合形成了一个独立的

变韵系统，韵母由原来的 40 个变为 12 个。当不变韵母表示变韵韵母的意义时，我们看作 D 变韵的零形式。

③ 产生 D 变韵的词类主要是动词、形容词以及小地名中的姓氏名词、个别副词、介词等。

在本文中，动趋式动词的变韵用上标“D”来表示，零形式用上标“0”表示，并加注国际音标（每组例句中相同的变韵音节，一般只对排序在前的那个注音），非动趋式的 D 变韵一般只用上标符号，基本韵不加标注。文中论及的合音字，用上标 H 表示并注音。另外，为节省篇幅，例句一般不作转写，只对难懂的方言词用小号字体随句加以注释。

3. 单趋式中行为动词的变韵

3.0　*动趋式的常态形式*

内黄方言典型单趋式的实际存在形式以“V^{D}+来/走/上”为常态，双趋式的实际存在形式以不变韵的“V+上类字+来/去”为常态。常态形式可以用于各类句子。

严格说，上文谈到的单趋式的构成理应包括行为动词变韵这一形式成分。不过，为了充分说明这一形式成分与行为动词其他条件下变韵功能的不同，我们将之剥离出来，并结合句子（以简单句为主）来加以讨论。

3.1　*单趋式的句类分布及变韵表现*

单趋式用于简单陈述句，句子可以表示已然行为。

具体来说，“V^{D}+来”句表示动作致使受事从别的地方已移到说话人所在的地方，“V^{D}+走”句表示动作致使受事从说话人所在的地方已移到别的地方，“V^{D}+上”句表示动作已使受事添加到某处或已使目的、标准实现。

根据动趋式后面附带的成分，句子大致可以分为四类：

[A]式：数量+宾语

（1）他夜个$_{\text{昨天}}$扤^{D}[k‘uε^{55}]$_{\text{挎}}$来点儿鸡蛋。

（2）俺北地嘞$_{\text{的}}$拉伸$_{\text{花生}}$叫□[niε·]人家偷^{D}[t‘o^{24}]走一亩多。

（3）他又扔^{D}[zo^{24}]上个木头疙瘩。

（4）□[niε^{312}]$_{\text{人家}}$那一家儿年似个$_{\text{去年}}$考^{D}[k‘o^{55}]上俩大学生。

[B]式：宾语+了

（5）□[niε^{312}]$_{\text{人家}}$请^{D}[tɕ‘io^{55}]来老师儿$_{\text{师傅}}$了。

（6）恁$_{\text{你}}$爹捎^{D}[so^{312}]走你嘞$_{\text{的}}$书了。

（7）她早逗$_{\text{早就}}$抱^{D}[po^{312}]走孩得了嘞$_{\text{呢}}$。

（8）地嘞$_{\text{地里}}$种^{D}[tsuo^{312}]上麦得了。

[C]式：了

（9）他拜把人儿搁给你招 ^{D}[tso^{24}]来了。

（10）她拜把她娘家陪送嘞的东西全要 ^{D}[io^{312}]来了。

（11）庄家拜把桌得上嘞的钱儿全吃 ^{D}[ts'ɛ^{24}]走了。

（12）绳得我将刚才逗就祷 ^{D}[k'uɛ^{312}]拴上了。

[D]式：时量/动量+（了）

（13）帐算 ^{D}[suɛ^{312}]来半个多月了。

（14）头牯牲口套 ^{D}[t'o^{312}]上一大会得很长时间了。

（15）他这一崩儿这段时间搬 ^{D}[pɛ^{24}]来他舅两三回（了）。

（16）他今儿个今天拜把俺哥叫 ^{D} [tɕio^{312}]走一大晌（了）。

在已然句中，“V^{D}+来”的情况较为特殊，两种情况下变韵可以后移。

1）当 V 为单音节动词，且 V 的韵母属于不变韵母时，除了[C]式句之外，其余三类句子可以用零形式，也可以将变韵移到“来”之上。这种情形可能源于动结式变韵的类推，但年轻人倾向于使用前一种形式。

（17）上边儿拨 ^{0}[po^{24}]来几万块钱。=上边儿拨来 ^{D}[lɛ·]几万块钱。

（18）他拿 ^{0}[na^{42}]来东西了。=他拿来 ^{D} 东西了。

（19）这几天他叫□[niɛ·]人家架 ^{0} [tɕia^{312}]来好几回了。=这几天他叫□[niɛ·]架来 ^{D} 好几回了。

2）当 V 为双音节动词时，不管 V 的末尾音节是可变韵母还是不变韵母，变韵似都可以后移到趋向动词“来”之上。年轻人倾向于行为动词变韵。该类动趋式不多，且变韵与否也不够稳定，我们仅发现[A]式句和个别[B]式句用例。

（20）他往你踅摸 ^{0}[mo^{312}]寻找来三千块钱。=他往你踅摸来 ^{D}[lɛ·]三千块钱。

（21）他攒掇 ^{D}[to·]收拾来一大车得破铺衬烂套得破烂儿。=他攒掇来 ^{D} 一大车得破铺衬烂套得。

（22）一个月头嘞前他爹逗就毒□[luɤŋ·]^{D} [luo^{312}]收拾来他了。=一个月头嘞他爹逗毒□来 ^{D} 他了。

单趋式用于简单陈述句，句子还可以表示将然行为。即对于说话时间来说是未然的，对于句中的参照时间来说是已然的。

我们仅发现[B]式句、[C]式句用例，且动趋式前一般需有时间副词“逗”。

（23）过明儿后天清 ^{D} 清早他逗就送 ^{D}[suo^{312}]来车得车子了。

（24）他一会儿逗拉 ^{0}[la^{24}]走家具了。

（25）过年明年这个时候儿咱逗就拜把你借嘞钱儿还 ^{D}[xuɛ^{42}]上了。

（26）他一会儿逗就拜把扣得搁给你敹 ^{D}[lio^{55}]上了。

单趋式用于疑问句，既可以是对已然行为的发问，也可以是对未然行为的发问。

以上所有例句在句末加上“哟”或“不是^{D}吧”可以构成是非问句（第一人称需改换），在句末加“冇”可以构成正反问句，也可以用疑问代词（针对时间、数量、方式、何人、何物等提问），并在句末加上语气词“也”构成特指问句。这里只列举对未然行为发问的例句：

（27）你扛^{D}[k‘o^{42}]走盖底被子嘞不是^{D}吧？（是非问）

（28）这个螺丝拧^{D}[nio^{42}]上不拧^{D}[nio^{42}]上？（正反问）

（29）谁拜把这一把秕拉伸花生捧^{D}[p‘o^{55}] 走？ （特指问）

（30）你带^{D}[tɛ^{312}]走镢头嘞哟他带^{D}走嘞也？（选择问）

单趋式用于祈使句、义务句、意愿句等，句子表示未然行为。

表祈使的句末常带语气词“吧、不咋”，表义务的句子一般用助动词“得”[tɛ^{24}]来表示，表意愿的句子多用“想”来表示，且句末需要加上语气词“嘞”。

（31）赶紧拜把地下那个东西拾^{D}[sɛ^{42}]来吧。

（32）恁你们俩拜把这都抬^{D}[t‘ɛ^{42}]走不咋呗。

（33）我得拜把这点儿芝麻提^{D}[t‘iɛ^{42}]走。

（34）你得拜把钱儿兑^{D}[tuɛ^{312}]上。

（35）我想叫你往我捎^{D}[so^{24}]来点儿东西嘞呢。

（36）他想要^{D}[io^{312}]走他嘞的钱儿嘞呢。

3.2 行为动词变韵的功能问题

单趋式中行为动词变韵的情况在豫北方言中带有普遍性，只是趋向动词的范围有宽有窄。获嘉、浚县、长垣方言有“V^{D}+来/走/去/上”式，荥阳方言有“V^{D}+来/走/去”式，内黄方言有“V^{D}+来/走/上”式等。

以往的报告不同程度地列举了这一事实，但限于陈述句和祈使句两类情况，且大多数学者并没有具体分析变韵的功能。

辛永芬（2006）注意到了陈述句中该类变韵与普通话“了$_{1}$”不对应的情况，但仍将变韵功能描述为“完成体标记”。这一定性显然难以解释单趋式用于表未然行为的句子。

柯理思、刘淑学（2001）给予我们重要的启示。将动趋式中行为动词的变韵定性为动、趋之间的连接标记（形式成分）可以得到豫北方言材料的有力支持。我们以前面列举的事实来具体说明。

1）祈使句、义务句、意愿句以及由动趋式的肯定否定叠加形式构成的反复问句等都表示未然行为，变韵不表示具体的语法意义。

2）疑问句中对未然行为发问和对已然行为发问的不同表现，说明句子的体貌义一般是由句尾的“了”标示的。

单趋式用于是非问句、特指问句和选择问句，句尾有无“了”意思截然不同（除由[A]式句变来的疑问句），我们以特指问例句加以说明。比较例（29）的变化形式：

（29）谁拜把秕拉伸花生捧 ^{D}[pʻo^{55}]走？→（29）’ 谁拜秕拉伸捧 ^{D}[pʻo^{55}]走了？（≈谁捧 ^{D} 走秕拉伸了？）

例（29）问的是“谁将捧走”，目的在于提出要求。（29）’ 问的是“谁已经捧走了”，目的则在于了解事实（内黄方言的“了”不能置于动宾或动补之间）。

3）简单陈述句中，[B]式、[C]式以及部分[D]式句的“已然”义也是由句尾的“了”标示的，不带句尾“了”的[A]式句的完成义也并非由变韵带来。尽管这一点还不能得到充分的解释，但从方言内部单趋式与双趋式平行关系的角度看并不难理解。

（37）我夜个昨天往他掂过去一壶水。

（38）前两天他送过来点儿东西。

例（37）（38）我们可以说不带体貌标记的双趋式与带数量词的名词构成的谓语情状可以直接表示“完成”，同样可以认为[A]式句也是如此，即不带体貌标记的单趋式与带数量词的名词所构成的谓语情状直接表示“完成”。

至于部分[D]式句为什么句尾不带“了”句子也能成立，并且表示“完成”，目前还不易说清楚。我们不妨从该类句子与普通话同类句的平行关系方面加以说明：像例（15）（16）不带句尾“了”时，转写为普通话也不能带句尾“了”，其他成分一一对应。其中，“V^{D}+来”的对应成分“V+来”后面并不能附加词尾“了”。由此可见，该类句子的完成体义也并非由变韵带来。

4）单趋式在一定条件下可以带上表经历体义的“过”，说明母语人将动趋式作为一个整体看待，变韵只是动趋式的内部构成形式，并不是附在动词之上的体标记形式。

（39）他在安阳嘞$_{\text{的}}$时候儿也搁$_{\text{给}}$咱捎 ^{D}[so^{24}]来过几回东西。

（40）俺这个洋车得$_{\text{自行车}}$年似个$_{\text{去年}}$叫$_{\text{被}}$□[niɛ·]$_{\text{人家}}$偷 ^{D}[tʻo^{24}]走过。

豫北方言中作为动趋之间连接标记的“变韵”这一形式成分，和晋语中的“动+将+来/去”的“将”以及冀鲁官话中的“动+了+来/去”中的“了”等相关，但连接的趋向成分不尽不同。它们很可能同源于近代汉语的“动+将/了+趋”式，其演变过程值得进一步研究。

4. 双趋式中趋向动词的变韵

4.0　动趋式的非常态形式

在特定条件下，动趋式中的趋向动词也能实现变韵（变韵音节一律本调重读）。单趋式的情形十分复杂，且变韵区不同发音合作人的语感很不一样（大概因变韵泛化所导致），这里暂且搁置。我们主要考察双趋式的非常态形式“V+上类字+来^{D}/去^{D}”。

4.1 趋向动词变韵的语境条件及功能

从句法上看，双趋式的非常态形式一般只能用于“能+双趋式”作谓语的句子（句末带助词“喽”[lou·]时，“能”可以省略）。从语义上看，该类句子表达一个主观性判断，“能”作为能性助动词，只能在“有能力或有条件许可”这两个核心义位上使用。从语用上看，非常态形式主要用于回应性的谓语强调句，适用的句类包括肯定句和问句。

与句法变韵的强制性不同，趋向动词变韵的使用与否除了受制于客观语境条件外，还取决于说话人的主观选择（重读常态形式的第一、第三音节也能实现谓语强调，但语气有所不同）。当说话人非常明确地认定断言内容为真时，才使用变韵形式。也就是说，变韵作为一种语法手段，主要表示“确认语气”，即说话人对断言的确信态度。

4.2 趋向动词变韵的句类分布

用于陈述句时，大致可以分为两种情况：针对一个否定性（包括反问）引发语直接反驳。引发语的谓语中心多是动趋式，回应句中动趋式一般位于句末。

（41）我能借出来^{D}[lɛ^{42}]。（<他嘞$_{\text{的}}$东西你借不出来。）

（42）绝对能拿下来^{D}。（<你光说叫他干嘞，他过真嘞$_{\text{难道}}$能拿下来这个活儿哟？）

（43）（能）开过去^{D}[tɕʻyɛ^{312}]喽。（<路怎窄慌得这么窄，三码得$_{\text{机动三轮车}}$开不过去。）

（44）能搊上去^{D}。（<他铁$_{\text{太}}$沉$_{\text{重}}$，你搊不上去他。）

针对询问性引发语或现实行状做出肯定或否定性回应。否定句由副词“冇”修饰动趋式。

（45）能打过来^{D}[lɛ^{42}]这一块地!（<怎些儿$_{\text{这么多}}$药够不够？）

（46）冇钱儿俺也能盖起来^{D}。（<光说盖屋得$_{\text{嘞}}$，有钱儿哟？）

（47）早不发钱儿了嘞$_{\text{呢}}$，逗^{D}$_{\text{就}}$那他也能干下去^{D}[tɕʻyɛ^{312}]。（〈他那儿情况咋样儿？）

（48）题是不难，逗^{D}$_{\text{就}}$那二妮也冇考过去^{D}。（<今年嘞$_{\text{的}}$题难不难？）

例（47）的“下去”的意义已虚化，表“某种状态的继续”义，依然可以变韵。

用于问句时，一般是针对肯定性引发语或现实行状进行质疑或否定。

正反问句使用“能+动趋式+（宾语）+不能”的叠加形式，句末可以带上语气词“也”或“吧”。

（49）他能拿下来^{D}帐不能也？（<支书想叫贵臣当会计嘞。）

（50）逗^{D}$_{\text{就}}$怎些儿$_{\text{这么多}}$事儿，光说你能干下来^{D}[lɛ^{42}]不能吧？（针对现实行状）

（51）恁高慌得那么高，他能扔上去^{D}[tɕʻyɛ^{312}]绳得不能也？（针对现实行状）

（52）到时候儿他能往给你送过去^{D}不能也？（< 架得他迟不几天逗就送^{D}来了，明儿个逗就下手。）

是非问句末可以带上语气词“哟”。

（53）他自己能续下来^{D}[lɛ^{42}]恁些那么多哟？（< 俺三得夜个昨天拜屋得上嘞的几千斤麦得拾掇^{D}屋嘞了。）

（54）怎□[tər^{312}]这样嘞话你也能说出来^{D}？（< 我逗^{D}就说一句“上也是白花钱”。）

（55）他来^{D}那儿能学进去^{D}[tɕʻyɛ^{312}]哟？（< 我叫他往学校嘞走了。）

（56）这还能赶回去^{D}嘞哟？（< 麻利赶紧走吧，一会儿逗就晚了。）

这里附带说明一下特殊的双趋式“V+掉^{D}来[tio· lai·]”。

“掉^{D}来[tio^{312} lai·]”一词意为“掉下来”。和其他双音节趋向动词一样，可以作为行为动词单独使用，也能以弱读形式（轻声）用在动词之后表示位移性结果或一般结果，该词不论在什么句子条件下都得以“掉”的变韵形式出现，应是变韵的动趋式进一步词汇化的结果。

该类双趋式的常态形式为“V+掉^{D}来”，非常态形式为“V+掉^{D}来^{D}”。就是说它用于回应性谓语强调句时，末尾音节仍可变韵。

（57）再结实我也能薅拔掉^{D}来^{D}[tio· lɛ^{42}]。=再结实我也能薅下来^{D}。（针对否定性引发语）

（58）有点儿东西甭打算能放住^{D}，你搁放嘞得再高他也能搁给你够拿掉^{D}来^{D}。=……能搁你够下来^{D}。

4.3　语气性变韵的来源问题

一般认为，标记“完成”、“持续”体意义的变韵分别源于动词和词尾（时态助词）“了、着”的合音，标记“终点格”的变韵可能源于动词与介词“到”或“在”的合音。那么，趋向动词的这种语气性变韵是否来源于动词和语气词的合音呢？动趋式等在特指问形式的反问句中与语气词的合音表现，至少给我们提供了这方面的线索。

首先来看双趋式作谓语构成的反问句。

（59）这事儿谁能说下来^{H}[lɛ^{42}]？=这事儿谁能说下来□[iɛ·]？

（60）这咋□[tər^{312}]怎么能拜他劝回来^{H}？=能拜他劝回来□[iɛ·]？

（61）怎这么宽嘞的沟，哪儿（能）蹚过去^{H}？=……哪儿（能）蹚过去□[iɛ·]？

（62）光说嘞呢，咋□[tər^{312}]怎么能叫他学进去^{H}[tɕʻiɛ^{55}]？=……能叫他学进去□[iɛ·]？

以上例句读升调，趋向动词重读。各例等号前后两个句子意思相同，语度快时一般表现为前者，语速慢时表现为后者。根据所起的“确认”作用并参照语气词发展的历史，我们断定“□[iɛ·]”就是语气词“也”。

值得注意的是，当句末语气词不是“也”时，趋向动词与之并不产生合音现象。

（63）这谁能陪进去□[io·]？

（64）屋得谁能替^{D}你盖起来□[io·]？

结合动结式的连音形式（如：例（72）（73）），我们认为这个句末的语气词是“哟”或“哦”。

再来看其他动词作谓语构成的反问句。考察发现，广义复合趋向动词和双趋式在反问句中的合音完全一致，其相应的肯定句也能实现语气性变韵。

（65）光说说吧，我哪儿能出去^{H}[tɕʻyɛ^{312}]？ =……能出去也[iɛ·]？

——逗^{D}$_{\text{就}}$这我也能出去^{D}[tɕʻyɛ^{312}]。

（66）雨下嘞怎$_{\text{这么}}$大，谁能回去^{H}？=……谁能回去也[iɛ·]？

——逗^{D}$_{\text{就}}$这咱也能回去^{D}。

（67）怎高慌得$_{\text{这么高}}$，咋□[tər^{312}]$_{\text{怎么}}$能下来^{H}[lɛ^{42}]？ =……能下来也[iɛ·]？

——他能下来^{D}[lɛ^{42}]。

（68）谁能回来/去哟（哦）[io·]？= 谁能回来/去喽哟（哦）[uo·]？

动结式和双趋式在反问句中的合音基本一致，其相应的肯定句也能实现语气性变韵。只是合音的对象并不仅限于“也”，还包括语气词“哟/哦”，且与D变韵规则完全一致。

（69）怎些儿$_{\text{那么多}}$钱儿谁能拿起^{H}[tɕʻiɛ^{55}]？ =……谁能拿起也[iɛ·]？

——我还能拿起^{D}[tɕʻiɛ^{55}]这俩钱儿。

（70）这跟^{D}那牛筋样，谁能嚼烂^{H}[lɛ^{312}]？ =……能嚼烂也[nɛ·]？

——再那个点儿他也能嚼烂^{D}[lɛ^{312}]。

（71）这咋□[tər^{312}]$_{\text{怎么}}$学会^{H}[xuɛ^{312}]？=……能学会也[iɛ·]？

——俺能学会^{D}[xuɛ^{312}]。

（72）那沉^{D}$_{\text{重}}$嘞，（能）搬动^{H}[tuo^{312}]？=……搬动哦/哟[ŋo·]？

——他（能）搬动^{D}[tuo^{312}]它喽。

（73）墨水得都渍^{D}上了，这能洗净^{H}[tɕio^{312}]？=……这能洗净哦/哟[ŋo·]？

——我能洗净^{D}[tɕio^{312}]。

例（70）的[nɛ·]、例（71）（72）的[ŋo·]分别是“也”和“哦/哟”的连音形式。

内黄方言动词与语气词这种跨层次的合音现象除了在变音对象（动趋式、动结式、广义的复合趋向动词）、句子情态（能性句）等方面与语气性变韵一致外，以下三个方面尤为值得注意。

1）合音韵母和D变韵母完全相同（如例句注音），动词对语气词的合音选择，与D变规则完全一致。“来、去”对“哦/哟”的合音排斥，从反

面印证了这一点。

2）合音和变韵仅表语气意义，存在与否并不影响句子的成立，更与其他功能类 D 变标记的“完成、持续、终点格”等范畴义无关。即使是部分趋向动词入句后的意义非常虚灵，仍然能够实现合音和变韵。

3）合音只能处于句末位置，变韵也只有处于句末位置时其表确认语气的作用才更为明显，这一点和其他功能类 D 变处于句末位置一般不能变韵的情形迥异。

由此我们认为，动词和语气词的合音处于动词语气性变韵更早的时间层次。换话句话说，表语气义的变韵源于动词和句末语气词的合音。在演变过程中，语气成分在肯定句中失去独立地位，变韵适用的范围进一步扩大。

具体来说，第一步合音，缘于省力。第二步变韵，在肯定句中完成。至于语气成分如何在肯定句失去独立地位，或者说语气性变韵到底是否经过合音阶段，从历时的角度不易回答。不过从其性质以及处于句末位置的作用看，语气性变韵很有可能直接衍生于听话人对说话人否定性反问的驳斥或辩解。答句引述谓语来否定反问句的前提，从而导致合音成分出现在肯定句中。这就是说，肯定句中的语气性变韵是个“截取”形式，语气成分从一开始出现就不能还原。第三步变韵泛化。语用类推最终导致了动词变韵之后带上其他成分等现象，并使语气义受损。以例（61）为原型，语气性变韵的演变过程大致如下：

怎这么宽嘞的这沟，哪儿（能）踳过去也？←→怎宽嘞这沟，哪儿（能）踳过去 ^{H}？（反问）

→我逗就能踳过去 ^{D}。（反驳，引述“能踳过去 ^{H}”，否定“沟宽”）

→我逗就能踳过去 ^{D} 这个沟。（泛化，带上宾语）

5. 结语

本文描写和讨论了内黄方言动趋式中两类不同性质的变韵。将行为动词的变韵定性为动趋式内部的连接标记，不仅可以避免随文释义的缺陷，使变韵在不同句类中的功能得到统一解释，而且有利于探讨不同方言间相关格式的内在联系。以往的报告之所以对该类变韵缺乏清晰的认识，恐怕主要是描写视角的问题。单纯着眼于行为动词本身来讨论变韵的功能，怕是永远也说不清。

语气性变韵具有极强的动态性，涉及的层面更为宽泛。从适用的范围看，变韵不仅受谓语的情状类型、句子的情态等语义因素的制约，更受到语用因素的制约。目前关于该类变韵的报告还很少，许多问题有待进一步梳理。

豫北方言的动词变韵是一个极其复杂的音义关联系统，我们对它的了解还很有限。虽然自贺巍（1965）以来该问题已逐步成为豫北方言研究的一个热点，但大多数报告仍停留在变韵功能的简单描写层面，且仅限于对单音节行为动词和变韵句法格式的刻画。如何将多音节动词、动词构式（连动式、动结式、动趋式等）以及变韵的制约因素（动词的语义特征、句子的语用条件等）纳入考察的视野，将研究引向深入，已成为一个亟待解决的问题。

本文发表于2016《中国方言学报》（第六期）

附录二　内黄方言常用变韵动词表

说　明

本表对变韵动词的分类主要基于对实际语料的统计，可能与动词的情状分类稍有出入。因为变韵不仅与句法、语义密切相关，而且还受到各种语用因素的制约。另外，母语人语感不一致的动词，本表一般不予收录。

A类（445个）

安 拗au^{24} 爊 熬 揞 扒* 拔* 把* 摆 搬 办 板扔 拌 包 报 绑 背（阴平）焙 绷（阴平）崩 蹦 编 扁挽 辫 裱 摽 憋*藏 别*（阳平）濒 冰（丁）病 并 剥* 补 布 抱pu^{312} 插* 茬*用砖、瓦等摞起来挡 搽* 踩 掺 搀 铲 缠 藏 抄$_1$誊写 抄$_2$用筷子等夹取 炒 抻 衬 撑 成 吃 充 搊 抽 凑 搐拴腰带等 抽$ts‘u^{24}$缩；打 □*$ts‘ua^{55}$猛抢 揣 串（阴平） 穿 吹 存 撮* □*$ts‘uo^{55}$踩 搭* 打* 戴 带 捣 倒$_1$（上声） 倒$_2$（上声） 倒（去声） 蹬 □$tɤn^{312}$两头支撑 等 滴 汆 递 掂 点 垫 叼 吊 叠* 顶 钉 丢 兜 堵 镀 端 断 兑 冻 炖 躲* 垛* 摁 翻 嬔 犯 放 飞 分 封 缝 扶 改 盖 干 搞 膏 搁* 跟 勾 够摘 拱 箍 刮*（阴平）挂* 拐 关 灌 跪 裹* 焊 薅 喝* □*$xɤ^{42}$舀 哄 糊（阴平） 糊（去声）花* 坏 换 荒 晃（去声） 毁 混（阳平） 横 夥* 击榨 挤 系 记 加* 夹* 架* 煎 拣 耩 交 教 浇 搅 铰 叫 经 接* 截* 揪 酒 煮 举 住 卷 圈$tɕyan^{312}$ 撅* 嚼* 开 扛 烤 靠 啃 刻* □*$k‘iɛ^{42}$ 挎* 扤 褙 扣 捆 拉*（阴平） 漤 捞（阴平） 捞（阳平） 愣 勒* 立 晾 缭$liau^{24}$缝 撩 燎 撂 领 咧* 拢 留 流 溜（去声）翻捡落下的 搂（上声） 漏 露 錣 敛 垒 淋 落* 摞* 罗* 埋 买 卖 瞒 铆 闷 焖 蒙（阳平）迷 描 抿 抹*mo^{55} 拿* 喃用舌裹食 □nan^{312}地软陷进去 攮 挠 泥 撵 辗 绕$niau^{55}$ 尿 弄 捏* 拧 暖 搦* 挪* 沤 趴* 排 派 盘 刨 跑 泡 披 赔 烹 捧 碰 漂 飘 喷 澎 劈（阴平） 拼$_1$ 平 铺 骑 起 扦* 卡* 签 牵 戕欺负 敲$_2$抢毙 跷 噙 切* 丘 糗 出 取 娶 圈 群 请 焌 蜷 劝 搉* 认 扔 擩塞 刹* 煞* 洒* 晒 筛 扇 闪丢 伤断 上 烧 捎 扫 潲 收 撕 拾 渗 生 睡 剩 收 送 梳 熟 漱 刷* 摔 拴 掤* 嗍* 锁* 塌*

溻* 抬 摊 弹 掏 套 熥 腾 誊 提 剃 添 填 挑（阴平） 调 挑（上声） 跳 贴* 听 停 挺 捅 吐 推 退 脱* 托* 挖* 瓦*（上声） 瓦*（去声） 剜 綰 围 喂 捂 卧* 吸 下* 衔 掀（上声） 镶 揳* 寻 饧 写* 卸* 续 茓* 压* 腌 染 养 舀 咬 要 掖* 印 赢 油 淤浸泡 余 □y^{312}填 运 拥（阴平） 扎*$_{1}$束 扎$_{2}$刺 砸* 铡* 炸*（阳平） 栽 搡用大针脚缝 载 攒 占 站 蘸 □tsaŋ^{42}放（油盐） 长 照 罩 枕 蒸 挣撑（阴平） 挣（去声） 澄 指 渍 置 走 做 抓* 拽 钻 转（去声） 堆 狀$_{1}$ 种 甃用砖砌 坐* 提溜$_{1}$提 骨撞 糊嘟 □[k'iε^{42}]包 搅腻 拾掇$_{2}$收拾 乌（忽）卵 攒掇 曲率 咕嘟 黑撒* 乌刖* 哩啦* 骨堆 低连 提溜$_{2}$吊挂 侧楞 斜楞$_{2}$歪 □[tε^{24}]拉* 余剩 隔巴* 骑拉* 秃噜 抹嘟 左挤 生疏 窝生 恶囊 □[kiε^{42}]夹*

B 类（168 个）

挨（阳平） 碍 拜 绊 保 背（上声） 帮 绷（上声） 比 查* 猜 尝 唱 吵 重 瞅 传 串（去声） 催 皴 忖 贷 担 当 挡 扽 tɤŋ^{312}拉 瞪 得* 牴 掉$_{2}$ 赌 动 对 烦 纺 疯 擀 赶 告 佮* 给 鼓 雇 管 惯 供（阴平） 供$_{1}$（去声） 过*（去声） 号（去声） 幠 怀 还 慌 晃（上声） 回 活* 驾* 戒* 借* 焗 捐 看（阴平） 啃 空（去声） 哭 链 量 赁 裂* □mau^{24}斜睨 录 忙 昧 瞄 灭* 摸* 磨*（阳平） 纳* 恼 闹 碾 念 熰 盼 陪 培 配 聘 评 敲$_{1}$ 瞧 翘 撬 亲 清 晴 求 去 瘸* 让 饶 忍 扇 使 省 守 受 随 顺 谈 探 蹚 烫 淘 替 粜 通 丸 望 温 闻 窝* 瞎* 显 想 响 向 相（去声） 歇* 兴 行 姓 醒 修 虚肿 许 熊 学* 说* 押* 哑* 淹 扬 饮（去声） 邮 熨 入 沾 张 找（阳平） 找（上声） 争 睁 织 皱 肿 租 注 壮 着*tsuo^{42} 眯 缝 支等 伺候 斤张$_{2}$奉养 养活* 打听 跟找 拉拢 拾掇$_{1}$修理

C 类（195 个）

簸* 败 滗 变 掰 擦* □ts'an^{312} 拆* □*ts'ε^{42}用铁锨、杈等盛起来 沉 冲 闯 撞*锄 窜 焯*ts'uo^{24} 逮 捯 掉$_{1}$ 调 订 锻 □tuei^{24}用铲子猛铲 跺* 剁* 屙* 发* 割* 隔* 刮*（上声） 合* 搃 画* 害 夯 耗 滑* 化* 昏 擓* 和$_{2}$ 加* 嫁* 揭* 解* 进 考 咯* 磕* 嗑* □*k'iε^{42}捉 诳 亏 坤用手掌握住茎取下叶片、枝条 刺* 来 攋 □lɤŋ^{24}拳打 剺划破 趔* 烂 搂(阴平) 炉 捋 烙* luo^{55}割 满 迈 □mɤn^{24}投掷 面 磨*（去声） 扭（阴平） 扭（上声） 抠 爬* □p'ai^{55} 批 劈（上声） 片 骗 拍* 撇*（阴平） 撇*（上声） 泼* 扑 起 迁 钳排挤 抢$_{1}$ 抢$_{2}$刮 敲 □tɕ'i^{24} 撧* 吣 杵 绕 zau^{312} 揉 杀* 撒* □*sa^{312}挑选 甩 搧用巴掌打 捎（去声） 死 赊* 涮 算 爽 碎 舔 偷 踢 剔 拖* 弯 玩 忘 务砍 圬砸 揄 捲 洗 掀（阴平） □ɕin^{312}震 擤 镟 咽 洇 噎* 输 唦* 匀 黵 □tsaŋ^{24} 招 志称 摘*

择* 蜇* 赚 醉 转（去声） 转（上声） □*tsuo^{24} 用毛巾等弄净衣物 骨顿 落价* 咻溜 池蹬 搬腾 搭搁* 登倒 丁（登）换 丁兑 倒腾 翻腾 鼓捣 归拢 咻哼忽通 疾燎 拉捞 曲连 铺排 扑甩 撕腾 撕拽 吸溜 造腾 □k‘iε^{42} 娄 方（翻）盖 不捏* 趷摸* 扒结* 趿拉* 低登 斤张 $_{1}$ 运 毒隆 黑[xiε^{42}]捞 □pu^{24} 拉* □kiε^{42} 轧* 窟□*ts‘ua· 逼淋 □tε^{42} 喽 爽荡 招惹*鬼晃 逛荡 流荡 瞌睡 嘟噜 $_{2}$ 转动 轱咧* 爬插* 白搭* □pu^{42} 拉*

D 类（190 个）

耙* 锛 步 □ts‘a^{24} 裂口 踏* 岔* 裁 超 撤* 用巴掌打 □ts‘u^{24} 缩 捶 搓* 锉* 到 低 电 懂 逗 砘 多* 夺* 讹* 发* 数落 罚* 费 粉 服 硌* 归 过*（阴平） 捡 见 救 锯 离 号（阳平） 贺* 黑* 污蔑 烘 和 xu^{42} 和* 耠* 和* $_{1}$xuo^{42} 不分胜负 讲 劫* 紧 净 绝* 坑 苦 夸* 亏 辣* 尥 澥* 裂* 缕 乱 抹*ma^{24} 梦 磨*（阳平） 怕* 判 破* 气 怯* 呛 掐* 拼 $_{2}$ 谝 热* 惹* □*sa^{42} 看 骟 散（上声） 少 失 试 升 搜 松 数 诉 疼 外 误 崴 问 踒* 握* 铣 吓* 享 相（阴平） 小 笑 谢* 信 轧* 摇 有 耘 圆 拃* 炸*（去声） 搌 着 tsau^{24} 治 正 证 中 醉 拉倒 柴坏 撤伙* 散伙* 娶嫁* 吵吵 哼哼 □□ iaŋ^{24} iaŋ· 比登 烦定 骨蛹 □ku^{42} 晃 咳嗽 客啾 闹腾 跑肚 刨操 踢腾 嗒嗒* 喳喳* □□*to^{24} to· 哆嗦* 窝憋* 隔应 掂量 扒插* 将就 斜楞 $_{1}$ 瞟 寻嗔 胳肘 打扮 记怀（怪） 不咂* 毁坏 商量 盘腾 脬查* 擢价* 窟搓*忙活* 把划* 琢磨* 糟蹋* 理料 絮叨 支使 摆治 祭奠 赌受 缠搅 祸摆 打磨* 招伙*嘟囔 嘟噜 $_{1}$ 嘟囔 花搅 埋怨 霉气 念叨 孬贬 □niau^{24} 缠 乌叫乌喊 支老 作践 哀告 嘱咐 数落* 腌臜* 笑话* 烧扯* 晒摆 数摆 扬晒编排 现剥* 填欢

E 类（17 个）

挨（阴平） 叉*（上声） 冲（去声） 寸 短 反 钩 就 连 □t‘iŋ^{312} 对着干 影 掩 抗（上声）偎 仗 该 狀 $_{2}$ 装

附录三　内黄方言可进入“V^{D}+NP$_{\text{受事}}$+NP$_{\text{方所}}$”结构的常用动词表

A 类

1）安 摁 拔 绑 背 濒 籔* 抱 藏 □*[ts‘ɛ^{42}] 搊 传$_{\text{扔}}$ 带 挡 调 蹬 丢 吊 □[tuei^{55}]$_{\text{撞}}$ 放 扶 分 盖 搁* 关 拱 裹* 供 哄 换 薅 挤 夹* 架* 叫 截* 接* 卷 举 砍$_{\text{扔}}$ 扛 抗 铐 扣 捆 拉* 捞$_{\text{拽}}$ 晾 撂 领 搂 留 滤$_{\text{弄}}$ 埋 卖 蒙 面 撵 扭 弄 起$_{\text{移坟}}$ 掮 请 圈 扔 闪 耍* 甩 捎 爽 拴 送 锁* 抬 踢 填 挑$_{1}$ 挑$_{2}$ 推 驮* 托* 挖* 捂 揄$_{\text{推}}$ 匣* 续 载 拽 压* 掖* 匀 不[pu^{42}]拉 □[tɛ^{42}]喽 提溜 毒隆$_{\text{弄}}$ 黑[xiɛ^{42}]捞 斤张$_{1\text{运}}$* 爽荡

2）崩 逼 □[ts‘ɛ^{312}]$_{\text{用手掌打}}$ 吹 打$_{1}$* 逮 跺 诓 □[lɤŋ^{24}]$_{\text{用拳头打}}$ 害 搰 救 拿* 拍* 杵[tɕ‘y^{55}]$_{\text{用拳头击打}}$ 敲$_{\text{枪毙}}$ 搉* 杀* 搧 捧 提 套 捅 衔 揳* 扎 抓* 哀告 逼淋 倒腾 低登 鼓捣 乌叫 招惹*

B 类

打$_{2}$* 隔* 硌* 漏 淋 闷 磨* 漂 碰 生 芯$_{\text{震}}$ 网 吸 淤 砸* □[kiɛ^{42}]夹* 骨顿 □[ku^{42}]晃 窝生

参考文献

曹牡春：《河北威县的 D 变韵》，2007 年《语言学论丛》第 36 辑，商务印书馆。

陈鹏飞：《豫北晋语语音演变研究》，延边大学出版社 2004 年版。

陈鹏飞：《林州方言志》，天津师范大学出版社 2007 年版。

陈平：《论汉语时间系统的三元结构》，《中国语文》1988 年第 6 期。

陈卫恒：《音节的意义暨音系与词汇化、语法化、主观化的关联：豫北方言变音的理论研究》，北京语言大学出版社 2011 年版。

陈玉洁：《联系项原则与“里”的定语标记作用》，《语言研究》2007 年第 3 期。

陈玉洁：《汉语指示词的类型学研究》，中国社会科学出版社2010年版。

戴耀晶：《现代汉语时体系统研究》，浙江教育出版社 1997 年版。

丁加勇：《湘方言动词句式的配价研究》，湖南师范大学出版社 2006 年版。

丁全、田小枫：《南阳方言》，中州古籍出版社 2001 年版。

丁声树等：《现代汉语语法讲话》，商务印书馆 2002 年版。

董绍克：《阳谷方言的儿化》，《中国语文》1985 年第 4 期。

董绍克：《阳谷方言研究》，齐鲁书社 2005 年版。

董秀芳：《汉语的词库与词法》，北京大学出版社 2004 年版。

段亚广：《重叠、变调与形容词的程度差异》，《中国语文研究》（香港），2010 年第 1 期。

段亚广：《中原官话音韵研究》，中国社会科学出版社 2012 年版。

段亚广：《河南话与中原文化》，中国国际广播出版社 2014 年版。

冯春田：《〈歧路灯〉句中助词“哩”的用法及其形成 》，《语言科学》2004 年第 4 期。

傅书灵、邓小红：《〈歧路灯〉句中助词“哩”及其来源》，《殷都学刊》1999 年第2期。

高晓虹：《章丘方言志》，齐鲁书社 2011 年版。

高永奇：《浚县方言的体貌系统初探》，《殷都学刊》2001 年第 2 期。

郭熙：《河南境内中原官话的“哩”》，《语言研究》2005 年第 3 期。

郭锐：《汉语动词的过程结构》，《中国语文》1993 年第 6 期。
郭锐：《现代汉语词类研究》，商务印书馆 2004 年版。
龚千炎：《汉语的时相时制时态》，商务印书馆 1995 年版。
柯理思：《从河北冀州方言对现代汉语“V 在+处所词”格式的再探讨》，载戴昭铭主编《汉语方言语法研究和探索》，黑龙江人民出版社 2003 年版。
柯理思：《汉语空间位移事件的语言表达》，载徐杰、钟奇主编《汉语词汇•句法•语音的相互关联》，北京语言大学出版社 2007 年版。
贺巍：《获嘉方言研究》，商务印书馆 1989 年版。
贺巍：《汉语方言研究的现状与展望》，《语文研究》1992 年第 3 期。
贺巍：《洛阳方言研究》，社会科学文献出版社 1993 年版。
贺巍：《中原官话分区（稿）》，《方言》2005 年第 2 期。
侯精一：《现代晋语的研究》，商务印书馆 2008 年版。
胡伟、甘于恩：《河南滑县方言的五类处置式》，《方言》2015 年第 4 期。
胡裕树、范晓：《动词研究》，河南大学出版社 1995 年版。
华培芳、华书琴：《荥阳方言合音词例释》，《平顶山师专学报》1995 年第 4 期。
黄伯荣：《汉语方言语法类编》，青岛出版社 1996 年版。
蒋绍愚、曹广顺：《近代汉语语法史研究综述》，商务印书馆 2005 年版。
蒋希文：《赣榆话儿化词的特殊作用》，《中国语文》1962 年 6 月号。
竟成：《汉语时体系统国际研讨会论文集》，百家出版社 2004 年版。
兰宾汉：《西安方言语法调查研究》，中华书局 2011 年版。
李蓝：《汉语方言人称代词的复数表示法》，《方言》2008 年第 3 期。
李荣：《音韵存稿》，商务印书馆 1982 年版。
李荣主编：《汉语方言大词典》，江苏教育出版社 2002 年版。
李如龙：《汉语方言的比较研究》，商务印书馆 2002 年版。
李申：《徐州方言志》，语文出版社 1985 年版。
李铁根：《现代汉语时制研究》，辽宁大学出版社 1999 年版。
李小凡：《现代汉语词尾“了”的语法意义再探讨》，2000 年《语法研究和探索》（十），商务印书馆。
李学军：《河南内黄方言音系》，《方言》2012 年第 1 期。
李学军：《内黄方言的语音特点》，《安阳师范学院学报》2012 年第 1 期。
李学军：《河南内黄方言动趋式动词的变韵》，2013 全国汉语方言学会第十七届学术年会暨国际研讨会（广州）宣读，入选 2016 年《中国方言学报》（第六期），商务印书馆。

李学军：《河南内黄方言双音节动词的变韵》，《汉语学报》2015 年第 3 期。
李学军：《内黄方言的复叠回应句》，《安阳师范学院学报》2015 年第 6 期。
李学军：《豫北内黄方言的“V^D+NP $_{受事}$+NP $_{方所}$”结构》，2015 年全国汉语方言学会第十八届学术年会暨国际研讨会（兰州）宣读。
李学军：《官话方言中的 D 变音类型》，2016 年全国第八届官话方言学术研讨会（锦州）宣读。
李学军：《豫北内黄方言的“嘞”》，《殷都学刊》2016 年第 3 期。
李艳霞：《安阳县方言儿化调查》，《安阳师范学院学报》2006 年第 4 期。
李宇明：《泌阳话性质形容词的重叠及有关节律问题》，《语言研究》1996 年第 1 期。
林华东主编：《汉语方言语法新探索》，厦门大学出版社 2010 年版。
刘春卉：《确山方言“三”的非强制性变调及数词变调选择规律》，《语言科学》2014 年第 2 期。
刘丹青：《方所题元的若干类型学参项》，《中国语文研究》（香港）2001 年总第 12 期。
刘丹青：《语法调查研究手册》，上海教育出版社 2008 年版。
刘丹青：《叹词的本质——代句词》，《世界汉语教学》2011 年第 2 期。
刘冬冰：《开封方言记略》，《方言》1997 年第 4 期。
刘宏、赵祎缺：《河南方言词语考释》，河南人民出版社 2012 年版。
刘月华：《趋向补语通释》，语文出版社 1998 年版。
卢甲文：《郑州方言志》，语文出版社 1992 年版。
陆俭明：《现代汉语语法研究教程》（第三版），北京大学出版社 2005 年版。
陆镜光《汉语方言中的指示叹词》，《语言科学》2005 年第 6 期。
罗福腾：《汉语方言与民间文化新观察》，新华文化事业（新）有限公司 1998 年版。
罗自群：《现代汉语方言持续标记的类型》，《语言研究》2004 年第 1 期。
罗自群：《现代汉语方言持续标记的比较研究》，中央民族大学出版社 2006 年版。
吕俭平：《枣庄方言语法研究》，山东人民出版社 2011 年版。
吕叔湘主编：《现代汉语八百词》（增订本），商务印书馆 2008 年版。
吕叔湘：《中国文法要略》（重印版），商务印书馆 1982 年版。
吕叔湘著，江蓝生补：《近代汉语指代词》，学林出版社 1985 年版。
马凤如：《金乡方言志》，齐鲁书社 2000 年版。
马庆株：《汉语动词和动词性结构》，北京大学出版社 2004 年版。
麦耘：《音韵与方言研究》，广东人民出版社 1995 年版。

麦耘：《对国际音标理解和使用的几个问题》，《方言》2005 年第 2 期。
孟琮："动趋式语义举例"，《句型和动词》，语文出版社 1987 年版。
内黄县地方史志办公室：《嘉靖内黄县志•点校本》，豫内资安文新发审字[2011]010 号。
内黄县地方史志编委会：《内黄县民俗志》，中州古籍出版社 2015 年版。
庞可慧：《豫东方言的语法特点》，《商丘师范学院学报》2005 年第 3 期。
裴泽仁：《明代人口迁移与豫北方言——河南方言的形成》，《中州学刊》1988 年第 4 期。
钱曾怡：《烟台方言报告》，齐鲁书社 1982 年版。
钱曾怡：《汉语研究的方法与实践》，商务印书馆 2002 年版。
钱曾怡主编：《汉语官话方言研究》，齐鲁书社 2010 年版。
乔全生：《洪洞方言研究》，中央文献出版社 1999 年版。
乔全生：《晋方言语法研究》，商务印书馆 2000 年版。
秦洪武：《汉语"动词+时量短语"结构的情状类型和界性分析》，《当代语言学》2002 年第 2 期。
邵敬敏：（主编）《汉语方言疑问范畴比较研究》，暨南大学出版社 2010 年版。
邵燕梅、刘长锋、邵明武：《沂南方言志》，齐鲁书社 2010 年版。
沈家煊：《不对称和标记论》江西教育出版社 1999 年版。
沈家煊：《如何处置"处置式"》，《中国语文》2002 年第 5 期。
沈明：《太原话的"给"字句》，《方言》2002 年第 2 期。
沈明：《山西方言的小称》，《方言》2003 年第 4 期。
史其显（主编）：《内黄县志》，中州古籍出版社 1993 年版。
史秀菊：《河津方言研究》，山西人民出版社 2004 年版。
石毓智：《论汉语的句法重叠》，《语言研究》1996 年第 2 期。
石毓智：《肯定和否定的对称与不对称》，北京语言文化大学出版社 2001 年版。
石毓智：《论"的"的语法功能的同一性》，《世界汉语教学》，2000 年第 1 期。
苏晓青、万连增：《赣榆方言研究》，中华书局 2011 年版。
宋玉柱《林县方言的几个语法特点》，1982 年《语言研究论丛》第二辑，天津人民出版社。
孙红举：《河南鲁山方言的相对程度副词"通"》，《方言》2012 年第 4 期。
孙红举：《论合音与汉语音节构成及语音规则的关联》，《西南大学学报》2016 年第 3 期。
孙立新：《户县方言研究》，东方出版社 2001 年版。
孙立新：《西安方言研究》西安出版社 2007 年版。
孙锡信：《近代汉语语气词》，语文出版社 1999 年版。

太田辰夫：《中国语历史文法》（修订译本），蒋绍愚、徐昌华译，北京大学出版社 2003 年版。
陶玉霞、王东：《河南罗山县朱堂话的“得”》，《殷都学刊》2000 年第 2 期。
汪国胜：《大冶方言语法研究》，湖北教育出版社 1994 年版。
汪国胜：《湖北大冶话的情意变调》，《中国语文》1996 年第 5 期。
汪化云：《汉语方言代词论略》，巴蜀书社 2008 年版。
王东：《河南罗山方言研究》，中国社会科学出版社 2010 年版。
王芳：《安阳方言中的语缀“的”》，《殷都学刊》2000 年第 1 期。
王福堂：《汉语方言语音的演变和层次》，语文出版社 1999 年版。
王洪君：《非线性音系学》，北京大学出版社 1999 年版。
王健：《苏皖区域方言语法比较研究》，商务印书馆 2014 年版。
王临惠：《山西方言“圪”头词的结构类型》，《中国语文》2001 年第 1 期。
王临惠：《山西方言“圪”字研究》，《语文研究》2002 年第 3 期。
王青锋：《长垣方言志·语音篇》，中州古籍出版社 2007 年版。
王森：《荥阳方言的合音词和分音词》，《语言研究》1994 年第 1 期。
王森：《郑州荥阳（广武）方言的变韵》，《中国语文》1998 年第 4 期。
王自万：《开封方言变韵的几个问题》，《汉语学报》2011 年第 2 期。
吴福祥：《汉语语法化的几个类型学特征》，《中国语文》2005 年第 2 期。
吴继章：《魏县方言时体成分及相关问题研究》，2006 年南开大学博士论文。
吴为善：《汉语韵律句法探索》，学林出版社 2006 年版。
项梦冰：《客家反复问句中的合音现象》，2002 年《语言学论丛》第 25 辑，商务印书馆。
谢书民：《商丘方言的儿化音变》，《商丘师范学院学报》2004 第 3 期。
辛永芬：《河南浚县方言的动词变韵》，《中国语文》2006 年第 1 期。
辛永芬：《浚县方言语法研究》，中华书局 2006 年版。
辛永芬：《豫北浚县方言的“嘞”》，《河南大学学报》2008 年第 5 期。
辛永芬：《豫北浚县方言的代词复指型处置式》，《中国语文》2011 年第 2 期。
邢福义：《汉语语法学》，东北师范大学出版社 2000 年版。
邢福义：《语法问题追踪集》，中国社会科学出版社 2008 年版。
邢向东：《神木方言研究》，中华书局 2002 年版。
邢向东：《陕北晋语沿河方言语法成分的语音变异》，2006 年《中国方言学报》（第一期），商务印书馆。
邢向东：《陕北晋语语法比较研究》，商务印书馆 2006 年版。
徐仰民《信阳方言的声韵调系统及其特点》，《信阳师范学院学报》1994 年第 4 期。

徐烈炯：《语序的定指效应》，载徐烈炯《指称、语序和语义解释》，商务印书馆 2009 年版。
徐通锵：《山西平定方言的“儿化”和晋中的所谓“嵌L词”》，《中国语文》1981年第6期。
严兆厚：《信阳方言中的特殊语言现象》，《信阳师范学院学报》1989 年第 4 期。
杨国文：《“动词+结果补语”和“动词重叠式”的非时态性质》，《当代语言学》2011 年第 3 期。
杨荣祥：《近代汉语副词研究》，商务印书馆 2005 年版。
杨永龙：《〈朱子语类〉完成体研究》，河南大学出版社 2001 年版。
叶祖贵：《固始方言研究》，中国社会科学出版社 2009 年版。
袁家骅：《汉语方言概要》（第二版），语文出版社 2001 年版。
袁毓林：《祈使句式和动词的类》，《中国语文》1991 年第 1 期。
袁毓林：《论元结构和句式结构互动的动因、机制和条件》，《语言研究》2004 年第 4 期。
袁毓林、徐烈炯：《再论处置性代词句》，2003 年《中国语言学论丛》（第三辑），北京语言大学出版社。
张斌：《汉语语法学》，上海世纪出版集团 2003 年版。
张伯江：《从施受关系到句式语义》，商务印书馆 2009 年版。
张成材：《商县方言动词完成体的内部屈折》，《中国语文》1958 年第 6 期。
张慧丽：《汉语方言变韵的语音格局》，2011 年北京大学博士论文。
张国宪：《现代汉语形容词功能与认知研究》，商务印书馆 2006 年版。
张启焕、陈天福、程仪：《河南方言研究》，河南大学出版社 1993 年版。
张邱林：《陕县方言的“囔”“哩”“哩囔”》，《语言研究》2006 年第 2 期。
张生汉：《〈歧路灯〉词语汇释》，河南大学出版社 1999 年版。
张树铮、罗福腾：《山东方言研究》齐鲁书社 2001 年版。
张雪平：《非现实句和现实句的句法差异》，《语言教学与研究》2009 年第 6 期。
张亚军：《副词与限定描状功能》，安徽教育出版社 2002 年版。
张谊生：《现代汉语虚词》，华东师范大学出版社 2000 年版。
赵清治：《长葛方言的动词变韵》，《方言》1998 年第 1 期。
赵日新：《徽语中的长元音》，《中国语文》2005 年第 1 期。
赵日新：《中原地区官话方言弱化变韵现象探析》，2007 年《语言学论丛》第 36 辑，商务印书馆。
赵元任：《汉语口语语法》，商务印书馆 1979 年版。
赵文龙：《安阳方言词典》，中州古籍出版社 2015 年版。

振生：《邓州方言研究》，河南大学出版社 1992 年版。
郑献芹：《浚县方言的人称代词》，《河南大学学报》2007 年第 3 期。
文建刚：《豫北晋语中的阴声字读鼻音韵现象》，《语言科学》2015 年第 1 期。
中国社会科学院语言研究所：《昌黎方言志》（重印本），上海教育出版社 1983 年版。
中国社会科学院语言研究所：《方言调查字表》（修订本），商务印书馆 1999 年版。
中国社会科学院语言研究所词典编辑室：《现代汉语词典》（第 5 版），商务印书馆 2005 年版。
周国瑞：《豫北方言词语简释》，《殷都学刊》1999 年第 3 期。
周磊：《乌鲁木齐方言的体貌标记“底”的语法功能》，《方言》2006 年第 1 期。
朱德熙：《现代汉语语法研究》商务印书馆 1980 年版。
朱德熙：《语法分析讲稿》，商务印书馆 2010 年版。

后　记

《河南内黄方言研究》一书持续写了 6 年多，今天总算可以打住了。回想自己这 6 年来自己走过的路，心中充满感慨与感激！

感慨的是，人生无常，岁月无情！没有想到自己在中师教了 15 年语文之后会登上大学讲台，（2000 安阳第二师范学校合并于安阳师范学院），没有想到 2009 年原本计划去北京大学进修汉语语法学，并且在手续已经办得差不多的情况下，却最终懵懵懂懂去了中国社会科学院语言研究所方言室，没有想到在周磊老师手把手的指导下自己会在短时间内“爱上”方言学，更没有想到的是，2012 年 2 月和周老师北京一别竟成永别！

俗话说，人过四十不学艺，我去方言室进修时已四十有五。面对我这样一个大龄的零起点学生，周老师从不嫌弃，耐心地从《方言调查字表》教起，亲自为我拟定了母语调查的三个步骤，鼓励我边调查边学习。带着周老师的期待，怀着忐忑的心情，2009 年 10 月 9 日我第一次踏上了田野调查之路。调查是辛苦的，但常常有意想不到的收获。这不仅大大增强了我的信心，而且使我真正体会到了“行万里路”的重要。11 月汇报的时候周老师非常高兴，鼓励我继续做好语音系统整理的同时，要注重词汇搜集以及特殊语法现象的挖掘。第二次调查是 2011 年 7 月，主要是各类音变以及词汇整理，2012 年 2 月在北京又向周老师做了汇报。这一次周老师气色显得很虚弱，认真听完了我的汇报后，指出了报告中存在的问题，并要求我静下心来读读语法著作，下一步要尽量用现代语法理论来观照母语的语法事实，但不能以事实迁就理论。周老师那句“事实永远大于理论”的教导成了我田野调查的永久动力。

当我回到安阳开始思考语法项目并积极准备第三次调查的时候，噩耗传来，周老师竟永远离开了我们！正值壮年却遭此劫难（距周老师当选全国方言学会会长还不足 4 个月），怎能不令人痛心！那时学校正好又给我加派了进修硕士研究生课程教学的任务（我校 2012 开始招收汉语国际教育硕士研究生），语法调查只得暂时搁置。如今将当初拟定的基本调查项目整理完成之时，已再没有机会向周老师做第三次汇报，自己业已从“不惑”变成“知天命”之年了。物是人非，又怎能不令人唏嘘！小书付梓之际，唯有以此来告慰周老师的在天之灵。呜呼！

感激的是，在走上方言调查的征程中，愚钝的我有幸得到了众多师长、朋友的关怀与支持。感谢周老师的谆谆教导，感谢麦耘、李蓝、汪国胜、辛永芬、杨荣祥、杨永龙、张延成、高永奇、陈卫恒、郭辉、赵祎缺等先生的热心帮助，感谢温锁林、孙立新、吴继章、赵日新、刘丹青、柯理思、覃远雄、侯精一、沈力、沈明、乔全生、邢向东、庄初生、史秀菊、唐健雄、王健、唐正大、陈鹏飞、岳立静、汪化云、桑宇红、张生汉、李宗江、刘钦荣、段亚广、张雪平等先生在多个方言学术研讨会上对我的批评和指正。尤其感谢汪国胜、孙立新、麦耘先生，三位师长在不同场合分别给予我的切实指导让我终生难忘！

本书的顺利完成，还得益于调查期间众多家乡朋友给予我的无私帮助和鼓励。感谢马浩宇、甘新贤、张学军、刘献伟、李国安、杨国田、黄海文、李春田、李凤祥、王基勋、曹国强、李晓宁、杨志杰等同志，尤其感谢内黄县第一中学的张学军同志。他不但为我安排食宿，而且每次都积极联系发音合作人，同时自己作为发音人多次与我躺在一个大床上彻夜长谈。他的话不仅让我避免了不少弯路，而且成了我获取母语灵感的源泉。

最后感谢安阳师范学院宣传部、研究生处、审计处、物电学院、历史学院、国际交流与教育学院、文学院等多位领导翟传增、孙金伟、刘阳霖、贾拴稳、郭旭东、韩玉璞、杨相谦、祁金善、桑希君、胡志英、焦会生、赵新顺及音乐学院胡丽丽、美术学院崔国强、物电学院牛小平等诸多先生的支持，感谢文学院陈才生、杨景龙、郭怀玉、魏鸿雁、李德斌、杨宪峰等老师的关心，感谢语言学教研室全体成员以及2016级汉语国际教育研究生班冯鑫、莫晓青、郭瑞等同学的帮助！需要特别鸣谢的是，责任编辑任明先生、校对王斐女士。二位为本书出版所付出的辛勤劳动，作者将永志难忘。

由于本人资质鲁钝，又是“半路出家”，书中的错误和疏漏肯定为数不少，衷心期盼专家学者多提批评意见。

李学军　敬识

2016年9月30日于安阳师院　园鼎苑